P9-CAG-570

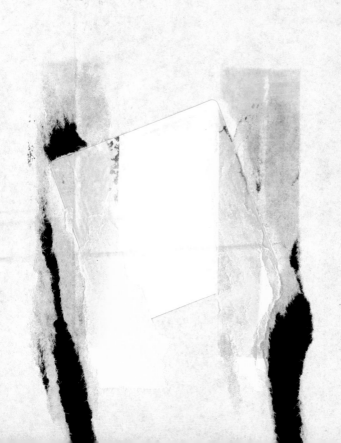

Título original: *The Innocent Man*

Traducción: M.ª Antonia Menini

1.ª edición: octubre 2008

© 2006 by Bennington Press, LLC
© Ediciones B, S. A., 2007
   para el sello Zeta Bolsillo
   Bailén, 84 - 08009 Barcelona (España)
   www.edicionesb.com

Printed in Spain
ISBN: 978-84-96778-21-4
Depósito legal: B. 32.940-2008

Impreso por LIBERDÚPLEX, S.L.U.
Ctra. BV 2249 Km 7,4 Polígono Torrentfondo
08791 - Sant Llorenç d'Hortons (Barcelona)Todos los derechos reservados.

EL PROYECTO WILLIAMSON

JOHN GRISHAM

*Dedicado a
Annette Hudson y Renee Simmons,
y a la memoria de su hermano.*

1

Las onduladas colinas del sudeste de Oklahoma se extienden desde Norman hasta Arkansas y apenas muestran huellas de los vastos yacimientos de petróleo que hubo antaño a sus pies. Algunas viejas torres puntean la campiña; las que están en activo siguen bombeando ruidosamente unos cuantos litros a cada lenta vuelta, induciendo a los que pasan por allí a preguntarse si el esfuerzo merece la pena. Muchas se han dado por vencidas y permanecen inmóviles en medio de los campos, cual oxidados recordatorios de los días de gloria de los pozos, los buscadores de petróleo al azar y las fortunas instantáneas.

Hay torres diseminadas por todas las tierras de labranza alrededor de Ada, una antigua ciudad petrolera de dieciséis mil habitantes con un colegio universitario y un tribunal de distrito. Pero las torres permanecen ociosas... el petróleo se ha terminado. Ahora el dinero se gana en Ada por horas en los talleres, la producción de pienso y los cultivos de pacanas.

El centro de Ada es un lugar muy animado. En Main Street no hay edificios vacíos o tapiados. Los comerciantes sobreviven aunque buena parte de sus negocios se haya desviado hacia el extrarradio de la ciudad. Al mediodía los cafés están abarrotados de gente.

El edificio del tribunal del condado de Pontotoc es viejo, no dispone de espacio suficiente y está lleno de abogados y clientes. A su alrededor se observa el consabido batiburrillo de edificios municipales y despachos de abogados. La cárcel, un achaparrado refugio antiaéreo sin ventanas, se construyó por alguna ya olvidada razón en el mismo solar del edificio del tribunal. El azote de la metanfetamina la mantiene siempre llena.

Main Street termina en el campus de la East Central University, hogar de cuatro mil estudiantes, muchos de ellos usuarios cotidianos de trenes de cercanías. La universidad infunde vida a la comunidad con un aporte siempre renovado de gente joven y un cuerpo docente que añade cierta diversidad al sudeste de Oklahoma.

Pocas cosas escapan a la atención del *Ada Evening News*, un dinámico diario de ámbito regional que hace todo lo posible por competir con *The Oklahoman*, el periódico más grande del estado. En primera plana se publican las noticias mundiales y nacionales, después vienen las estatales y regionales y, a continuación, los temas más importantes: acontecimientos deportivos estudiantiles, política local, calendarios de la comunidad y crónica necrológica.

Los habitantes de Ada y el condado de Pontotoc constituyen una agradable mezcla de sureños pueblerinos y tipos independientes del Oeste. El acento podría ser de Tejas o Arkansas, con *íes* muy estiradas y otras vocales también muy largas. Es el territorio de los indios chickasaw. Oklahoma cuenta con más nativos americanos que cualquier otro estado de la Unión y, después de cien años de mezcla, muchos blancos tienen sangre india. El estigma está desapareciendo rápidamente; de hecho, hoy en día la herencia es motivo de orgullo.

El llamado Cinturón de la Biblia —territorio del fundamentalismo protestante— atraviesa con fuerza la ciudad de Ada, la cual dispone de cincuenta iglesias de una docena de denominaciones cristianas. Son lugares muy concurridos y no sólo los domingos. Hay una sola iglesia católica y una episcopaliana, pero ningún templo judío o sinagoga. Casi todo el mundo es cristiano o afirma serlo, y el hecho de pertenecer a una iglesia se da por descontado. El estatus social de una persona suele venir determinado por su pertenencia religiosa.

Con sus dieciséis mil habitantes Ada se considera una localidad grande en la rural Oklahoma, por cuyo motivo atrae toda suerte de fábricas y establecimientos de venta con descuento. Los obreros y los compradores afluyen a ella por carretera desde distintos condados. Se encuentra a 130 kilómetros de Oklahoma City y a tres horas por carretera de Dallas. Todo el mundo conoce a alguien que vive o trabaja en Tejas.

La máxima fuente de orgullo local es la oferta de los llamados *quarter-horses*, una raza de resistentes caballos famosos por ser los más rápidos en distancias cortas —por ejemplo, un cuarto de milla, de ahí su nombre—. Algunos de los mejores ejemplares los crían los rancheros de Ada. Y cuando los Ada High Cougars ganan otro título estatal de fútbol americano, la ciudad se pasa varios años presumiendo.

Es un lugar agradable, habitado por personas afables con los forasteros y las unas con las otras, siempre dispuestas a ayudar a quien lo necesite. Los niños juegan en el césped delantero de las casas a la sombra de los árboles. Por el día las puertas se dejan abiertas. Los adolescentes pasean hasta altas horas de la noche sin causar apenas molestias.

De no haber sido por dos célebres asesinatos a principios de los años ochenta, Ada habría pasado inadvertida a los ojos del mundo. Lo cual les habría parecido muy bien a las buenas gentes del condado de Pontotoc.

Como obedeciendo a una tácita ordenanza municipal, casi todos los locales nocturnos y bares de Ada se encuentran ubicados en el extrarradio de la ciudad, desterrados a las afueras para mantener a la gentuza y sus maldades lejos de la gente de bien.

El Coachlight era uno de ellos, un oscuro edificio muy mal iluminado, que ofrecía cerveza barata, *jukebox*, un grupo musical los fines de semana, una pista de baile y, en el exterior, un enorme aparcamiento de grava donde las polvorientas camionetas superaban en número a los automóviles de cuatro puertas. Su clientela era lo que cabía esperar: obreros de fábrica sedientos antes de regresar a casa, mozos del campo en busca de diversión, veinteañeros noctámbulos y aficionados al baile y la juerga. Vince Gill y Randy Travis habían pasado por allí al comienzo de sus carreras.

Era un conocido local extremadamente bullicioso que daba empleo a tiempo parcial a muchos barmans, porteros y camareras. Una de ellas era Debbie Carter, una lugareña de veintiún años que había terminado sus estudios en el instituto local unos años atrás y aún disfrutaba de su vida de soltera. Tenía otros dos empleos a tiempo parcial y de vez en cuando también trabajaba de canguro. De carácter independiente, Debbie tenía coche propio y vivía sola en un apartamento de tres habitaciones encima de un garaje en la calle Ocho, cerca de la universidad. Era una agraciada muchacha morena, esbelta y atlética, y gozaba de mucho predicamento entre los chicos.

A su madre, Peggy Stillwell, la preocupaba que pasara tanto tiempo en el Coachlight y otros locales parecidos. No había educado a su hija para esa clase de vida; de hecho, Debbie había sido educada en la iglesia. Sin embargo, una vez terminados sus estudios secundarios, empezó a ir de fiesta en fiesta y a llegar tarde a casa. Peggy ponía reparos y a veces ambas discutían por ese motivo. Al final, Debbie había decidido independizarse. Encontró un apartamento y se fue de casa, pero siguió muy unida a su madre.

La noche del 7 de diciembre de 1982, Debbie estaba en el Coachlight sirviendo bebidas. Era una jornada muy poco animada, por lo que ella le preguntó al jefe si podía dejar el servicio y quedarse un rato con sus amigos. Él accedió y ella fue a sentarse a una mesa para tomar una copa con Gina Vietta, una amiga íntima de la escuela, y otros conocidos. Un compañero de la escuela, Glen Gore, se acercó y la invitó a bailar. Ella aceptó, pero a media canción se detuvo en seco y se apartó de él hecha una furia. Más tarde, en el lavabo de señoras, dijo que se sentiría más segura si una de sus amigas pasara la noche en su casa, pero no explicó el motivo de su preocupación.

El Coachlight se dispuso a cerrar antes de lo habitual, sobre las doce y media, y Gina Vietta invitó a varios del grupo a tomar otra copa en su apartamento. Casi todos aceptaron; en cambio, Debbie estaba cansada y hambrienta y deseaba simplemente regresar a casa. Abandonaron el club sin demasiada prisa.

Varias personas vieron a Debbie en el aparcamiento hablando con Glen Gore mientras el Coachlight acababa de cerrar. Tommy Glover conocía muy bien a Debbie porque trabajaba con ella en una cristalería de la zona. También conocía a Gore. Al subir a su camioneta para marcharse, vio a Debbie abrir la puerta de su coche. También vio a Gore aparecer de pronto. Ambos conversaron unos momentos y después ella lo apartó de un empellón.

Mike y Terri Carpenter trabajaban en el Coachlight, él como portero y ella como camarera. Al dirigirse a su coche pasaron junto al de Debbie. Ella estaba sentada al volante hablando con Glen Gore, que se encontraba de pie junto a la puerta del vehículo. Los Carpenter saludaron con la mano y siguieron andando. Un mes atrás, Debbie le había dicho a Mike que Gore le daba miedo por su mal carácter.

Toni Ramsey trabajaba en el local como chica-limpiabotas. En 1982 el negocio del petróleo todavía iba viento en popa en Oklahoma. Había montones de botas preciosas caminando por Ada. Alguien tenía que lustrarlas y Toni se ganaba un dinerillo que le era muy necesario. Conocía bien a Gore. Mientras se retiraba aquella noche, Toni vio a Debbie sentada al volante de su automóvil. Gore se encontraba en el lado del pasajero, inclinado sobre la puerta abierta, fuera del vehículo. Ambos conversaban de manera aparentemente normal. No daba la impresión de que estuviera ocurriendo nada raro.

Gore, que no tenía coche, le había pedido a su amigo Ron West que lo acompañara al Coachlight, adonde llegaron sobre las once y media. West pidió unas cervezas y se sentó mientras Gore efectuaba un recorrido por el local. Por lo visto, conocía a todo el mundo. Cuando se dio el último aviso de cierre, West le preguntó si aún necesitaba que lo llevara. Gore dijo que sí y entonces West se fue al aparcamiento y lo esperó. Pasaron unos minutos, hasta que Gore se acercó corriendo y subió al vehículo.

Ambos tenían hambre, por lo que fueron a un café del centro, el Waffler, donde pidieron un desayuno rápido. West pagó la cuenta, como antes había pagado las consumiciones en el Coachlight. Había empezado la noche en el Harold's, otro local al que había acudido en busca de unos socios de negocios. Pero, en su lugar, se había tropezado con Gore, el cual trabajaba ocasionalmente allí como barman y pinchadiscos. Apenas se conocían, pero cuando Gore le pidió que lo acompañara al Coachlight, no pudo negarse.

West, un hombre felizmente casado y padre de dos hijas, no solía quedarse hasta altas horas en los bares. Quería irse a casa pero se había enredado con Gore, el cual se volvía más exigente a medida que pasaban las horas. Cuando salieron del café, West le preguntó adónde quería ir. A casa de su madre en Oak Street, contestó Gore, unas pocas manzanas al norte. West conocía bien la ciudad y allá fueron, pero antes de llegar Gore cambió repentinamente de idea. Tras haber pasado varias horas con West, ahora le apetecía ir a pie, pese a que la temperatura era gélida y soplaba un viento desapacible. Se estaba acercando un frente frío.

Se detuvieron cerca de la iglesia baptista de Oak Avenue, no lejos de donde Gore había dicho que vivía su madre. Éste bajó, dio las gracias por todo y echó a andar. Aquella iglesia baptista se encontraba a un kilómetro y medio del apartamento de Debbie Carter. Y la madre de Gore vivía en la otra punta de la ciudad, o sea que su casa no estaba precisamente cerca de la iglesia de Oak Avenue.

A eso de las dos y media de la madrugada, Gina Vietta se encontraba en su apartamento con unos amigos cuando recibió dos extrañas llamadas, ambas de Debbie Carter. En la primera le pidió que fuera a recogerla en su coche porque alguien, un visitante, la estaba incomodando. Gina le preguntó quién era, quién estaba allí. La conversación fue interrumpida por unas voces amortiguadas y el ruido sordo de un forcejeo. Gina se quedó muy preocupada. Debbie tenía un Oldsmobile de 1975, y no le representaba ningún problema utilizarlo para ir adonde quisiera. Así pues, decidió acudir de inmediato a casa de su amiga, pero antes de abandonar su apartamento volvió a sonar el teléfono. Era Debbie, para decirle que había cambiado de idea, que todo iba bien y que no se preocupara. Gina volvió a preguntarle por el visitante, pero su amiga cambió de tema y no le facilitó el nombre. Se limitó a pedirle que la llamara por la mañana para despertarla, o de lo contrario llegaría tarde al trabajo. Era una petición muy extraña que Debbie jamás le había hecho anteriormente.

Gina tuvo ganas de acercarse de todos modos, pero se lo pensó mejor. Tenía invitados en su propio apartamento y ya era muy tarde. Debbie Carter podía cuidar de sí misma y, además, si tenía a un tipo en su habitación, ella no quería inmiscuirse. Al final de la noche, Gina se fue a la cama y se olvidó de llamar a Debbie por la mañana.

Sobre las once horas del 8 de diciembre, Donna Johnson pasó para saludar a Debbie. Ambas habían sido muy amigas en el instituto, antes de que Donna se fuera a vivir a Shawnee, a una hora por carretera. Pasaría el día en la ciudad para ver a sus padres y reunirse con unos amigos. Mientras subía brincando por la estrecha escalera exterior del apartamento encima del garaje donde vivía Debbie, aminoró el paso al advertir que pisaba cristales rotos. La ventanita de la puerta estaba rota. Por alguna razón, su primer pensamiento fue que Debbie había olvidado las llaves dentro y había roto el cristal para poder entrar. Donna llamó con los nudillos. No hubo respuesta, pero oyó la música de una radio en el interior. Giró el tirador y vio que la llave no estaba echada. Nada más poner el pie dentro comprendió que algo terrible había ocurrido.

La pequeña sala estaba patas arriba: los cojines del sofá tirados por el suelo y ropa diseminada por todas partes. En la parte derecha de la pared de enfrente alguien había garabateado con una especie de líquido rojo: «Jim Smith será el siguiente en morir.»

Donna llamó a gritos a Debbie; no hubo respuesta. Había estado una vez en el apartamento, así que se dirigió rápidamente al dormitorio sin dejar de llamar a su amiga. Habían desplazado violentamente la cama de su sitio y quitado todas las cubiertas. Vio un pie y después, en el suelo al otro lado de la cama, a Debbie... boca abajo, desnuda, ensangrentada y con algo escrito en la espalda.

Donna se quedó paralizada de horror, incapaz de dar un paso, mirando fijamente a su amiga a la espera de que se moviese. Puede que todo fuera un sueño, pensó.

Retrocedió y entró en la cocina donde, en una mesita blanca, vio otras palabras garabateadas por el asesino. Tal vez éste seguía allí, pensó de repente, y abandonó a toda prisa el apartamento. Corrió por la calle hasta una tienda, donde encontró un teléfono y llamó a la madre de Debbie.

Peggy Stillwell oyó las palabras pero no se las pudo creer. Su hija estaba tumbada desnuda en su dormitorio, cubierta de sangre e inmóvil. Se lo hizo repetir a Donna y después corrió a su coche. La batería estaba muerta. Anonadada por el temor, regresó a toda prisa a la casa y llamó a Charlie Carter, su ex marido y padre de Debbie. El divorcio, unos años atrás, no había sido amistoso y ambos apenas se hablaban.

Nadie contestó en casa de Charlie. Una amiga llamada Carol Edwards vivía en la acera de enfrente de Debbie. Peggy la llamó, le dijo que había ocurrido algo espantoso y le pidió que fuera corriendo a ver cómo estaba su hija. Después Peggy esperó y esperó. Al final, volvió a llamar a Charlie y éste se puso al teléfono.

Carol Edwards cruzó hasta el apartamento y se encontró con los mismos cristales rotos y la puerta abierta. Entró y vio la dantesca escena.

Charlie Carter era un albañil de ancho tórax que a veces

trabajaba como portero en el Coachlight. Subió a su camioneta y no paró hasta llegar al apartamento de su hija, pensando por el camino las cosas más horribles que se le pueden ocurrir a un padre. La escena que vio fue peor que todo lo que había imaginado.

Cuando vio el cuerpo de Debbie, la llamó dos veces por su nombre. Se arrodilló a su lado y le levantó delicadamente el hombro para verle la cara. Le habían introducido en la boca un paño ensangrentado. No tuvo duda de que su hija estaba muerta, pero igualmente esperó, confiando en descubrir alguna señal de vida. La cama había sido apartada de la pared, las sábanas habían desaparecido y la habitación era un completo desorden. Estaba claro que se había producido un violento forcejeo. Volvió a la sala de estar y leyó las palabras escritas en la pared, después fue a la cocina y miró alrededor. Todo el apartamento era la escena de un crimen. Charlie metió las manos en los bolsillos y se marchó.

Donna Johnson y Carol Edwards estaban en el rellano delante de la puerta, llorando y esperando. Oyeron a Charlie despedirse de su hija y decirle lo mucho que sentía lo que le había ocurrido. Cuando salió dando trompicones, él también lloraba.

—¿Pido una ambulancia? —le preguntó Donna.

—No —contestó él—. La ambulancia ya no sirve de nada. Llama a la policía.

Los auxiliares sanitarios llegaron primero, eran dos. Subieron a zancadas los peldaños, entraron en el apartamento, volvieron a salir en cuestión de segundos y vomitaron en el rellano.

Cuando el detective Dennis Smith llegó al apartamento, el exterior estaba lleno de policías, personal sanitario, mirones e incluso dos hombres de la fiscalía local. Al comprobar que se trataba de un probable homicidio, mandó acordonar la zona para mantener apartados a los vecinos y curiosos.

Smith, con una experiencia de diecisiete años en la policía de Ada, sabía cómo proceder. Ordenó que todo el mundo se retirara del apartamento, salvo él mismo y otro detective, y envió varios agentes por el barrio para que llamaran a las puertas en busca de testigos. Smith estaba furioso y a duras penas podía contener sus emociones. Conocía muy bien a Debbie; su hija y la hermana menor de Debbie eran amigas. Conocía a Charlie Carter y Peggy Stillwell y no podía creer que su hija estuviera muerta en el suelo de su propio dormitorio. Una vez controlado el entorno del crimen, dio comienzo al registro del apartamento.

Los cristales rotos del rellano procedían del panel de la puerta de entrada, y estaban diseminados tanto por dentro como por fuera. En la parte izquierda de la sala había un sofá cuyos cojines aparecían desperdigados por la estancia. Delante del mismo descubrió un camisón de franela sin estrenar con la etiqueta de Wal-Mart todavía prendida. En la pared del otro lado de la estancia vio el mensaje y supo de inmediato que estaba escrito con laca de uñas roja. «Jim Smith será el siguiente en morir.»

Conocía a Jim Smith.

En la cocina, en una blanca mesita cuadrada vio otro mensaje aparentemente escrito con ketchup: «No nos vusquéis, o de lo contrario...» En el suelo junto a la mesita había unos vaqueros y un par de botas. Pronto averiguaría que eso era lo que llevaba Debbie la víspera en el Coachlight.

Se dirigió al dormitorio, donde la cama bloqueaba parcialmente la puerta. Las ventanas estaban abiertas y las cortinas descorridas, por lo que hacía mucho frío. Una violenta lucha había precedido a la muerte; el suelo estaba cubierto de ropa, sábanas, mantas y animales de peluche. Nada parecía estar en su sitio. Cuando se arrodilló junto al cadáver, observó el tercer mensaje dejado por el asesino. En la espalda, escrito con lo que parecía ketchup reseco, se leía «Duke Graham».

Conocía a Duke Graham.

Debajo del cuerpo había un cable eléctrico y un cinturón estilo Oeste con una gran hebilla de plata. El nombre «Debbie» estaba grabado en el centro.

Mientras el oficial Mike Kieswetter, también de la policía de Ada, fotografiaba la escena, Smith empezó a recoger posibles pruebas. Encontró cabellos en el cuerpo, en el suelo, en la cama, en los animales de peluche. Recogió cada pelo y lo introdujo en una bolsa de papel, antes de anotar dónde lo había encontrado.

Etiquetó y guardó en distintas bolsas las fundas de almohada, las sábanas, el cable eléctrico y el cinturón, unas braguitas desgarradas que había en el suelo del baño, algunos animales de peluche, una cajetilla de Marlboro, una lata vacía de 7-Up, un bote de champú, varias colillas de cigarrillo, un vaso de la cocina, el teléfono y unos pelos encontrados debajo del cuerpo. Envuelta en una sábana y cerca del cuerpo de Debbie, recogió una botella de ketchup Del Monte. También la introdujo en una bolsa para su posterior examen en el laboratorio. Faltaba el tapón, pero más tarde lo encontraría el médico encargado de la autopsia.

Cuando terminó con las pruebas materiales, Smith inició el proceso de recogida de huellas dactilares, algo que había hecho muchas veces en numerosas escenas de crimen. Espolvoreó ambos lados de la puerta, los marcos de puertas y ventanas, las superficies de madera del dormitorio, la mesa de la cocina, los trozos más grandes de cristal roto, el teléfono e incluso el coche de Debbie aparcado fuera.

Gary Rogers era un agente del Departamento Estatal de Investigación de Oklahoma (OSBI) que vivía en Ada. Al llegar al apartamento sobre las doce y media de la mañana, fue informado de lo ocurrido por Dennis Smith. Ambos eran amigos y habían trabajado juntos en muchos casos.

En el dormitorio, Rogers observó algo que le pareció una pequeña mancha de sangre justo por encima del zócalo de una pared y al lado de una toma eléctrica. Más tarde, tras la retirada del cadáver, le pidió al oficial Rick Carson que cortara una sección de unos diez centímetros cuadrados de pladur y conservara la huella de sangre.

Dennis Smith y Gary Rogers compartían la misma impresión inicial: había más de un asesino. Así parecía corroborarlo el caos de la escena, la ausencia de marcas de ataduras en las muñecas y los tobillos de Debbie, las extensas lesiones de la cabeza, la pequeña toalla ensangrentada introducida en su boca, las magulladuras en los costados y los brazos, la probable utilización del cable eléctrico y el cinturón. Debbie no era frágil ni de baja estatura: metro setenta de estatura y sesenta kilos de peso. Era fuerte y no cabía duda de que había luchado valerosamente por su vida.

El doctor Larry Cartmell, forense local, se presentó para examinar brevemente el lugar. Su opinión inicial fue muerte por estrangulamiento. Autorizó el levantamiento del cadáver y su entrega a Larry Criswell, de la funeraria local. El cadáver fue trasladado en un coche fúnebre a la oficina del forense estatal en Oklahoma City, adonde llegó a las 18.25 horas y fue colocado en una unidad refrigerada.

El detective Smith y el agente Rogers regresaron a la comisaría de Ada y pasaron un rato con la familia de la víctima. Mientras trataban de consolarlos, aprovecharon también para anotar nombres. Amigos, novios, compañeros de trabajo, enemigos, antiguos jefes, cualquiera que conociera a Debbie y pudiera saber algo útil para esclarecer su muerte. A medida que se alargaba la lista, Smith y Rogers empezaron a llamar a sus amigos. La petición era muy sencilla: «Por favor, preséntese en la comisaría de policía y facilítenos huellas digitales y muestras de saliva, cabello y vello púbico.»

Nadie se negó a hacerlo. Mike Carpenter, el portero del Coachlight que había visto a Debbie en el aparcamiento con Glen Gore sobre las doce y media de la noche, fue el primero en aportar voluntariamente muestras. Tommy Glover, otro testigo del encuentro de Debbie con Gore, entregó las suyas.

A las siete y media de la tarde del 8 de diciembre, Glen Gore apareció en el Harold's Club, donde hacía de pinchadiscos y atendía la barra. El local estaba prácticamente vacío y, al preguntar el motivo de ello, alguien le habló del asesinato. Muchos clientes e incluso algunos empleados de Harold's se encontraban en la comisaría respondiendo a preguntas y dejando que les tomaran las huellas digitales.

Gore se dirigió a la comisaría, donde fue interrogado por Gary Rogers y D. W. Barrett, otro policía de Ada. Les dijo que conocía a Debbie Carter desde el instituto y que la había visto la víspera en el Coachlight.

El informe policial acerca de la entrevista con Gore reza lo siguiente:

> Glen Gore trabaja en el Harold's Club como discjockey. Susie Johnson le comentó de la muerte de Debbie en ese club sobre las 19.30 del 8/12/82. Glen asistió a la escuela con Debbie. Glen la vio el lunes 6/12/82 en el Harold's Club y el 7/12/82 en el Coachlight. Comentaron la posibilidad de pintar el coche de Debbie. Ella no le mencionó que tuviera problemas con nadie. Glen se presentó en el Coachlight sobre las 22.30 en compañía de Ron West. Se fue de allí con Ron sobre la 01.15. Glen nunca ha estado en el apartamento de Debbie.

El informe fue preparado por D. W. Barrett, autenticado por Gary Rogers y archivado junto con docenas de otros.

Gore cambiaría más tarde su declaración y afirmaría haber visto a un tal Ron Williamson acosando a Debbie en el club la noche del 7 de diciembre. Esta versión revisada no fue comprobada por nadie. Muchos de los presentes conocían a Ron Williamson, un juerguista y un bocazas de mala fama. Nadie recordaba haberlo visto en el Coachlight; de hecho, muchos entrevistados aseguraron rotundamente que no estaba allí.

Cuando Ron Williamson estaba en un bar, todo el mundo se enteraba.

Curiosamente, en medio de tantas tomas de huellas digitales y muestras de cabello el 8 de diciembre, Gore se escapó inexplicablemente. O se escabulló, o fue ignorado adrede o simplemente olvidado. Por la razón que fuera, no le tomaron las huellas y tampoco entregó muestras de saliva ni de cabello.

Tendrían que pasar más de tres años y medio para que la policía de Ada tomara finalmente muestras de Gore, la última persona vista con Debbie Carter antes de su asesinato.

A las tres de la tarde del día siguiente, 9 de diciembre, el doctor Fred Jordan, forense del estado y especialista en medicina legal, efectuó la autopsia. Estuvieron presentes el agente Gary Rogers y Jerry Peters, también del OSBI.

El doctor Jordan, un veterano de miles de autopsias, hizo constar en primer lugar que se trataba del cuerpo de una joven de raza blanca, desnuda a excepción de un par de calcetines blancos. El *rigor mortis* era completo, lo cual indicaba que llevaba muerta por lo menos veinticuatro horas. Sobre el pecho, escrita en lo que parecía esmalte de uñas rojo, figuraba la palabra «muérete». Le habían untado el cuerpo con otra sustancia roja, probablemente ketchup, y en la espalda, también con ketchup, habían escrito «Duke Graham».

Se observaban pequeñas magulladuras en los brazos, el pecho y el rostro. El forense vio unos pequeños cortes en la parte interna de los labios; profundamente introducido hasta la garganta y asomando por la boca había una pequeña toalla verdosa empapada de sangre, que él retiró cuidadosamente. En el cuello había magulladuras y erosiones formando un semicírculo. La vagina estaba magullada. El recto aparecía muy dilatado; al examinarlo, el forense descubrió y retiró un pequeño tapón de rosca de botella.

El examen interno no reveló nada inesperado: pulmones anegados, corazón dilatado, varias magulladuras en el cráneo, pero ausencia de lesión cerebral interna.

Todas las heridas se habían infligido en vida.

No había ninguna señal de ligaduras en las muñecas o los tobillos. La serie de pequeñas magulladuras en los antebrazos probablemente eran resultado de movimientos defensivos. El índice de alcoholemia en el momento de la muerte era bajo: 0,4. Se tomaron muestras de la boca, la vagina y el ano. Los exámenes microscópicos posteriores revelarían la presencia de espermatozoos en los dos últimos, pero no en la boca.

Para conservar las pruebas, el doctor Jordan le cortó las uñas de las manos, rascó el ketchup y la laca de uñas para obtener muestras, con un peine retiró el vello suelto del pubis y cortó también un mechón de cabello.

Como causa de la muerte se dictaminó asfixia, provocada por la combinación de la pequeña toalla que la había ahogado y el cinturón o el cable eléctrico que la había estrangulado.

Cuando Jordan finalizó la autopsia, Jerry Peters sacó fotografías del cadáver y tomó una serie completa de huellas digitales y palmares.

Peggy Stillwell estaba tan aturdida que no podía hacer nada ni tomar decisiones de ningún tipo. No le importaba quién organizara el funeral ni cómo lo hiciera, porque no pensaba asistir. No podía comer ni ducharse, y menos aún aceptar que su hija hubiera muerto. Una hermana suya, Glenna Lucas, se quedó con ella en casa y con tacto tomó las riendas de la situación. Se organizaron las ceremonias y Peggy fue informada por la familia de que se esperaba su asistencia.

El sábado 11 de diciembre se celebró el oficio en la capilla de la funeraria Criswell. Glenna bañó y vistió a Peggy, después la acompañó en coche a la ceremonia y le sostuvo la mano durante el doloroso trance.

En la Oklahoma rural prácticamente todos los funerales se celebran con el féretro abierto y colocado bajo el púlpito para que los presentes puedan ver al difunto. Las razones no están muy claras y han caído en el olvido, pero el resultado es añadir un estrato más de angustia al sufrimiento.

Así pues, resultó evidente que Debbie había sido golpeada. Su rostro estaba hinchado y magullado, aunque una blusa de encaje de cuello alto ocultaba las heridas del estrangulamiento. La enterraron también con sus vaqueros y sus botas preferidas, un cinturón vaquero de hebilla ancha y un coletero de *strass* que su madre ya le había comprado para Navidad.

El reverendo Rick Summers ofició la ceremonia ante una asistencia masiva. Después, bajo una ligera nevada, Debbie fue enterrada en el cementerio de Rosedale. La sobrevivían sus padres, dos hermanas, dos abuelos y dos sobrinos. Era miembro de una pequeña iglesia baptista donde había sido bautizada a la edad de seis años.

El asesinato sacudió Ada. Aunque la ciudad contaba con un amplio historial de violencia y muertes, las víctimas solían ser vaqueros, gentes de paso y personas por el estilo, hombres que, de no haber muerto de un balazo, habrían recibido su merecido a su debido tiempo. Pero aquella brutal violación y asesinato de una chica era algo tan aterrador que la ciudad se convirtió en un hervidero de conjeturas, chismorreos y temores. Por la noche se cerraban puertas y ventanas. Las jóvenes madres no se apartaban de sus hijos y éstos se limitaban a jugar en los umbrosos jardincitos de los chalets.

Y en los bares y tabernas no se hablaba de otra cosa. Puesto que Debbie había trabajado en muchos de ellos, numerosos clientes habituales la conocían. La chica había tenido unos cuantos novios que, en los días siguientes a su muerte, fueron interrogados por la policía. Se facilitaron nombres de otros amigos, conocidos y novios. Docenas de interrogatorios permitieron averiguar más nombres, pero no a verdaderos sospechosos. Era una chica muy conocida, apreciada y sociable, y parecía increíble que alguien le hubiera hecho eso.

La policía elaboró una lista de veintitrés personas que se encontraban en el Coachlight el 7 de diciembre y las interrogó a casi todas. Nadie recordaba haber visto a Ron Williamson, aunque casi todo el mundo lo conocía.

Sugerencias, historias y recuerdos de extraños personajes llegaban continuamente al departamento de policía. Una chica llamada Angelia Nail le habló a Dennis Smith de un encuentro con Glen Gore. Ella y Debbie Carter eran íntimas amigas y ésta creía que Gore le había robado los limpiaparabrisas del coche. La cosa había acabado convirtiéndose en un tema constante de discusión. Conocía a Gore desde el instituto y le tenía miedo. Una semana antes del asesinato, Angelia acompañó a Debbie a la casa de Gore para plantearle la cuestión. Debbie entró en la casa y mantuvo una conversación con el chico. Cuando regresó al automóvil, estaba furiosa y más convencida aún de que él le había robado los limpiaparabrisas. Acudieron a la comisaría y hablaron con un agente, pero no se presentó ninguna denuncia formal.

Tanto Duke Graham como Jim Smith eran bien conocidos por la policía de Ada. Duke, junto con su mujer Johnnie, regentaba una sala de fiestas, un lugar bastante civilizado donde no admitía que se armara jaleo. Los altercados eran escasos, pero se había producido uno especialmente desagradable con Jim Smith, un ratero de tres al cuarto. Smith estaba borracho y armaba alboroto, por lo que, al no conseguir que se fuera por las buenas, Duke hizo un disparo de advertencia con su escopeta y lo obligó a salir por piernas. Hubo intercambio de amenazas y, durante unos días, la situación fue muy tensa en el local. Smith era de los que podían regresar con su propia escopeta y ponerse a disparar indiscriminadamente.

Glen Gore era un asiduo de la sala de fiestas hasta que empezó a dedicar tiempo a flirtear con Johnnie. Cuando se puso demasiado insistente, ella le pasó el problema a Duke. Gore fue desterrado del local.

Quienquiera que hubiera matado a Debbie Carter había tratado torpemente de endilgarle el asesinato a Duke Graham y de obligar al mismo tiempo a huir a Jim Smith. Éste ya estaba fuera de la circulación, cumpliendo condena en una prisión estatal. Duke fue en su coche a la comisaría y presentó una sólida coartada.

La familia de Debbie fue informada de que tenía que dejar libre el apartamento que la malograda alquilaba. La madre seguía sin fuerzas para hacer nada. Su hermana Glenna se ofreció a cumplir la desagradable tarea.

Un agente de policía abrió el apartamento y Glenna entró despacio. Nada se había tocado desde el asesinato y su primera reacción fue de pura cólera. Estaba claro que había habido una pelea. Su sobrina había luchado desesperadamente por su vida. ¿Cómo podía alguien haber ejercido tanta violencia contra una muchacha tan dulce y agraciada?

El apartamento estaba frío y se respiraba un olor repulsivo que ella no logró identificar. La frase «Jim Smith será el siguiente en morir» seguía en la pared. Glenna contempló con incredulidad el mensaje del asesino. Le había llevado su tiempo, pensó. Debía de haber permanecido allí un buen rato. Al final, su sobrina había muerto después de haber sufrido un suplicio brutal. En el dormitorio, el colchón descansaba contra una pared y nada estaba en su sitio. En el armario no había ni un solo vestido o blusa que colgara de una percha. ¿Por qué habría el asesino arrancado todas las prendas de las perchas?

La pequeña cocina estaba desordenada pero no mostraba signos de lucha. La última comida de Debbie había incluido patatas congeladas —Tater Tots— y las sobras permanecían intactas en un plato de plástico junto con ketchup reseco. Había un salero al lado del plato sobre la mesita blanca que ella utilizaba para sus comidas. Al lado del plato se podía leer otro mensaje: «No nos vusqueis, o de lo contrario...» Glenna sabía que el asesino había utilizado ketchup para escribir algunos de sus mensajes. La sorprendió la falta de ortografía.

Glenna consiguió borrar de su mente aquellos terribles pensamientos y empezó a recoger las cosas. Tardó dos horas en guardar en cajas toda la ropa, los platos, toallas y demás. La ensangrentada colcha no había sido retirada por la policía. Aún había sangre reseca en el suelo.

Glenna no tenía intención de limpiar el apartamento,

simplemente quería recoger las pertenencias de Debbie y marcharse de allí lo antes posible. Pero le resultaba mortificante dejar aquellas palabras escritas por el asesino con la laca de uñas de la propia Debbie. Y tampoco le gustaba dejar sus manchas de sangre en el suelo para que otra persona las limpiara. Barajó la posibilidad de fregarlo todo a conciencia, centímetro a centímetro, para eliminar todas las huellas del asesinato. Pero Glenna ya había visto suficiente. Se había acercado a la muerte todo lo que había podido.

La detención de sospechosos habituales se prolongó a lo largo de los días siguientes al asesinato. Un total de veintiún hombres facilitó sus huellas digitales y muestras de cabello y saliva. El 16 de diciembre, el detective Smith y el agente Rogers se desplazaron por carretera al laboratorio de investigación del OSBI en Oklahoma City y, una vez allí, entregaron las pruebas recogidas en la escena del crimen junto con las muestras obtenidas de diecisiete hombres.

El trozo de pladur de diez centímetros cuadrados era la prueba más prometedora. Si la huella de sangre había quedado en la pared durante el forcejeo y si no pertenecía a Debbie Carter, la policía dispondría de una sólida pista para atrapar al asesino. El perito Jerry Peters del OSBI examinó el trozo de pladur y comparó cuidadosamente los restos de sangre con las muestras extraídas de Debbie durante la autopsia. Su primera impresión fue que las huellas no pertenecían a la víctima, pero quería revisar su análisis.

El 4 de enero de 1983, Smith entregó más huellas digitales. Aquel mismo día las muestras de cabello de Debbie y de la escena del crimen se entregaron a Susan Land, una analista capilar del OSBI. Dos semanas más tarde, más muestras de la escena del crimen llegaron a su mesa. Tras ser catalogadas y añadidas a las demás, se colocaron en una larga fila para ser examinadas y analizadas algún día por Susan Land, la cual estaba sobrecargada de trabajo y bregaba con una tremenda acumulación de casos. Como casi todos los laboratorios de investigación criminal, el de Oklahoma no disponía de fondos ni de personal suficiente y estaba sometido a una enorme presión.

Mientras esperaban los resultados, Smith y Rogers continuaron con su investigación, tratando de seguir las distintas pistas. El asesinato aún era la noticia más candente de Ada y la gente quería que se resolviera cuanto antes. Pero tras haber hablado con todos los barmans, porteros, novios y noctámbulos de última hora, la investigación se estaba convirtiendo en una monótona y aburrida tarea. No había ningún sospechoso claro ni ninguna pista clara.

El 7 de marzo de 1983, Gary Rogers interrogó a Robert Gene Deatherage, un vecino del lugar. Deatherage acababa de cumplir una breve condena en la prisión de Pontotoc por conducir en estado de embriaguez. Había compartido la celda con Ron Williamson, encerrado también por el mismo motivo. En la cárcel no se hablaba más que del asesinato de Debbie Carter y circulaban toda suerte de descabelladas teorías acerca de lo ocurrido, así como variopintos comentarios de quienes afirmaban saber algo al respecto. Según Deatherage, semejantes habladurías no eran del agrado de Williamson. Ambos discutían a menudo e incluso se atizaban. Williamson no tardó en ser trasladado a otra celda. Deatherage tenía la vaga sensación de que Ron estaba en cierto modo implicado en el asesinato, por lo que aconsejó a Gary Rogers que la policía se concentrara en él como sospechoso.

Era la primera vez que el nombre de Ron Williamson se mencionaba en la investigación.

Dos días más tarde la policía interrogó a Noel Clement, uno de los primeros hombres que proporcionó voluntariamente sus huellas digitales y muestras de cabello. Clement reveló que Williamson había estado recientemente en su apartamento, al parecer buscando a otra persona. Williamson entró sin llamar, vio una guitarra, la cogió y se puso a comentar el asesinato con Clement. En el transcurso de la conversación, Williamson dijo que, al ver los vehículos de la policía en el barrio la mañana del crimen, pensó que iban por él. Había tenido ciertos problemas en Tulsa, dijo, y quería evitar que ocurriera lo mismo en Ada.

Era inevitable que la policía acabara por encaminar sus pesquisas hacia Ron Williamson; en realidad, fue muy raro que tardara tres meses en interrogarlo. Algunos agentes, entre ellos Rick Carson, habían crecido con él y casi todos recordaban a Ron de sus días en el equipo de béisbol del instituto. En 1983 seguía siendo el fichaje más alto que jamás hubiera salido de Ada. Cuando firmó por los Oklahoma A's en 1971, muchos, y sin duda el propio Williamson, pensaron que quizás acabaría convirtiéndose en el nuevo Mickey Mantle, el siguiente gran jugador de Oklahoma.

Pero el béisbol había quedado atrás hacía mucho tiempo y ahora la policía lo conocía como un aficionado a la guitarra sin empleo que vivía con su madre, bebía demasiado y se comportaba de manera muy rara.

Tenía en su haber dos detenciones por conducir bajo los efectos del alcohol o la droga, una detención por embriaguez en público y una sólida mala fama cimentada en Tulsa.

2

Ron Williamson había nacido en Ada el 3 de febrero de 1953, primer y único hijo varón de Juanita y Roy Williamson. Éste trabajaba como vendedor puerta a puerta para la empresa Rawleigh de productos para el hogar. Ya era un elemento más del paisaje de Ada, donde recorría con paso cansino las aceras vestido con chaqueta y corbata, portando su pesada maleta de muestras llena de suplementos alimenticios, especias y productos para la cocina. Era una manera muy dura de ganarse la vida, físicamente agotadora y con largas horas de papeleo por la noche. Sus comisiones eran muy bajas, por lo que, poco después de nacer Ronnie, Juanita encontró trabajo en el hospital de Ada.

Puesto que sus dos progenitores trabajaban, fue lógico que Ronnie cayera en el regazo de su hermana Annette, cosa que a aquella niña de doce años le encantó. Le daba de comer, lo aseaba, jugaba con él, lo mimaba y consentía. Fue para ella un magnífico juguete que tuvo la suerte de heredar. Cuando no estaba en la escuela, Annette cuidaba de su hermano, limpiaba la casa y preparaba la comida.

Renee, la hija mediana, tenía cinco años cuando Ronnie nació y, aunque no sentía el menor deseo de cuidar de él, no tardó en convertirse en su compañera de juegos. Annette también la tenía bajo sus órdenes, por lo que, a medida que iban creciendo, Renee y Ronnie solían confabularse contra su fraternal guardiana.

Juanita era una devota cristiana, una mujer muy enérgica que obligaba a su familia a ir a la iglesia todos los miércoles y domingos y asistir a cualquier otro oficio religioso que hubiese. Los niños jamás se perdían las clases de la escuela dominical, la escuela bíblica estival, los campamentos de verano, las concentraciones religiosas, las reuniones sociales de la iglesia e incluso algunas bodas y algunos funerales. Roy no era tan piadoso pero, a pesar de todo, aceptaba aquel estilo de vida tan disciplinado: una fiel asistencia a la iglesia, ausencia absoluta de alcohol, juegos de azar, palabrotas, partidas de cartas o bailes; y una entrega incondicional a la familia. Era muy severo y en un santiamén podía quitarse el cinturón y proferir terribles amenazas o soltar algún que otro fustazo, por regla general al trasero de su único hijo varón.

La familia pertenecía a la Primera Iglesia de la Santidad Pentecostal, una vigorosa comunidad de feligreses. Como pentecostales que eran, creían en una ferviente vida de oración, en el fomento constante de su relación personal con Jesucristo, en la fidelidad a la Iglesia en todos los aspectos de su actividad, en el solícito estudio de la Biblia y en la amorosa acogida de los nuevos miembros. El culto no estaba hecho para los tímidos y en él abundaban los vibrantes cánticos gospel, los encendidos sermones y la emocionada participación de los fieles, la cual incluía a menudo el don de lenguas desconocidas, las curaciones instantáneas o la «imposición de manos», así como la generalizada costumbre de expresar en voz alta cualquier emoción que el Espíritu pudiera suscitar en los fieles.

A los niños se les enseñaban las pintorescas historias del Antiguo Testamento y se les hacía aprender de memoria los versículos más populares de la Biblia. También se les animaba a «aceptar a Jesucristo» a muy temprana edad, a confesar sus pecados, a pedirle al Espíritu Santo que entrara en sus vidas para toda la eternidad y a seguir el ejemplo de Jesús con un bautismo público. Ronnie aceptó a Jesucristo a los seis años de edad y fue bautizado en el río Azul, al sur de la ciudad, al término de una larga concentración religiosa primaveral.

Los Williamson llevaban una serena existencia en una casita de la calle Cuatro, en el este de Ada, cerca del colegio universitario. Para distraerse, visitaban a los miembros de la familia que vivían por los alrededores, participaban en las actividades de la iglesia y algunas veces en acampadas en un cercano parque estatal. Sentían muy poco interés por el deporte, pero la situación cambió radicalmente cuando Ronnie descubrió el béisbol. Empezó a jugar en la calle en partidos improvisados y con interminables cambios de reglamento. Desde el principio estuvo muy claro que su brazo era fuerte y sus manos muy rápidas. Balanceaba el bate por el lado izquierdo. Se enganchó al juego a partir del primer día y no tardó en darle la lata a su padre para que le comprara un guante y un bate. El dinero no sobraba en casa, pero Roy se llevó al niño de compras. Así nació un rito anual: la visita primaveral al establecimiento Haynes Hardware para la elección de un nuevo guante, que solía ser el más caro de la tienda.

Cuando no utilizaba el guante, Ron lo guardaba en un rincón de su dormitorio en el que había levantado un altar en honor de Mickey Mantle, el Yankee más grande y el mejor jugador de Oklahoma de las principales ligas de béisbol profesional de Estados Unidos. Mantle era un ídolo para los niños de todo el país, pero en Oklahoma era un dios. Todos los jugadores de las ligas menores del estado soñaban con convertirse en el siguiente Mickey, incluido Ronnie, que tenía fotografías y estampas de Mick pegadas en su habitación. A la edad de seis años podía repetir de memoria todas las estadísticas de Mantle y también las de otros grandes jugadores.

Cuando no jugaba por las calles, Ronnie se pasaba el rato en el salón de su casa, balanceando el bate con firmeza. La casa era pequeña y el mobiliario, muy sencillo e insustituible, por lo que cuando su madre lo sorprendía esgrimiendo el bate tras haber evitado por los pelos darle a una lámpara o una silla, lo ponía de patitas en la calle. Pero él regresaba a los pocos minutos. Para Juanita, su niño era algo muy especial. A pesar de que estaba un poco mimado, sin duda era incapaz de hacer nada malo.

Su comportamiento era también desconcertante. Podía mostrarse muy dulce y sensible, dispuesto a expresar su afecto a su madre y sus hermanas e, instantes después, actuar con el egoísmo propio de un niño malcriado y majadero. Ya en sus primeros años de vida se observaban en él unos extraños cambios de humor que, sin embargo, no dieron especial motivo de alarma. Ronnie era simplemente un niño un poco difícil. Puede que ello se debiera a que era el más pequeño y vivía en una casa llena de mujeres que lo mimaban.

En todas las pequeñas ciudades hay un entrenador de liga menor tan amante del juego que se pasa la vida buscando nuevos talentos, incluso el de un chiquillo de ocho años. En Ada el hombre se llamaba Dewayne Sanders, entrenador de los Police Eagles. Trabajaba en una estación de servicio situada a tiro de piedra del hogar de los Williamson en la calle Cuatro. A Sanders no tardó en llegarle la voz acerca de las aptitudes del pequeño Williamson, y poco después lo contrató. A pesar de su tierna edad, estaba claro que Ronnie sabía jugar; cosa extraña, pues su padre tenía muy escasos conocimientos de béisbol. Ronnie lo había aprendido todo en la calle.

En los meses estivales el béisbol empezaba a primera hora de la mañana, cuando los chicos se reunían para comentar el partido de los Yankees de la víspera. Sólo de los Yankees. Estudiaban los tantos del bateador, hablaban de Mickey Mantle y lanzaban la pelota mientras esperaban la llegada de otros jugadores. Un pequeño grupo significaba un partido en la calle, sorteando los automóviles que pasaban y rompiendo alguna que otra ventana. Cuando se juntaban más niños, todos se dirigían a algún solar para disputar partidos más importantes, que solían prolongarse todo el día. A última hora de la tarde regresaban cansados a casa, justo a tiempo para asearse, tomar un bocadillo, ponerse los colores de su equipo y correr al Kiwanis Park para asistir a un partido de verdad.

Los Police Eagles solían colocarse en el primer puesto, fruto del trabajo de Dewayne Sanders. La estrella del equipo era Ronnie Williamson. Su nombre apareció por vez primera en el *Ada Evening News* cuando él contaba apenas nueve años de edad: «Los Police Eagles aprovecharon doce jits, incluyendo dos jonrones por parte de Ron Williamson, que hizo también dos dobles.»

Roy Williamson asistía a todos los partidos y lo contemplaba todo en silencio desde las gradas. Jamás gritaba a un árbitro o un entrenador y tampoco a su propio hijo. De vez en cuando, después de un mal partido, le daba algún consejo paternal, habitualmente acerca de la vida en general. Roy jamás había jugado al béisbol y apenas si entendía las reglas. Su hijo le llevaba años de adelanto.

Cuando Ronnie tenía once años empezó a jugar en la Liga Infantil de Ada y fue el principal fichaje de los Yankees, patrocinado por el Oklahoma State Bank. Se convirtió en el conductor del equipo a lo largo de una temporada imbatida.

A los doce años, cuando jugaba todavía en los Yankees, el periódico de Ada reseñó la temporada del equipo: «El Oklahoma State Bank se apuntó quince carreras al final del primer turno... Ronnie Williamson se apuntó dos triples» (9 de junio de 1965); «Los Yankees fueron al bate sólo tres veces... pero los impresionantes turnos de Roy Haney, Ron Williamson y James Lamb fueron decisivos. Williamson hizo triple» (11 de junio de 1965); «Los Yankees del Oklahoma State Bank marcaron dos veces en el turno inicial... Ron Williamson y Carl Tilley consiguieron dos de los cuatro jits, cada uno de los cuales fue un doble» (13 de julio de 1965); «El equipo del banco ascendió al segundo puesto... Ronnie Williamson se apuntó dos dobles y un sencillo» (15 de julio de 1965).

En los años sesenta, el instituto superior de Byng se encontraba a unos trece kilómetros al nordeste del límite urbano de Ada. Estaba considerado un instituto rural, mucho más pequeño que el de Ada. A pesar de que los niños del barrio podían matricularse en este último —si así lo querían y estaban dispuestos a recorrer la distancia—, prácticamente todos preferían el de Byng, sobre todo porque el autobús de éste pasaba por la zona este de la ciudad mientras que el de Ada no. Casi todos los niños de la calle de Ron asistían a Byng.

En el instituto de Byng, Ronnie fue elegido secretario de la clase de séptimo curso y al año siguiente, presidente y alumno predilecto de octavo, último curso del bachillerato inferior.

En 1967 ingresó en noveno curso, uno de los sesenta alumnos que iniciaron el primer año del bachillerato superior.

En Byng no se jugaba al fútbol americano, deporte oficiosamente reservado para Ada, cuyos poderosos equipos competían anualmente por el título estatal. Byng era un instituto donde se practicaba el baloncesto. Ronnie se familiarizó con este juego durante su primer año, y lo asimiló tan rápidamente como había hecho con el béisbol.

Aunque jamás había sido un empollón, le gustaba la lectura y sacaba notables y sobresalientes. Las matemáticas eran su asignatura preferida. Cuando se aburría con los libros de texto, hojeaba diccionarios y enciclopedias. Era un maniático de ciertos temas. En medio de un atracón de diccionarios, retaba a sus amigos con palabras que éstos jamás habían oído y se burlaba de ellos cuando no conocían su significado. Estudió a todos los presidentes norteamericanos, memorizó incontables detalles acerca de cada uno de ellos y después se pasó meses sin hablar de otra cosa. A pesar de que se estaba apartando de su iglesia, todavía recordaba docenas de versículos de las Sagradas Escrituras, que a menudo utilizaba en su propio provecho y, más a menudo aún, para retar a quienes lo rodeaban. A veces sus obsesiones acababan con la paciencia de amigos y familiares.

Pero Ronnie era un deportista de gran valía y, por consiguiente, un alumno muy popular. Lo eligieron vicepresidente de su clase. Las chicas se fijaban en él y querían salir con él, y Ronnie no se mostraba nada tímido con ellas. Empezó a volverse bastante maniático con su aspecto y remilgado con su vestuario. Quería prendas más bonitas que las que sus padres podían comprarle, pero aun así insistía en que se las compraran. Roy empezó a comprarse discretamente ropa de segunda mano para que su hijo pudiera vestir mejor.

Annette se había casado y vivía en Ada. En 1969, ella y su madre inauguraron la Beauty Casa, un salón de belleza ubicado en la planta baja del viejo hotel Julienne del centro de Ada. Trabajaban duro y el negocio prosperó rápidamente, pues entre sus prestaciones incluía, curiosamente, los servicios de varias prostitutas que ejercían en los pisos superiores del hotel. Aquellas damas de la noche llevaban décadas siendo un típico elemento de la ciudad y tenían en su haber la ruptura de varios matrimonios. Juanita apenas si las soportaba.

La incapacidad innata de Annette de negarle nada a su hermano menor volvió a perseguirla cuando a él le dio por pedirle dinero para ropa y para salir con chicas. Cuando descubrió que su hermana tenía una cuenta abierta en una tienda de ropa de la ciudad, empezó a echar mano de ella. Y jamás compraba prendas baratas. Algunas veces pedía permiso, pero la mayoría no. Annette estallaba, ambos discutían y al final él, zalamero, conseguía que pagara la factura. Ella lo adoraba tanto que no sabía decir que no y, además, quería que su hermanito tuviera siempre lo mejor. En medio de una discusión, él siempre conseguía decirle lo mucho que la quería. Y no cabía duda de que era cierto.

A Renee y Annette las preocupaba que su hermano se volviera demasiado malcriado y presionara excesivamente a sus padres. A veces lo recriminaban duramente; algunas peleas eran memorables, pero Ronnie siempre se salía con la suya. Lloriqueaba y se disculpaba y lograba que todo el mundo se ablandara y sonriese. Las hermanas solían darle dinero a escondidas para ayudarle a comprarse cosas que los padres no podían permitirse. Él podía mostrarse ensimismado, exigente, egocéntrico e infantil —desde luego era el rey de la casa—, y después, en un estallido de su desbordante personalidad, lograba que toda la familia comiera de su mano.

Lo querían con toda su alma, y él a ellos. En medio de sus discusiones, ellos sabían que el niño acabaría consiguiendo lo que quisiera.

El verano después del noveno curso de Ronnie, algunos chicos afortunados decidieron irse a un campamento de béisbol de un cercano colegio universitario. Ronnie también quería ir, pero Roy y Juanita no podían costearlo. Él insistió: sería una magnífica oportunidad de mejorar su juego y quizá los entrenadores del centro se fijaran en él. Se pasó semanas sin hablar de otra cosa, y como la decisión paterna parecía inconmovible empezaron a darle berrinches. Al final, Roy cedió y pidió un préstamo al banco.

El siguiente proyecto de Ron fue la adquisición de una motocicleta, algo a lo que sus padres se oponían. Pasaron por la habitual serie de negativas y sermones e intentaron hacerle entender que simplemente no disponían del dinero necesario; además, una moto era algo muy peligroso. Ronnie contestó que se la compraría con su propio dinero. Encontró su primer trabajo como repartidor de periódicos vespertinos y empezó a ahorrar hasta el último céntimo. Cuando tuvo dinero para la entrada, compró la motocicleta y acordó con el propietario de la tienda los plazos mensuales que iba a pagar.

El pago financiado empezó a fallar por culpa de una concentración religiosa cuyos participantes dormían en tiendas de campaña. La Cruzada de Bud Chambers se plantó en Ada: una nutrida muchedumbre, música potente, sermones carismáticos y algo que hacer por la noche. Ronnie asistió a la primera ceremonia, se sintió profundamente conmovido y regresó al día siguiente con casi todos sus ahorros. Cuando pasaron la bandeja de la colecta, se vació los bolsillos.

Pero el hermano Bud necesitaba más y Ronnie regresó a la noche siguiente con el resto de su dinero. Al día siguiente reunió toda la calderilla que pudo encontrar o pedir prestada y por la noche asistió a otra multitudinaria ceremonia, donde efectuó el nuevo donativo que tanto le había costado conseguir. A lo largo de toda la semana, Ronnie logró seguir haciendo donativos y, cuando finalmente terminó la cruzada, estaba absolutamente sin blanca.

Después dejó su trabajo de repartidor de periódicos porque éste interfería con el béisbol. Su padre reunió el dinero y acabó de pagar la motocicleta.

Como sus hermanas ya se habían ido de casa, Ronnie exigía toda la atención de sus padres. Un hijo menos cautivador habría resultado insoportable, pero él poseía unas extraordinarias dotes de seducción. Cordial, sociable y generoso por naturaleza, no tenía ningún problema en esperar generosidad por parte de su familia.

Cuando estaba a punto de iniciar el décimo curso, el entrenador de fútbol americano del instituto de Ada abordó a Roy y le aconsejó que matriculase a su hijo en dicho centro. El chico era un atleta nato; para entonces toda la ciudad ya sabía que era un destacado jugador de baloncesto y béisbol. Pero Oklahoma es tierra de fútbol y el entrenador le aseguró a Roy que todo iría mucho mejor si jugaba con los Cougars de Ada. Con su envergadura, su rapidez y su brazo, no tardaría en convertirse en el mejor jugador y puede que hasta lo ficharan. El entrenador se ofreció a pasarse por la casa cada mañana y llevar al chico al instituto en su automóvil.

Pero la decisión la tomó Ronnie, y éste decidió quedarse dos años más en Byng.

La comunidad rural de Asher está discretamente situada junto a la autopista 177, treinta kilómetros al norte de Ada. Tiene muy pocos habitantes —menos de quinientos—, carece prácticamente de centro, hay un par de iglesias, una torre de agua y unas cuantas calles asfaltadas con algunas viejas viviendas desperdigadas. Su orgullo es un precioso campo de béisbol un poco más allá de su instituto de clase B, en Division Street.

Como casi todas las pequeñas localidades, Asher no parece un lugar indicado para encontrar nada que merezca la pena; sin embargo, durante cuarenta años tuvo el equipo de béisbol de instituto más ganador de todo el país. De hecho, ningún instituto en toda la historia, ni público ni privado, había ganado jamás tantos partidos como los Indians de Asher.

Todo empezó en 1959, cuando llegó un joven entrenador llamado Murl Bowen y heredó un equipo que no había ganado ni un solo partido en la temporada anterior. En cuestión de tres años Asher logró su primer título estatal. Le seguirían varias docenas más.

Por motivos que probablemente nunca se averiguarán, Oklahoma aprueba la práctica del béisbol de instituto sólo en aquéllos demasiado pequeños para contar con un equipo de fútbol. Durante su carrera en Asher, no era raro que los equipos del entrenador Bowen ganaran un título estatal en otoño y otro en primavera. Durante una extraordinaria racha, Asher se clasificó para las finales estatales nada menos que sesenta veces seguidas, es decir, treinta años seguidos, otoño y primavera.

En cuarenta años, los equipos de Bowen ganaron 2.115 partidos, perdieron sólo 349, se llevaron a casa 43 trofeos de campeonato estatales y enviaron a docenas de jugadores al béisbol universitario y la Liga Menor. En 1975 Bowen fue elegido Entrenador de Instituto del Año de todo el país y la ciudad se lo agradeció mejorando el Bowen Field. En 1995 repitió galardón.

—No fui yo —dice modestamente al recordarlo—. Fueron los chicos. Yo jamás me apunté una carrera.

Puede que no, pero no cabe duda de que produjo montones. Cada agosto, cuando la temperatura en Oklahoma alcanza a menudo los cuarenta grados, el entrenador Bowen reunía a su pequeño grupo de jugadores y planificaba el siguiente asalto a la liga estatal. Sus listas de jugadores eran siempre muy reducidas —cada clase en Asher tenía unos veinticinco alumnos, la mitad de ellos chicas— y no era raro tener un grupo de doce jugadores, incluyendo algún que otro prometedor alumno de octavo curso. Para asegurarse de que ninguno de ellos se fuera, su primera orden del día consistía en repartir los uniformes. Cada chico era el equipo.

Después trabajaba con ellos, empezando con tres horas de entrenamiento diarias. Los ejercicios eran extremadamente exigentes: horas de preparación, sprints, carreras de bases, adiestramiento en fundamentos. Predicaba el trabajo duro, la fortaleza de las piernas, la entrega y, por encima de todo, la deportividad. Ningún jugador de Asher discutía jamás con un árbitro, arrojaba el casco en señal de exasperación o hacía lo que fuera con tal de descubrir las intenciones del adversario. Siempre que le era posible, ningún equipo de Asher humillaba demasiado a un instituto más débil.

Bowen trataba de evitar los rivales débiles, especialmente en primavera, cuando la temporada era más larga y él tenía más flexibilidad con el calendario. Asher se hizo famoso por enfrentarse con los grandes institutos y derrotarlos. Solía propinar sonados vapuleos a Ada, Norman y los gigantes 4A y 5A de Oklahoma City y Tulsa. A medida que crecía la leyenda, estos equipos preferían viajar a Asher para jugar en el antiguo campo de cuyo mantenimiento se encargaba el propio Bowen. Casi siempre se retiraban en un discreto autocar.

Sus equipos eran altamente disciplinados y algunos críticos decían que contaba con muy buenos fichajes. Asher se convirtió en un imán para los jugadores de béisbol que aspiraban seriamente a llegar a la Liga Mayor o el Show, como popularmente la llamaban, por cuyo motivo fue inevitable que Ronnie Williamson acabara abriéndose camino hasta allí. Durante las ligas estivales conoció y se hizo íntimo amigo de Bruce Leba, un chico de Asher y probablemente el segundo mejor jugador de la zona, apenas por detrás de Ronnie. Se hicieron inseparables y no tardaron en comentar la posibilidad de jugar juntos el último año en Asher. Allí merodeaban ojeadores universitarios y profesionales. Y había muchas posibilidades de ganar los títulos estatales en otoño de 1970 y primavera de 1971. Ron resultaría mucho más visible si se trasladaba unos kilómetros carretera arriba.

El hecho de cambiar de instituto supondría alquilar una vivienda en Asher, un gran sacrificio para sus padres. El dinero siempre escaseaba y Roy y Juanita tendrían que ir y venir a diario desde Ada. Pero Ronnie estaba convencido, al igual que casi todos los entrenadores y ojeadores de la zona, de que podría convertirse en un gran fichaje después de su último año. El sueño de ser jugador profesional estaba al alcance de su mano; sólo necesitaba un empujoncito más.

Corrían rumores de que podía llegar a ser el siguiente Mickey Mantle, y Ronnie estaba al corriente de ellos.

Con la discreta ayuda de algunos promotores del béisbol, los Williamson alquilaron una casita a dos manzanas del instituto de Asher y Ronnie se presentó en agosto en el campo de entrenamiento de Bowen. Al principio se sintió abrumado por el nivel de preparación y la cantidad de tiempo que allí se dedicaba a correr, correr y correr. El entrenador tuvo que explicarle varias veces a su nueva estrella que unas piernas de hierro eran esenciales para golpear, lanzar, correr las bases y efectuar largos lanzamientos desde el cuadro exterior, así como sobrevivir a los últimos turnos del segundo partido con una lista de jugadores muy reducida. Ronnie tardó un poco en ver las cosas de esta manera, pero pronto experimentó la influencia de la abnegada ética de entrenamiento de su compañero Bruce Leba y otros jugadores de Asher. Obedeció y enseguida adquirió una excelente forma. Siendo uno de los escasos cuatro jugadores de último curso del equipo, se convirtió en capitán oficioso y, junto con Leba, en un líder.

A Murl Bowen le satisfacía plenamente su corpulencia, su velocidad y sus potentes lanzamientos desde el centro del campo. Tenía un cañón por brazo y una gran potencia de swing desde la izquierda. Sus prácticas de bateo por encima del muro del campo eran sensacionales. Cuando se inició la temporada de otoño, regresaron los ojeadores y empezaron a tomar notas acerca de Ron Williamson y Bruce Leba. Con sus rivales de pequeños institutos en los que no se jugaba al fútbol, Asher sólo perdió un partido y pasó por toda la serie de decisivos partidos de desempate, en pos de un nuevo título. Ron efectuó 468 jits con seis jonrones. Bruce, su amistoso competidor, efectuó 444 jits con seis jonrones. Ambos se animaban mutuamente, convencidos de que acabarían en las ligas mayores.

Y empezaron a jugar duro, incluso fuera del campo. Bebían cerveza los fines de semana y descubrieron la marihuana. Perseguían a las chicas, que eran fáciles de atrapar porque Asher adoraba a sus héroes. La asistencia a fiestas se convirtió en una costumbre y los locales y tabernas de los alrededores de Ada les resultaban irresistibles. Cuando bebían demasiado y temían regresar en coche a Asher, se iban a casa de Annette, la despertaban y le pedían algo de comer, disculpándose por las molestias. Ronnie le suplicaba a su hermana que no le comentara nada a sus padres.

Sin embargo, tenían cuidado y procuraban evitar problemas con la policía. Su mayor temor era que Murl Bowen se enterara, pues la primavera de 1971 suponía para ellos una gran promesa.

El baloncesto en Asher era poco más que una parte del entrenamiento para que el equipo de béisbol se mantuviera en forma. Ron empezó como escolta y luego pasó a base; era un buen anotador. A medida que la temporada iba tocando a su fin, empezó a recibir cartas de ojeadores de equipos profesionales de béisbol en las que le prometían verlo en cuestión de semanas, le pedían el calendario de partidos y le proponían asistir a campamentos de pruebas de aptitud. Bruce Leba también recibía cartas y ambos se lo pasaban en grande comparando su correspondencia. Phillies y Cubs una semana, Angels y Athletics a la siguiente.

Cuando terminó la temporada de baloncesto a finales de febrero, llegó el momento de las exhibiciones en Asher.

El equipo se puso a tono estupendamente con varios

triunfos fáciles y después impuso su autoridad frente a los equipos de los grandes institutos. Ron empezó con un bate a pleno rendimiento y ya jamás decayó. Los ojeadores parpadeaban, el equipo estaba ganando y la vida era muy agradable en el instituto de Asher. Puesto que solían enfrentarse con los ases del equipo contrario, todas las semanas tenían ocasión de ver grandes lanzamientos. Las gradas estaban llenas de ojeadores y Ron demostraba en cada partido que podía enfrentarse a los lanzamientos de cualquiera que se le pusiera por delante. Efectuó un total de quinientos jits en toda la temporada, con cinco jonrones y 46 carreras impulsadas. A los ojeadores les gustaba su poderío y disciplina en la base meta, su rapidez hacia la primera base y, naturalmente, su potente brazo.

A finales de abril fue nominado para el Jim Thorpe Award como deportista de instituto más destacado de Oklahoma.

Asher ganó veintiséis partidos, perdió cinco y el 1 de mayo de 1971 derrotó a Glenpool por 5-0, ganando con ello otro campeonato estatal.

El entrenador Bowen presentó a Ron y Leba como candidatos para la modalidad de deportistas destacados del estado. Sin duda lo merecían, pero ni ellos mismos se tomaban demasiado en serio.

Pocos días antes de su graduación, ante el drástico cambio de vida al que se enfrentaban, ambos comprendieron que no tardarían en dejar atrás el béisbol de Asher. Nunca volverían a estar tan unidos como durante ese año. Tenían que celebrarlo con una memorable noche de juerga.

Por aquel entonces, Oklahoma City contaba con tres clubs de striptease. Eligieron uno muy bueno, el Red Dog, y antes de salir cogieron una botella de whisky y un pack de cervezas de la cocina de Leba. Abandonaron Asher con el botín y llegaron al Red Dog ya bastante entonados. Pidieron más cerveza y contemplaron a las bailarinas, que les parecían más guapas conforme pasaba el tiempo. Llegó el momento de las *lap dances* y ambos chicos empezaron a gastarse el dinero remetiéndolo en las braguitas o las botas de las chicas. El padre de Bruce había establecido un riguroso toque de queda a la una de la madrugada, pero las *lap dances* y la bebida lo iban alargando. Al final, abandonaron el local haciendo eses sobre las doce y media, a dos horas de camino de casa. Bruce, al volante de su nuevo Camaro trucado, pisó a fondo, pero dio un frenazo en seco cuando Ron le dijo algo que le sentó mal. Ambos empezaron a insultarse y decidieron resolver el asunto allí mismo. Bajaron del Camaro y empezaron a propinarse puñetazos en plena calle Diez.

Tras unos minutos de guantazos y puntapiés, ambos se cansaron y acordaron una rápida tregua. Reanudaron el regreso a casa. Ninguno de los dos recordaba la causa de la pelea; fue un detalle más de los perdidos en la niebla de aquella noche.

A Bruce se le pasó la salida indicada, hizo un giro equivocado y después, ya extraviado, decidió describir una larga curva a través de desconocidos caminos rurales, siguiendo más o menos la dirección de Asher. Tras haberse saltado el toque de queda, ahora volaba por la campiña. Su acompañante se encontraba en estado comatoso. Todo estaba muy oscuro hasta que Bruce vio unas luces rojas acercándose rápidamente por detrás.

Recordaba haberse detenido delante de la Williams Meat Packing Company pero no estaba seguro de la ciudad que quedaba más cerca. Tampoco estaba seguro del condado.

Bruce bajó del vehículo. El policía estatal fue muy amable y le preguntó si había bebido.

—Sí, señor.

—¿Sabe que circulaba con exceso de velocidad?

—Sí, señor.

Cambiaron unas palabras más. El agente no parecía interesado en imponerle una multa o practicar una detención. Bruce lo había convencido de que podría regresar perfectamente a casa cuando, de repente, Ron asomó la cabeza por la ventanilla de atrás y dijo algo incomprensible con voz pastosa.

—¿Y éste quién es? —preguntó el agente.

—No se preocupe, es sólo un amigo.

El amigo espetó algo más y entonces el policía ordenó a Ron que bajara del vehículo. Por alguna razón, éste abrió la puerta del lado del arcén y, al hacerlo, cayó a una zanja.

Ambos fueron detenidos y trasladados a los calabozos de una comisaría, un frío y húmedo lugar donde escaseaban las camas. Un agente arrojó dos colchones en el suelo de la minúscula celda y ambos se pasaron la noche temblando, muertos de miedo y todavía borrachos. Se guardaron mucho de llamar a sus padres.

Para Ron aquélla sería la primera de muchas noches entre rejas.

A la mañana siguiente, el mismo policía les llevó café y tocino y les aconsejó que llamaran a casa. Ambos lo hicieron con gran inquietud y dos horas más tarde fueron puestos en libertad. Bruce condujo su Camaro mientras que Ron, por alguna razón, fue obligado a ir en otro coche con el señor Leba y el señor Williamson. Fue un trayecto muy largo, de dos horas de duración, que todavía les pareció más largo ante la perspectiva de enfrentarse con el entrenador Bowen.

Ambos progenitores insistieron en que los chicos se presentaran directamente ante su entrenador y le contaran la verdad, cosa que así hicieron. Murl Bowen los castigó con el silencio, pero no retiró su candidatura a los premios del final de la temporada.

Llegaron a la graduación sin ulteriores incidentes. Bruce, el estudiante encargado de la salutación de la clase, pronunció un discurso muy bien estructurado. La alocución inicial estuvo a cargo del honorable Frank H. Seay, un conocido juez de distrito del vecino condado de Seminole. La promoción del instituto de Asher de 1971 contaba con diecisiete alumnos, y para casi todos ellos la graduación fue un acontecimiento muy significativo, un hito muy apreciado del cual se enorgullecían sus familias. Pocos de sus progenitores habían tenido la oportunidad de cursar estudios universitarios y algunos ni siquiera habían terminado el bachillerato. Sin embargo, para Ron y Bruce la ceremonia no tuvo ninguna importancia. Todavía estaban disfrutando de la gloria de los títulos estatales y, por encima de todo, ya soñaban con ser fichados por algún equipo de las Grandes Ligas. Sus vidas no terminarían en la rural Oklahoma.

Un mes después ambos fueron elegidos los mejores jugadores del estado y Ron fue nombrado mejor jugador del año de Oklahoma. En el partido anual disputado exclusivamente por primeras figuras, ambos jugaron ante un abigarrado público entre el cual figuraban ojeadores de los equipos de primera línea y de muchos colegios universitarios. Al finalizar el partido, dos de ellos, uno de los Phillies de Filadelfia y otro de los A's de Oakland, les hicieron ofertas con carácter oficioso. Si aceptaban una prima anual de dieciocho mil dólares cada uno, los Phillies ficharían a Bruce y los A's a Ron. Éste rechazó la oferta por demasiado baja. Bruce hizo otro tanto, aunque trató de presionar a un ojeador diciéndole que tenía pensado jugar un par de años en el colegio universitario de Seminole, de la Liga Menor, pero que una prima anual más elevada tal vez lo convenciera. La oferta no se incrementó.

Un mes después, Ron fue elegido por los Athletics de Oakland en la segunda ronda de fichajes de agentes independientes, el cuadragesimoprimer jugador elegido sobre ochocientos y el primero elegido de Oklahoma. Los Phillies no ficharon a Bruce, pero le ofrecieron un contrato. Volvió a rechazarlo y optó por jugar en el *college* de Seminole. Su sueño de jugar juntos como profesionales empezaba a desvanecerse.

La primera oferta en firme de Oakland fue insultante. Los Williamson no tenían representante ni abogado pero sabían que los A's pretendían fichar a Ron por una miseria.

Éste viajó solo a Oakland y se entrevistó con los directivos del equipo. Las conversaciones no fructificaron y Ron regresó a Ada sin un contrato. Volvieron a llamarlo enseguida y, en el transcurso de su segunda visita, se reunió con Dick Williams, el gerente, y varios jugadores. El primer jugador de base de los A's era Dick Green, un sujeto muy simpático que acompañó a Ron en un recorrido por los vestuarios y el campo. Se tropezaron con Reggie Jackson, la superestrella del equipo, Mr. Oakland en persona, que, al enterarse de que Ron era el nuevo elegido, le preguntó en qué puesto jugaba.

Dick Green pinchó un poco a Reggie:

—Ron es exterior derecho.

Naturalmente, Reggie era el dueño del campo derecho.

—Mira, tío, me huelo que vas a envejecer en las ligas menores —replicó él. Y así terminó la conversación.

Oakland se resistía a pagar una prima elevada porque tenían previsto alinear a Ron como receptor pero aún no lo habían visto desempeñarse en ese puesto. Las negociaciones se fueron alargando y la oferta seguía muy baja.

Durante el almuerzo se comentó la posibilidad de que Ron se matriculara en un colegio universitario. Ron se había comprometido verbalmente a aceptar una beca de la Universidad de Oklahoma y sus padres lo estaban presionando en ese sentido. Sería su única oportunidad de cursar estudios universitarios, algo que nadie podría arrebatarle nunca. Ron lo comprendía, pero señalaba que ya tendría ocasión de ir a la universidad más adelante. Cuando Oakland le ofreció al final una prima de cincuenta mil dólares por la firma del contrato, Ron cogió el dinero y se olvidó del colegio universitario.

Fue una gran noticia tanto en Asher como en Ada. Ron era el fichaje más elevado que jamás hubiera habido en la zona y, durante un breve período, la atención de que fue objeto lo hizo sentirse más humilde. Su sueño se estaba haciendo realidad. Ahora ya era un jugador profesional de béisbol. Los sacrificios de su familia estaban dando resultado. Le parecía que el Espíritu Santo lo guiaba a reconciliarse con Dios. Regresó a la iglesia y, durante una ceremonia de un domingo por la noche, se acercó al altar y rezó con el predicador. Después se dirigió a los presentes y agradeció a sus hermanos y hermanas en Cristo su amor y su apoyo. Dios lo había bendecido y se sentía inmensamente feliz. Haciendo un esfuerzo por contener las lágrimas, prometió utilizar el dinero única y exclusivamente para la mayor gloria del Señor. Luego se compró un Chevrolet Cutlass Supreme y renovó su vestuario, regaló a sus padres un nuevo televisor en color, y el resto del dinero lo perdió en una partida de póquer.

En 1971, el propietario de los Athletics de Oakland era Charlie Finley, un inconformista que había trasladado el equipo hasta allí desde Kansas City en 1968. Se creía un visionario pero, en realidad, actuaba más bien como un payaso. Le encantaba escandalizar el mundo del béisbol con innovaciones tales como uniformes multicolores, recogepelotas femeninas, pelotas anaranjadas (una idea efímera) y una liebre mecánica que lanzaba pelotas de repuesto al árbitro de base meta. Compró un mulo llamado *Charlie O.* y lo paseaba por el campo e incluso por los vestíbulos de los hoteles.

Pero, mientras ocupaba los titulares de los periódicos con sus excentricidades, también se dedicaba a crear una dinastía. Contrató a un gerente muy capacitado, Dick Williams, y reunió un equipo en el que figuraban Reggie Jackson, Joe Rudi, Sal Bando, Bert Campaneris, Rick Monday, Vida Blue, Catfish Hunter y Rollie Fingers.

Los A's de principios de 1970 eran sin duda el equipo de béisbol más espectacular. Llevaban tacos antideslizantes blancos —el primer y único equipo que lo hacía— y disponían de una asombrosa variedad de uniformes en distintas combinaciones de verde, dorado, blanco y gris. Su *look* era californiano: pelo largo, barba incipiente y aire de inconformismo. En un juego de más de un siglo de antigüedad que exigía cierto respeto por las tradiciones, los A's actuaban de manera absolutamente extravagante. Tenían lo que se llama «actitud». El país aún vivía la resaca de los años sesenta. ¿A quién le interesaba la autoridad? Todas las normas se podían quebrantar, incluso en un ámbito tan rígido como el béisbol profesional.

A finales de agosto de 1971, Ron efectuó su tercer viaje a Oakland, esta vez como miembro del Athletic, uno de los chicos de la casa, una estrella del futuro, a pesar de que todavía no se había estrenado como profesional. Lo recibieron muy bien, le palmearon la espalda y le dedicaron palabras de aliento. Tenía dieciocho años, pero, con su redondo rostro de bebé y un flequillo que le llegaba hasta los ojos, no aparentaba más de quince. Los veteranos sabían que tenía tan pocas probabilidades como cualquier niñato que firmaba un contrato, pero, a pesar de todo, le hicieron sentirse a gusto. Antaño ellos también habían estado en su lugar.

Menos de un diez por ciento de los que firman contratos como profesionales llega a las Grandes Ligas por más de un partido, pero eso ningún chaval de dieciocho años quiere saberlo.

Ron se paseaba por delante del banquillo, se entretenía cambiando impresiones con los jugadores, participaba en las prácticas de bateo previas al partido, observaba cómo los escasos espectadores iban entrando en el Coliseum de Oakland del condado de Alameda. Mucho antes de que efectuara su primer lanzamiento, lo acompañaron a un asiento de primera fila detrás del banquillo de los A's, desde donde vio jugar a su nuevo equipo. Al día siguiente regresó a Ada más dispuesto que nunca a pasar por las ligas menores y conseguir llegar a la Liga Mayor a la edad de veinte años, o veintiuno como mucho. Había visto, sentido y asimilado la electrizante atmósfera de un estadio de Liga Mayor y jamás volvería a ser el mismo.

Se dejó crecer el pelo y probó a dejarse bigote, pero la naturaleza se negó a colaborar. Sus amigos pensaban que era muy rico y él hacía todo lo posible por dar esa impresión. Era distinto y tenía más estilo que la mayoría de la gente de Ada. ¡Había estado en California!

Durante todo septiembre observó con gran interés cómo los A's ganaban 101 partidos y se llevaban a casa el título de la Liga Americana del Oeste. Muy pronto estaría allí arriba con ellos jugando como receptor o exterior central, luciendo aquellos vistosos uniformes, pelo largo incluido, formando parte del equipo más asombroso.

En noviembre firmó un contrato con Topps Chewing Gum, concediendo a la empresa de chicles la exclusividad para exhibir, imprimir y reproducir su nombre, rostro, imagen y firma en tarjetas de béisbol.

Como todos los chicos de Ada, él las había coleccionado a miles; las guardaba, las intercambiaba, las llevaba a todas partes en una caja de zapatos y ahorraba calderilla para comprar más. Mickey Mantle, Whitey Ford, Yogi Berra, Roger Maris, Willie Mays, Hank Aaron, todos los grandes jugadores tenían aquellas tarjetas tan apreciadas. ¡Y ahora él iba a tener la suya!

El sueño se estaba haciendo rápidamente realidad.

Sin embargo, su primer destino fue Coos Bay, Oregón, clase A en la Liga del Noroeste, lejos de Oakland. Su primer entrenamiento de primavera de 1972 en Mesa, Arizona, no había sido nada extraordinario. No había conseguido que nadie volviera la cabeza para mirarlo, no había llamado la atención, y Oakland aún no tenía claro en qué puesto colocarlo. Al final lo hicieron en la base de lanzamiento, un puesto que no conocía. Eligieron esa colocación porque Ron podía lanzar muy fuerte.

La mala suerte se abatió sobre él a finales de los entrenamientos de primavera. Sufrió una hernia y tuvo que regresar a Ada para que lo operaran. Mientras sobrellevaba con impaciencia su recuperación, empezó a beber más de la cuenta para pasar el rato. La cerveza era barata en el Pizza Hut de la zona y, cuando se cansaba de aquel sitio, se dirigía en su nuevo Cutlass al Elks Lodge y se tragaba todos los sinsabores con unos cuantos bourbons y Coca-Colas. Estaba aburrido y deseoso de volver a un estadio y, por alguna razón que no le resultaba clara, se refugiaba en la bebida. Al final, lo llamaron y marchó a Oregón.

Jugando a tiempo parcial con los Athletics de Coos Bay-

North Bend, se apuntó 41 jits en 155 turnos al bate con un mediocre promedio de 250. Intervino en 46 partidos y jugó unos cuantos turnos en el centro del campo. Más adelante su contrato lo llevó a Burlington, Iowa, en la Liga del Medio Oeste, todavía en clase A. Un movimiento lateral en el mejor de los casos, pero en modo alguno un ascenso. Jugó sólo siete partidos para Burlington y después regresó a Ada para los partidos fuera de temporada.

Cualquier permanencia en las ligas menores es transitoria e inquietante. Los jugadores ganan muy poco y viven de las dietas que reciben para comida y de cualquier otra muestra de generosidad por parte del club anfitrión. Cuando están en «casa», viven en moteles que ofrecen tarifas mensuales baratas o bien apretujados en pequeños apartamentos. Cuando siguen en autocares la ruta de los partidos, es cuestión de más moteles. Y de bares, discotecas y tugurios de striptease. Los jugadores son jóvenes, la mayoría solteros, se encuentran lejos de sus familias y de la vida estructurada que éstas les ofrecían y, por tanto, tienden a trasnochar. Casi todos acaban de salir de la adolescencia, son inmaduros y malcriados, y están convencidos de que no tardarán en ganar dinero a espuertas en los grandes estadios.

Asisten continuamente a fiestas. Los partidos empiezan a las siete de la tarde y terminan a las diez de la noche. Una rápida ducha y ya están listos para irse a los bares. Trasnochan y luego duermen de día, ya sea en casa o bien en el autocar. Beben mucho, se dedican a la caza de mujeres, juegan al póquer y fuman marihuana... Todo eso forma parte del lado más sórdido y miserable de las ligas menores. Y Ron lo abrazó con entusiasmo.

Como cualquier padre, Roy Williamson seguía la temporada de su hijo con expectativa y orgullo. Ronnie llamaba muy de tarde en tarde y escribía todavía menos, pero aun así su padre conseguía mantenerse al tanto de sus actividades deportivas. Dos veces él y Juanita se desplazaron a Oregón para verlo jugar. Ronnie lo estaba pasando mal en su primer año de novato y procuraba adaptarse a la dureza de los deslizadores y a las abruptas curvas.

De regreso en Ada, Roy recibió una llamada de un entrenador de los A's. Los hábitos de Ron fuera del campo estaban dando motivo de preocupación. Muchas fiestas, demasiada bebida, salidas nocturnas y resacas. El chico estaba desbarrando un poco, lo cual no era raro para un chaval de diecinueve años en su primera temporada fuera de casa, pero puede que un severo toque de atención de su padre lo ayudara a centrarse.

Ron también hacía llamadas. A medida que pasaba el verano y él sólo jugaba esporádicamente, empezó a tomarla con el gerente y los demás miembros de la junta directiva, pues pensó que lo infravaloraban. ¿Cómo podía mejorar si lo dejaban en el banquillo?

Eligió la arriesgada y escasamente utilizada estrategia de saltarse a sus entrenadores. Empezó a llamar a la oficina principal de los A's con una lista de quejas. La vida era muy poco satisfactoria en los sectores más bajos de los A's, no jugaba lo suficiente y quería que los jerifaltes que lo habían fichado lo supieran.

La oficina no se mostró demasiado comprensiva con su caso. Con cientos de jugadores en las ligas menores —casi todos muy por delante de Ron Williamson—, semejantes llamadas y quejas se archivaban rápidamente. Estaban al corriente de la situación de Ron y sabían que se esforzaba mucho.

Se recibieron órdenes de arriba de que el chico tenía que callar y limitarse a jugar al béisbol.

Cuando regresó a Ada a principios de otoño de 1972, seguían considerándolo un héroe local, ahora con ciertas poses y actitudes californianas. Allí siguió trasnochando. Cuando los A's de Oakland ganaron la Serie Mundial por primera vez a finales de octubre, organizó una ruidosa fiesta en un bar.

—¡Es mi equipo! —gritaba una y otra vez ante las imágenes de la televisión y entre la admiración de sus compañeros de bebida.

Pero sus hábitos cambiaron de repente cuando conoció a Patty O'Brien, una agraciada muchacha y antigua Miss Ada. Muy pronto la relación adquirió un carácter serio y formal. Ella era una piadosa baptista, no bebía alcohol y no aceptaba las malas costumbres de Ron. Él se mostró más que dispuesto a enmendarse y prometió cambiar de vida.

En 1973 seguía muy lejos de las Grandes Ligas. Después de otra mediocre primavera en Mesa, volvieron a asignarlo a los Bees de Burlington, donde sólo jugó en cinco partidos antes de ser transferido a los Conchs de la Liga de Florida. En los 59 partidos que jugó allí, sólo alcanzó unos míseros 137 jits.

Por primera vez empezó a preguntarse si alguna vez conseguiría llegar a las ligas mayores. Después de dos temporadas bastante bajas, había aprendido que llegar a lanzador profesional, incluso de clase A, era mucho más difícil de conseguir que cualquier cosa que jamás hubiera visto en el instituto de Asher. Todos los lanzadores lanzaban con extraordinaria fuerza, cada bola más precisa que la anterior. La prima del contrato la había gastado y despilfarrado hacía mucho tiempo. Su sonriente rostro en una tarjeta de béisbol ya no le resultaba tan emocionante como dos años atrás.

Y tenía la sensación de que todo el mundo lo vigilaba. Todos sus amigos y las buenas gentes de Asher y Ada esperaban que hiciera realidad sus sueños, que los colocara en el mapa. Era el segundo jugador más grande en la historia de Oklahoma. Mickey había llegado al llamado Show, es decir, a las ligas mayores, a los diecinueve años. Ron se estaba retrasando.

Regresó a Ada y a Patty, quien le aconsejó que buscara algún trabajo fuera de temporada. Un tío suyo conocía a alguien de Tejas y Ron se trasladó a Victoria, donde trabajó unos meses en una empresa de instalación de tejados.

El 3 de noviembre de 1973 Ronnie y Patty se casaron. Fue una boda multitudinaria en la Primera Iglesia Baptista de Ada, el templo al que ella pertenecía. Ron tenía veinte años y, por lo que a él respectaba, seguía siendo una promesa del béisbol profesional.

Ada veía en Ron Williamson a su mayor héroe. Ahora se había casado con una reina de la belleza perteneciente a una buena familia. Su vida era fascinante.

En febrero de 1974 los recién casados se trasladaron por carretera a Mesa para los entrenamientos de primavera. Su nueva vida lo indujo a buscar con más denuedo el éxito. Su contrato de 1974 era con Burlington, pero él no pensaba regresar allí. Estaba cansado de Burlington y de Cayo Hueso y, en caso de que los A's volvieran a enviarlo a semejantes lugares, estaría muy claro que ya no lo consideraban un probable candidato.

Se esforzaba más que nunca en los entrenamientos, corría más, hacía prácticas extra de bateo, trabajaba tan duro como en Asher. Pero un día, durante unas prácticas de rutina en el diamante efectuó un duro lanzamiento a la segunda base y un intenso dolor le traspasó el codo. Trató de no prestarle atención y se dijo, tal como suelen hacer todos los jugadores, que podía seguir. El dolor desaparecería, era simplemente una pequeña sensación dolorosa provocada por los entrenamientos de primavera. Al día siguiente volvió a sentirlo, todavía más intenso. A finales de marzo apenas podía lanzar una pelota dentro del diamante.

El 31 de marzo los A's prescindieron de él, y él y Patty emprendieron el largo camino de regreso por carretera a Oklahoma.

Evitaron pasar por Ada y se dirigieron a Tulsa, donde Ron encontró un empleo como responsable de servicios de la Bell Telephone. No se lo planteó como el inicio de una carrera, sino sólo como un empleo provisional mientras se le curaba el brazo. Él creía que lo llamaría alguien del béisbol, alguien que lo conociera de verdad. Pero, al cabo de unos meses, el que hacía las llamadas era él y nadie mostraba el menor interés.

Patty consiguió trabajo en un hospital y ambos se entregaron a la tarea de afincarse en serio. Annette empezó a enviarles cinco y diez dólares semanales por si iban cortos para pagar los recibos. El pequeño suplemento quedó interrumpido cuando Patty la llamó para contarle que Ron se gastaba el dinero en cerveza, cosa que ella no aprobaba.

Había roces. Annette estaba preocupada porque él había vuelto a la bebida, pero apenas sabía nada de lo que estaba ocurriendo en la pareja. Patty era reservada y tímida por naturaleza y jamás se había sentido a sus anchas con los Williamson. Annette y su marido los visitaban una vez al año.

Al ver que no progresaba, Ron dejó la Bell y se puso a vender seguros de vida Equitable. Corría el año 1975 y él seguía sin ningún contrato de béisbol y tampoco tenía noticias de algún equipo que anduviera en busca de talentos olvidados.

Pero, con su deportiva confianza y su expansivo carácter, vendía montones de seguros de vida. Estaba naturalmente dotado para la venta y se lo pasaba en grande con el éxito y el dinero. También se divertía en los bares y las discotecas hasta altas horas de la madrugada. Patty aborrecía la bebida y no soportaba las juergas. La marihuana se había convertido en una costumbre que ella detestaba. Sus cambios de humor estaban resultando cada vez más radicales. El joven con quien ella se había casado estaba cambiando.

Ron llamó a sus padres una noche de la primavera de 1976 y, sollozando, les comunicó que él y Patty habían discutido amargamente y se habían separado. Roy y Juanita, y también Annette y Renee, se llevaron un gran disgusto y manifestaron su esperanza de que el matrimonio pudiera salvarse. Todas las parejas jóvenes capean unas cuantas tormentas. Cualquier día Ronnie recibiría una llamada, volvería a enfundarse un uniforme y reanudaría su carrera. Sus vidas volverían a su cauce habitual; el matrimonio podría sobrevivir a una etapa oscura.

Pero la situación ya no tenía arreglo. Cualesquiera que fueran sus problemas, Ronnie y Patty decidieron no comentarlos. Presentaron discretamente una demanda de divorcio aduciendo diferencias irreconciliables. La separación ya era completa. El matrimonio había durado menos de tres años.

Roy tenía un amigo de la infancia llamado Harry Brecheen, o Harry *el Gato*, como le llamaban en sus tiempos de beisbolista. Ambos habían crecido juntos en Francis, Oklahoma. Harry era ojeador para los Yankees. Roy lo localizó y le pasó su teléfono a su hijo.

Las dotes persuasivas de Ron dieron resultado en junio de 1976, cuando logró convencer a los Yankees de que su brazo estaba completamente curado y mejor que nunca. Tras haber visto los suficientes buenos lanzamientos como para comprender que él no estaría en condiciones de batear, Ron decidió echar mano de su fuerza: el brazo derecho que siempre había llamado la atención de los ojeadores. En Oakland siempre se había barajado la posibilidad de convertirlo en lanzador.

Firmó contrato con los Yankees de Oneonta, de la Penn League de Nueva York, clase A, y deseó largarse de Tulsa. El sueño estaba renaciendo.

Podía lanzar con fuerza pero a menudo con escasa puntería. Su habilidad era todavía muy imperfecta, ya que no tenía suficiente experiencia. Cuando lanzaba demasiado fuerte y rápido volvía a notar el dolor, primero con suavidad y después dejándolo prácticamente inválido. Los dos años de paro forzoso se habían cobrado su tributo y, cuando terminó la temporada, volvieron a despedirlo.

Evitando una vez más pasar por Ada, regresó a Tulsa y

se dedicó de nuevo a vender pólizas de seguros. Annette fue a visitarlo y, cuando la conversación se centró en el béisbol y sus fracasos, Ron rompió a llorar y ya no pudo detenerse. Le confió a su hermana que experimentaba largos y oscuros arrebatos de depresión.

Acostumbrado a la vida en las ligas menores, volvió a caer en sus pasados vicios, yendo de bar en bar, persiguiendo mujeres y bebiendo mucho. Para pasar el rato, se incorporó a un equipo de sofbol —el béisbol que se juega con pelota blanda— y se lo pasaba muy bien siendo la máxima estrella en un pequeño escenario. Durante un partido en una noche muy fría, efectuó un lanzamiento a la primera base y algo se rompió con un chasquido en su hombro. Dejó el equipo y abandonó la sofbol, pero el daño ya estaba hecho. Fue a ver a un médico y se sometió a un agotador programa de rehabilitación, pero no hubo demasiada mejoría.

Entonces dejó en reposo la lesión, confiando una vez más en que, con un buen descanso, la cosa se resolvería para la primavera.

La última aparición de Ron en el béisbol profesional tuvo lugar la primavera de 1977. Consiguió volver a vestir un uniforme de los Yankees. Sobrevivió a los entrenamientos de primavera, todavía como lanzador, y fue asignado a Fort Lauderdale, en la Liga de Florida. Después resistió su última temporada, nada menos que 140 partidos, la mitad de ellos en la carretera, viajando en autocares, mientras iban pasando los meses y a él lo utilizaban cada vez menos. Sólo lanzó en 14 partidos, 33 entradas. Tenía veinticuatro años y un hombro lastimado que no se podía curar. La gloria de Asher y los días de Murl Bowen quedaban muy lejos.

Casi todos los jugadores perciben la sensación de lo inevitable, pero no así Ron. Había gente en casa que contaba con él. Su familia había sacrificado demasiado. Él había rechazado el colegio universitario y una educación superior para convertirse en jugador de las ligas mayores, por consiguiente, dejarlo ahora no era una alternativa. Había fracasado en su matrimonio y él no estaba acostumbrado al fracaso. Además, vestía el uniforme de los Yankees, un poderoso símbolo que a diario mantenía vivo su sueño.

Aguantó valerosamente hasta el final de la temporada y entonces sus amados Yankees volvieron a prescindir de él.

3

Unos meses después del término de la temporada, Bruce Leba estaba paseando por el centro comercial Southroads de Tulsa cuando vio un rostro conocido y se detuvo en seco. En el interior de la tienda de ropa de hombre Toppers Menswear estaba su antiguo compañero, elegantemente vestido, atendiendo a los clientes. Ambos se dieron un fuerte abrazo y se enzarzaron en una larga sesión de puesta al día. Para ser dos chicos que habían sido como hermanos, era curioso que se hubieran distanciado tanto.

Tras haberse graduado en Asher, ambos habían seguido distintos caminos y perdido el contacto. Bruce había pasado dos años jugando al béisbol en un colegio universitario de Liga Menor y lo había dejado cuando al final sus rodillas se habían estropeado del todo. La carrera de Ron no había sido mucho mejor. Ambos estaban divorciados, pese a que ninguno sabía que el otro se había casado. Y ninguno se extrañó de que el otro hubiera conservado la afición a la vida nocturna.

Eran jóvenes y guapos, volvían a estar solteros, trabajaban duro y tenían dinero en el bolsillo, por lo que volvieron a las andadas, yendo de copas y persiguiendo mujeres. A Ron siempre le habían gustado las chicas, pero su pasaje por las ligas menores había acrecentado su interés por las faldas.

Bruce vivía en Ada y, siempre que pasaba por Tulsa, por la noche se iba de juerga con Ron y sus amigos. A pesar de que el béisbol les había roto el corazón, éste seguía siendo su tema de conversación preferido: los días de gloria en Asher, el entrenador Bowen, los sueños que entonces compartían y los antiguos compañeros de equipo que lo habían intentado y fracasado, exactamente igual que ellos. Bruce había conseguido romper limpiamente con el béisbol, o por lo menos con los sueños de gloria en las ligas mayores. Por el contrario, Ron estaba convencido de que todavía podía jugar, de que algún día se produciría un cambio, su brazo sanaría milagrosamente y alguien lo llamaría. Su vida volvería a ser satisfactoria. Al principio, Bruce replicaba que esa idea no era más que un simple vestigio de una fama que se estaba desvaneciendo. Tal como él mismo había descubierto, ningún astro desaparece más rápido que un deportista de instituto. Algunos saben aceptarlo y siguen adelante. Otros se pasan décadas soñando.

Ron se engañaba en su creencia de que todavía podía jugar. Y sus fracasos lo trastornaban en gran manera. Solía preguntarle a Bruce qué decía la gente acerca de él allá en Ada. ¿Estaban decepcionados porque él no se había convertido en un nuevo Mickey Mantle? ¿Hablaban de él en las cafeterías y los bares? No, le aseguraba Bruce, nadie decía nada.

Sin embargo, Ron estaba convencido de que su ciudad natal lo consideraba un fracasado, por lo que la única manera de desmentirlo sería conseguir un último contrato y abrirse duramente camino hasta las ligas mayores.

«Déjalo ya, tío —le repetía Bruce—. Olvídate del béisbol. El sueño ha terminado.»

La familia de Ron empezó a observar cambios drásticos en su personalidad. A veces se mostraba nervioso y agitado, no lograba concentrarse en un tema antes de saltar con rapidez al siguiente. En las reuniones familiares permanecía tranquilamente sentado, guardaba silencio unos minutos y después terciaba en la conversación y hacía comentarios sólo acerca de sí mismo. Cuando hablaba, se empeñaba en llevar la voz cantante y todos los temas tenían que estar relacionados con su vida. Le costaba estarse quieto, fumaba de continuo y había adquirido la extraña costumbre de abandonar la habitación sin más. El día de Acción de Gracias de 1977, Annette recibió en su casa a toda la familia y organizó el tradicional festín. En cuanto todos estuvieron sentados, Ron, sin decir ni mu, abandonó bruscamente el comedor y atravesó Ada para dirigirse a casa de su madre. No hubo ninguna explicación.

En otras reuniones familiares se retiraba a un dormitorio, cerraba la puerta y permanecía a solas, lo cual, por muy inquietante que fuera para el resto de la familia, concedía a los demás algún tiempo para mantener una conversación agradable y tranquila. Después irrumpía de repente en la estancia y empezaba a desvariar acerca de cualquier cosa que ocupara su mente en aquel momento, invariablemente algo sin la menor relación con el tema de conversación general. Permanecía de pie en la sala de estar delirando como un loco hasta que, al final, se cansaba, regresaba al dormitorio y volvía a cerrar la puerta.

Una vez, su ruidosa entrada incluyó una guitarra que empezó a rasguear con furia mientras cantaba, muy mal por cierto, y exigía que el resto de la familia lo acompañara. Después de algunas canciones desafinadas, terminaba de golpe y regresaba corriendo al dormitorio. Los demás lanzaban un suspiro de alivio, ponían los ojos en blanco y todo volvía a la normalidad. Tristemente, la familia se había acostumbrado a semejante comportamiento.

Ron se mostraba introvertido y malhumorado, enfurruñado durante días por nada en particular y por todo en general hasta que, de pronto, recuperaba su habitual carácter sociable. Su carrera en el béisbol lo deprimía y prefería no hablar de ella. Una llamada telefónica podía hundirlo en el abatimiento, pero a la siguiente volvía a mostrarse tan alegre y jovial como siempre.

La familia sabía que bebía más de la cuenta y corrían insistentes rumores de que también se drogaba. Puede que el alcohol y las sustancias químicas le hubieran provocado un desequilibrio y contribuyeran a sus violentos cambios de humor. Annette y Juanita trataban de averiguarlo con el mayor tacto posible, pero él reaccionaba con hostilidad.

Un día a su padre le diagnosticaron cáncer y los problemas de Ron pasaron a segundo plano. Los tumores estaban localizados en el colon y progresaban rápidamente. Aunque Ron siempre había sido un niño de mamá, quería y respetaba a su padre y se sentía culpable por su comportamiento. Ya no iba a la iglesia y tenía serios problemas con su cristianismo, pero se aferraba a la creencia pentecostalista según la cual los pecados reciben su castigo. Su padre, que había llevado una vida irreprochable, ahora estaba siendo castigado a causa de la larga lista de iniquidades cometidas por su hijo.

La quebrantada salud del progenitor agudizó la depresión de Ron. Éste pensaba en su egoísmo, en todo lo que les había exigido a sus padres, desde ropa cara y atuendos deportivos de marca a campamentos y viajes relacionados con el béisbol y el traslado provisional a Asher, todo ello recompensado con un simple televisor en color que pagó con la prima del contrato con los A's. Recordó que Roy se compraba discretamente ropa de segunda mano para que su malcriado hijo pudiera vestir como los mejores de la escuela. Recordó también cómo su padre solía recorrer las calles de Ada con sus pesadas maletas llenas de muestrarios, vendiendo postres de vainilla y especias. Y lo recordó en el graderío sin perderse jamás un solo partido.

Roy se sometió a una intervención quirúrgica de exploración en Oklahoma City a principios de 1978. El cáncer se encontraba en fase muy avanzada y se estaba extendiendo, por lo que los cirujanos no pudieron hacer nada. Regresó a Ada, se negó a someterse a un tratamiento de quimioterapia y se inició un doloroso deterioro.

En sus últimos días, Ron regresó a casa desde Tulsa y permaneció al lado de su padre, destrozado por la pena y con los ojos llenos de lágrimas. Se disculpó repetidamente y suplicó el perdón.

En determinado momento, Roy se cansó de escucharle. «Ya es hora de que crezcas, hijo mío. Pórtate como un hombre. Déjate de lágrimas y de histerismos. Sigue adelante con tu vida.»

Roy murió el 1 de abril de 1978.

En 1978, Ron seguía en Tulsa compartiendo un apartamento con Stan Wilkins, un ferretero cuatro años más joven que él. Ambos eran aficionados a la guitarra y la música popular y se pasaban horas rasgueando el instrumento y cantando. Ron poseía una poderosa voz sin educar y tenía talento con la guitarra, un modelo Fender muy caro. Podía pasarse horas tocando.

El ambiente discotequero de Tulsa era muy animado y ambos compañeros salían a menudo juntos. Después del trabajo se tomaban unas copas y se iban a las discotecas, donde Ron era muy conocido. Le encantaban las mujeres y se mostraba temerario con ellas. Echaba un vistazo al público, elegía a la mujer más apetecible y la invitaba a bailar. Si ella aceptaba, por regla general se la llevaba a casa. Su objetivo era la conquista de una mujer cada noche.

Aunque le gustaba beber, tenía cuidado cuando iba de caza. Demasiadas copas podían perjudicar su actuación. En cambio, ciertas sustancias químicas no. El consumo de cocaína estaba muy extendido y se podía conseguir fácilmente en las discotecas de Tulsa. No se pensaba demasiado en las enfermedades de transmisión sexual. La mayor preocupación era el herpes; el sida aún no había hecho su aparición. Para los aficionados a todo eso, los últimos años setenta fueron de lo más alocados y hedonistas. Y Ron perdió el control.

El 30 de abril de 1978, la policía de Tulsa fue llamada al apartamento de Lyza Lentzch. Cuando llegaron los agentes, ella les dijo que Ron Williamson la había violado. Lo detuvieron el 5 de mayo, pagó una fianza de diez mil dólares y fue puesto en libertad.

Ron contrató los servicios de John Tanner, un veterano abogado, y reconoció abiertamente haber mantenido relaciones sexuales con Lentzch, pero consentidas. Se habían conocido en una discoteca y ella lo había invitado a su apartamento, donde ambos acabaron en la cama. Tanner creía en la palabra de su cliente, lo cual no era muy habitual.

Para los amigos de Ron, la idea de la violación era ridícula. Las mujeres prácticamente se le echaban encima. Podía elegir la que quisiera en cualquier bar, y no se dedicaba precisamente a acechar jóvenes doncellas en la iglesia. Las mujeres que él conocía en las salas de fiestas y las discotecas buscaban guerra.

A pesar de que la acusación era humillante, decidió comportarse como si no le preocupase. Asistía a fiestas con más frecuencia que nunca y actuaba como si nada hubiera ocurrido. Tenía un buen abogado. ¡Que empezara el juicio!

No obstante, estaba muy asustado, y con razón. El hecho de que a uno lo acusen de un delito tan grave ya basta para inquietar a cualquiera, pero la perspectiva de enfrentarse a un jurado que podía enviarlo a la cárcel por muchos años lo aterrorizaba.

Ocultó a su familia buena parte de los detalles —Ada se encontraba a dos horas de camino—, pero ellos no tardaron en observar en él una actitud más comedida. Y unos cambios de humor más violentos que nunca.

A medida que su mundo se iba volviendo cada vez más sombrío, Ron procuró defenderse con las únicas armas que tenía a su alcance: beber más, trasnochar más y perseguir más mujeres, todo ello en un afán por vivir lo mejor posible y huir de las preocupaciones. Pero ya fuese que el alcohol aumentaba su depresión o que ésta lo impulsara a beber más, el caso es que se fue hundiendo en el desánimo y el abatimiento y empezó a comportarse de manera cada vez más imprevisible.

El 9 de septiembre, la policía de Tulsa recibió una denuncia de otro presunto caso de violación. Una chica de dieciocho años llamada Amy Dell Ferneyhough regresó a su apartamento sobre las cuatro de la madrugada tras pasar una larga noche en una discoteca. Se había peleado con su novio, el cual estaba durmiendo en el apartamento. Ella no conseguía encontrar la llave y, como necesitaba urgentemente ir al lavabo, caminó una manzana hasta una tienda abierta toda la noche. Allí se tropezó con Ron Williamson, quien estaba disfrutando de otra noche de juerga. Ambos no se conocían de nada, pero trabaron conversación y poco después desaparecieron por la parte de atrás de la tienda entre la alta hierba, y allí mantuvieron relaciones sexuales.

Según la chica, Ron le soltó un puñetazo, le desgarró la ropa y la violó. Según Ron, ella estaba furiosa con su novio por haberla dejado fuera de su apartamento y accedió a un polvo rápido al amparo de la vegetación.

Por segunda vez en cinco meses, Ron tuvo que pagar una fianza y llamó a John Tanner. Con dos acusaciones de violación pendiendo sobre su cabeza, abandonó finalmente la vida nocturna y se encerró en un completo aislamiento. Vivía solo y no hablaba prácticamente con nadie. Annette conocía algunos detalles porque le enviaba dinero. Bruce Leba no sabía apenas nada acerca de lo que estaba ocurriendo.

En febrero de 1979, el caso Ferneyhough fue a juicio en primer lugar. Ron declaró y explicó al jurado que efectivamente ambos habían mantenido una relación sexual, pero que ésta había sido mutuamente consentida. Curiosamente, ambos habían decidido mantener una relación a las cuatro de la madrugada detrás de una tienda abierta toda la noche. El jurado deliberó por espacio de una hora, le creyó y emitió un veredicto de inocencia.

En mayo se constituyó otro jurado para oír las acusaciones de violación de Lyza Lentzch. Una vez más, Ron proporcionó una amplia explicación de lo ocurrido. Había conocido a la señora Lentzch en una sala de fiestas, había bailado con ella y, evidentemente, él debió de gustarle pues ella lo invitó a su apartamento, donde ambos mantuvieron una relación consentida. La víctima declaró que no quería mantener ninguna relación sexual, que trató de impedirlo mucho antes de que empezara, pero que Ron Williamson le daba miedo y, al final, cedió para evitar que éste le hiciera daño. Una vez más, el jurado creyó a Ron y lo declaró inocente.

El hecho de que lo llamaran violador la primera vez lo había humillado profundamente y sabía que llevaría la etiqueta colgada durante años. Pero a pocas personas se la colgaban dos veces y en menos de cinco meses. ¿Cómo era posible que a él, el gran Ron Williamson, pudieran calificarlo de violador? Independientemente de lo que dijeran los jurados, la gente murmuraría, las habladurías se dispararían y los rumores se mantendrían vivos. Lo señalarían con el dedo por la calle.

Tenía veintiséis años y durante casi toda su vida había sido una estrella del béisbol, el presumido deportista que estaba a punto de alcanzar la gloria de las Grandes Ligas. Más tarde, siguió siendo el confiado jugador con un brazo lastimado que a lo mejor se curaría solo. La gente de Ada y Asher no lo había olvidado. Era joven; el talento seguía ahí. Todo el mundo conocía su nombre.

Pero todo cambió con las acusaciones de violación. Sabía que la gente se olvidaría de él como jugador y que sólo sería conocido como alguien acusado de violación. Se mantenía apartado y se aislaba cada vez más en su confuso y oscuro mundo. Empezó a faltar al trabajo y, finalmente, dejó su empleo en Toppers Menswear. No tardó en quedarse sin un céntimo, y entonces hizo las maletas y abandonó discretamente Tulsa. Se estaba hundiendo cada vez más en un mundo de depresión, droga y alcohol.

Presa de una angustia indecible, su madre esperaba. No sabía apenas nada del problema de Tulsa, pero tanto ella como Annette sabían lo bastante como para estar preocupadas. Estaba claro que Ron era un desastre: la bebida, aquellos extraños y repentinos cambios de humor, la conducta cada vez más extravagante. Su aspecto era espantoso: cabello largo, rostro sin afeitar, ropa sucia. Y era el mismo Ron Williamson que tanto disfrutaba exhibiendo su estilo y apostura, que vendía prendas tan elegantes y siempre sabía explicar que cierta corbata no armonizaba demasiado bien con determinada chaqueta.

Se tumbaba en el sofá de la sala de su madre y se quedaba dormido. No tardó en pasarse veinte horas al día durmiendo, siempre en el sofá. Tenía a su disposición su dormitorio, pero se negaba a entrar en él por la noche. Allí dentro había algo que le daba miedo. A pesar de que dormía profundamente, a veces se incorporaba gritando que había serpientes en el suelo y arañas en las paredes.

Empezó a oír voces, pero no quiso revelarle a su madre lo que decían. Y después empezó a contestarles.

Todo lo cansaba: comer y ducharse eran para él tareas agotadoras, seguidas siempre de largas siestas. Se mostraba apático y desganado, incluso durante los breves períodos en que no bebía. Juanita jamás había tolerado el alcohol en su casa; aborrecía el tabaco y la bebida. Se alcanzó una especie de tregua cuando Ron se fue a vivir a un reducido apartamento situado en el garaje, al lado de la cocina. Allí podía fumar y beber y tocar la guitarra sin molestar a su madre. Cuando le apetecía dormir, regresaba a la sala y se tumbaba en el sofá y, cuando estaba despierto se iba a su apartamento.

De vez en cuando, su ánimo experimentaba un cambio, recuperaba su antigua energía y necesitaba de nuevo la vida nocturna. Bebida, droga y persecución de mujeres, aunque con un poco más de cuidado. Desaparecía durante días, se instalaba en casa de amigos y sableaba dinero a cualquier conocido con quien se tropezara. Después volvía a cambiar la dirección del viento y regresaba al sofá, muerto para el mundo.

Juanita esperaba, constantemente preocupada. No había ningún antecedente de enfermedad mental en su familia y no tenía la menor idea de qué hacer. Rezaba mucho. Era una persona muy reservada y se esmeraba en que los problemas de Ronnie no salpicaran a Annette y Renee. Ambas estaban felizmente casadas y Ronnie era responsabilidad suya, no de ellas.

De vez en cuando él hablaba de buscarse un trabajo. Se sentía fatal por el hecho de no poder mantenerse a sí mismo. Un amigo conocía a alguien de California que necesitaba empleados, por lo que, para gran alivio de su familia, Ron se fue al Oeste. Unos días más tarde llamó a su madre llorando y le dijo que vivía con unos adoradores de Satanás que lo aterrorizaban y no le permitían marcharse. Juanita le envió un pasaje de avión y él consiguió escapar de allí.

Se fue a Florida, Nuevo México y Tejas en busca de trabajo, pero sus empleos nunca le duraban más de un mes. Cada una de sus breves ausencias lo dejaba agotado y, a su regreso, volvía a tumbarse en el sofá.

Juanita lo convenció finalmente de que fuera a ver a un terapeuta, el cual lo diagnosticó como maníaco-depresivo. Le recetaron litio, pero no lo tomaba con regularidad. Trabajaba a tiempo parcial aquí y allá, siempre incapaz de conservar un empleo. Su única habilidad eran las ventas, pero en el estado en que se encontraba no habría podido atender ni cautivar a nadie con su labia. Se seguía considerando un jugador de béisbol profesional, íntimo amigo de Reggie Jackson, pero los ciudadanos de Ada ya sabían que no era así.

A finales de 1979, Annette concertó una cita con el juez de distrito Ronald Jones en el tribunal del condado de Pontotoc. Le expuso la situación de su hermano y preguntó si el estado o el sistema judicial podían hacer algo por él. No, contestó el juez Jones, no podían hacer nada mientras Ron no resultara peligroso para sí mismo o para los demás.

Un día especialmente bueno para él, Ron solicitó ser atendido en un centro vocacional de rehabilitación de Ada. El orientador de allí se alarmó al ver su estado y lo envió al doctor Prosser del hospital St. Anthony de Oklahoma City, donde ingresó el 3 de diciembre de 1979.

No tardaron en producirse problemas cuando Ron exigió unos privilegios que el personal no podía ofrecerle. Quería que le dedicaran más tiempo y atención y se comportaba como si fuera el único paciente del centro. Al ver que no accedían a sus deseos, abandonó el hospital, pero regresó unas horas después y pidió ser readmitido.

El 8 de enero de 1980, el doctor Prosser escribió: «El chico ha puesto de manifiesto una conducta un tanto extraña y en ocasiones psicopática tanto si es un maníaco, como pensó el orientador de Ada, o bien un individuo esquizoide con tendencias sociopáticas o, por el contrario, un individuo sociópata con tendencias esquizoides; puede que eso jamás logre establecerse. Podría ser necesario un tratamiento a largo plazo, aunque él no ve la necesidad de ser tratado por esquizofrenia.»

Ron había vivido como en un sueño desde su primera adolescencia, desde sus días de gloria en el campo de béisbol, y jamás había aceptado la realidad de que su carrera había terminado. Seguía creyendo que «ellos» —los poderes correspondientes— volverían a llamarlo, lo colocarían en la lista de elegidos y lo convertirían en un personaje famoso. «Ésta es la auténtica parte esquizofrénica de su trastorno —escribió el doctor Prosse—. Sólo quiere jugar al béisbol, preferentemente como una estrella de ese deporte.»

Se le aconsejó un tratamiento a largo plazo por esquizofrenia, pero él no lo tomó en consideración. Jamás pudo hacérsele un exhaustivo examen físico porque él tampoco colaboró, pero Prosser observó que era un «activo, saludable y musculoso joven que se puede valer por sí mismo en mejor forma que la mayoría de las personas de su edad».

Cuando se sentía con ánimos, Ron vendía puerta a puerta productos para el hogar de la marca Rawleigh en los mismos barrios donde su padre había trabajado. Pero era un trabajo muy aburrido, las comisiones eran bajas, tenía poca paciencia para rellenar los necesarios impresos y, además, él era Ron Williamson, ¡la gran estrella del béisbol! ¡Cómo iba a ir de puerta en puerta vendiendo productos culinarios!

Sin tratamiento ni medicación y bebiendo más de la cuenta, Ron se convirtió en un asiduo de los bares de los alrededores de Ada. Era un borracho insoportable que hablaba a gritos, presumía de su carrera deportiva y molestaba a las mujeres. Mucha gente le tenía miedo y los barmans y porteros de los locales lo conocían muy bien. Cuando se presentaba dispuesto a beber, todo el mundo se enteraba. Uno de sus locales preferidos era el Coachlight, donde los porteros no le quitaban el ojo de encima.

No transcurrió mucho tiempo sin que las dos acusaciones por violación en Tulsa le dieran alcance. La policía empezó a vigilarlo y a veces lo seguía en sus recorridos por Ada. Una noche en que él y Bruce Leba estaban saltando de bar en bar, se detuvieron para echar gasolina. Un agente los siguió a lo largo de varias manzanas y finalmente los obligó a detenerse, acusándolos de robar gasolina. Aunque sólo fue un hostigamiento, ambos se libraron por los pelos de ser detenidos.

Sin embargo, las detenciones no tardaron en producirse. En abril de 1980, dos años después de la muerte de su padre, Ron acabó en la cárcel tras ser acusado por primera vez de conducir en estado de embriaguez.

En noviembre, Juanita Williamson lo convenció de que buscara ayuda para dejar de beber. A instancias suyas, Ron acudió a los Servicios de Salud Mental estatales y fue atendido por Duane Logue, un terapeuta especializado en abuso de sustancias adictivas. Allí Ron reconoció sinceramente sus problemas, dijo que llevaba once años bebiendo y que consumía drogas desde hacía por lo menos siete y que el abuso de alcohol se había incrementado bastante tras ser despedido por los Yankees. No mencionó las dos acusaciones de violación de Tulsa.

Logue lo envió a un centro llamado Bridge House en Ardmore, Oklahoma, a unos ochenta kilómetros de distancia. Al día siguiente, Ron se presentó en Bridge House y accedió a someterse a un tratamiento contra el alcohol de veintiocho días en un ambiente aislado. Estaba muy nervioso y le decía constantemente al terapeuta que había hecho «cosas terribles». A los dos días se convirtió en un solitario, pasaba muchas horas durmiendo y se saltaba las comidas. Al cabo de una semana lo sorprendieron fumando en su habitación y fue expulsado. Se fue con Annette, que casualmente había ido a visitarlo, pero regresó al día siguiente, solicitando ser readmitido. Le dijeron que regresara a Ada y volviera a presentar la instancia dos semanas después. Temiendo la cólera de su madre, optó por no regresar a casa y pasó varias semanas vagando sin rumbo y sin decirle a nadie dónde estaba.

El 25 de noviembre, Duane Logue envió una carta a Ron, citándolo para el 4 de diciembre. Logue le decía entre otras cosas: «Estoy preocupado por tu bienestar y espero verte entonces.»

El 4 de diciembre, Juanita informó a los Servicios de Salud Mental de que Ron había encontrado trabajo y vivía en Ardmore. Había hecho nuevas amistades, se había involucrado en las actividades de una iglesia, había vuelto a aceptar a Jesucristo y ya no necesitaba la ayuda gubernamental. Caso cerrado.

Se reabrió diez días después cuando Duane Logue volvió a verlo. Ron necesitaba un tratamiento a largo plazo, pero se negaba a seguirlo. Tampoco quería tomar con regularidad los medicamentos que le habían recetado, especialmente el litio. A veces reconocía su consumo excesivo de alcohol y droga, pero después lo negaba rotundamente. «Sólo algunas cervezas», decía si le preguntaban cuántas.

Puesto que no aguantaba en ningún trabajo, siempre estaba sin blanca. Cuando Juanita se negaba a «prestarle» dinero, salía a dar una vuelta por Ada en busca de otra fuente de ingresos. No era de extrañar que el círculo de sus amistades fuera cada vez más reducido; casi todo el mundo lo esquivaba. Varias veces se había desplazado a Asher por carretera, donde siempre podía encontrar a Murl Bowen y el campo de béisbol. Charlaban un rato, Ron le endilgaba a su antiguo entrenador otra historia de su mala suerte y éste le soltaba otros veinte pavos. Ron prometía devolvérselos y Murl le echaba otro severo sermón acerca de la necesidad de encaminar su vida. El refugio de Ron era Bruce Leba, que había vuelto a casarse y vivía una existencia mucho más tranquila en una casa a pocos kilómetros de la ciudad. Un par de veces al mes Ron se acercaba haciendo eses a su puerta, bebido y desaliñado, y le suplicaba un sitio donde dormir. Bruce siempre lo acogía, lo ayudaba a superar la borrachera, le daba de comer y le prestaba diez dólares.

En febrero de 1981 Ron volvió a ser detenido por conducir en estado de embriaguez y se declaró culpable. Tras pasar unos días entre rejas, se fue a Chickasha a ver a su hermana Renee y su marido Gary. Lo encontraron en su patio trasero un domingo al volver de la iglesia. Les explicó que había dormido en una tienda de campaña al otro lado de la verja de atrás, y desde luego tenía toda la pinta de haberlo hecho. Además, unos kilómetros más abajo, en Lawton, había escapado por los pelos de unos soldados renegados que tenían armas y explosivos en sus casas y se proponían volar la base militar. Por suerte, él había logrado huir, pero ahora necesitaba un sitio donde vivir.

Renee y Gary le permitieron quedarse en el dormitorio de su hijo. Gary le encontró un trabajo para transportar heno en una granja, una tarea que sólo le duró un par de días antes de largarse aduciendo que había encontrado un equipo de sofbol que lo necesitaba. Más tarde el granjero le dijo a Gary que mejor que Ron no volviera pues, en su opinión, su cuñado tenía graves problemas emocionales.

De repente, Ron recuperó su interés por los presidentes norteamericanos y pasó varios días sin hablar de otra cosa. No sólo podía facilitar la lista completa al derecho y al revés, sino que lo sabía todo acerca de ellos: fecha y lugar de nacimiento, mandatos, vicepresidentes, esposas e hijos, hechos más destacados de su administración, etc. Todas las conversaciones en casa de los Simmons tenían que centrarse en algún presidente norteamericano. No se podía hablar de nada más en presencia de Ron.

Era un personaje totalmente nocturno. Quería dormir de noche, pero le era imposible. Además, le gustaba ver la televisión la noche entera a todo volumen. Con los primeros rayos del sol, le entraba sueño y se quedaba dormido. Entonces, cansados y con los ojos enrojecidos, los Simmons disfrutaban de un tranquilo desayuno antes de irse al trabajo.

A menudo se quejaba de dolores de cabeza. Gary oyó ruidos una noche y lo encontró revolviendo el botiquín de los medicamentos en busca de un analgésico.

Cuando ya tenía los nervios destrozados, Gary se sentó con su cuñado para mantener una seria e impostergable conversación. Le explicó que podía quedarse con ellos pero que tendría que adaptarse a sus horarios. Ron no dio la menor señal de haber comprendido que tenía problemas. Se fue discretamente y regresó a casa de su madre, donde o bien permanecía tumbado en estado comatoso en el sofá o bien se encerraba en su apartamento, incapaz de reconocer, a sus veintiocho años, que necesitaba ayuda.

Annette y Renee estaban preocupadas por su hermano, pero poco podían hacer. Se mostraba tan testarudo como siempre y parecía conformarse con vivir una existencia de vagabundo. Su comportamiento era cada vez más extraño; no cabía duda de que se estaba deteriorando mentalmente. Pero el tema no se podía plantear; ambas habían cometido el error de comentárselo. Juanita podía convencerlo con halagos de que acudiese a un terapeuta o de que buscara tratamiento para su adicción a la bebida, pero él nunca seguía hasta el final las prolongadas terapias. Cada breve período de abstinencia era seguido por varias semanas de incertidumbre acerca de dónde estaba o qué hacía.

Para entretenerse, en caso de que pudiera hacerlo, tocaba la guitarra, generalmente en el porche de su madre. Podía pasarse horas rasgueando las cuerdas y cantándoles a los pájaros. Cuando se hartaba de permanecer en el porche, salía a montar su número en la calle. A menudo sin automóvil o sin dinero para pagar la gasolina, se limitaba a pasear por Ada, donde se le podía ver a todas horas y en distintos lugares con su guitarra.

Rick Carson, un amigo suyo de la infancia, era policía en Ada. Cuando le tocaba el turno de noche, solía ver a Ron por las aceras e incluso en los pasadizos entre las casas, tocando la guitarra y cantando bien pasada la medianoche. Rick le preguntaba adónde iba. A ningún sitio en particular. Rick se ofrecía a acompañarlo a casa en el coche patrulla. A veces Ron aceptaba y otras veces prefería ir a pie.

El Cuatro de Julio de 1981 fue detenido por exhibirse en estado de embriaguez y se declaró culpable. Juanita se puso furiosa e insistió en que buscara ayuda. Ingresó en el hospital estatal de Norman, donde lo examinó un tal doctor Sambajon, psiquiatra. Lo único que dijo Ron fue que deseaba «conseguir ayuda». Su autoestima y energía estaban por los suelos y se sentía abrumado por pensamientos de inutilidad, desesperanza e incluso suicidio.

—No puedo ser útil para mí mismo ni para los que me rodean. No consigo conservar ningún empleo y mi actitud es negativa —dijo.

Le contó a Sambajon que su primer episodio de depresión lo había sufrido cuatro años atrás, cuando su carrera deportiva se truncó coincidiendo con su ruptura matrimonial. Reconoció que abusaba del alcohol y la droga, pero pensaba que semejante conducta no contribuía a agravar sus problemas.

El doctor señaló en su informe que iba «desarreglado, sucio, descuidado, negligente y desaseado». La capacidad de juicio del paciente no estaba gravemente dañada y éste era consciente de su situación. El diagnóstico fue trastorno distímico, una forma crónica de depresión de baja intensidad. Sambajon recomendó medicación, más asesoramiento, más terapia de grupo y constante apoyo familiar.

Tras pasar tres días en el hospital, Ron pidió que lo dejaran marchar y le dieron el alta. Una semana después regresó a la clínica psiquiátrica de Ada, enviado por Charles Amos, un auxiliar de psicología. Ron se describía como un ex jugador de béisbol deprimido desde el final de su carrera. También culpaba de su depresión a la religión. Amos lo envió a la doctora Marie Snow, la única psiquiatra de Ada, la cual empezó a controlarlo una vez por semana. Le recetó Asendin, un antidepresivo ampliamente utilizado, y Ron experimentó una ligera mejoría. La doctora Snow trató de convencerlo de que necesitaba más sesiones de psicoterapia, pero al cabo de tres meses Ron lo dejó.

El 30 de septiembre de 1982 fue acusado una vez más de conducir bajo los efectos del alcohol. Fue detenido y encarcelado, y más tarde declarado culpable.

4

Tres meses después del asesinato de Debbie Carter, los investigadores Dennis Smith y Mike Kieswetter se presentaron en casa de los Williamson e interrogaron por primera vez a Ron. Juanita estuvo presente. A la pregunta de dónde había estado la noche del 7 de diciembre, Ron contestó que no se acordaba; habían pasado tres meses. Sí, frecuentaba el Coachlight y también otros clubs de los alrededores de Ada. Juanita fue en busca de su diario, comprobó la fecha y dijo a los investigadores que aquella noche su hijo se había quedado en casa. Les mostró la entrada correspondiente al 7 de diciembre.

Le preguntaron si conocía a Debbie Carter. Ron respondió que no estaba seguro. Conocía el nombre, claro, porque en la ciudad no se hablaba prácticamente de otra cosa desde el asesinato. Smith le mostró una fotografía de la víctima y Ron la estudió minuciosamente. Tal vez la había visto antes y tal vez no. Más tarde pidió ver de nuevo la fotografía. Le resultaba vagamente familiar. Negó tener algo que ver con el asesinato, pero comentó que el asesino era probablemente un psicópata que la siguió hasta su casa y huyó tras cometer el crimen.

Al cabo de media hora, el policía le dijo que necesitaban sus huellas digitales y unas muestras de cabello. Ron accedió y los acompañó a la comisaría, donde finalizó el interrogatorio.

Tres días después, el 17 de marzo, regresaron con las

mismas preguntas. Ron repitió que no había tenido nada que ver con el asesinato y que la noche del 7 de diciembre se había quedado en casa.

La policía también interrogó a un hombre llamado Dennis Fritz, cuya única relación con el caso era su amistad con Ron Williamson. Según uno de los primeros informes policiales, Fritz era «sospechoso o, por lo menos, amigo de un sospechoso del caso Carter».

Dennis raras veces iba al Coachlight y llevaba varios meses sin ir allí poco antes del asesinato. Nadie lo había visto en aquel lugar; de hecho, en marzo de 1983, ningún testigo había mencionado su nombre. Era nuevo en la zona y apenas se le conocía en la ciudad. Jamás había ido con Ron al Coachlight. No conocía a Debbie Carter, no estaba seguro de haberla visto alguna vez y no tenía ni idea de dónde vivía. Pero, puesto que ahora los investigadores estaban sobre la pista de Ron Williamson y, al parecer, trabajaban siguiendo una descabellada teoría acerca de dos asesinos, necesitaban otro sospechoso. Fritz era su hombre.

Dennis Fritz había crecido cerca de Kansas City, donde terminó sus estudios de bachillerato y en 1971 obtuvo un título de biología por la Universidad Estatal del Sudeste de Oklahoma. En 1973, su mujer Mary dio a luz su única hija, Elizabeth. Por entonces vivían en Durant, Oklahoma. Mary trabajaba en un cercano colegio universitario y Dennis tenía un buen empleo en los ferrocarriles.

El día de Navidad de 1975, mientras Dennis trabajaba fuera de la ciudad, Mary fue asesinada por un vecino de diecisiete años de un disparo en la cabeza cuando estaba sentada en una mecedora de su sala de estar.

Dennis pasó dos años sin poder trabajar. Estaba emocionalmente trastornado y lo único que hacía era cuidar de Elizabeth. Cuando la niña empezó a ir a la escuela en 1981, consiguió sobreponerse y obtener un puesto de profesor de ciencias en un instituto de bachillerato en la ciudad de Konawa. Al cabo de unos meses se mudó a una casa de alquiler en Ada, no lejos de la casa de los Williamson y no lejos del apartamento que un día alquilaría Debbie Carter. Su madre Wanda se trasladó a vivir con él para ayudarlo en el cuidado de Elizabeth.

Encontró otro empleo como profesor de biología de noveno curso y entrenador de baloncesto en la ciudad de Noble, a una hora de camino por carretera. Fue autorizado a vivir en una pequeña caravana en el campus y los fines de semana iba y venía para poder estar con Elizabeth y su madre. Noble carecía de vida nocturna, por lo que a veces Dennis se trasladaba una noche entre semana a Ada para ver a su hija, tomar unas copas e incluso conocer a alguna chica.

Una noche de noviembre de 1981 Dennis estaba en Ada. Se moría de aburrimiento y le apetecía una cerveza, por lo que fue en su coche hasta una tienda abierta las veinticuatro horas. Aparcado fuera y sentado dentro del viejo Buick de su madre, vio a Ron Williamson tocando la guitarra y contemplando pasar el mundo ante sus ojos. Dennis también tocaba la guitarra y casualmente llevaba la suya en el asiento trasero. Ambos iniciaron una conversación sobre música. Ron dijo que vivía a unas manzanas de allí y lo invitó a una sesión improvisada de música. Ambos hombres buscaban amigos.

El apartamento era diminuto y estaba sucio, un lugar más bien triste, pensó Fritz. Ron explicó que estaba sin trabajo y vivía con su madre, la cual no soportaba ni el tabaco ni el alcohol. Al preguntarle Dennis qué hacía todo el día, contestó que por lo general dormía. Se mostraba muy cordial, conversaba con soltura y reía fácilmente, pero Fritz observó en él cierto ensimismamiento. Se pasaba un rato con la mirada perdida y de pronto lo miraba como si Dennis no se encontrara allí. Un tipo un poco raro, pensó éste.

Pero se lo pasaban muy bien tocando la guitarra y hablando de música. Al cabo de unas cuantas visitas, Fritz empezó a percibir los excesos de Ron con la bebida y sus cambios de humor. Ron, muy aficionado a la cerveza y el vodka, solía empezar a beber a última hora de la tarde, en cuanto se despertaba del todo y se apartaba de su madre. Se sentía desanimado y deprimido hasta que el alcohol le daba un subidón, momento en el cual su personalidad parecía revivir. Ambos empezaron a frecuentar los bares y locales de la ciudad.

Dennis pasó una tarde por la casa más temprano de lo habitual, antes de que Ron se hubiera reanimado con un buen trago. Conversó un rato con Juanita, una mujer muy amable pero marcada por un largo sufrimiento; apenas hablaba pero parecía estar hasta el moño de su hijo. Cuando ella se retiró, Dennis fue a buscar a Ron a su dormitorio y lo encontró mirando la pared. La habitación ponía nervioso a Ron, motivo por el cual raras veces estaba allí.

Había unas grandes fotografías de Patty, su ex mujer, y de él mismo con distintos uniformes de béisbol.

—Era guapa —dijo Dennis, mirando a Patty.

—Hubo un tiempo en que yo lo tenía todo —repuso Ron con tristeza y amargura. Tenía veintiocho años y se había dado completamente por vencido.

Ir de bar en bar constituía siempre una aventura. Ron jamás entraba discretamente en un local y, una vez dentro, esperaba ser el centro de atención. Uno de sus numeritos preferidos consistía en presentarse elegantemente vestido como acaudalado abogado de Dallas. En 1981 ya había pasado suficiente tiempo en las salas de justicia como para conocer la jerga y las poses, de tal manera que el «número de Tanner» lo interpretaba en los locales de todo Norman y Oklahoma City.

Dennis permanecía en segundo plano y disfrutaba del espectáculo. Le dejaba todo el espacio a Ron. Pero ya empezaba a cansarse de aquellas aventuras. Una salida nocturna con Ron solía suponer algún incidente y un final inesperado.

Una noche del verano de 1982, regresaban a Ada tras haber pasado horas en los bares cuando Ron dijo que le apetecía ir a Galveston. Dennis había cometido el error de contarle una historia acerca de la pesca en alta mar en aguas de Galveston y Ron había contestado que él siempre había querido probarlo. Ambos estaban bebidos y un viaje imprevisto de ocho horas no les parecía demasiado descabellado. Iban en la camioneta de Dennis, pues, como siempre, Ron no tenía coche, ni permiso ni dinero para la gasolina.

El curso del instituto había terminado y Dennis llevaba un poco de dinero en el bolsillo; por consiguiente, ¿por qué no irse de pesca? Compraron unas cervezas más y se dirigieron al sur.

En algún lugar de Tejas, Dennis dijo que necesitaba echarse un sueñecito y Ron se puso al volante. Cuando Dennis despertó, había un extraño negro en la parte de atrás de la camioneta.

—He recogido a un autostopista —explicó con orgullo Ron.

En algún punto de Houston poco antes del amanecer, se detuvieron en una tienda abierta toda la noche para comprar cerveza y comida y, al regresar, la camioneta había desaparecido, robada por el autostopista. Ron dijo que había olvidado las llaves en el contacto y, pensándolo mejor, reconoció que no sólo había dejado las llaves puestas sino que probablemente también el motor en marcha. Se bebieron las cervezas y reflexionaron acerca de su mala suerte. Fritz insistía en llamar a la policía pero Ron no estaba tan seguro. Ambos discutieron y al final Dennis llamó de todos modos. Cuando el agente hubo escuchado su historia, se les rió en la cara.

Se encontraban en una zona bastante mala de la ciudad, pero encontraron un Pizza Hut. Tomaron una pizza, apuraron varias jarras de cerveza y echaron a andar por la ciudad, completamente perdidos. Al amanecer, tropezaron con un tugurio para negros y Ron decidió entrar para ver qué se cocía allí dentro. Era una locura, pero Dennis no tardó en comprender que probablemente estarían más seguros dentro que fuera. En la barra, Dennis bebió pausadamente una cerveza y rezó para que nadie se fijara en ellos. Como era de esperar, Ron se puso a hablar a gritos para llamar la atención. Vestía traje y corbata y ya estaba interpretando al importante abogado de Dallas. Dennis, preocupado por su camioneta, rogaba que no les pegaran un navajazo mientras su compinche desgranaba historias acerca de su íntimo amigo Reggie Jackson, el gran beisbolista.

El encargado del local era un sujeto llamado Cortez que muy pronto hizo buenas migas con Ron. Cuando éste contó la historia de la camioneta robada, Cortez se mondó de risa. Cuando cerró el local, Ron y Dennis se fueron en el automóvil de Cortez, cuyo apartamento quedaba cerca, pero no disponía de suficientes camas. Los dos blancos durmieron en el suelo.

Dennis despertó con una resaca monumental, frustrado por el robo de su camioneta y ansioso por regresar a Ada. Sacudió a Ron para despertarlo de su coma y juntos convencieron a Cortez, a cambio de una pequeña remuneración, de que los acompañara hasta un banco donde Dennis pudiera retirar un poco de dinero. Una vez en el banco, Cortez esperó en el automóvil mientras Ron y Dennis entraban. Dennis consiguió sacar el dinero y, cuando salían, vieron acercarse de todas direcciones media docena de vehículos policiales que rodearon a Cortez. Unos agentes fuertemente armados lo sacaron del automóvil y lo arrojaron al asiento trasero de uno de los suyos.

Ron y Dennis retrocedieron al interior del banco, evaluaron la situación y optaron por una precipitada salida por el otro lado. El viaje de regreso a casa en autocar resultó largo y doloroso. Dennis estaba hasta la coronilla de Ron y furioso por que hubiera dejado que les birlaran la camioneta. Juró no volver a verlo durante una buena temporada.

Un mes más tarde, Ron llamó a Dennis para invitarlo a salir. Desde la pesadilla de Houston la amistad entre ambos se había enfriado. Al profesor le gustaba salir a tomarse unas cervezas y bailar un poco, pero siempre mantenía el control. Ron le parecía bien cuando ambos tomaban un trago y tocaban la guitarra en su apartamento, pero, en cuanto entraba en un bar, podía ocurrir cualquier cosa.

Ron acudió a casa de Dennis y éste explicó que iba a ser una noche muy corta, ya que más tarde tenía una cita con una chica. Su mujer llevaba siete años muerta y él deseaba consolidar una relación estable. Ron no; las mujeres eran para él sexo y nada más.

Pero, aun así, resultó muy difícil quitarse a Ron de encima. E incluso cuando Dennis fue a ver a su amiga, Ron lo acompañó. Cuando al final se dio cuenta de que no era bien recibido, se marchó furioso, pero no a pie: cogió el automóvil de Dennis y se dirigió a casa de Bruce Leba. Dennis Fritz pernoctó en casa de la mujer y cuando se levantó a la mañana siguiente descubrió la desaparición del coche. Denunció el hecho a la policía y después llamó a Bruce para ver si había visto a Ron. Bruce accedió a conducir de nuevo a Ron y el vehículo robado a Ada, donde fueron detenidos por la policía. Se retiraron las acusaciones, pero Dennis y Ron pasaron varios meses sin hablarse.

Fritz se encontraba en su casa de Ada cuando recibió una llamada del detective Dennis Smith. Quería que fuera a la comisaría a contestar unas preguntas. ¿Qué clase de preguntas? «Ya se lo diremos cuando venga», respondió Smith.

Fritz obedeció a regañadientes. No tenía nada que ocultar pero cualquier encuentro con la policía lo ponía nervioso. Smith y Gary Rogers le preguntaron acerca de su relación con Ron Williamson, al que llevaba meses sin ver. Al principio, las preguntas fueron más bien de tipo práctico, pero poco a poco se transformaron en acusadoras.

—¿Dónde estaba usted la noche del siete de diciembre?

Dennis no estaba muy seguro; necesitaba tiempo para recordarlo.

—¿Conocía usted a Debbie Carter?

No. Y así sucesivamente. Al cabo de una hora, Fritz abandonó la comisaría, molesto por estar incluido en aquella investigación.

Smith volvió a llamarlo y le preguntó si accedía a pasar por el detector de mentiras. Con su preparación científica, Fritz sabía que esos artilugios son muy poco fiables, por lo que prefería no someterse a la prueba. No obstante, él jamás había visto a Debbie Carter y deseaba demostrárselo a Smith y Rogers. Al final accedió a regañadientes y la prueba se programó en la sede del OSBI en Oklahoma City. A medida que se acercaba el día, Fritz se iba poniendo más nervioso; para tranquilizarse, se tomó un Valium la víspera.

La prueba la llevó a cabo el agente del OSBI Rusty Featherstone mientras Smith y Rogers aguardaban. Cuando terminó, los policías se inclinaron sobre los gráficos, sacudiendo la cabeza con pesar.

Fritz fue informado de que había «fallado seriamente» en la prueba.

—Imposible —atinó a responder.

—Usted oculta algo —le dijeron.

Fritz reconoció que estaba nervioso y finalmente admitió que se había tomado un Valium. Eso preocupó a los policías, que insistieron en que se sometiera a otra prueba. Fritz no tuvo más remedio que acceder.

Una semana más tarde, Featherstone trasladó el polígrafo a Ada y lo instaló en el sótano de la comisaría. Fritz estaba todavía más nervioso que antes, pero contestó a las preguntas con soltura y sinceridad.

Volvió a «fallar seriamente», sólo que esta vez fue mucho peor, según Featherstone, Smith y Rogers. El interrogatorio posterior al detector de mentiras se inició con brusquedad. Rogers, en el papel de policía malo, empezó soltando juramentos y amenazas y le espetó:

—Coño, Fritz, usted oculta algo y nos lo va a decir.

Smith trató de interpretar el papel de policía bueno, pero era un truco muy burdo y demasiado visto.

Rogers iba vestido de vaquero, con botas y todo, y se paseaba por la sala con expresión amenazadora, profiriendo maldiciones y hablando del corredor de la muerte y las inyecciones letales. De repente se abalanzó sobre Fritz, le empujó el pecho con los dedos y le dijo que iba a confesar aunque tuvieran que estar todo un año en aquella sala lóbrega. Fue una actuación temible, pero no demasiado eficaz. Fritz decía una y otra vez:

—Quítese de mi vista.

Al final, Rogers lo acusó directamente de la violación y asesinato de Debbie Carter. Su lenguaje se volvió todavía más agresivo mientras describía cómo Fritz y su compinche Ron Williamson habían entrado en el apartamento de la chica para violarla y matarla. Y le exigió una confesión so amenaza de cortarlo en trocitos.

Sin pruebas, la sola confesión no resolvería el caso, pero aun así los policías trataban de arrancársela a cualquier precio. Sin embargo, él se mantuvo en sus trece. No tenía nada que confesar, pero, tras pasar dos horas aguantando agresiones verbales, decidió darles algo. Les contó la historia del viaje que él y Ron habían hecho a Norman el verano anterior, una agitada noche de bares en busca de chicas, una de las cuales había subido al asiento de atrás del coche de Dennis y se había puesto histérica cuando él no le permitió bajar. Al final, la chica saltó fuera, huyó corriendo y llamó a la policía mientras Ron y Dennis dormían en el automóvil en un aparcamiento, ocultándose de la policía. No se presentó ninguna denuncia.

El relato pareció satisfacer a los policías, por lo menos durante unos minutos. Su principal interés era Williamson y ahora ya disponían de pruebas de que él y Fritz eran amigos y compañeros de francachelas. Fritz no tenía muy claro qué relevancia podía tener eso en el caso Carter, pero es que, en realidad, casi todo lo que decían los policías no tenía ningún sentido. Fritz sabía que era inocente y, si Smith y Rogers lo perseguían a él, el verdadero asesino no tenía nada que temer.

Tras pasar tres horas machacándolo, los policías decidieron dejarlo. Estaban convencidos de que Fritz estaba implicado en el caso, pero éste no se resolvería sin una confesión. Se necesitaba una buena labor policial, por cuyo motivo empezaron a seguir a Fritz por toda la ciudad, hostigándolo cada poco sin ningún motivo. Varias veces al despertar por la mañana veía un coche de la policía delante de su casa.

Fritz entregó voluntariamente muestras de cabello, sangre y saliva. ¿Por qué no? No tenía nada que ocultar. La idea de hablar con un abogado cruzó fugazmente por su cabeza, pero ¿para qué molestarse? Era inocente y la policía no tardaría en darse cuenta.

El detective Smith escarbó en el pasado de Fritz y descubrió una condena en 1973 por cultivo de marihuana en la ciudad de Durant. A continuación, un agente de Ada se puso en contacto con el instituto de Noble donde Dennis trabajaba como profesor e informó a la dirección de que Fritz no sólo estaba siendo investigado por asesinato, sino que además tenía en su haber una condena por droga que sin duda había olvidado mencionar cuando se había presentado para la plaza de profesor. Fritz fue despedido de inmediato.

El 17 de marzo, Susan Land recibió en el OSBI «cabellos y vello pubiano de Fritz y Williamson», remitidos por Dennis Smith.

El 21 de marzo, Ron se presentó en la comisaría y se sometió voluntariamente a la prueba del detector de mentiras, practicada por B. G. Jones, otro interrogador del OSBI. Jones afirmó que los resultados eran imprecisos. Ron entregó también una muestra de saliva. Una semana más tarde, ésta se envió al OSBI junto con una muestra de Dennis Fritz.

El 28 de marzo, Jerry Peters del OSBI completó el análisis de las huellas digitales. En su informe señalaba de manera inequívoca que la huella palmar en la muestra de pladur no pertenecía a Debbie Carter, Dennis Fritz o Ron Williamson. El informe habría tenido que ser una buena noticia para la policía. En cuanto encontraran una huella palmar que coincidiera, tendrían al asesino.

En cambio, la policía comunicó a la familia Carter que Ron Williamson era su principal sospechoso. Aunque no disponían de suficientes pruebas, seguían todas las pistas y lenta y metódicamente estaban perfilando una acusación formal. No cabía duda de que era el sospechoso perfecto: se comportaba de manera muy rara, tenía horarios extravagantes, vivía con su madre, carecía de trabajo, era conocido por su afición a las mujeres, frecuentaba los bares y tabernas y, lo peor, vivía muy cerca de la escena del crimen. Siguiendo un atajo a través del callejón de atrás de la manzana, podía plantarse en el apartamento de Debbie Carter en pocos minutos.

Además, había tenido aquellos dos problemas en Tulsa. Aquel hombre tenía que ser un violador, por mucho que los jurados hubieran dicho lo contrario.

No mucho después del asesinato, Glenna Lucas, la tía de Debbie, recibió una llamada y una anónima voz masculina le dijo: «Debbie está muerta y tú serás la siguiente en morir.» Glenna recordó horrorizada aquella advertencia escrita con laca de uñas: «Jim Smith será el siguiente en morir.» La similitud le provocó un ataque de pánico, pero, en lugar de comunicarlo a la policía, llamó al fiscal de distrito.

Bill Peterson, un corpulento joven perteneciente a una destacada familia de Ada, llevaba tres años en el cargo. Su distrito abarcaba tres condados —Pontotoc, Seminole y Hughes— y su despacho estaba ubicado en los juzgados del de Pontotoc. Conocía a los Carter y, como todos los fiscales de pequeñas localidades, anhelaba encontrar un sospechoso sólido y resolver el horrible caso. Smith y Rogers lo iban poniendo al día de las investigaciones.

Glenna le describió la llamada anónima a Bill Peterson y ambos coincidieron en que el comunicante y el asesino era probablemente Ron Williamson. Sólo con dar unos pasos desde su apartamento del garaje hasta el callejón de la manzana podía ver el apartamento de Debbie. Y bajando por el camino particular de la casa de su madre, podía ver la casa de Glenna. Estaba justo en medio, aquel hombre sin empleo que seguía horarios tan extravagantes y se dedicaba a contemplar el barrio.

El fiscal ordenó la instalación de un dispositivo de grabación en el teléfono de Glenna, pero no hubo más llamadas.

Su hija Christy de ocho años era plenamente consciente de la dura prueba que estaba atravesando la familia. Glenna no se apartaba de su lado, jamás permitía que se quedara sola o utilizara el teléfono, y se había asegurado de que la vigilaran muy de cerca en la escuela.

En la casa y en la familia se hablaba bastante acerca de Williamson. ¿Por qué había matado a Debbie? ¿A qué esperaba la policía para detenerlo?

Las habladurías y los rumores seguían su curso. El miedo se extendió rápidamente por el barrio y después por toda la ciudad. El asesino andaba suelto y todo el mundo conocía su nombre. ¿Por qué la policía no hacía nada?

Un año y medio después de su última sesión con la doctora Snow, estuvo claro que Ron necesitaba abandonar las calles. Su caso requería un largo tratamiento en un centro especializado. En junio de 1983, una vez más a instancias de su madre, efectuó el ya habitual recorrido a pie hasta la clínica psiquiátrica de Ada. Allí pidió ayuda, aduciendo que estaba deprimido y no se encontraba en condiciones de hacer nada. Lo enviaron a otro centro de Cushing donde Al Roberts, orientador de rehabilitación, estudió su caso. Observó que el CI de Ron era de 114, «dentro de la franja brillante-normal de la actividad intelectual», pero cabía la posibilidad de que estuviera sufriendo cierto grado de deterioro cerebral a causa del abuso de alcohol.

Roberts escribió: «Este hombre está pidiendo ayuda a gritos.» Ron se mostraba inseguro, tenso, preocupado, nervioso y deprimido.

Es una persona muy inconformista y no soporta la autoridad. Su conducta tiende a ser excéntrica e imprevisible. Le cuesta dominar sus impulsos. Es muy receloso y desconfía de quienes lo rodean. Carece de habilidades sociales y se siente muy incómodo en situaciones sociales. No se responsabiliza de sus actos y es probable que sufra accesos de furia u hostilidad como defensa para evitar que lo hieran. Ve el mundo como un lugar hostil y amenazador y se defiende mostrándose violento o bien retraído. Ron parece muy inmaduro y ofrece una imagen indolente.

Ron presentó una instancia para matricularse en un programa de preparación vocacional en la East Center University de Ada. Señaló que deseaba obtener un título en química o, como alternativa, en educación física para dedicarse a entrenar. El examinador era Melvin Brooking, un auxiliar de psicología de la sección de Rehabilitación Vocacional.

Brooking conocía bien a Ron y los Williamson, puede que demasiado bien. Sus observaciones acerca del aspirante estuvieron cuajadas de anécdotas y se refería a él como «Ronnie».

En el apartado de actividad deportiva, Brooking escribió: «No sé qué clase de estudiante era Ronnie en el instituto, pero fue un destacado deportista, aunque siempre tuvo el inconveniente de las rabietas, tanto dentro como fuera del campo, y de una conducta generalmente grosera e inmadura y una actitud egocéntrica y arrogante. Su comportamiento de estrella, su incapacidad para relacionarse con la gente y su falta de respeto por las normas y las reglas lo convirtieron en un jugador inadecuado.»

Y acerca del fracaso de su matrimonio: «Se casó con una chica muy guapa, una antigua Miss Ada, pero al final ella no pudo soportar sus cambios de humor y su incapacidad para ganarse la vida y se divorció de él.»

Era bien sabido que Ron era muy aficionado al consumo de alcohol y droga. Brooking observó: «Ronnie ha tenido serios problemas con el consumo de alcohol y de droga en el pasado. Ha sido un asiduo consumidor de pastillas; al parecer buscaba automedicarse para superar su grave depresión. Dice que ya no bebe ni consume drogas.»

Brooking le diagnóstico trastorno bipolar:

El trastorno bipolar significa que experimenta marcados cambios de humor, de la máxima euforia a estados depresivos rayanos en el estupor. Lo diagnostico como un sujeto depresivo porque es así como suele sentirse casi siempre. Sus euforias maníacas suelen estar provocadas por la droga y son de muy breve duración. En el transcurso de los últimos tres o cuatro años ha estado gravemente deprimido, viviendo en la habitación de atrás de la casa de su madre, durmiendo casi todo el rato, sin apenas trabajar y dependiendo por entero de quienes lo rodean para su sustento. Se ha ido tres o cuatro veces de casa y ha hecho varios intentos de rehabilitación, sin resultado.

Brooking le diagnosticó también un trastorno paranoico de la personalidad a causa de «un generalizado e injustificado recelo respecto a la gente, una hipersensibilidad y una disminución de la afectividad».

Y, para redondear la cosa, añadía la dependencia de alcohol y estupefacientes. El pronóstico era «reservado» y terminaba así: «Este joven jamás ha conseguido centrarse desde que dejó su casa hace más de diez años. Su vida ha sido una sucesión de problemas y crisis devastadoras. Sigue intentando asentar los pies en terreno firme pero de momento nunca lo ha logrado.»

La tarea de Brooking era evaluar a Ron, no tratarlo. A finales del verano de 1983, el estado mental de Ron había empeorado y no estaba recibiendo la ayuda que necesitaba, que consistía en una psicoterapia a largo plazo en un centro especializado. La familia no podía sufragarla ni el estado ofrecerla, aunque cabe matizar que Ron tampoco la habría aceptado.

Su instancia a la East Center University incluía una petición de ayuda económica. Ésta fue aceptada y se le notificó que tenía un cheque a su disposición en las oficinas de la universidad. Se presentó a recogerlo en compañía de dos sujetos un tanto sospechosos, ambos aparentemente muy interesados en que Ron consiguiera un poco de dinero. El cheque estaba extendido a su nombre y al de un responsable del centro, del cual se requería la firma. Ron tenía prisa pero le dijeron que tenía que hacer una larga cola para conseguir dicha firma. Sin embargo, él pensaba que el dinero era suyo y no le apetecía esperar. Sus dos acompañantes estaban deseando conseguir la pasta, por lo que Ron falsificó rápidamente el otro nombre.

Se fue con 300 dólares.

De la falsificación fue testigo Nancy Carson, la mujer de Rick Carson, el compañero de colegio de Ron que ahora era policía en Ada. La señora Carson trabajaba en la oficina de asuntos económicos y conocía a Ron desde hacía muchos años. Se quedó de piedra ante lo que acababa de ver y llamó a su marido.

Un conserje que conocía a la familia Williamson fue al salón de belleza de Juanita para contarle lo que acababa de hacer Ron. Juanita extendió rápidamente un cheque por el mismo valor para que no presentaran cargos contra Ron, y fue en su busca.

Sin embargo, al día siguiente Ron fue detenido por falsificación documentaria, delito castigado con un máximo de ocho años de cárcel. Ingresó en la prisión del condado. No pudo pagar la fianza y su familia tampoco pudo ayudarlo.

El caso Carter avanzaba muy despacio. El laboratorio del OSBI aún no había facilitado los resultados de la huella dactilar y las muestras de cabello y saliva iniciales. Se estaban procesando muestras de treinta y un hombres de Ada, incluidos Ron Williamson y Dennis Fritz. A Glen Gore aún no le habían pedido que facilitara muestras de cabello y saliva.

En septiembre de 1983, todas las muestras de cabello se encontraban sobre el escritorio atestado de papeleo atrasado de Melvin Hett, un analista capilar del OSBI.

El 9 de noviembre, en la cárcel, Ron se sometió nuevamente al detector de mentiras. La sesión, también a cargo del agente Rusty Featherstone, duró dos horas y hubo muchas preguntas antes de que Ron fuera conectado al polígrafo. Negó rotundamente haber participado o haber tenido conocimiento del asesinato. La prueba fue calificada una vez más de imprecisa y todo el interrogatorio se grabó en vídeo.

Ron se acostumbró a la vida de la cárcel. Tuvo que dejar la bebida y las pastillas, pero logró conservar su costumbre de dormir veinte horas al día. No obstante, sin medicación ni ayuda de ninguna clase, su estado mental se fue deteriorando progresivamente.

A finales de noviembre, una reclusa llamada Vicki Michelle Owens Smith le contó al detective Dennis Smith una extraña historia acerca de Ron. El policía redactó el siguiente informe:

> Entre las tres y cuatro de la mañana del sábado, Ron Williamson miró por su ventanuco y vio a Vicki. Williamson le gritó que era una mala puta y la acusó de haberlo llevado a la casa de Debbie Carter y de ahora traerle el espíritu de Debbie a la celda para que le hiciera la vida imposible. Williamson pidió también a gritos el perdón de su madre.

En diciembre, un año después del asesinato, se le pidió a Glen Gore que acudiera a la comisaría para hacer una declaración. Éste negó cualquier participación en el asesinato de Debbie Carter. Dijo haberla visto en el Coachlight unas horas antes de su muerte y añadió un nuevo detalle: al parecer Debbie le había pedido que bailara con ella porque Ron Williamson la estaba incomodando. Por lo visto, el hecho de que nadie más del Coachlight afirmara haber visto a Ron carecía de importancia.

Pero, a pesar de los esfuerzos de la policía por reunir los elementos necesarios para una acusación, las pruebas eran insuficientes. No se había descubierto en el apartamento de la víctima ni una sola huella que coincidiera con las de Ron o Dennis Fritz, lo cual constituía un agujero enorme en la teoría según la cual ambos habían participado en la prolongada y violenta agresión. No había ningún testigo directo y nadie había oído el menor ruido aquella noche. El análisis del cabello, que siempre resultaba dudoso en el mejor de los casos, seguía atascado en el despacho de Melvin Hett en el OSBI.

La acusación contra Ron constaba de dos pruebas «imprecisas» con el detector de mentiras, una mala fama, el hecho de vivir muy cerca de la víctima y la tardía y vaga identificación del testigo presencial Glen Gore.

La acusación contra Dennis Fritz era todavía más endeble. Un año después del asesinato, el único resultado tangible de la investigación era el despido de un profesor de ciencias de bachillerato.

En enero de 1984, Ron se declaró culpable de falsificación documentaria y fue condenado a tres años de cárcel. Lo trasladaron a un penal cerca de Tulsa, donde su extraño comportamiento no tardó en llamar la atención. De allí lo trasladaron a una unidad psiquiátrica intermedia para someterlo a observación. El doctor Robert Briody lo examinó la mañana del 3 de febrero y escribió: «Se muestra habitualmente apagado y, al parecer, es dueño de sus actos.» Pero, en el transcurso de una entrevista aquella misma tarde, Briody vio a una persona distinta. Ron era «hipomaníaco, ruidoso, irritable, fácilmente excitable, presenta asociaciones inconexas, fuga de ideas, pensamientos irracionales y cierta ideación de carácter paranoide». Aconsejó una ulterior evaluación.

Las medidas de seguridad no eran muy estrictas en la unidad intermedia. Ron descubrió un campo de béisbol cerca de allí y disfrutaba saliendo subrepticiamente por la noche en busca de soledad. Una vez un policía lo encontró durmiendo en el campo y lo acompañó de nuevo a la unidad. Tras darle una reprimenda, le pidieron que pusiera por escrito lo sucedido. Ron escribió lo siguiente:

La otra noche estaba deprimido y necesitaba un poco de tiempo para pensar las cosas. Siempre me he sentido a gusto en un campo de béisbol. Me acerqué a la esquina sudeste del campo y como un viejo perro sarnoso me acurruqué bajo un árbol. A los pocos minutos un policía me ordenó que volviera al edificio. Juntos nos dirigimos a la puerta principal y él me dijo que, como yo no estaba haciendo nada malo, olvidaría el episodio. Pero, tal como se ve, me han obligado a escribir una redacción.

Teniendo al principal sospechoso entre rejas, la investigación del caso Carter quedó prácticamente interrumpida. Transcurrieron semanas sin que apenas se hiciera nada. Dennis Fritz trabajó un breve período en una residencia de ancianos y después en una fábrica. La policía de Ada lo hostigaba de vez en cuando, pero al final perdieron el interés. Glen Gore seguía en la ciudad, mas las autoridades no se fijaban en él.

La policía estaba frustrada por no haber logrado resolver el caso, y la presión estaba a punto de aumentar considerablemente.

En abril de 1984 otra joven fue asesinada en Ada y, a pesar de que su muerte no guardaba relación con la de Debbie Carter, al final acabaría ejerciendo un profundo impacto en las vidas de Ron Williamson y Dennis Fritz.

Denice Haraway era una estudiante de veinticuatro años de la East Center que trabajaba a tiempo parcial en una tienda de la cadena McAnally's abierta las veinticuatro horas en el extremo oriental de Ada. Llevaba ocho meses casada con

Steve Haraway, hijo de un conocido dentista de la ciudad y también alumno de la universidad. Vivían en un pequeño apartamento propiedad del doctor Haraway y trabajaban para pagarse los estudios.

La noche del sábado 28 de abril, sobre las ocho y media, un cliente que entraba en el McAnally's se tropezó con la agraciada joven que trabajaba allí, quien en ese momento salía de la tienda. La acompañaba un joven, también de veintitantos años. Su brazo le rodeaba la cintura y parecían una pareja corriente de enamorados. Se acercaron a una camioneta y la chica subió por el lado del pasajero. El joven se sentó al volante y a los pocos segundos el motor se puso en marcha. La camioneta era una vieja Chevrolet gris manchada y con la pintura deteriorada.

En el interior de la tienda el cliente no vio a nadie. La caja registradora estaba abierta y vacía. Un cigarrillo humeaba todavía en el cenicero. A su lado había una lata de cerveza abierta y detrás del mostrador se podía ver un bolso marrón de mujer y un libro de texto abierto. El cliente trató de localizar a algún empleado, pero no había nadie. Entonces pensó que tal vez se había producido un atraco y llamó a la policía.

En el bolso marrón un agente encontró un carnet de conducir a nombre de Denice Haraway. El cliente examinó la fotografía y la identificó: era la joven con quien se había cruzado al entrar en la tienda menos de media hora antes. Sí, estaba seguro de que era Denice Haraway porque él pasaba a menudo por el McAnally's y la conocía de vista.

El detective Smith ya estaba en la cama cuando recibió la llamada.

—Tratadlo como si fuera la escena de un crimen —ordenó, y volvió a dormirse.

Pero su orden no se cumplió. El encargado de la tienda vivía muy cerca y no tardó en llegar. Examinó la caja de seguridad; no la habían abierto. Encontró cuatrocientos dólares debajo del mostrador a la espera de ser guardados en la caja, y ciento cincuenta dólares en otro cajón. Mientras aguardaban la llegada de un oficial, el encargado puso orden en la tienda. Vació el cenicero en el que sólo había una colilla y tiró la lata de cerveza. Los policías no se lo impidieron. Si contenían huellas, acababan de perderse.

Steve Haraway estaba estudiando a la espera de que su mujer regresara a casa cuando cerrara el McAnally's a las once de la noche. Una llamada de la policía lo dejó estupefacto e inmediatamente se trasladó a la tienda, donde identificó el automóvil, los libros de texto y el bolso de su mujer. Después facilitó una descripción a la policía y trató de recordar qué ropa llevaba su mujer ese día: vaqueros azules, zapatillas de tenis y una blusa cuyo color no recordaba.

A primera hora de la mañana del domingo los treinta y tres agentes de la policía de Ada fueron llamados al servicio. Llegaron policías estatales desde los distritos vecinos. Varios grupos locales, incluidos los miembros de la fraternidad universitaria de Steve, se ofrecieron a participar en la búsqueda. El agente Gary Rogers del OSBI fue encargado de las investigaciones a nivel estatal mientras que, una vez más, Dennis Smith dirigiría a la policía de Ada. Dividieron el condado en sectores y asignaron equipos para rastrear todas las calles, autopistas, carreteras, ríos, acequias y campos.

Una empleada de JP's, otra tienda abierta las veinticuatro horas a un kilómetro de distancia de McAnally's, se presentó para contar a la policía acerca de unos jóvenes muy raros que habían entrado en su tienda y le habían dado un susto poco antes de la desaparición de Denice. Ambos tenían veintitantos años, llevaban el cabello largo y se comportaban de una forma muy extraña. Jugaron una partida de billar antes de alejarse en una vieja camioneta.

El cliente del McAnally's sólo había visto a un hombre marchándose con Denice y no parecía que ésta le tuviera miedo. Su descripción aproximada coincidía con la de los dos extraños jóvenes de la tienda JP's y, por consiguiente, la policía ya disponía de una primera pista. Buscaban a dos varones de raza blanca de entre veintidós y veinticuatro años de edad, uno de ellos entre metro setenta y metro ochenta de estatura, cabello rubio por debajo de las orejas y complexión frágil, y el otro de cabello castaño claro largo hasta los hombros y complexión delgada.

La intensa búsqueda del sábado no arrojó ningún resultado. Dennis Smith y Gary Rogers ordenaron interrumpir la búsqueda para reanudarla a primera hora de la mañana siguiente.

El lunes imprimieron octavillas con el bonito rostro de Denice y una descripción general: un metro sesenta y cinco, cincuenta y cinco kilos, ojos castaños, complexión delgada. La octavilla incluía también una descripción de los dos jóvenes vistos en el JP's junto con la de la vieja camioneta. Policías y voluntarios las repartieron por todas las tiendas de Ada y alrededores.

Un dibujante de la policía trabajó con la dependienta del JP's para poner a punto dos bocetos. Cuando se los mostraron al cliente del McAnally's, éste dijo que uno de ellos se parecía al joven que se había marchado con Denice. Las dos imágenes se emitieron por la televisión local y, en cuanto la ciudad pudo echar un vistazo a los dos posibles sospechosos, empezaron a producirse llamadas a la comisaría.

Ada contaba por entonces con cuatro detectives —Dennis Smith, Mike Baskin, D. W. Barrett y James Fox—, los cuales no tardaron en recibir un alud de llamadas. Más de cien, con unos veinticinco nombres de posibles sospechosos.

Dos nombres destacaban. Billy Charley fue mencionado unas treinta veces, por cuyo motivo la policía lo citó para una entrevista. Llegó a la comisaría acompañado por sus padres, los cuales afirmaron que había estado con ellos en casa toda la noche del sábado.

El otro nombre, mencionado también por unos treinta solícitos ciudadanos, fue el de Tommy Ward, un chico del lugar muy conocido por la policía. Tommy había sido detenido varias veces por faltas leves —estado de embriaguez, pequeños hurtos—, nada de carácter violento. Los miembros de su familia vivían por toda la ciudad y los Ward estaban considerados gente honrada y trabajadora que se ocupaba de sus propios asuntos. Tommy tenía veinticuatro años, era el penúltimo de ocho hermanos y había abandonado los estudios secundarios.

Se presentó voluntariamente para el interrogatorio. Los detectives Smith y Baskin le preguntaron qué había hecho el sábado por la noche. Había ido de pesca con un amigo, Karl Fontenot, luego ambos habían asistido a una fiesta donde permanecieron hasta las cuatro de la madrugada y después habían regresado a casa. Tommy no tenía coche. Los policías observaron que Ward se había cortado el cabello rubio muy corto, una chapuza no hecha por un profesional. Tomaron una fotografía Polaroid de la parte posterior de su cabeza y la fecharon el 1 de mayo.

Los sospechosos de los retratos robot tenían el cabello largo y de color claro.

El detective Baskin localizó a Karl Fontenot, al que no conocía, y le pidió que se pasara por la comisaría para responder a unas preguntas. Fontenot dijo que iría, pero no se presentó. Baskin no fue en su busca. Fontenot tenía pelo largo y oscuro.

Mientras la búsqueda seguía con la mayor urgencia en el condado de Pontotoc y alrededores, el nombre y la descripción de Denice Haraway se transmitió a todas las fuerzas del orden del país. Se recibían llamadas de todas partes, pero ninguna servía de nada. Denice había desaparecido sin más, sin dejar huella alguna.

Cuando no estaba repartiendo octavillas o recorriendo en su automóvil las carreteras secundarias, Steve Haraway permanecía en su casa acompañado por algunos amigos. El teléfono sonaba continuamente y, con cada llamada, se vivía un momento de esperanza.

No había ninguna razón para que Denice hubiera huido. Llevaban menos de un año casados y estaban muy enamorados. Ambos cursaban el penúltimo curso en la universidad y estaban deseando graduarse para mudarse a otro sitio. Se la habían llevado contra su voluntad, Steve no tenía dudas.

A cada día que pasaba aumentaban las posibilidades de que Denice no fuera encontrada con vida. Si se la había llevado un violador, la habría soltado después de la agresión. Si la habían secuestrado, habrían pedido un rescate. Corrían rumores acerca de un antiguo enamorado de ella oriundo de Tejas. Y también se rumoreaba acerca de narcotraficantes, pero en todos los delitos graves siempre se hablaba de eso.

Una vez más, Ada se estremeció de espanto. Debbie Carter había sido asesinada diecisiete meses atrás y la ciudad acababa de despertar de aquella pesadilla. Ahora las puertas se cerraban con llave, los toques de queda para los adolescentes eran más rigurosos y las tiendas registraban un considerable incremento de la venta de armas. ¿Qué estaba ocurriendo en aquella bonita ciudad universitaria con un par de iglesias en cada esquina?

Pasaron las semanas y la vida volvió lentamente a la normalidad para la mayoría de los habitantes de Ada. Pronto llegaría el verano y los niños ya habían terminado las clases. Los rumores disminuyeron pero no se apagaron del todo. Un detenido en Tejas se jactó de haber matado a diez mujeres y la policía de Ada fue a interrogarlo. En Misuri se descubrió el cadáver de una mujer con tatuajes en las piernas, pero Denice no tenía tatuajes.

Y así pasó el verano y llegó el otoño. Ni una sola novedad, ni la menor prueba capaz de conducir hasta Denice Haraway.

Y ningún progreso tampoco en el caso Carter. Con dos inquietantes crímenes sin resolver, en el departamento de policía se respiraba una atmósfera tensa y pesada. Las largas horas de trabajo no arrojaban ningún resultado. Dennis Smith y Gary Rogers estaban enteramente dedicados a los dos casos.

La presión en el caso Denice Haraway era todavía más fuerte. Un año antes de la desaparición de la chica se había producido un crimen similar en Seminole, cincuenta kilómetros al norte de Ada. Patty Hamilton, de dieciocho años, había desaparecido mientras trabajaba en una tienda abierta toda la noche. Un cliente había encontrado la tienda desierta, la caja registradora vacía y dos latas de refresco abiertas sobre el mostrador, sin que se observara el menor signo de lucha. El automóvil cerrado de la chica permanecía delante de la tienda. Había desaparecido sin dejar rastro y la policía creía que se trataba de un secuestro y asesinato.

El agente del OSBI encargado del caso de Patty Hamilton era Gary Rogers. Debbie, Denice y Patty. Rogers tenía en su mesa tres asesinatos de chicas sin resolver.

En los tiempos de los pioneros, cuando Oklahoma era todavía un territorio, Ada disfrutaba de una pintoresca y bien merecida fama de refugio para pistoleros y forajidos. Las disputas se resolvían con revólveres de seis disparos, y el más rápido en desenfundar se podía largar sin temor al castigo por parte de las autoridades. Los atracadores de bancos y los cuatreros afluían a Ada por ser todavía territorio indio y no formar parte de Estados Unidos. Los sheriffs, cuando se les podía encontrar, no estaban a la altura de los forajidos que se instalaban en Ada y sus alrededores.

Su fama de ciudad sin ley cambió drásticamente en 1909, cuando sus habitantes se hartaron de vivir atemorizados. Un respetado ranchero llamado Gus Bobbitt fue abatido por un asesino a sueldo contratado por un terrateniente rival. El pistolero y tres cómplices fueron detenidos y una fiebre de ahorcamientos recorrió la ciudad. Encabezados por los masones, los miembros más conspicuos de Ada, a primera hora de la mañana del 19 de abril de 1909 se formó una partida de linchamiento. Cuarenta miembros salieron solemnemente de la Logia Masónica que se levantaba en la esquina entre la calle Doce y Broadway en el centro de la ciudad y a los pocos minutos llegaron a la cárcel. Redujeron al sheriff, sacaron a los cuatro malhechores fuera de sus celdas y los arrastraron por la calle hasta una caballeriza. Les ataron muñecas y tobillos con alambre y después los ahorcaron ceremoniosamente.

Por la mañana un fotógrafo instaló su cámara en la caballeriza y tomó varias fotografías. Una de ellas sobrevivió a los años, una borrosa imagen en blanco y negro que muestra a los cuatro hombres colgando casi serenamente de las sogas, bien muertos. Años más tarde la fotografía se reprodujo en una postal que repartía la Cámara de Comercio de Ada.

Durante décadas, aquellos linchamientos fueron el máximo orgullo de Ada.

5

En el caso Carter, los detectives no sólo tenían una autopsia, unas muestras de cabello y unos resultados «indiciarios» con el detector de mentiras sino que, además, estaban convencidos de tener también al asesino. Ron Williamson estaba cumpliendo condena, pero regresaría. Tarde o temprano lograrían hacerle pagar sus culpas.

En cambio, en el caso Haraway no tenían nada: ni cadáver, ni testigos ni ninguna pista sólida. Los retratos robot realizados por el dibujante de la policía habrían podido corresponder a la mitad de los jóvenes de Ada. Los policías necesitaban un golpe de suerte.

Éste les llegó en octubre de 1984 cuando un tal Jeff Miller fue a la comisaría de Ada y preguntó por el detective Dennis Smith. Dijo tener información acerca del caso Haraway.

Miller era un chico del lugar sin antecedentes, aunque la policía lo conocía vagamente como uno de los muchos jóvenes noctámbulos de la ciudad con trabajos esporádicos, generalmente en fábricas. Miller se sentó en una silla y se dispuso a contar su historia.

La noche de la desaparición de Denice Haraway se había celebrado una fiesta cerca del río Azul, en un lugar situado a unos cuarenta kilómetros al sur de Ada. Miller no había asistido a aquella fiesta, pero conocía a dos mujeres que sí lo habían hecho. Ambas mujeres —le dio sus nombres a Smith— le habían contado que Tommy Ward estaba presente. Apenas comenzada la fiesta se habían quedado sin alcohol y Ward, que no disponía de vehículo, se ofreció a ir por cerveza en la camioneta de Janette Roberts. Ward estuvo ausente varias horas. Al final regresó sin cerveza alguna y muy alterado, presa de sollozos. Al preguntarle qué le ocurría, dijo que había hecho una cosa terrible. ¿Qué?, quisieron saber todos. Bueno, no sabía por qué, había regresado a Ada, pasando por delante de varias tiendas que vendían cerveza y, al final, se había encontrado en el McAnally's del este de la ciudad, donde había agarrado a la joven empleada, la había violado, la había matado y se había deshecho del cadáver. Y por eso ahora se sentía fatal.

Miller no supo explicar por qué las dos mujeres se lo contaron a él y no a la policía, y tampoco supo decir por qué habían esperado cinco meses para hacerlo.

Por muy absurda que resultara la historia, Dennis Smith trató de localizar a las dos mujeres, pero éstas ya no estaban en Ada. (Cuando finalmente las localizó al cabo de un mes, negaron haber asistido a la fiesta, negaron haber visto a Tommy Ward en ninguna fiesta, negaron haber escuchado un relato acerca del secuestro y asesinato de una joven empleada de una tienda o de cualquier otra joven, y negaron todo lo que Jeff Miller había contado.)

Smith localizó a Janette Roberts. Vivía en Norman, a ciento veinte kilómetros de distancia, con su marido Mike Roberts. El 12 de octubre, Smith y su compañero Mike Baskin fueron a Norman y se presentaron en casa de Janette. Le pidieron que los acompañara a la comisaría local para responder unas preguntas, cosa a la cual ella accedió a regañadientes.

Durante el interrogatorio, Janette admitió que ella, su marido, Tommy Ward y Karl Fontenot, entre otros muchos, solían celebrar fiestas cerca del río Azul, pero estaba casi segura de que no lo habían hecho el sábado en que Denice Haraway había desaparecido. Solía prestarle la camioneta a Tommy Ward, pero él nunca se había marchado de ninguna fiesta cerca del río (o de ningún otro lugar) en busca de cerveza, ni ella lo había visto jamás sollozando y alterado, y tampoco le había oído farfullar acerca de la violación y el asesinato de ninguna chica. No, señor, eso jamás había ocurrido. Ella estaba absolutamente segura.

Los detectives se llevaron una grata sorpresa al averiguar que Tommy Ward vivía con los Roberts y trabajaba con Mike. Ambos estaban empleados en una empresa de revestimientos exteriores y trabajaban largas horas, por lo general desde el amanecer hasta la puesta del sol. Smith y Baskin decidieron quedarse en Norman hasta que Ward regresara a casa para hacerle unas preguntas.

De camino a casa, Tommy y Mike se detuvieron a tomar unas cervezas, y el hecho de haber estado bebiendo fue una de las razones de que se negaran a ir a la comisaría. La razón más importante fue que a Tommy los policías no le gustaban nada. Los policías de Ada lo habían interrogado un mes atrás acerca del caso y él pensaba que el asunto ya estaba cerrado. Una de las razones de que se hubiera marchado de Ada era que muchas personas comentaban lo mucho que se parecía a uno de los retratos robot de la policía, y ya estaba harto del asunto. Había examinado el dibujo muchas veces y no veía ningún parecido. Era obra de un dibujante de la policía que jamás había visto al sospechoso y jamás lo vería, un retrato que después se había mostrado a una comunidad deseosa de establecer una relación entre aquel rostro y algún habitante de Ada. Todo el mundo quería ayudar a la policía a resolver el crimen. Era una pequeña localidad sobrecogida. En algún momento, todos los conocidos de Tommy habían hecho conjeturas acerca de la identidad de los sospechosos.

Tommy había tenido varios encuentros con la policía de Ada a lo largo de los años, nada serio, pero lo conocían y él los conocía, por lo que prefería evitar a Smith y Rogers.

En opinión de Janette, si Tommy no tenía nada que ocultar, no ocurriría nada si iba a la comisaría a responder a unas preguntas. Tommy no tenía nada que ver con Denice Haraway, pero no se fiaba de la policía. Tras discutir una hora, finalmente Tommy le pidió a Mike que lo llevara a la comisaría de Norman.

Smith y Baskin lo condujeron a una sala del sótano con equipo de vídeo y le explicaron que el interrogatorio se registraría. Tommy se puso nervioso, pero no puso objeciones. Encendieron el aparato, le leyeron sus derechos a permanecer callado y no responder a las preguntas y le advirtieron de que cualquier cosa que dijera podría utilizarse en su contra durante un juicio, y él firmó el impreso.

Los detectives iniciaron el interrogatorio con mucha amabilidad; era simplemente un procedimiento de rutina, nada importante. Le preguntaron a Tommy si recordaba el último interrogatorio de cinco meses atrás. Por supuesto que sí. ¿Les había dicho la verdad en aquella ocasión? Sí. ¿La iba a decir ahora? Sí.

En cuestión de pocos minutos Smith y Baskin, hábilmente, acabaron confundiendo a Tommy respecto a los días de aquella semana de abril. El día de la desaparición de Denice Haraway, Tommy había estado reparando las tuberías de la casa de su madre, después se había duchado y se había ido a una fiesta con los Roberts en Ada. Se había retirado a las cuatro de la madrugada y había regresado a pie a su casa. Cinco meses atrás había dicho a la policía que todo ello había ocurrido la víspera de la desaparición.

—Me equivoqué de día —trató de explicar, pero ellos no se dejaron convencer.

Los policías dijeron cosas como: «¿Cuándo te diste cuenta de que te habías equivocado?», «¿Seguro que ahora no te equivocas?» y «Te estás metiendo en un serio problema».

El tono se volvió áspero y acusador. Smith y Baskin mintieron al afirmar que tenían varios testigos de que él había estado en una fiesta cerca del río Azul aquel sábado y se había marchado a comprar cerveza en una camioneta prestada.

—Me equivoqué de día —insistió Tommy.

El viernes había ido a pescar, el sábado había asistido a

una fiesta con los Roberts en Ada y el domingo había ido a otra fiesta, ésta cerca del río.

¿Por qué mentían los policías?, se preguntó Tommy. Él sabía la verdad.

Las mentiras siguieron.

—¿No es cierto que ibas a robar al McAnally's? Tenemos testigos de ello.

Tommy meneó la cabeza y se mantuvo firme, pero estaba muy nervioso. Si aquellos policías mentían con tanta desfachatez, ¿qué más serían capaces de hacer?

Smith sacó una fotografía ampliada de Denice Haraway y se la acercó a Tommy.

—¿Conoces a esta chica?

—No la conozco. Sólo la he visto.

—¿La mataste?

—No. Jamás mataría a nadie.

—¿Quién la mató?

—No lo sé.

Smith siguió sosteniendo la fotografía mientras comentaba que era una chica muy guapa.

—Su familia quiere enterrarla, ¿sabes? Les gustaría encontrarla para poder darle sepultura.

—Yo no sé dónde está —contestó Tommy contemplando la fotografía mientras se preguntaba por qué se obstinaban en colgarle aquel muerto.

—¿Quieres decirnos dónde está para que su familia pueda enterrarla?

—No lo sé.

—Utiliza tu imaginación —dijo Smith—. Dos tíos la cogieron, la metieron en una camioneta y se la llevaron. ¿Qué crees que hicieron con el cuerpo?

—No tengo ni idea.

—Sólo como conjetura, ¿qué crees?

—Que se sepa, aún podría estar viva.

Smith siguió sosteniendo la fotografía mientras hacía las preguntas. Todas las respuestas de Tommy eran rechazadas, tratadas como si fueran mentiras o pasadas por alto. Le preguntaron repetidamente si creía que la chica era guapa. ¿Creía que había gritado durante la violación? ¿Verdad que su familia tendría que poder enterrarla?

—Tommy, ¿has rezado por todo esto? —preguntó Smith.

Al final, apartó la fotografía a un lado y le preguntó a Tommy acerca de su salud mental, acerca de los retratos robot y acerca de sus estudios. Después volvió a tomar la fotografía, la sostuvo delante del rostro de Tommy y empezó de nuevo con las preguntas acerca del supuesto asesinato de la chica, del entierro del cuerpo y ¿a que era guapa?

Mike Baskin adoptó un tono lastimero mientras comentaba la dura prueba por la que estaba pasando la familia.

—Lo único que se necesitaría para mitigar su sufrimiento sería decirles dónde está el cuerpo.

Tommy convino en que efectivamente era así, pero él no tenía ni idea de dónde estaba la chica.

Al final apagaron el aparato. La sesión había durado una hora y cuarenta y cinco minutos, y en su transcurso Tommy Ward no se había apartado en ningún momento de su declaración inicial: no sabía nada acerca de la desaparición de Denice Haraway. El interrogatorio lo había puesto muy nervioso pero, aun así, accedió a someterse al detector de mentiras en los siguientes días.

Los Roberts vivían a sólo unas manzanas de la comisaría de Norman y Tommy decidió regresar a pie. El frescor nocturno le sentó bien, pero le reconcomía que los policías lo hubieran tratado con tanta rudeza. Lo habían acusado de asesinar a la chica. Habían mentido repetidamente para liarlo.

Mientras regresaban a Ada, Smith y Baskin se convencieron de que habían encontrado a su hombre. Tommy Ward se parecía al retrato robot de uno de los chicos que se habían comportado de manera extraña en la tienda JP's aquel sábado por la noche. Había cambiado su historia acerca de dónde estaba la noche de la desaparición de Denice. Y había estado muy nervioso durante el reciente interrogatorio.

Al principio, Tommy se alegró de someterse al polígrafo. Diría la verdad, el aparato lo demostraría y la policía lo dejaría finalmente en paz. Pero después empezó a tener pesadillas acerca del asesinato, las falsas acusaciones de la policía, los comentarios sobre su parecido con el retrato robot, el bonito rostro de Denice Haraway y la angustia de su familia. ¿Por qué se ensañaban con él?

Llamó a su madre y le dijo que temía a la policía y al detector de mentiras.

—Tengo miedo de que me hagan decir algo que yo no quiera decir —le explicó.

—Di la verdad y todo irá bien —le aconsejó ella.

La mañana del jueves 18 de octubre, Mike Roberts acompañó a Tommy a la Agencia Estatal de Investigación de Oklahoma, el OSBI, a veinte minutos por carretera. La prueba se llevaría a cabo una hora más tarde. Mike esperaría en el aparcamiento y después los dos se irían juntos al trabajo; su jefe les había concedido un par de horas libres. Cuando Mike vio entrar a Tommy en el edificio no podía imaginar que su amigo estaba dando sus últimos pasos en libertad. El resto de su vida lo iba a pasar detrás de los muros de una cárcel.

Dennis Smith recibió a Tommy con una ancha sonrisa y un cordial apretón de manos; después lo dejó esperando en un despacho vacío media hora, uno de los trucos preferidos de la policía para conseguir que un sospechoso se ponga todavía más nervioso. A las diez y media lo llevaron a otra estancia, donde lo esperaba el agente Rusty Featherstone y su fiel detector de mentiras.

Smith se marchó. Featherstone explicó el funcionamiento del aparato mientras le colocaba a Tommy las correas y conectaba los electrodos. Para cuando empezaron las preguntas, el joven ya estaba sudando. Las primeras preguntas fueron fáciles —familia, educación, trabajo—, todo el mundo conocía la verdad y el aparato así lo detectó. Eso tranquilizó un poco a Tommy.

A las 11.05 Featherstone le leyó sus derechos y empezó

a indagar en el asunto Haraway. A lo largo de dos horas y media de tortuosas preguntas, Tommy se atuvo escrupulosamente a la verdad: no sabía nada acerca del caso Haraway.

Sin una sola pausa, la prueba duró hasta la una y media, hora en que Featherstone lo desenchufó todo y abandonó el cuarto. Tommy lanzó un suspiro de alivio e incluso experimentó una especie de júbilo por el hecho de que la dura prueba por fin hubiera acabado. Todo había salido muy bien; al final, la policía lo dejaría en paz.

Featherstone regresó a los cinco minutos y se inclinó sobre el gráfico para estudiar los resultados. Le preguntó a Tommy qué pensaba. El joven dijo que sin duda había superado la prueba y que ahora se tenía que ir al trabajo.

—No tan rápido —dijo Featherstone—. Has fallado.

Tommy lo miró con incredulidad, pero el otro repuso que estaba clarísimo que había participado en el secuestro de Denice Haraway. ¿Sería tan amable de contárselo todo?

¡Pero contarle qué!

—El detector de mentiras no miente —dijo Featherstone, señalando los resultados allí mismo sobre el papel—. Tú sabes algo acerca del asesinato —le repitió una y otra vez.

Las cosas irían mucho mejor para Tommy si era sincero, hablaba de lo ocurrido y contaba la verdad. Featherstone, el buen policía, quería ayudarlo, pero si Tommy rechazara su amable ayuda, entonces él se vería obligado a entregarlo a Smith y Rogers, los policías malos, que estaban esperando fuera, listos para echársele encima.

—Hablamos de ello —lo instó Featherstone.

No había nada de que hablar, insistió Tommy. Y se obstinó en afirmar que el polígrafo fallaba, porque él había dicho la verdad. El policía siguió en sus trece.

Tommy admitió que antes de la prueba estaba muy nervioso, y ansioso durante la misma, pues llegaría tarde al trabajo. Incluso reconoció que el interrogatorio seis días antes con Smith y Rogers lo había alterado mucho, provocándole un extraño sueño.

—¿Qué clase de sueño —quiso saber Featherstone.

Tommy se lo relató: estaba en una fiesta de birras y después se encontraba en una camioneta con otros dos chicos y una chica al lado de la vieja central eléctrica cerca de Ada. Uno de los chicos intentó besar a la chica pero ella se negó, y entonces él le dijo al otro que la dejara en paz. Después anunció que se quería ir a casa. «Ya estás en casa», le dijo uno de los otros. Tommy miró por la ventanilla y se encontró repentinamente en casa. Poco antes de despertarse, estaba de pie junto a una pileta tratando infructuosamente de quitarse un espeso líquido negro que le manchaba las manos. No conocía a la chica ni a los dos chicos.

—Es un sueño absurdo —comentó Featherstone.

—Casi todos lo son —replicó Tommy.

Featherstone parecía muy tranquilo pero seguía presionándolo para que le contara todo lo del crimen y le dijera dónde estaba el cuerpo. Repitió la amenaza de entregarlo a sus dos camaradas que esperaban en la estancia de al lado, sugiriendo que se preparaba una larga sesión de torturas.

Tommy estaba aturdido, perplejo y muerto de miedo. Aun así, se negó a confesar nada. Entonces el policía simpático lo entregó a Smith y Rogers, los cuales ya estaban furiosos y parecían dispuestos a darle una paliza. Featherstone se quedó en la estancia y, en cuanto se cerró la puerta, Smith se abalanzó contra Tommy y le espetó:

—Tú, Karl Fontenot y Odell Titsworth raptasteis a la chica, la llevasteis a la central eléctrica, la violasteis y la matasteis, ¿verdad?

—No es verdad —contestó Tommy, tratando de calmarse y pensar con claridad.

—Habla de una puñetera vez, pequeño hijo de la gran puta —rugió Smith—. El polígrafo dice que mientes. ¡Y sabemos que mataste a la chica!

Tommy estaba tratando de situar a Odell Titsworth, un nombre que había oído mencionar alguna vez. Creía que Odell vivía en algún lugar de los alrededores de Ada y que tenía mala fama, pero él no recordaba haberlo visto. Puede que lo hubiera visto un par de veces, pero en ese momento no lo recordaba, pues Smith estaba insultándolo mientras lo señalaba con el dedo amenazadoramente.

Smith repitió su teoría de los tres hombres que se habían llevado a la chica y Tommy meneó la cabeza.

—Yo no tuve nada que ver con eso —dijo—. Ni siquiera conozco a Odell Titsworth.

—Sí lo conoces —ladró Smith—. Deja de mentir, maldito cabrón.

La mención de Kark Fontenot era más fácil de entender, pues él y Tommy llevaban un par de años de esporádica amistad. Pero Tommy estaba perplejo ante las acusaciones, y la obstinada convicción de que hacían gala Smith y Rogers lo aterrorizaba. Ambos se turnaban en sus amenazas y ataques verbales. Los ánimos se fueron caldeando y muy pronto se profería toda suerte de insultos y obscenidades.

Aturdido, Tommy sudaba y trataba de razonar con lógica. Procuraba que sus respuestas fueran breves. «No, yo no lo hice.» «No, yo no tuve nada que ver.» A veces sentía el impulso de soltar algún sarcástico comentario, pero se contenía. Aquellos polis estaban furiosos e iban armados. Tommy estaba a su merced.

Después de haber pasado tres horas sudando con Featherstone y una hora de tormentos con Smith y Rogers, Tommy necesitaba urgentemente ir al lavabo, fumarse un cigarrillo y despejarse la cabeza. Necesitaba ayuda, hablar con alguien que le explicase qué estaba ocurriendo.

—¿Puedo tomarme un descanso? —pidió.

—Sólo unos minutos más —le contestaron.

En una mesa había una videocámara, desenchufada para que no quedara constancia del vapuleo verbal. «Seguro que éstos no son los métodos policiales habituales», pensó el chico. Smith y Rogers le recordaron repetidamente que en Oklahoma se utilizaba una inyección letal para ejecutar a sus asesinos. Se enfrentaba a la muerte, a una muerte segura, pero había alguna manera de evitarla: sincerarse, contar lo que había ocurrido y conducirlos hasta el cadáver. Después ellos ya utilizarían su influencia para conseguirle un buen acuerdo con el fiscal.

—Yo no lo hice —se empecinaba Tommy.

—El chico tuvo un sueño —les dijo Featherstone a sus dos compañeros.

Tommy repitió el sueño y, una vez más, sus palabras fueron acogidas con desdén. Los tres policías coincidían en que aquel sueño no tenía sentido, a lo cual Tommy volvió a replicar:

—Casi ningún sueño lo tiene.

Pero el sueño proporcionó a los policías un asidero, por lo cual empezaron a añadirle detalles.

—Los dos chicos de la camioneta eran Karl Fontenot y Odell Titsworth, ¿verdad?

—No —insistió Tommy—. Eran desconocidos.

—Vamos, no mientas. La chica era Denice Haraway, ¿verdad?

—No. También era una desconocida.

—Te obstinas en mentir, ¿eh, cabroncete?

Por espacio de otra hora los policías añadieron al sueño de Tommy los detalles necesarios, pero él los negó uno a uno. Era sólo un sueño, repetía una y otra vez.

—Sólo un sueño.

—Maldito embustero —decían los policías.

Al cabo de dos horas de despiadado martilleo, finalmente Tommy se vino abajo. Debido al miedo —Smith y Rogers parecían dispuestos a darle una paliza o a pegarle directamente un tiro—, pero también al horror de consumirse en el corredor de la muerte antes de ser ejecutado.

Además, tenía muy claro que aquellos policías no iban a dejarlo ir sin que les soltara algo. Después de cinco horas en aquel cuarto, se sentía agotado, confuso y casi paralizado por el miedo. Así pues, cometió un error que acabaría enviándolo al corredor de la muerte y, al final, le costaría la libertad de por vida: decidió seguirles la corriente. Puesto que era inocente, y suponía que Karl Fontenot y Odell Titsworth también, consideró mejor darles de una vez lo que querían. La verdad no tardaría en salir a la luz. Al día siguiente o al otro los policías se darían cuenta de que su relato no se tenía en pie. Hablarían con Karl y éste les diría la verdad. Localizarían a Odell Titsworth y éste se les reiría en la cara.

Sí, ésa era la salida a su apurada situación. Seguir la corriente y esperar a que la buena labor policial descubriera la verdad. Si tan ridículo era su sueño, ¿cómo podría alguien creerse una confesión basada en el mismo?

—Odell entró el primero en la tienda, ¿no es así?

—Pues claro, como prefieran —contestó Tommy. Era sólo un sueño.

Los policías sonrieron. Al final, el chico se derrumbaba bajo los efectos de sus taimados métodos.

—El móvil era el atraco, ¿verdad?

«Sí, hombre, lo que quieras, total, no es más que un sueño.»

Smith y Rogers fueron añadiendo más detalles inventados y Tommy les siguió la corriente.

Era sólo un sueño.

Ya mientras se producía la grotesca «confesión», los policías habrían tenido que advertir que aquello era insostenible. El detective Baskin estaba muriéndose de aburrimiento junto al teléfono en la comisaría de Ada, deseoso de estar en la Agencia Estatal de Investigación, metido de lleno en el meollo de la cuestión. Sobre las tres de la tarde Gary Rogers llamó para comunicarle la gran noticia: ¡Tommy Ward estaba confesando!

—Acércate a la central eléctrica del oeste de la ciudad y busca el cadáver.

Baskin salió disparado, convencido de que aquel engorroso caso estaba a punto de resolverse.

No encontró nada y comprendió que necesitaría varios

hombres para llevar a cabo una búsqueda exhaustiva. Regresó a la comisaría. El teléfono volvió a sonar. La historia había cambiado. Antes de llegar a la central eléctrica, a la derecha, había una vieja casa incendiada. Allí estaba el cadáver.

Baskin localizó la casa, rebuscó en vano entre los escombros y regresó a la ciudad.

Hubo una tercera llamada de Rogers. La historia había vuelto a cambiar. En algún lugar cerca de la central eléctrica y la casa había un búnker de hormigón. Allí habían dejado el cuerpo.

Baskin reunió a dos agentes y unos cuantos reflectores y volvió a ponerse en marcha. Encontraron el búnker y aún seguían buscando cuando cayó la oscuridad.

No encontraron nada.

A cada llamada de Baskin, Smith y Rogers introducían modificaciones en el sueño de Tommy. Las horas fueron pasando y el sospechoso estaba rendido. Lo machacaron sin compasión, policía bueno, policía malo, cuchicheos y tono de voz casi amable, después estallidos de furia, gritos, maldiciones, amenazas. «¡Mientes, pequeño hijo de la gran puta!», era su frase preferida. Tommy la oyó gritar mil veces.

—Tienes suerte de que no esté aquí Mike Baskin —le dijo Smith—. Porque ya te habría saltado la tapa de los sesos.

Al chico no le habría sorprendido que le pegaran un tiro en la cabeza.

Cuando anocheció y comprendieron que aquel día no encontrarían el cuerpo, Smith y Rogers decidieron dar por terminada la confesión. Con la videocámara todavía desenchufada, le hicieron repetir a Tommy toda la historia, empezando con los tres chicos que circulaban por ahí en la camioneta de Odell Titsworth, planeaban el atraco y comprendían que Denice los iba a identificar, motivo por el cual la raptaban y después decidían violarla y matarla. Los detalles acerca de la localización del cadáver eran vagos, pero los detectives tenían la certeza de que estaba enterrado cerca de la central eléctrica.

Tommy estaba mentalmente exhausto. Trató de repetir la historia inventada, pero no hacía más que confundir los hechos. Smith y Rogers lo interrumpían, le repetían el pasaje y lo obligaban a volver a empezar. Al final, después de cuatro ensayos infructuosos y viendo que su estrella se estaba apagando, decidieron encender la cámara.

—Inténtalo ahora —le ordenaron—. Hazlo bien y no menciones esa mierda del sueño.

—Pero la historia no es verdad —murmuró Tommy.

—Tú cuéntala de todos modos, coño —insistieron los policías—. Después ya te ayudaremos a demostrar que no es verdad.

—Y no menciones esa mierda del sueño.

A las 18.58, Tommy Ward miró a la cámara y dijo su nombre. Lo habían interrogado durante ocho horas y media y estaba física y emocionalmente agotado.

Fumaba un cigarrillo, el primero de la tarde, y tenía delante una lata de refresco, como si todos acabaran de dar por finalizada una amistosa charla, todo muy bonito y civilizado.

Y contó su historia. Él, Karl Fontenot y Odell Titsworth habían secuestrado a Denice Haraway y se la habían llevado a la central eléctrica del oeste de la ciudad, donde la habían violado y asesinado, para acabar arrojando su cadáver en algún lugar cerca de un búnker de hormigón allá por Sandy Creek. El arma del crimen había sido la navaja automática de Titsworth.

—Todo es un sueño —añadió. O quiso añadir. O creyó añadir.

Varias veces mencionó el apellido «Titsdale». Los policías lo interrumpieron para sugerirle amablemente el apellido «Titsworth». Tommy rectificaba y seguía adelante, sin dejar de pensar: «Cualquier policía, incluso ciego, podrá ver que estoy mintiendo.»

Treinta y un minutos después apagaron la videocámara.

Tommy fue esposado, conducido de nuevo a Ada y arrojado a una celda. Mike Roberts seguía esperando en el aparcamiento de la Agencia Estatal de Investigación. Llevaba casi nueve horas y media allí y, por supuesto, no había ido a trabajar.

Por la mañana, Smith y Rogers convocaron una rueda de prensa y anunciaron la resolución del caso Haraway. Tommy Ward, de veinticuatro años y natural de Ada, había confesado e implicado a dos hombres que aún permanecían en libertad. Pidieron a los periodistas que esperaran un par de días para publicar la noticia, hasta que pudieran detener a los otros sospechosos. La prensa lo hizo, pero no así una emisora de televisión. La noticia no tardó en difundirse por todo el sudeste de Oklahoma.

Unas horas después, Karl Fontenot fue detenido cerca de Tulsa y conducido a Ada. Smith y Rogers, animados por su éxito con Tommy Ward, se encargaron del interrogatorio. Aunque tenían preparada una videocámara, no se encendió durante la sesión.

Karl tenía veinte años y se había independizado a los dieciséis. Había crecido en Ada; su padre era alcohólico y él había sido testigo de la muerte de su madre en un accidente de tráfico. Era un muchacho muy impresionable, con muy pocos amigos y prácticamente sin familia.

Insistió en que era inocente y no sabía nada acerca de la desaparición de Denice Haraway.

Karl resultó mucho más fácil de quebrantar que Tommy y, en menos de dos horas, Smith y Rogers consiguieron otra confesión grabada, sospechosamente similar a la de Ward.

Karl se retractó de su confesión tras ser encarcelado y más tarde declararía:

—Jamás había estado en la cárcel ni tenía antecedentes. Y nunca nadie me acusó de haber matado a una chica guapa y me amenazó con la pena de muerte. Yo les conté la historia que ellos querían oír con la esperanza de que me dejaran en paz. Cosa que hicieron tras haber grabado la declaración. Me dijeron que podía elegir entre escribirla o grabarla. Yo ni siquiera sabía qué significaba una declaración verbal o una confesión, hasta que ellos me dijeron que acababa de confesar. Hice una declaración falsa para que me dejaran en paz.

La policía comunicó a la prensa que Ward y Fontenot habían confesado con lujo de detalles. El caso Haraway se había resuelto. Estaban ocupándose de Titsworth y esperaban poder acusar a los tres de asesinato en cuestión de días.

Se había localizado la casa incendiada y la policía había encontrado los restos de algo que parecía una mandíbula. La noticia ocupó la primera plana del *Ada Evening News*.

A pesar del duro entrenamiento previo, la confesión de Karl era un desastre. Se observaban flagrantes incongruencias entre su versión del crimen y la de Tommy. Ambos se contradecían en detalles como, por ejemplo, el orden en el cual los tres habían violado a Denice, el hecho de que la hubieran apuñalado o no durante la violación, la localización y el número de heridas de arma blanca, el hecho de que ella hubiera conseguido o no soltarse y echar a correr antes de ser atrapada, y el momento en que finalmente había muerto. La discrepancia más llamativa se refería a la forma en que la habían matado y a lo que habían hecho con el cadáver.

Tommy Ward dijo que había recibido múltiples navajazos cuando estaba tumbada en la parte de atrás de la camioneta de Odell durante la violación en serie. La chica había muerto allí y ellos habían arrojado el cuerpo a una zanja cerca del búnker de hormigón. Fontenot no lo recordaba así. En su versión, la habían llevado a una casa abandonada, donde Odell Titsworth la había apuñalado y escondido debajo del suelo, para después rociar gasolina por todas partes e incendiar la casa.

En cambio, ambos coincidían casi totalmente a propósito de Odell Titsworth: éste había sido el cerebro, la mente genial que los había reunido para dar una vuelta por ahí en camioneta, tomarse unas cervezas y fumarse unos porros y, en determinado momento, ir a robar al McAnally's. En cuanto el grupo decidió en qué tienda robar, Odell entró y lo hizo, se llevó a la chica y les dijo a sus compinches que tendrían que matarla para que no los identificara. Luego condujo hasta la central eléctrica y dirigió la violación en serie, cometiéndola en primer lugar. Después sacó una navaja automática de quince centímetros, apuñaló a la chica y la quemó o no.

Aunque ambos reconocían su participación, la culpa la había tenido Odell Titsworth o Titsdale o como demonios se llamara.

La tarde del viernes 19 de octubre la policía detuvo a Titsworth. Con cuatro detenciones en su haber, observaba una actitud despectiva con los policías y tenía mucha experiencia con los interrogatorios. No se apartó ni un centímetro de su declaración inicial. No sabía nada acerca del caso Haraway y le importaba un carajo lo que hubieran dicho Ward y Fontenot. Jamás había visto a ninguno de aquellos caballeros.

No se grabó ningún vídeo de su interrogatorio. Titsworth fue enviado a la cárcel, donde no tardó en recordar que el 26 de abril se había roto el brazo en una pelea con la policía. Dos días después, cuando Denice desapareció, él estaba en casa de su chica con el brazo escayolado y aquejado de fuertes dolores. En ambas confesiones se había dicho que llevaba una camiseta y tenía los brazos cubiertos de tatuajes. En realidad, tenía el brazo izquierdo escayolado y no se había acercado para nada al McAnally's. Cuando Dennis Smith lo investigó, encontró los informes del hospital y la policía que corroboraban claramente la versión de Odell. Smith habló con el médico que lo había atendido, el cual describió la lesión como una fractura espiral entre el codo y el hombro, por cierto muy dolorosa. Habría sido imposible que Titsworth trasladara un cuerpo o cometiera una agresión violenta sólo dos días después de la fractura. Tenía el brazo escayolado y lo llevaba en cabestrillo. Imposible.

Las confesiones se fueron sucediendo. Mientras la policía rebuscaba entre los escombros de la casa incendiada, apareció el propietario y preguntó qué demonios ocurría. Cuando le contestaron que buscaban los restos de la muchacha Haraway pues un sospechoso había confesado haberla quemado junto con la casa, el hombre dijo que de eso nada. Él mismo había incendiado el viejo edificio en junio de 1983, diez meses antes de la desaparición de la chica.

El forense finalizó el análisis de la mandíbula y dictaminó que pertenecía a una zarigüeya. Dicho resultado se comunicó a la prensa. Sin embargo, no se informó acerca de la casa incendiada, ni del brazo roto de Titsworth ni de que Ward y Fontenot se habían retractado de sus confesiones.

En la cárcel, Ward y Fontenot proclamaban su inocencia y contaban que les habían arrancado las confesiones mediante amenazas y falsas promesas. La familia Ward reunió dinero para contratar un buen abogado, a quien Tommy describió con todo detalle las artimañas utilizadas por Smith y Rogers durante el interrogatorio. «Era sólo un sueño», repitió una y mil veces.

No hubo familia para Karl Fontenot.

La búsqueda de los restos de Denice Haraway seguía adelante con ahínco. La pregunta que muchos se planteaban era obvia: «Si esos dos han confesado, ¿cómo es posible que la policía no encuentre el cuerpo?»

La Quinta Enmienda de la Constitución norteamericana protege contra la autoincriminación y, puesto que la manera más fácil de resolver un crimen consiste en conseguir una confesión, existen sólidas normas jurídicas que rigen la conducta de la policía durante los interrogatorios. Buena parte de estas disposiciones ya estaban en vigor antes de 1984.

Cien años atrás, en el caso *Hopt contra el pueblo de Utah*, el Tribunal Supremo estableció que una confesión no es admisible si se obtiene manipulando las esperanzas y los temores del interrogado, privándole de esta manera de la libre voluntad o el autodominio necesario para hacer una declaración voluntaria.

En 1897, en el caso *Bram contra el pueblo de Estados Unidos*, el alto tribunal dictaminó que una declaración tiene que ser libre y voluntaria, no arrancada por medio de amenazas, violencia o promesas, por muy sutiles que éstas sean. Una declaración de alguien que ha sido amenazado tampoco es admisible.

En 1960, en el caso *Blackburn contra el pueblo de Alabama*, el tribunal afirmó: «La coacción puede ser tanto mental como física.» Al examinar si una confesión se ha obtenido mediante coacción psicológica por parte de la policía, son esenciales los siguientes factores: 1) la extensión del interrogatorio, 2) si éste fue demasiado prolongado, 3) si se efectuó de día o de noche, recelando siempre de las confesiones nocturnas, y 4) perfil psicológico —inteligencia, refinamiento, educación, etc.— del inculpado.

Y, en *Miranda contra el pueblo de Arizona*, el caso más célebre de autoincriminación, el máximo órgano judicial impuso unas salvaguardas procesales para proteger los derechos del acusado. Un sospechoso tiene derecho a no ser obligado a hablar, y cualquier afirmación hecha durante un interrogatorio no se puede utilizar ante un tribunal, salvo que la policía y el fiscal puedan demostrar fehacientemente que el sospechoso había comprendido con toda claridad que 1) tenía derecho a guardar silencio, 2) cualquier cosa que dijera podría ser utilizada en su contra durante el juicio y 3) tenía derecho a contar con un abogado, tanto si podía permitírselo como si no. Si durante un interrogatorio el acusado solicita un abogado, el interrogatorio tiene que suspenderse de inmediato.

El caso Miranda se falló en 1966 y se hizo inmediatamente famoso. Muchos departamentos de policía no lo tuvieron en cuenta hasta que varios delincuentes quedaron en libertad por no haber sido debidamente informados de sus derechos. Fue una jurisprudencia duramente criticada por muchos amantes de la ley y el orden, los cuales acusaron al tribunal de mimar a los chicos malos. Como sea, se incorporó rápidamente a nuestra cultura, y desde entonces todos los policías de las series televisivas comienzan por «tiene usted derecho a guardar silencio» en el momento de practicar una detención.

Rogers, Smith y Featherstone conocían su importancia y se ocuparon de que la lectura de los derechos *Miranda* de Tommy fuera debidamente grabada. Lo que no se vio en el vídeo fueron las cinco horas y media de incesantes amenazas y malos tratos verbales.

Las confesiones de Ward y Fontenot fueron desastrosas desde el punto de vista constitucional, pero en aquel momento, en octubre de 1984, la policía seguía pensando que encontraría el cadáver y, por consiguiente, una prueba fehaciente. Además, cualquier juicio que fuera a celebrarse quedaba a muchos meses vista. Disponían de bastante tiempo para elaborar una sólida acusación contra Ward y Fontenot, o eso creían ellos.

Pero el cuerpo no se encontró. Tommy y Karl no tenían ni idea de dónde estaba y así lo habían declarado repetidamente. Los meses fueron pasando sin que se encontrara la menor prueba. Las confesiones iban adquiriendo una creciente importancia; de hecho, se convertirían en la única prueba de que dispondría la fiscalía durante el juicio.

6

Ron Williamson estaba muy al tanto del caso Haraway. Tras cumplir seis meses de su condena de tres años, le concedieron la libertad condicional y regresó a Ada bajo arresto domiciliario, lo que limitaba severamente sus movimientos. Como era de esperar, no dio resultado. Ron no recibía tratamiento médico y era incapaz de cumplir con los horarios, las fechas o cualquier otra cosa.

En noviembre lo acusaron de «haber abandonado su domicilio deliberada e ilegalmente, sin autorización del oficial de libertad condicional, estando en situación de arresto domiciliario como parte de su condena por falsificación documentaria».

Ron alegó que había bajado a la calle por tabaco y regresado a su casa media hora después de lo previsto. Fue encarcelado, y cuatro días después lo acusaron de quebrantar la libertad condicional. Se declaró insolvente y solicitó un abogado de oficio nombrado por el tribunal.

En la cárcel no se hablaba más que del caso Haraway. Tommy Ward y Karl Fontenot ya estaban allí. Los reclusos hablaban de todo ello por los codos. Ward y Fontenot ocupaban el centro de la atención porque su delito era ciertamente sensacional. Tom contó que en realidad había confesado un mero sueño y describió los métodos utilizados por Smith, Rogers y Featherstone. Los detectives eran bien conocidos por su público.

Tommy insistía en que no había tenido nada que ver con

la desaparición de Denice Haraway. Los verdaderos asesinos seguían en libertad, repetía una y otra vez, riéndose de los dos imbéciles que habían confesado y de los policías que los habían inducido a hacerlo mediante engaño.

Sin el cuerpo del delito, el fiscal Bill Peterson se enfrentaba a un impresionante desafío legal. Su acusación se basaba exclusivamente en dos confesiones grabadas. Los hechos contradecían prácticamente todo lo que contenían las cintas, y las confesiones se contradecían entre sí. Peterson tenía los retratos robot de los sospechosos, pero hasta eso era problemático. Estaba claro que uno de ellos se parecía a Tommy Ward, pero nadie había señalado que el otro no se parecía ni de lejos a Karl Fontenot.

El día de Acción de Gracias quedó atrás sin que se hubiera encontrado el cadáver. Después llegó Navidad. En enero de 1985, Peterson convenció a un juez de que existían suficientes pruebas de que Denice Haraway estaba muerta. Durante una vista preliminar, las confesiones grabadas se oyeron en una sala abarrotada de gente. La reacción fue de sobresalto, aunque muchos repararon en las contradicciones en que incurrían Ward y Fontenot. No obstante, había llegado la hora de celebrar un juicio, con cadáver o sin él.

Sin embargo, los entresijos legales también contaban, y dos jueces se declararon incompetentes. Poco a poco, la búsqueda del cadáver perdió fuelle y, un año después de los hechos, finalmente se suspendió. Casi todos en Ada estaban convencidos de que Ward y Fontenot eran culpables —¿por qué si no habrían confesado?—, pero muchos también hacían conjeturas acerca de la ausencia de pruebas. ¿Por qué se postergaba tanto el juicio?

En abril de 1985, un año después de la desaparición de Denice, el *Ada Evening News* publicó un reportaje de Dorothy Hoghe acerca de la frustración de la ciudad a propósito del lento ritmo de las investigaciones. «Dos horrorosos crímenes sin resolver obsesionan a nuestra ciudad», rezaba el titular, y Hogue presentaba un resumen de ambos. Acerca del caso Haraway, escribía: «Aunque las autoridades han realizado batidas en muchas zonas, tanto antes como después de las detenciones de Ward y Fontenot, jamás se ha encontrado el menor rastro de Denice. Sin embargo, el detective Smith está convencido de que el caso se ha resuelto.» Las presuntas confesiones ni siquiera se mencionaban.

Acerca del caso Carter, Hogue escribió: «Las pruebas encontradas en la escena del crimen y las relacionadas con el sospechoso se enviaron al laboratorio de la Agencia Estatal de Investigación hace menos de dos años, pero la policía dice que aún están a la espera de los resultados.» Se comentaba la acumulación de trabajo en el OSBI. Dennis Smith dijo: «La policía tiene un sospechoso, pero aún no se ha detenido a nadie en relación con el caso.»

En febrero de 1985, Ron compareció ante un juez para responder del quebrantamiento de la libertad condicional. Su abogado de oficio era David Morris, un hombre que conocía muy bien a la familia Williamson. Ron se declaró culpable y fue condenado a dos años de cárcel, buena parte de los cuales quedarían suspendidos si Ron 1) seguía algún tratamiento psicológico, 2) no se metía en problemas, 3) no abandonaba el condado de Pontotoc y 4) se abstenía de consumir bebidas alcohólicas.

Meses después fue detenido en estado de embriaguez en el condado de Pottawatomie. Bill Peterson presentó una petición de anulación de la suspensión de la condena y de cumplimiento del resto de la misma. David Morris fue nombrado nuevamente por el tribunal para que lo representara. La vista de anulación de la suspensión de la condena se celebró el 26 de julio en presencia del juez especial de distrito John David Miller, o por lo menos se intentó celebrar. Ron, que no se estaba medicando, se negó a guardar silencio. Discutió con Morris, con el juez Miller y con los alguaciles, y opuso tanta resistencia que la vista tuvo que aplazarse.

Tres días más tarde volvieron a intentarlo. El juez Miller pidió a los alguaciles que advirtieran a Ron acerca de su comportamiento, pero éste entró en la sala gritando y soltando maldiciones. El juez le hizo repetidas advertencias y él lo increpó repetidamente. Pidió un nuevo abogado y, al preguntarle el juez por qué, no supo responder.

Su comportamiento fue atroz pero, incluso en medio del alboroto, evidenció que necesitaba ayuda terapéutica. A veces parecía centrarse en lo que estaba ocurriendo, pero a los pocos momentos empezaba a desvariar y pronunciar frases inconexas. Se mostraba furioso y amargado y despotricaba contra el mundo.

Después de varias advertencias, el juez Miller lo envió de nuevo a la cárcel y la vista volvió a aplazarse. Al día siguiente, David Morris presentó una petición para que se examinara el estado mental de Ron. Y otra para ser relevado de su defensa.

En su retorcido mundo, Ron se veía a sí mismo como una persona completamente normal. Así pues, se sintió agraviado por el hecho de que su abogado pusiera en tela de juicio su equilibrio mental y, enfurruñado, le retiró la palabra. Morris estaba hasta la coronilla.

Su petición de un examen mental fue aceptada, pero no así la petición para ser relevado del caso.

Dos semanas más tarde se inició la vista y rápidamente se suspendió. Ron estaba más alterado que nunca. El juez Miller ordenó una evaluación psiquiátrica exhaustiva.

A principios de 1985 le diagnosticaron un avanzado cáncer de ovario a Juanita Williamson. Había vivido dos años y medio con los constantes rumores de que su hijo había matado a Debbie Carter y quería que el caso se resolviera antes de su muerte.

Juanita era muy minuciosa en cuestiones de papeleo. Llevaba décadas escribiendo un detallado diario. Los archivos de su local de belleza eran escrupulosos; en un minuto podía decirle a cualquier clienta las fechas de sus últimas citas. No arrojaba nada a la papelera, ni siquiera facturas pagadas, cheques anulados, recibos antiguos, carnets de notas de sus hijos y demás.

Había examinado cien veces su diario y sabía que la noche del 7 de diciembre de 1982, Ron había estado en casa con ella. Se lo había dicho a la policía en más de una ocasión. La teoría de la policía era que Ron podía haber abandonado furtivamente la casa, cruzado rápidamente el callejón trasero, cometido el delito y regresado a casa. Olvidando la ausencia de móvil. Olvidando las mentiras de Glen Gore respecto a que aquella noche había visto a Ron en el Coachlight importunando a Debbie Carter. Minucias sin importancia; la policía ya tenía a su hombre.

Pero la policía también sabía que Juanita Williamson era una mujer muy respetada. Era una devota cristiana conocida en todas las iglesias pentecostales. Tenía cientos de clientas en su salón de belleza y a todas las trataba como amigas íntimas. En caso de que Juanita subiera al estrado de los testigos y declarara que su hijo estaba en casa la noche del asesinato, el jurado la creería. Puede que el chico tuviera problemas, pero no cabía duda de que había sido educado con sólidos principios.

Ahora Juanita recordó otra cosa. En 1982 empezaba a popularizarse el alquiler de vídeos, y una tienda muy cercana a su casa estaba haciendo su agosto. El 7 de diciembre Juanita alquiló un reproductor de vídeo y cinco de sus películas preferidas, que ella y Ron estuvieron viendo hasta la madrugada siguiente. Así pues, él estaba en casa aquella noche, en el sofá del estudio, pasándolo bomba con aquellas películas antiguas en compañía de su madre. Y Juanita conservaba el ticket del alquiler.

David Morris siempre se había encargado de los pequeños trámites legales que Juanita necesitaba. La admiraba muchísimo y algunas veces le había hecho el favor de representar a Ron en algunos de sus líos, a pesar de que éste distaba mucho de ser un cliente ideal. Morris escuchó su relato, examinó el ticket y no tuvo la menor duda. Lanzó también un suspiro de alivio porque, como todos en la ciudad, él también había oído los constantes rumores acerca de la participación de Ron en el asesinato de Debbie Carter.

Morris se dedicaba sobre todo al derecho penal y le tenía respeto a la policía de Ada. Pero los conocía, y concertó una reunión entre Dennis Smith y Juanita. La llevó en su coche a la comisaría y estuvo presente mientras ella le explicaba las cosas al detective. Éste la escuchó atentamente, examinó el ticket de la tienda de vídeo y le propuso grabar una declaración. Faltaría más.

David Morris miró a través de una ventana mientras acompañaban a Juanita a una silla y ésta, de cara a la cámara, contestaba a las preguntas de Smith. Durante el camino de regreso a casa, la mujer se mostró muy tranquila, convencida de que todo se había arreglado.

Si en el aparato de vídeo había una cinta, ésta jamás se visionó. Si el detective redactó un informe acerca de la entrevista, éste jamás se presentó en ninguna instancia jurídica.

En la cárcel, Ron se preocupaba por su madre. En agosto Juanita ya estaba agonizando en el hospital, pero a él no le permitieron visitarla.

Aquel mes, por orden judicial, volvió a examinarlo el doctor Charles Amos, el cual le hizo rellenar algunos tests. Observó que Ron escribía «verdadero» en todas las respuestas. Al preguntarle Amos por qué, Ron replicó:

—¿Qué es más importante, esta prueba o mi madre?

La evaluación se suspendió, pero Amos anotó: «Cabe señalar que el señor Williamson muestra un acusado deterioro de la función emocional desde nuestro último encuentro en 1982.»

Ron suplicó a la policía que le permitieran ver a su madre moribunda. Annette también lo pidió. A lo largo de los años, ésta había hecho amistad con los funcionarios de la cárcel. Cuando le llevaba galletas y bizcocho de chocolate con nueces a su hermano, llevaba también para el resto de los reclusos y los funcionarios. Hasta había preparado comidas enteras para todos en la cocina de la cárcel.

El hospital no quedaba muy lejos, aducía Annette. Y Ada era una localidad muy pequeña; todo el mundo conocía a Ron y su familia. No era probable que se agenciara un arma y causara daño a nadie. Al final, se llegó a un acuerdo y Ron fue autorizado a salir de la cárcel pasada la medianoche, con grilletes y custodiado por agentes del sheriff. Fue conducido al hospital, donde lo sentaron en una silla de ruedas y lo empujaron por el pasillo.

Juanita había dicho que no quería ver a su hijo esposado. Annette suplicó a los policías que satisficieran ese deseo de su madre y ellos accedieron a regañadientes. Pero luego se olvidaron de ello, y no le quitaron las esposas ni los grilletes de los tobillos. Ron pidió que lo liberaran un momento mientras veía a su madre por última vez. No pudo ser. Le dijeron que permaneciera sentado en la silla de ruedas.

Ron pidió una manta para cubrir las esposas y los grilletes. Los policías vacilaron un instante, pero cedieron. Lo entraron en la silla de ruedas en la habitación de Juanita e insistieron en que Annette y Renee se retiraran. Ellas solicitaron quedarse para que la familia estuviese reunida por última vez.

—Es un riesgo de seguridad —alegaron los agentes—. Vayan y esperen en el pasillo.

Ron dijo a su madre lo mucho que la quería, lo mucho que lamentaba haberse convertido en un desastre y todas las decepciones que le había hecho sufrir. Lloró y le pidió su perdón, cosa que ella le concedió, naturalmente. Ron mencionó algunos pasajes de las Sagradas Escrituras, pero la intimidad resultaba un poco difícil porque los policías se habían quedado en la habitación, vigilantes.

La despedida fue muy breve. Los agentes la interrumpieron a los pocos minutos, pues tenían que regresar a la cárcel. Annette y Renee oyeron llorar a su hermano mientras se lo llevaban en la silla de ruedas.

Juanita murió el 31 de agosto de 1985. Al principio, la prisión rechazó la petición de la familia de que Ron asistiera al entierro. Se ablandaron sólo cuando el marido de Annette se ofreció a pagar a dos ex agentes del sheriff, que eran primos suyos, para que vigilaran estrechamente a Ron durante la ceremonia.

Para incrementar el efecto dramático, la policía trató su presencia en el funeral como un asunto de máxima seguridad. Ordenaron que todo el mundo estuviera sentado antes de que entrara el preso. Y se negaron a quitarle las esposas. Estaba clara la necesidad de semejantes precauciones, tratándose de un delincuente que había falsificado un cheque por valor de 300 dólares.

El templo estaba abarrotado de gente. El féretro abierto se encontraba delante del altar para que todo el mundo pudiera ver el afilado perfil de Juanita. Se abrieron las puertas de atrás y su hijo avanzó por el pasillo escoltado por sus guardias. Tenía los tobillos aherrojados al igual que las muñecas, y ambas cadenas estaban unidas a otra alrededor de la cintura. Mientras avanzaba con medios pasos, el ruido de las cadenas contribuyó a inquietar aún más a los asistentes. Cuando vio a su madre en el féretro, Ron empezó a sollozar.

—Lo siento, madre —balbuceó—. Lo siento en el alma.

Los sollozos se convirtieron en gemidos a medida que se acercaba al ataúd.

Lo acomodaron en su asiento con un guardia a cada lado y las cadenas que matraqueaban al menor movimiento.

Sentado en la Primera Iglesia de la Santidad Pentecostal, en el templo donde había rezado de niño, donde Annette seguía tocando el órgano todos los domingos por la mañana y donde su madre jamás se había perdido una reunión, Ron lloró mientras contemplaba el marchito rostro de su abnegada progenitora.

Después de la ceremonia se sirvió un almuerzo en la sala de la comunidad. Ron se dirigió hacia allí arrastrando los pies, flanqueado por los guardias. Llevaba casi un año alimentándose con la austera comida de la cárcel, por lo que la sencilla comida que le ofrecieron le representó un festín.

Annette pidió a los guardias que le quitaran las esposas, en vano. Ella suplicó en voz baja. No hubo caso.

La familia y los amigos contemplaron con tristeza cómo Annette y Renee se turnaban para darle de comer.

En el lugar de la sepultura, después de oír algunos pasajes de las Sagradas Escrituras y unas oraciones, los presentes desfilaron por delante de Annette, Renee y Ron para darles el pésame y pronunciar palabras de consuelo. Hubo compasivos apretones de manos y sentidos abrazos, pero no por parte de Ron. Imposibilitado de levantar los brazos, éste se vio obligado a corresponder con torpes besos en las mejillas de las mujeres y desmañados apretones de manos acompañados de chirridos de cadenas a los hombres. Corría septiembre, aún hacía mucho calor y el sudor le perlaba la frente y le resbalaba por las mejillas. Annette y Renee se encargaban de enjugarle el rostro cada poco.

El doctor Charles Amos presentó al tribunal un informe que acreditaba que Ron Williamson era una persona mentalmente enferma según las leyes de Oklahoma, incapaz de comprender las acusaciones que pesaban sobre él e incapaz de colaborar con su abogado defensor, y añadía que no recuperaría el pleno uso de sus facultades mentales sin someterse a un tratamiento. El médico señalaba también que, en caso de que Ron fuera puesto en libertad sin tratamiento, podría suponer un peligro para sí mismo y para los demás.

El juez Miller aceptó los criterios del doctor Amos y declaró a Ron mentalmente incapacitado. Lo trasladaron al hospital estatal en Vinita para una ulterior evaluación y tratamiento. Allí lo visitó el doctor R. D. Garcia, quien le recetó Dalmane y Restoril para el insomnio, Mellaril para las alucinaciones y los delirios, y Thorazine para la esquizofrenia, la hiperactividad, la agresividad y la fase álgida de la depresión maníaca. Los medicamentos le fueron administrados durante unos días y Ron se tranquilizó y empezó a mejorar.

Al cabo de un par de semanas, el doctor Garcia informó: «Es un sociópata y tiene un historial de abuso de alcohol. Debe seguir tomando 100 mg de Thorazine cuatro veces al día. No presenta riesgo de fuga.»

Respondiendo a unas preguntas por escrito del tribunal, el doctor Garcia contestó: «1) Es una persona capaz de comprender las acusaciones formuladas contra él. 2) Es capaz de hablar con un abogado y ayudarlo racionalmente èn la preparación de su defensa. 3) Ya no está mentalmente enfermo. 4) Aunque fuera puesto en libertad sin tratamiento, terapia o preparación, probablemente no supondría una amenaza significativa para sí mismo o para terceros, a menos que se agudizase su faceta sociópata, especialmente en caso de un elevado consumo de alcohol.»

Ron fue devuelto a Ada, donde se iba a reanudar el juicio pendiente. Sin embargo, en lugar de ampliar o cotejar el informe inicial del doctor Garcia, el juez Miller se limitó a aceptar sin más sus conclusiones. Ron, mentalmente incapacitado por orden judicial, jamás fue declarado capacitado.

Basándose en las conclusiones del doctor Garcia, la sentencia de suspensión de la pena fue revocada y Ron fue enviado de nuevo a la cárcel para el cumplimiento del resto de sus dos años de condena. Al salir del hospital, le entregaron Thorazine suficiente para dos semanas.

En septiembre, Tommy Ward y Karl Fontenot fueron sometidos a juicio en Ada. Sus abogados habían luchado con denuedo para que sus casos se ventilasen por separado y, sobre todo, fuera del condado de Pontotoc. Denice Haraway seguía desaparecida y su caso era objeto de muchos comentarios, además de que cientos de ciudadanos habían participado en las labores de búsqueda. Su suegro era un prestigioso dentista local. Ward y Fontenot llevaban once meses en la cárcel y sus confesiones habían sido un tema candente en los bares, cafeterías y salones de belleza desde octubre, cuando se habían publicado en la prensa.

¿Cómo podían esperar un jurado imparcial? Normalmente, los juicios que generan excesiva expectación se trasladan a otras jurisdicciones. Sin embargo, las peticiones en ese sentido fueron rechazadas.

La otra batalla previa al juicio atañía a las confesiones. Los abogados de Ward y Fontenot las declaraban inadmisibles, especialmente por los métodos utilizados por la policía para conseguirlas. Las historias que habían contado los chicos eran claramente falsas; no había ni una prueba material que corroborara sus dichos.

Peterson contraatacó con todas sus fuerzas. Sin las cintas, no podía formular ninguna acusación. Después de largas y acaloradas discusiones, el juez decretó que el jurado podría ver las grabaciones de las confesiones.

El ministerio público llamó a cincuenta y un testigos, pocos de los cuales aportaron algo significativo. Muchos eran amigos de Denice Haraway y subieron al estrado sólo para confirmar que había desaparecido y era dada por muerta. El juicio sólo presentó una sorpresa. Una delincuente habitual llamada Terri Holland fue llamada como testigo y declaró ante el jurado que en octubre, cuando Karl Fontenot ingresó en la cárcel del condado, ella se encontraba recluida allí. Ambos hablaban a veces y él le había contado que, junto con Tommy Ward y Odell Titsworth, había secuestrado, violado y asesinado a la chica Haraway.

Fontenot negó conocer de nada a la mujer.

Terri Holland no fue la única chivata de la cárcel en declarar como testigo. Un delincuente de poca monta llamado Leonard Martin también se encontraba entre rejas. La fiscalía lo llevó a rastras al juicio y, una vez allí, declaró haber oído a Karl repitiendo solo en su celda: «Sabía que nos iban a trincar. Sabía que nos iban a trincar.»

Tales fueron las pruebas del fiscal, unas pruebas presentadas con el fin de convencer a un jurado de que dictara un veredicto de culpabilidad más allá de toda duda razonable.

En ausencia de pruebas materiales, las confesiones grabadas eran cruciales, pero estaban llenas de contradicciones y mentiras obvias. La acusación se vio obligada a reconocer grotescamente que Ward y Fontenot habían mentido, pese a lo cual pedía al jurado que creyera sus confesiones de todos modos.

«Por favor, olvídense de Titsworth porque él no tuvo realmente nada que ver.»

«Por favor, pasen por alto cuestiones insignificantes como la casa incendiada con el cadáver dentro, porque la casa había sido incendiada diez meses atrás.»

Llevaron a la sala unos monitores en mesillas de ruedas y se redujeron las luces. Se conocieron entonces los detalles más espeluznantes y, de esta manera, Ward y Fontenot fueron enviados directamente al corredor de la muerte.

En su alegato final —era su primer caso de asesinato—, Chris Ross optó por el máximo dramatismo. Con gráfica elocuencia recordó los detalles más truculentos de las confesiones: las heridas de arma blanca, la sangre y las entrañas desparramadas, la brutal violación y apuñalamiento de aquella muchacha tan bella, y finalmente la horrible quema del cuerpo.

Los miembros del jurado estaban horrorizados. Después de unas breves deliberaciones dictaron veredictos de culpabilidad, y el juez condenó a muerte a los dos acusados.

Pero la verdad es que el cuerpo no había sido acuchillado y tampoco quemado, a pesar de lo que Ward y Fontenot hubieran manifestado en sus falsas confesiones y a pesar de lo que Bill Peterson y Chris Ross le hubieran dicho al jurado.

Denice Haraway había sido asesinada de un solo disparo de escopeta en la cabeza. Sus restos fueron encontrados el siguiente mes de enero por un cazador en la espesura del bosque cerca de Gerty, pueblo del condado de Hughes, a cuarenta y cinco kilómetros de Ada y lejos de cualquier lugar donde se la hubiera buscado.

Aquello habría debido convencer a todos los interesados de que Ward y Fontenot habían soñado efectivamente sus ridículas historias y habían sido obligados a confesar por medio de coacciones. Pero no fue así.

Aquello habría debido inducir a las autoridades a reconocer su error y emprender la búsqueda del verdadero asesino. Pero no fue así.

Después del juicio, pero antes de que se descubriera el cadáver, Tommy Ward estaba esperando su traslado al corredor de la muerte de McAlester, una prisión a ochenta y cinco kilómetros al este de Ada. Todavía aturdido por los acontecimientos que lo habían conducido a aquel desastre, estaba asustado, perplejo y deprimido. Un año atrás era un típico veinteañero de Ada en busca de un buen trabajo, una fiesta divertida y una chica bonita.

Los verdaderos asesinos andaban sueltos por ahí, pensaba, riéndose de ellos dos y de la policía. Se preguntó si ellos, los asesinos, habrían tenido la desvergüenza de presenciar su juicio. ¿Por qué no? Estaban a salvo.

Un día recibió la visita de dos policías de Ada. Ahora eran sus amigos, sus valedores, preocupados por la suerte que le esperaba en McAlester. Se mostraban considerados, tranquilos y mesurados. Nada de amenazas, gritos o maldiciones, nada de mencionar inyecciones letales. Deseaban de veras encontrar el cadáver de Denice Haraway, y por eso le ofrecían un trato. Si Tommy les revelaba dónde estaba enterrada, ellos ejercerían presión en el despacho de Peterson y conseguirían que la condena a muerte se conmutara por cadena perpetua. Afirmaban tener autoridad para ello, pero no era cierto.

Tommy no sabía dónde estaba el cadáver y no se cansaba de repetirlo, como desde hacía casi un año: él no tenía nada que ver con ningún crimen. Incluso enfrentado a la muerte, Tommy Ward seguía sin poder decir lo que la policía quería oír.

No mucho después de las detenciones de Ward y Fontenot, su caso había llamado la atención de un prestigioso periodista de Nueva York, Robert Mayer, que por entonces vivía en el Sudoeste: se la contó la mujer con quien salía, cuyo hermano estaba casado con una hermana de Ward.

A Mayer le intrigó la historia del sueño y el estrago que estaba causando. ¿Por qué, se preguntó, iba alguien a confesar un crimen terrible a partir de un sueño? Se desplazó a Ada y empezó a investigar los hechos. A lo largo del prolongado proceso previo al juicio y después durante el juicio propiamente, Mayer hizo averiguaciones por toda la ciudad e investigó a su gente, el delito, la policía, los fiscales y, especialmente, a Ward y Fontenot.

Los lugareños lo observaban con recelo. Les parecía raro que un verdadero periodista anduviese indagando y sondeando para escribir cualquiera sabía qué. No obstante, con el tiempo Mayer se ganó la confianza de casi todos. Entrevistó a fondo a Bill Peterson. Mantuvo largos encuentros con los abogados de la defensa. Pasó horas con los policías. Durante una de las entrevistas, el detective Smith le habló de la presión que suponía para ellos el hecho de tener dos asesinatos sin resolver en una localidad tan pequeña. Sacó una fotografía de Debbie Carter y se la mostró a Mayer.

—Sabemos que Ron Williamson la mató —añadió—. Lo que ocurre es que todavía no podemos demostrarlo.

Cuando inició su investigación, Mayer pensaba que había un cincuenta por ciento de probabilidades de que los chicos fueran culpables. Pero muy pronto quedó consternado por la conducta de Smith y Rogers y por los procedimientos legales contra Ward y Fontenot. No había ninguna prueba aparte de unas confesiones que, por espeluznantes que fueran, estaban tan plagadas de contradicciones que nadie podía tomarlas en serio.

Pese a ello, Mayer trató de ofrecer una imagen equilibrada del crimen y del juicio. Su libro *Los sueños de Ada* fue publicado por Viking en abril de 1987 y esperado con gran expectación en la ciudad.

La reacción fue rápida y previsible. Algunos desestimaron el libro a causa de la amistad del autor con la familia

Ward. Otros estaban convencidos de que los chicos eran culpables porque habían confesado, por lo cual nada podría hacerles cambiar de opinión.

Pero también había una extendida creencia de que la policía y los fiscales habían metido la pata, enviando a la cárcel a dos inocentes y dejando fuera a los verdaderos asesinos.

Dolido por las críticas —no es frecuente que un libro sobre el caso de un fiscal de una pequeña localidad resulte poco halagador para él—, Bill Peterson retomó furiosamente el caso Carter. Tenía algo que demostrar.

La investigación se estaba pudriendo —la pobre chica llevaba más de cuatro años muerta—, pero ya era hora de encerrar a alguien. Peterson y la policía llevaban años creyendo que el asesino era Ron Williamson. Puede que Dennis Fritz estuviera implicado y puede que no, pero sabían que Williamson había estado en el apartamento de la víctima aquella noche. Carecían de pruebas, simplemente tenían la convicción moral.

Ron había salido de la cárcel y se encontraba de nuevo en Ada. Al morir su madre en 1985, él estaba en la cárcel a la espera de la vista sobre su estado mental y se enfrentaba con la perspectiva de otros dos años de prisión. Annette y Renee habían vendido a regañadientes la casita donde habían crecido. Cuando en octubre de 1986 obtuvo una nueva libertad condicional, no tenía ningún sitio donde vivir. Se instaló con Annette, su marido y su hijo y durante unos días se esforzó por adaptarse. Pero enseguida recuperó sus antiguas costumbres: comidas a horas intempestivas que preparaba metiendo un ruido infernal, televisor encendido toda la noche a pleno volumen, tabaco, alcohol y siestas durante todo el día en el sofá. Al cabo de un mes, con los nervios a flor de piel y su familia hecha polvo, Annette tuvo que pedirle que se marchara.

En el momento de su puesta en libertad, el Departamento de Prisiones había concertado una cita para que Ron fuera recibido por una asistente social de la clínica psiquiátrica de Ada. El 15 de octubre conoció a Norma Walker, la cual comprobó que estaba tomando litio, Navane y Artane. Ron le pareció simpático, con pleno dominio de sí mismo aunque un poco extraño, «a veces se queda mirando sin decir nada durante más de un minuto». Dijo tener intención de matricularse en estudios bíblicos y quizá convertirse en clérigo. O puede que montara su propia empresa constructora. Grandes proyectos, tal vez un poco exagerados, pensó Norma Walker.

Dos semanas más tarde, todavía bajo medicación, acudió a la segunda cita en la clínica y dio la impresión de que todo iba bien. Se saltó las dos siguientes y, cuando se presentó el 9 de diciembre, pidió ver a la doctora Marie Snow. Había dejado de tomar la medicación porque salía con una chica que no creía en ellos. La doctora Snow trató de convencerlo de que volviera a tomarlos, pero él contestó que Dios le había ordenado dejar la bebida y todas las drogas.

Faltó a las citas del 18 de diciembre y el 14 de enero. Dos días después, Annette llamó a Norma Walker y le dijo que no podía controlar a su hermano. Lo calificó de «psicópata» y dijo que había manifestado su intención de matarse con una pistola. Al día siguiente Ron se presentó muy nervioso pero con una actitud bastante razonable. Pidió que le cambiaran la medicación. Tres días después Walker recibió una llamada de la capilla McCall's. Ron estaba armando alboroto, gritaba y exigía un trabajo. Walker les aconsejó que lo trataran con cuidado y avisaran a la policía en caso necesario. Aquella tarde, Annette y su marido lo acompañaron a una entrevista con Walker. Estaban aturdidos y buscaban ayuda.

Norma Walker constató que Ron no estaba medicado y se mostraba confuso, desorientado, alucinado, lejos de la realidad y completamente incapaz de cuidar de sí mismo. Dudaba mucho que pudiera arreglárselas por su cuenta incluso debidamente medicado. La solución era «el ingreso a largo plazo en un centro asistencial debido a la disminución de sus facultades mentales y a su conducta ingobernable».

Los tres se fueron sin nada concreto. Ron pasó algún tiempo vagando por Ada y, al final, desapareció. Gary Simmons estaba una noche en su casa de Chickasha charlando con un par de amigos cuando llamaron a la puerta. Al abrir, su cuñado entró precipitadamente y se desplomó en el suelo de la sala.

—Necesito ayuda —farfulló—. Estoy loco y necesito ayuda. —Sin afeitar, sucio y con el cabello enmarañado, estaba desorientado y ni siquiera sabía muy bien dónde se encontraba—. Ya no aguanto más —añadió.

Los amigos de Gary no conocían a Ron y se quedaron impresionados. Uno de ellos se fue y el otro se quedó. Ron se tranquilizó y se sumió en un estado de letargo. Gary le prometió que lo ayudaría en todo lo que pudiera y, al final, consiguieron meterlo en un coche. Se dirigieron al hospital más cercano, donde los enviaron al centro psiquiátrico de la zona. De allí los mandaron al hospital estatal de Norman. Por el camino, Ron se sumió en un estado casi catatónico. Consiguió decir que estaba muerto de hambre. Gary conocía un asador donde servían raciones abundantes y hacia allí se dirigió. Cuando se detuvieron en el aparcamiento, Ron preguntó:

—¿Dónde estamos?

—Vamos a comer algo —contestó Gary.

Ron juró que no tenía apetito y entonces volvieron a ponerse en marcha en dirección a Norman.

—¿Por qué nos hemos detenido allí atrás? —preguntó Ron.

—Porque dijiste que te morías de hambre.

—No es verdad —repuso Ron, molesto con su cuñado.

Cuando se encontraban unos kilómetros más cerca de Norman, Ron volvió a decir que se moría de hambre. Gary se detuvo en un McDonald's.

—¿Qué estamos haciendo aquí? —preguntó Ron.

—Vamos a comer algo —contestó Gary.

—¿Por qué?

—Porque has dicho que estás famélico.

—No tengo hambre. Vamos al hospital, si no te importa.

Abandonaron el McDonald's y, cuando llegaron finalmente a Norman, Ron anunció que tenía apetito. Gary buscó pacientemente otro McDonald's y, como cabía esperar, Ron volvió a preguntar por qué se detenían.

La última parada antes de llegar al hospital fue una estación de servicio Vickers en Main Street. Gary regresó al automóvil con dos chupa-chups de gran tamaño que Ron liquidó en cuestión de segundos. Gary y su amigo se sorprendieron de la rapidez con que los engullía.

En el hospital, Ron entraba y salía del estado de estupor en que se encontraba. El primer médico perdió la paciencia al ver que el paciente no quería colaborar y, en cuanto abandonó la estancia, Gary reprendió a su cuñado.

Ron reaccionó levantándose para colocarse de cara a una pared desnuda; dobló los brazos en una ridícula pose y permaneció inmóvil. Gary trató de hablarle, pero estaba ausente. Transcurrieron diez minutos sin que se moviera. Miraba el techo sin emitir sonido alguno ni mover un solo músculo. Veinte minutos después, Gary ya estaba a punto de estallar. Al cabo de media hora, Ron abandonó su inmovilidad, pero siguió sin hablar con Gary.

Por suerte, llegaron unos miembros del personal del centro y acompañaron a Ron a una habitación.

—Quise venir aquí porque en ese momento necesitaba un sitio adonde ir —dijo.

Le administraron litio para la depresión y Navane, un antipsicótico utilizado en el tratamiento de la esquizofrenia. Una vez estabilizado, pidió el alta en contra de la opinión de sus médicos, y a los pocos días regresó a Ada.

El siguiente viaje de Gary con su cuñado fue a Dallas, a un centro de recuperación cristiano destinado a ex convictos y drogodependientes. El pastor de la iglesia de Gary había conocido a Ron y deseaba ayudarlo. El religioso le había dicho a Gary:

—Las luces de Ron están encendidas, pero no hay nadie en casa.

Lo ingresaron en el centro de Dallas. Cuando Ron estuvo instalado, Gary se despidió de él y, en el momento de hacerlo, le dio cincuenta dólares, una transgresión de las normas, aunque ninguno de los dos lo sabía. Gary regresó a Oklahoma y lo mismo hizo Ron. A las pocas horas de haber ingresado, utilizó el dinero para comprar un billete de autocar a Ada, adonde llegó no mucho después que su cuñado.

Su siguiente ingreso en el hospital estatal de Norman no fue voluntario. El 21 de febrero trató de suicidarse ingiriendo veinte pastillas de Navane. El motivo que le dio a una enfermera fue que estaba deprimido porque no lograba encontrar trabajo. Lo estabilizaron y le recetaron los correspondientes medicamentos, que él dejó de tomar al tercer día. Los médicos llegaron a la conclusión de que constituía un peligro para sí mismo y para los demás y aconsejaron un tratamiento de veintiocho días en el hospital. El 24 de marzo le dieron el alta.

A su regreso a Ada, Ron encontró una habitación detrás de una casita de la calle Doce, en la zona oeste de la ciudad. No tenía cocina ni agua corriente. Para ducharse utilizaba una manguera. Annette le llevaba comida y trataba de atenderlo. Durante una de sus visitas, observó que le sangraban las muñecas. Se había cortado con una cuchilla de afeitar, explicó él, para poder sufrir como todas las personas que habían sufrido por su culpa. Quería morir y reunirse con sus padres, las dos personas a las que tanto daño había causado. Ella le suplicó que acudiese a un médico, pero él se negó. También se negó a recibir ayuda en los servicios psiquiátricos a los que tantas veces había acudido.

Había dejado de tomar por completo los medicamentos.

El anciano propietario de la casa lo trataba con mucha amabilidad. El alquiler era una bagatela y en ocasiones ni siquiera se lo cobraba. En el garaje había un viejo cortacésped al que le faltaba una rueda. Ron lo empujaba arriba y abajo por las calles de Ada, cortando céspedes por cinco dólares y entregándole el dinero a su casero.

El 4 de abril, la policía recibió una llamada de una casa particular situada en la manzana oeste de la calle Diez. El hombre le explicó al policía del coche patrulla que tenía que irse de viaje y temía por la seguridad de su familia, pues Ron Williamson llevaba algún tiempo vagando por el barrio a altas horas de la noche. Estaba claro que el hombre conocía muy bien a Ron y no le quitaba el ojo de encima. Le dijo al agente que Ron había efectuado cuatro viajes a una tienda de la cadena Circle K abierta toda la noche y dos a otra tienda Love's, todo en una misma noche.

El policía se mostró comprensivo —todo el mundo sabía que Ron se comportaba de una manera muy rara—, pero no existía ninguna ley que impidiera a la gente pasear por la calle pasada la medianoche. Prometió patrullar por la zona.

El 10 de abril, a las tres de la madrugada, la policía recibió una llamada del Circle K. Ron había estado varias veces por allí y se había comportado de una manera sospechosa. Mientras el agente Jeff Smith redactaba el informe, Ron volvió a presentarse. Smith le pidió a «Ronnie» que se marchara y éste así lo hizo.

Una hora más tarde, Ron se dirigió a la comisaría y anunció que deseaba confesar varios delitos cometidos en el pasado. Le entregaron un impreso de declaración voluntaria y se puso a escribir. Reconoció haber robado un bolso en el Coachlight cuatro años atrás, haber robado un arma de fuego en una casa, haber hecho tocamientos indecentes a dos chicas y haber golpeado y casi violado a una chica en Asher. Pero dejó la confesión sin terminar y se marchó. El agente Rick Carson lo siguió y le dio alcance unas manzanas más allá. Ron trató de explicarle lo que estaba haciendo a aquella hora, pero se le veía muy alterado. Al final, dijo que había salido en busca de trabajo con el cortacésped. Carson le aconsejó que se fuera a casa y le dijo que, a lo mejor, le sería más fácil encontrar esa clase de trabajos durante el día.

El 13 de abril, Ron acudió a la clínica psiquiátrica y les pegó un susto de muerte a los empleados. Uno de ellos señaló que «babeaba». Exigió ver a la doctora Snow y echó a andar por el pasillo en dirección a su despacho. Al decirle ellos que la doctora no estaba, se fue sin provocar ningún incidente.

Tres días después se publicó *Los sueños de Ada*.

Por mucho que la policía quisiera endosarle a Ron el asesinato de Debbie Carter, le faltaban pruebas. A finales de la primavera de 1987 tenía tan pocas pruebas como en verano de 1983. Los análisis de cabello en el OSBI se habían completado en 1985. Algunas muestras pertenecientes a Ron y Dennis eran «microscópicamente compatibles» con algunos pelos recogidos en la escena del crimen, pero las comparaciones de cabello eran muy poco fiables.

La acusación tropezaba con un obstáculo muy significativo: la ensangrentada huella palmar encontrada en la pared del dormitorio de Debbie Carter. A principios de 1983, Jerry Peters del OSBI había examinado cuidadosamente la huella y dictaminado que no pertenecía ni a Dennis Fritz ni a Ron Williamson. Tampoco a la víctima. Era una huella dejada por el asesino.

Pero ¿y si Jerry Peters se equivocaba o había hecho el análisis con muchas prisas o le había pasado por alto algún detalle? Si la huella perteneciera a Debbie Carter, Fritz y Williamson no podrían ser descartados como sospechosos.

A Peterson se le ocurrió exhumar el cadáver y volver a examinar las huellas palmares. Con un poco de suerte, puede que las manos no estuvieran demasiado descompuestas y que una nueva serie de huellas, examinadas más a fondo, facilitara una información útil para que la acusación llevase finalmente a los asesinos ante la justicia.

Peggy Stillwell recibió una llamada de Dennis Smith. El detective le pidió que acudiera a la comisaría, pero no mencionó el motivo. Ella pensó que quizás había novedades en el caso. Cuando llegó, Bill Peterson estaba sentado a un escritorio con un folio delante. Le explicó que querían exhumar el cadáver de Debbie y necesitaban su firma. Charlie Carter ya había pasado a firmar.

Peggy se horrorizó. La idea de perturbar el reposo eterno de su hija le pareció repugnante. Dijo que no, pero Peterson ya estaba preparado. Insistió, preguntándole a Peggy si quería que el caso se resolviera. Por supuesto que sí, pero ¿no había otra manera? No. Si quería que encontraran al asesino de Debbie, tenía que autorizar la exhumación. A los pocos minutos, Peggy garabateó su firma, abandonó a toda prisa la comisaría y se dirigió en coche a casa de su hermana.

Le contó a Glenna lo ocurrido. Para entonces ya estaba emocionada con un enfermizo anhelo de volver a ver a su hija.

—Podré tocarla y abrazarla de nuevo —repetía como ida.

Glenna no compartía su entusiasmo y no estaba muy convencida de que semejante encuentro fuera demasiado saludable. Y tenía serias dudas acerca de las personas encargadas de la investigación. En los cuatro años y medio transcurridos desde el asesinato, había hablado varias veces con Bill Peterson acerca del caso.

Peggy no estaba del todo en sus cabales. Jamás había aceptado la muerte de su hija. Glenna le había pedido a Peterson y la policía que cualquier noticia acerca de la investigación se la comunicaran a ella u otro miembro de la familia. Peggy no estaba en condiciones de afrontar los acontecimientos inesperados y necesitaba la protección de su hermana.

Glenna llamó al fiscal y le preguntó qué se proponía. Él le explicó que la exhumación era necesaria si la familia quería que Ron Williamson y Dennis Fritz fueran acusados formalmente. Aquella ensangrentada huella palmar se interponía en el camino y, en caso de que perteneciera efectivamente a Debbie, tanto él como la policía actuarían de inmediato contra Fritz y Williamson. Y le prometió a Glenna que la exhumación sería muy rápida y terminaría antes de que nadie se enterara.

Glenna se quedó perpleja. ¿Cómo podía Peterson conocer el resultado del nuevo análisis de las huellas si el cuerpo aún no había sido exhumado? ¿Cómo podía estar tan seguro de que la exhumación implicaría a Fritz y Williamson?

Peggy estaba obsesionada con la mórbida idea de volver a ver a su hija. En determinado momento, le comentó a Glenna:

—He olvidado el sonido de su voz.

Al otro día, Peggy se encontraba en su puesto de Brockway Glass cuando una colaboradora se le acercó y le preguntó qué estaba ocurriendo en el cementerio de Rosedale, cerca de la sepultura de Debbie. De inmediato, Peggy abandonó la fábrica y cruzó a toda prisa la ciudad, pero sólo encontró un sepulcro vacío. Se habían llevado a su hija.

La primera serie de huellas palmares la había tomado el agente del OSBI Jerry Peters el 9 de diciembre de 1982 durante la autopsia. En aquel momento las manos se encontraban en perfecto estado y a Peters no le cupo duda de que había tomado una serie completa y exhaustiva. Cuando redactó el informe tres meses después, estaba seguro de la fiabilidad de sus hallazgos en el sentido de que la huella ensangrentada del pladur no pertenecía a Fritz, ni a Williamson ni a la víctima.

Pero ahora, cuatro años y medio después, con el asesinato sin resolver y unas autoridades que buscaban un golpe de suerte, le entraron repentinas dudas acerca de su trabajo inicial. Tres días después de la exhumación entregó un informe revisado en el cual aseveraba que la huella ensangrentada pertenecía a la mano de Debbie Carter. Por primera y única vez en sus veinticuatro años de carrera, Jerry Peters había cambiado de opinión.

El informe era justo lo que Bill Peterson necesitaba. Provisto de la prueba según la cual la huella ensangrentada no pertenecía a un anónimo asesino sino que la había dejado la propia Debbie mientras luchaba por salvar la vida, ahora ya podía lanzarse contra sus principales sospechosos. Y era importante alertar a los ciudadanos... los miembros en potencia del jurado.

A pesar de su afirmación de que tanto la exhumación como los detalles relacionados con la misma tendrían carácter confidencial, Peterson concedió una entrevista al *Ada Evening News*. «Los hallazgos han confirmado plenamente nuestras sospechas», decía la cita textual de sus palabras.

¿Qué se había encontrado exactamente? Peterson rehusó entrar en detalles, pero una «fuente autorizada» no se anduvo con rodeos: «Se exhumó el cadáver para tomar huellas palmares de la víctima y compararlas con la ensangrentada huella palmar encontrada en la pared de su apartamento. —Y añadió—: Confirmar que la huella palmar ensangrentada pertenecía a la víctima revestía una importancia fundamental en la investigación.»

«Tengo grandes esperanzas a propósito de la resolución del caso», declaró Peterson.

Obtuvo órdenes de detención contra Ron Williamson y Dennis Fritz.

La mañana del viernes 8 de mayo, Rick Carson vio a Ron empujando su cortacésped de tres ruedas por una calle del oeste de la ciudad. Ambos se detuvieron a charlar un momento. Con el pelo alborotado, el torso desnudo, unos vaqueros raídos y unos mocasines hechos polvo, Ron tenía un aspecto tan desastroso como siempre. Quería encontrar un trabajo en el ayuntamiento y Rick prometió recogerle un impreso de solicitud. Ron dijo que lo esperaría en casa por la noche.

A continuación, Carson comunicó a su teniente que el sospechoso estaría aquella noche en su apartamento de la calle Doce. Se organizó la detención y Rick pidió participar en ella. En caso de que Ron adoptara una actitud violenta, Rick quería asegurarse de que nadie saliese herido. En cambio, fueron enviados cuatro policías, entre ellos el detective Mike Baskin.

Ron fue detenido sin ningún incidente. Llevaba los mismos vaqueros y mocasines que por la mañana y seguía con el torso desnudo. Una vez en una celda, Mike Baskin le leyó sus derechos *Miranda* y le preguntó si estaba dispuesto a hablar. Por supuesto que sí, por qué no. El detective James Fox se incorporó al interrogatorio.

Ron aseguró no haber conocido jamás a Debbie Carter, no haber estado jamás en su apartamento y, que él supiera, no haberla visto jamás en su vida. No vaciló en ningún momento, a pesar de los gritos y amenazas de los policías que le repetían una y otra vez que tenían pruebas de su culpabilidad.

Ron fue enviado a la prisión del condado. Hacía por lo menos un mes que no tomaba ninguna medicación.

Dennis Fritz vivía con su madre y una tía en Kansas City y se ganaba la vida pintando casas. Había abandonado Ada unos meses atrás. Su amistad con Ron Williamson no era más que un lejano recuerdo. Llevaba cuatro años sin hablar con un policía y ya casi había olvidado el caso Carter.

Al anochecer del 8 de mayo estaba viendo la televisión. Había trabajado todo el día y aún llevaba puestos sus sucios pantalones blancos de pintor. La noche era cálida y las ventanas estaban abiertas. Sonó el teléfono y una voz femenina preguntó:

—Con Dennis Fritz, por favor.

—Yo mismo —contestó, y entonces ella colgó.

Quizá su ex mujer estaba tramando algo. Volvió a sentarse delante del televisor. Su madre y su tía ya estaban durmiendo en sus habitaciones. Eran casi las once y media.

Un cuarto de hora después oyó varias portezuelas de automóvil cerrándose de golpe. Descalzo, se dirigió hacia la puerta cuando vio un pequeño ejército de tropas de combate vestidas de negro y armadas hasta los dientes, cruzando el césped del jardín. ¿Pero qué coño era aquello? Por una décima de segundo pensó en llamar a la policía.

Sonó el timbre y, cuando abrió, dos agentes de paisano tiraron de él hacia fuera y le preguntaron:

—¿Es usted Dennis Fritz?

—Sí, pero...

—Queda detenido por asesinato en primer grado —ladró uno de ellos mientras el otro le colocaba las esposas.

—¿De qué me hablan? —preguntó Dennis, y se le ocurrió una idea—: ¿Cuántos Dennis Fritz hay en Kansas City? Seguro que se equivocan de persona.

Su tía apareció en la puerta, vio a los hombres del SWAT y se puso histérica. Su madre salió del dormitorio mientras la policía irrumpía en la casa para «protegerla», si bien, preguntados al respecto, los hombres no supieron muy bien a quién tenían que proteger ni de qué. Dennis no tenía armas de fuego. No había asesinos conocidos o sospechosos en la casa, pero los chicos del SWAT tenían sus propios métodos.

Cuando ya creía que iban a abatirlo de un disparo allí mismo, Dennis levantó la vista y vio un blanco sombrero Stetson acercándose. Dos pesadillas de su pasado avanzaban hacia él por el camino particular de la casa. Dennis Smith y Gary Rogers se incorporaron a la reunión con sus anchas sonrisas de comemierdas.

Ah, bueno, era por lo de aquel asesinato, pensó Dennis. En un momento de inspiración, aquellos dos vaqueros de ciudad de tres al cuarto habían persuadido a la Brigada de Captura de Fugitivos de Kansas City de que efectuara aquella aparatosa y absurda redada.

—¿Puedo ir por mis zapatos? —preguntó Dennis, y los policías accedieron.

Fritz fue metido en el asiento trasero de un coche patrulla, donde se unió a él un Dennis Smith exultante. Un detective de Kansas City iba al volante. Mientras se alejaban, Fritz contempló a los chicos fuertemente armados del SWAT y pensó: «Vaya tontos.» Cualquier agente en prácticas habría podido practicar la detención con las manos en los bolsillos. A pesar del asombro que le producía todo aquel montaje, no pudo menos que sonreír al ver el abatido aspecto que ofrecían los policías de Kansas City.

La última imagen que conservó en la retina fue la de su madre en el porche, cubriéndose la boca con las manos.

Lo llevaron a una pequeña sala de interrogatorios de la jefatura de policía de Kansas City. Smith y Rogers le hicieron las consabidas advertencias *Miranda* y después le anunciaron que pretendían obtener una confesión. Recordando a Ward y Fontenot, Dennis estaba firmemente decidido a no decir nada. Smith se convirtió de pronto en un buen chico, en el amigo que deseaba sinceramente ayudarle. Y Rogers empezó a comportarse como un bruto, amenazando, soltando maldiciones, empujando el pecho de Dennis con el índice.

Habían transcurrido cuatro años desde la última sesión. En junio de 1983, después de que Fritz hubiera «fallado gravemente» por segunda vez con el detector de mentiras, Smith, Rogers y Featherstone lo habían retenido tres horas en el sótano de la comisaría de Ada, hostigándolo sin compasión. No habían conseguido nada entonces, y ahora tampoco lo conseguirían.

Rogers estaba furioso. La policía sabía desde hacía años que Fritz y Williamson habían violado y asesinado a Debbie Carter y ahora el crimen se había resuelto. Lo único que necesitaban era una confesión.

—No tengo nada que confesar —repetía Fritz una y otra vez—. ¿Qué pruebas tienen? Enséñenme las pruebas.

Una de las frases preferidas de Rogers era: «Estás insultando mi inteligencia.» «¿Qué inteligencia?», habría deseado replicar Fritz. Pero se callaba porque no quería que le soltaran un guantazo.

Al cabo de dos horas de vapuleo, Fritz dijo finalmente:

—De acuerdo, confesaré la verdad.

Los policías suspiraron de alivio; puesto que carecían de pruebas, iban a resolver el caso con una confesión. Smith se apresuró a ir por una grabadora. Rogers preparó rápidamente su ordenador portátil, bolígrafos y papel.

Una vez todo a punto, Fritz clavó la mirada en la grabadora y dijo:

—Ésta es la verdad: yo no maté a Debbie Carter y no sé nada acerca de su asesinato.

Smith y Rogers se pusieron como basiliscos: más amenazas, más maltrato verbal. Fritz estaba asustado pero se mantuvo firme. Se ratificó en su inocencia hasta el final del interrogatorio. Se negó a ser extraditado a Oklahoma y esperó en una celda a que el procedimiento siguiera su curso.

Más tarde aquel mismo sábado, Ron fue trasladado desde la cárcel a la comisaría para ser sometido a interrogatorio. Smith y Rogers, de vuelta de su arriesgada detención de Fritz, lo esperaban.

El interrogatorio se había planeado la víspera de la detención. Como en *Los sueños de Ada* se criticaba duramente los métodos empleados por Rogers y Smith, decidieron que este último, que vivía en Ada, fuera reemplazado por Rusty Featherstone, que vivía en Oklahoma City. También decidieron no utilizar el vídeo.

Dennis Smith se encontraba en el edificio, pero no entró en la sala de interrogatorios. Tras cuatro años dirigiendo la investigación y a pesar de estar prácticamente seguro de la culpabilidad de Williamson, prefería evitar el crucial interrogatorio.

El Departamento de Policía de Ada estaba bien provisto de equipos de audio y vídeo. Los interrogatorios y, sobre todo, las confesiones, casi siempre se filmaban. La policía sabía muy bien el impacto que ejercía el visionado de una confesión en un jurado. Que se lo preguntaran a Ward y Fontenot. La segunda prueba de Ron con el detector de mentiras cuatro años atrás la había grabado Featherstone en la comisaría de Ada.

Cuando no se grababan en vídeo, las confesiones se recogían en audio. La policía contaba con suficientes magnetófonos. Y cuando no se utilizaban ni vídeos ni audios, al sospechoso se le pedía que redactara de su puño y letra la confesión. En caso de que el sospechoso fuera analfabeto, un policía redactaba la declaración y después se la leía al sospechoso y le pedía que la firmara.

Ninguno de dichos métodos se utilizó el 9 de mayo. Williamson, que sabía leer y escribir y poseía un vocabulario mucho más amplio que sus dos interrogadores, lo observó todo atentamente mientras Featherstone tomaba notas. Dijo haber entendido sus derechos *Miranda* y accedió a hablar.

La versión de la policía decía lo siguiente:

WILLIAMSON dijo: «La noche del 8 de diciembre de 1982 yo estaba en el Coachlight como otras muchas veces, mirando a una chica muy guapa y pensando que me gustaría acompañarla a su casa.»

WILLIAMSON hizo una pausa y después pareció querer decir algo que empezaba con la letra M, pero no lo hizo. A continuación añadió: «Pensé que quizá podría ocurrir algo malo aquella noche y la seguí hasta su casa.»

WILLIAMSON hizo una digresión para hablar de la vez en que robó un equipo de alta fidelidad. Después dijo: «Estaba con Dennis y nos fuimos al Holiday Inn y le dijimos a una chica que teníamos bebida en el coche y conseguimos que subiera.»

WILLIAMSON hablaba con frases inconexas y entonces el agente Rogers le pidió que se concentrara en el caso de DEBBIE CARTER.

WILLIAMSON dijo: «De acuerdo, soñé que mataba a DEBBIE, que me echaba encima de ella, le colocaba una cuerda alrededor del cuello, la apuñalaba repetidamente y le apretaba fuertemente la cuerda alrededor del cuello.» Añadió: «Estoy preocupado por lo que todo esto pueda suponer para mi familia. —Y luego—: Ahora mi madre ha muerto.»

El agente ROGERS le preguntó si él y DENNIS estaban allí aquella noche y WILLIAMSON contestó que sí. El agente FEATHERSTONE le preguntó: «¿Fue usted allí con la intención de matarla?» WILLIAMSON contestó: «Probablemente.»

El agente FEATHERSTONE preguntó: «¿Por qué?»

WILLIAMSON contestó: «Me hacía enfadar.»

El agente FEATHERSTONE preguntó: «¿Qué quiere decir? ¿Era una zorra?»

WILLIAMSON contestó: «No.»

WILLIAMSON hizo una breve pausa y después dijo: «Oh, Dios mío, no esperará usted que confiese, tengo una familia, tengo un sobrino que proteger. Mi hermana quedará destrozada. Ahora ya no puedo hacerle daño a mi madre porque está muerta. No puedo quitármelo de la cabeza desde que ocurrió.»

Sobre las 19.38 horas, WILLIAMSON dijo: «Si me van a someter a juicio por eso, quiero a TANNER, de Tulsa. No; quiero a DAVID MORRIS.»

La solicitud de un abogado asustó a los policías, que interrumpieron la confesión. Llamaron a David Morris, el cual les dijo que dejaran de interrogar a Ron de inmediato.

Ron no firmó la declaración. Jamás se la mostraron.

Provistos de otra confesión de un sueño, el caso se estaba arreglando estupendamente tanto para la policía como para la fiscalía. Habían averiguado con Ward y Fontenot que la ausencia de pruebas materiales no era obstáculo suficiente para una acusación. El hecho de que Debbie Carter no hubiera sido apuñalada no tenía demasiada importancia. Los miembros de un jurado emiten un veredicto de culpabilidad siempre que se les logre escandalizar adecuadamente.

Si la confesión de un sueño podía condenar a Williamson, otra podía absolverlo. Unos días más tarde, un celador llamado John Christian pasó por la celda de Ron. Ambos habían crecido en el mismo barrio. En la familia de Christian había muchos chicos, uno de ellos de la misma edad de Ron, y éste era invitado a menudo a comer o cenar. Jugaban al béisbol en las calles y las ligas y ambos habían sido alumnos del instituto de Byng.

Sin tratamiento y sin medicación, Ron distaba mucho de ser un recluso modelo. La cárcel del condado de Pontotoc es un edificio de hormigón sin ventanas, construido por alguna razón junto al césped de los juzgados. De techos bajos, dispone de muy poco espacio, se respira una atmósfera claustrofóbica y, cuando alguien grita, todo el mundo se entera. Ron gritaba muy a menudo. O se ponía a cantar, lloraba, gemía, se quejaba, proclamaba su inocencia o desvariaba acerca de Debbie Carter. Lo instalaron en una de las dos celdas de confinamiento lo más lejos posible de la abarrotada zona común, pero la cárcel era tan pequeña que Ron podía alterar su ritmo desde cualquier sitio donde estuviera.

Sólo John Christian sabía calmarlo, y los demás reclusos esperaban con ansia su turno. Cuando llegaba, Christian acudía inmediatamente a la celda de Ron y lo tranquilizaba. Hablaban de los viejos tiempos, de cuando eran pequeños, de cuando jugaban al béisbol, de los amigos en común. Hablaban del caso Carter y de lo injusto que era la acusación contra Ron. Así, éste se pasaba ocho horas tranquilo. Su solitaria celda de confinamiento era muy reducida, pero él conseguía dormir y leer. Antes de irse, Christian iba a despedirse. Ron solía fumar como un poseso mientras se preparaba para armar alboroto cuando llegara el otro celador.

Al anochecer del 22 de mayo, Ron estaba despierto y sabía que Christian se encontraba en el mostrador de la entrada. Lo llamó para hablar del asesinato. Tenía un ejemplar de *Los sueños de Ada* y decía que, a lo mejor, él también podía confesar un sueño. Según Christian, Ron dijo: «Imagínate que sueño que todo ocurrió así: yo vivo en Tulsa y me he pasado todo el día bebiendo y tomando pastillas de quaaludes. Luego voy en mi coche al Coachlight, e imagínate que bebo un poco más y me coloco un poco más. Y supón que acabo llamando a la puerta de Debbie Carter y ella me dice: "Un momento, estoy hablando por teléfono." Y supón que yo echo abajo la puerta, la violo y la mato.»

Después Williamson añadió: «¿No crees que si yo fuese

el asesino, habría conseguido un poco de dinero con mis amigos y me habría largado de la ciudad?»

Christian no dio demasiada importancia a esa conversación, pero se la comentó a un compañero. La historia se fue propagando hasta que llegó a Gary Rogers. El detective vio en ella una oportunidad de añadir otra prueba contra Ron. Dos meses después le pidió a Christian que se la contara de nuevo. Rogers tecleó un informe, añadió comillas donde le pareció apropiado y, de esta manera, la policía y el fiscal dispusieron de una segunda confesión de un sueño. No se incluyó ni una sola palabra que reflejara las numerosas veces que Ron negó haber participado en el crimen.

Como de costumbre, las incongruencias pasaron a segundo plano. Ron no vivía en Tulsa en el momento del asesinato. No tenía coche ni permiso de conducir.

7

Para Annette Hudson y Renee Simmons, la noticia de que su hermano había sido detenido y acusado de asesinato fue devastadora. Desde su puesta en libertad en el anterior mes de octubre, ambas habían estado muy preocupadas por el deterioro de su estado mental y físico. A lo largo de los años habían corrido muchos rumores, pero había transcurrido tanto tiempo que la familia suponía que la policía había descartado a Ron como sospechoso. Al morir dos años atrás, Juanita estaba segura de haberle facilitado a Dennis Smith pruebas suficientes de que Ron no estaba implicado en el caso. Annette y Renee también lo creían así.

Ambas vivían modestamente, cuidando de la familia, trabajando esporádicamente, pagando recibos y ahorrando lo poco que podían. No tenían dinero para contratar un buen abogado. Annette habló con David Morris, pero éste, tras su desastrosa experiencia anterior, rehusó ocuparse del caso. John Tanner estaba en Tulsa, demasiado lejos y demasiado caro.

Aunque Ron les había dado muchos quebraderos de cabeza y preocupaciones sin cuento, no estaban preparadas para asimilar su repentina detención acusado de asesinato. Los amigos se apartaron de ellas. Empezaron a soportar cuchicheos y miradas de soslayo. Un conocido le dijo a Annette:

—Tú no tienes la culpa. No podías impedir lo que hizo tu hermano.

—Mi hermano no hizo nada —replicó ella.

Ambas hermanas no se cansaban de proclamar la inocencia de Ron, pero pocas personas las creían. «La presunción de inocencia es una majadería.» «La policía ya tiene a su hombre; ¿por qué habrían detenido a Ron si no fuera culpable?»

Michael, el hijo de Annette, que entonces tenía quince años y cursaba el segundo año de bachillerato, lo pasó muy mal durante una discusión en clase acerca de la actualidad local, presidida por la detención de Ron Williamson y Dennis Fritz, acusados del asesinato. Puesto que su apellido era Hudson, sus compañeros de clase ignoraban que el tío de Michael era uno de los acusados. Todos los alumnos condenaron abiertamente a los dos hombres. Annette fue al instituto a la mañana siguiente hecha un basilisco. El profesor se deshizo en disculpas y prometió encauzar las discusiones de la clase en otros asuntos.

Renee y Gary Simmons vivían en Chickasha, a una hora por carretera, y eso les permitía respirar un poco más tranquilos. En cambio, Annette nunca había abandonado Ada y, aunque ahora anhelaba largarse de allí, tenía que hacer de tripas corazón y apoyar a su hermano menor.

El domingo 10 de mayo, la edición del *Ada Evening News* publicó en primera plana un reportaje acerca de las detenciones, acompañado de una fotografía de Debbie Carter. Bill Peterson confirmaba que el cuerpo había sido exhumado y que la misteriosa huella pertenecía efectivamente a la víctima. Señalaba que tanto Fritz como Williamson eran sospechosos desde hacía más de un año, pero no explicaba el porqué. En cuanto a la investigación propiamente, afirmaba: «Hace unos seis meses llegamos al final del camino en esta investigación y empezamos a planificar nuestra estrategia para dar sólido fundamento a una acusación.»

Especial interés revestía la noticia de que el FBI había intervenido en el caso. Dos años atrás la policía de Ada había solicitado su ayuda. El FBI estudió las pruebas y facilitó un perfil psicológico de los asesinos, del cual, sin embargo, Peterson no mencionó nada al periódico.

Al día siguiente se publicó otro reportaje en primera plana, esta vez con las fotografías de las fichas policiales de Ron y Dennis. Las imágenes de ambos resultaban tan amenazadoras que habrían bastado por sí solas para condenarlos. El reportaje repetía los detalles del de la víspera, concretamente el hecho de que ambos hombres habían sido detenidos y acusados de violación premeditada y asesinato en primer grado. Curiosamente, no se mencionaba si los detenidos habían confesado. Por lo visto, los reporteros de Ada estaban tan acostumbrados a las confesiones que las daban por hechas en todas las investigaciones criminales.

Aunque se reservaron la información acerca de la confesión basada en el primer sueño de Ron, las autoridades dieron a conocer la declaración jurada que se había utilizado para la obtención de las órdenes de detención. El reportaje citaba que «tanto el vello pubiano como los cabellos encontrados en el cuerpo y la ropa de cama de la señorita Carter son compatibles microscópicamente con los de Ronald Keith Williamson y Dennis Fritz».

Ambos hombres tenían un largo historial delictivo. Ron había cometido quince faltas —conducción en estado de embriaguez y otras similares— y un delito de falsificación documentaria que lo había enviado a la cárcel. Dennis tenía en su haber dos faltas de conducción bajo el efecto de sustancias adictivas, algunas infracciones de tráfico, más la antigua condena por cultivo de marihuana.

Bill Peterson confirmaba una vez más que el cadáver se había exhumado para volver a examinar la huella palmar y confirmar que pertenecía a la víctima. Añadía que ambos hombres «eran sospechosos en el caso desde hacía más de un año».

El reportaje terminaba recordando que «Carter había muerto por asfixia a causa de una pequeña toalla introducida en su garganta durante la violación».

Aquel mismo lunes Ron fue sacado de la cárcel, cruzó el césped hasta el edificio de los juzgados situado a unos cuarenta metros e hizo su primera comparecencia ante el juez John David Miller, el magistrado encargado de las vistas preliminares. Dijo que no tenía abogado y no estaba seguro de poder contratar a alguno. Regresó a la cárcel.

Unas horas más tarde, un recluso llamado Mickey Wayne Harrell dijo haber oído llorar a Ron y decir «Perdóname, Debbie». El hecho fue comunicado de inmediato al celador. Posteriormente, parecía que Ron le había pedido a Harrell que le hiciera un tatuaje en el brazo que pusiera «Ron ama a Debbie».

Con un nuevo crimen a la espera de ser juzgado, los rumores en la cárcel estaban a la orden del día. Los chivatos, elementos omnipresentes de la vida carcelaria, estaban alerta día y noche. El camino más rápido hacia la libertad o una reducción de la pena es oír o alegar haber oído a un acusado pendiente de juicio confesar la comisión del delito y después canjear la información por un ventajoso acuerdo con el fiscal. En la mayoría de las cárceles, los chivatos van con pies de plomo porque temen ser represaliados por los demás reclusos. En Ada, en cambio, campaban a sus anchas y obtenían buenos resultados.

Dos días más tarde, Ron fue conducido de nuevo ante el juez para tratar la cuestión de su defensa. La cosa no fue demasiado bien. Seguía sin tomar medicación y se mostró descarado y agresivo y se puso a gritar:

—¡Yo no cometí ningún asesinato! ¡Ya estoy hasta las narices de esta acusación!

El juez Miller trató de hacerlo callar, pero Ron estaba desmandado.

—¡Yo no la maté! ¡No sé quién la mató! ¡Mi madre sabía muy bien dónde estuve aquella noche!

El magistrado trató de explicarle que aquella vista no era para que los acusados se defendieran de las acusaciones, pero Ron siguió empeñado en hacerse oír.

—¡Quiero que se retiren estas acusaciones! —gritó—. ¡Esto es ridículo!

El juez le preguntó si comprendía el carácter de las acusaciones que se formulaban contra él, a lo cual Ron contestó:

—Soy inocente, jamás hablé con esa chica, jamás estuve en un coche con ella.

Mientras le leían sus derechos para que constara en acta, Ron siguió desvariando.

—He estado tres veces en la cárcel y cada vez ellos han intentado colgarme este crimen.

Cuando se leyó en voz alta el nombre de Dennis Fritz, Ron volvió a interrumpir:

—Ese tío no tuvo nada que ver con esto. Yo lo conocía. No estuvo en el Coachlight.

Al final, para que se tranquilizase, el juez admitió a trámite una declaración de inocencia. Ron fue conducido fuera de la sala, soltando amargas maldiciones. Annette lo presenció todo, llorando en silencio.

Iba a verle a la cárcel cada día, a veces dos veces al día si los funcionarios se lo permitían. Los conocía a casi todos y todos conocían a Ronnie, y a menudo hacían la vista gorda con las visitas.

Ron estaba muy alterado, seguía sin tomar medicamentos y necesitaba ayuda especializada. Se mostraba iracundo y amargado por el hecho de que lo hubieran detenido por algo que no había hecho. Además, se sentía humillado. Durante cuatro años y medio se lo había considerado sospechoso de haber cometido un crimen execrable. La sola sospecha ya era grave de por sí, pero ahora se trataba de una acusación. Ada era su ciudad natal, allí estaba su gente, sus amigos, las personas que lo habían visto crecer, los que lo recordaban como un gran deportista. Las habladurías y las miradas torvas eran muy dolorosas, pero él las había soportado durante años. Era inocente y si la policía lograba descubrir la verdad alguna vez, ésta limpiaría su nombre. Pero, aun así, que lo hubieran detenido y encarcelado de repente y que la fotografía de su ficha policial se hubiera publicado en primera plana había sido devastador.

No estaba seguro de haber conocido alguna vez a Debbie Carter.

En su celda de la cárcel de Kansas City a la espera de un procedimiento de extradición que lo devolviera a Ada, Dennis se sorprendía de la ironía de su detención. ¿Un asesinato? Había pasado años sufriendo las desastrosas consecuencias del de su mujer y muchas veces se había sentido casi una víctima.

¿Un asesinato? Jamás había causado el menor daño a nadie. Era de baja estatura y complexión delgada, y reprobaba las peleas y la violencia. Por supuesto que había estado en muchos bares y algunos lugares turbulentos, pero siempre había conseguido escabullirse cuando empezaban las refriegas. En cambio Ron Williamson, si no empezaba una pelea, se quedaba en el local para terminarla. Dennis jamás hacía tal cosa. Era sospechoso sólo por su amistad con Ron.

Fritz escribió una larga carta al *Ada Evening News* para explicar por qué había exigido un procedimiento de extradición. Decía que se negaba a volver con Smith y Rogers porque éstos querían endilgarle a cualquier precio aquel horrible asesinato. Era inocente, no había tenido nada que ver con el crimen y necesitaba tiempo para ordenar sus pensamientos. Estaba tratando de encontrar un buen abogado y su familia intentaba reunir el dinero necesario.

Después resumía por qué se había visto envuelto en la investigación de aquel caso. Como no tenía nada que ocultar y deseaba colaborar, había hecho todo lo que la policía le pidió: facilitar muestras de saliva, huellas digitales, escritura y cabello (incluso una muestra de su bigote); someterse dos veces al detector de mentiras. Según el detective Dennis Smith, no había superado dichas pruebas, pero más tarde él había averiguado que no había sido así.

Acerca de la investigación, Fritz escribía: «Durante tres años y medio ellos han tenido acceso a mis huellas digitales, escritura y muestras de cabello para compararlas con las pruebas recogidas en la escena del crimen y con cualquier otra prueba. Podrían haberme detenido hace tiempo si hubieran encontrado algo que me incriminase. Sin embargo, según su periódico, ellos llegaron al final del camino y tuvieron que decidir cómo dar "sólido fundamento" a la acusación. No soy tan tonto como para no comprender que un laboratorio policial no tarda tres años y medio en cotejar muestras voluntariamente entregadas con las pruebas existentes.»

Dennis Fritz, en su época de profesor de ciencias había estudiado todo lo referido a pruebas capilares. Su carta incluía el siguiente párrafo: «¿Cómo se me puede acusar de violación y asesinato con una prueba tan endeble como el cabello, que sólo permite establecer distinciones entre grupos étnicos y no características individuales dentro de cada grupo? Cualquier experto en este campo sabe que podría haber más de medio millón de personas con la misma consistencia de cabello.»

Terminaba con un conmovedor alegato de inocencia y planteaba la siguiente pregunta: «Así pues, ¿soy culpable hasta que no se demuestre lo contrario o inocente hasta que no se demuestre lo contrario?»

El condado de Pontotoc no tenía una oficina de abogados de oficio. El acusado que no podía contratar a un abogado tenía que firmar una declaración de insolvencia para que el juez designara a un abogado local como defensor de oficio sólo para ese caso.

Puesto que muy pocas personas pudientes son acusadas de delitos, casi todos los delitos tenían que ver con acusados insolventes. Las drogas y los delitos contra la propiedad eran propios de las clases bajas y, puesto que casi todos los acusados eran culpables, los abogados de oficio nombrados por el tribunal solían llegar a acuerdos con el fiscal para la rebaja de las penas, encargarse del papeleo, cerrar el caso y cobrar unos modestos honorarios.

De hecho, los honorarios eran tan modestos que casi todos los abogados rogaban no ser nombrados por el juez. El azaroso sistema de defensa de los insolventes estaba cuajado de problemas. Los jueces solían asignar los casos a abogados con escasa o nula experiencia en derecho penal. No había dinero para peritos y otros gastos.

No hay nada que induzca a los abogados de una pequeña localidad a poner pies en polvorosa más rápidamente que un caso de asesinato castigado con la pena de muerte. El hecho de estar constantemente en la palestra hace que el abogado sea observado con lupa en su función de garantizar los derechos de un insolvente acusado de un delito infame. Las horas insumidas son muy gravosas y pueden llevar a la bancarrota a un bufete pequeño. Los honorarios son de risa en comparación con el trabajo requerido. Y las apelaciones pueden prolongarse indefinidamente.

El mayor temor es que nadie acceda a representar al acusado y el juez nombre a alguien al azar. Casi todas las salas de justicia suelen estar llenas de letrados en las vistas preliminares para designar abogados, pero suelen vaciarse cuando un acusado de asesinato es llevado a la sala para firmar una declaración de insolvencia. Entonces los abogados huyen a sus despachos y desconectan los teléfonos.

Puede que el más pintoresco de los asiduos al tribunal fuera Barney Ward, un abogado invidente conocido por su elegancia en el vestir, la difícil existencia que le procuraba su ceguera, sus increíbles historias y su tendencia a estar «implicado» en la mayoría de los chismorreos relacionados con el mundillo jurídico de Ada. Parecía estar enterado de todo lo que ocurría en el tribunal.

Barney había perdido la vista en su adolescencia a causa de un accidente durante un experimento químico en el instituto. Aquello había sido para él un revés transitorio que no le impidió terminar el bachillerato. Una vez obtenida la graduación, se fue a estudiar Derecho a la Universidad de Oklahoma, con su madre como secretaria para todo. Obtuvo la licenciatura, superó el examen del colegio de abogados, regresó a Ada y se presentó para el cargo de fiscal del condado. Ganó y durante varios años fue fiscal jefe. A mediados de los años cincuenta montó un bufete especializado en defensa penal y muy pronto se ganó fama de ser un eficaz defensor. Barney se levantaba de un brinco en cuanto advertía la menor debilidad en el argumento del fiscal y se echaba encima de los testigos de la acusación como una fiera. Era brutal en las repreguntas y le encantaban las trifulcas.

En un legendario enfrentamiento, Barney había llegado a soltarle un puñetazo a David Morris. Se encontraban en la sala discutiendo cuestiones probatorias, ambos exasperados y muy tensos, y Morris cometió el error de decir: «Mire, señoría, hasta un ciego podría verlo.» Barney se abalanzó contra él —o en la dirección aproximada en que él se encontraba— y le lanzó un derechazo que falló por los pelos. Se restableció el orden. Morris pidió disculpas, pero se mantuvo a distancia.

Todo el mundo conocía a Barney y a menudo se le veía en la sala con su fiel ayudante Linda, que se lo leía todo y tomaba las notas. De vez en cuando utilizaba un perro lazarillo para desplazarse, aunque prefería a una señorita. Era amable con todo el mundo y jamás olvidaba una voz. Lo habían elegido presidente del colegio de abogados, y no por mera compasión. Barney era tan apreciado que una vez le pidieron que se incorporara a un club de póquer. Se presentó con una baraja de cartas en sistema Braille, dijo que sólo él podía repartirlas y no tardó en embolsarse todo el dinero. Los demás jugadores llegaron a la conclusión de que estaba bien que Barney jugara, pero que no repartiera jamás. Entonces sus ganancias disminuyeron ligeramente.

Cada año los demás abogados invitaban a Barney al llamado Campamento del Ciervo, una escapada de un fin de semana exclusivamente masculina con mucho bourbon y póquer, chistes verdes, espesos estofados y, si el tiempo lo permitía, un poco de caza. El sueño de Barney era cobrarse un venado. Sus amigos distinguieron en el bosque un precioso macho, colocaron hábilmente a Barney en la posición apropiada, le entregaron un rifle, lo ajustaron cuidadosamente, apuntaron y después le susurraron «Dispara». Barney apretó el gatillo y, aunque falló por más de tres metros, sus amigos le dijeron que el venado se había escapado por los pelos. Barney contó esa historia durante décadas.

Como muchos bebedores empedernidos, al final tuvo que dejarlo. Por entonces utilizaba un perro lazarillo que tuvo que ser sustituido por otro, ya que no logró cambiar la costumbre de guiar a Barney hasta la tienda de licores. Un vestigio de leyenda que todavía perdura cuenta que el establecimiento donde solía abastecerse se quedaba sin existencias cuando Barney iba por whisky.

Le encantaba ganar dinero y tenía muy poca paciencia con los clientes que no podían pagar. Su lema era «inocente hasta que se demuestre que está sin blanca». Sin embargo, a mediados de los ochenta, Barney empezó a dar muestras de deterioro. Se decía que a veces se quedaba dormido durante las audiencias. Llevaba unas gruesas gafas ahumadas que le cubrían buena parte de la cara, de manera que los jueces y abogados no sabían si estaba escuchando o echando una siesta. Sus adversarios se daban cuenta y la estrategia, comentada en susurros porque Barney lo oía todo, consistía en alargar una vista más allá de la hora del almuerzo, cuando él siempre echaba su siestecita. Si podías conseguir que la cosa se alargara hasta las tres y media de la tarde, tus posibilidades de derrotar a Barney aumentaban considerablemente.

Dos años atrás, la familia de Tommy Ward se había puesto en contacto con él, pero había rechazado el caso. Estaba convencido de que Ward y Fontenot eran inocentes, pero prefería no patrocinar casos punibles con la pena capital. El papeleo era tremendo y ése no era precisamente uno de sus puntos fuertes.

Ahora se habían vuelto a poner en contacto con él. El juez John David Miller le había pedido que representara a

Ron Williamson. Barney era el abogado defensor más experto del condado y su experiencia era muy necesaria. Tras dudar brevemente, aceptó. Era un abogado en estado puro, se conocía al dedillo la Constitución y las leyes y era un convencido de que todo acusado, con independencia de la antipatía que pudiera despertar, tenía derecho a una vigorosa defensa.

El 1 de junio de 1987, Barney Ward fue nombrado por el tribunal para representar a Ron, su primer caso con la pena capital asomando en el horizonte. Annette y Renee se alegraron muchísimo.

Abogado y cliente pusieron manos a la obra con ciertos titubeos. Ron estaba harto de la cárcel y la cárcel estaba harta de Ron. Las entrevistas se realizaban en una pequeña estancia destinada a las visitas cerca de la entrada principal, un lugar que a Barney le pareció adecuado para su insufrible cliente. Hizo los arreglos para que le hicieran un nuevo chequeo psicológico. Le recetaron una nueva tanda de Thorazine y, para alivio de Barney y de toda la cárcel, el medicamento dio un resultado extraordinario. De hecho, le fue tan bien que los celadores decidieron aumentarle la dosis para mantenerlo sereno del todo. Ahora Ron volvía a dormir como un niño.

Sin embargo, durante una reunión con su abogado, éste se percató de que su cliente estaba como embotado. Se reunió con los celadores, ajustaron la dosis y Ron volvió a cobrar vida.

Por lo general, Ron se negaba a colaborar con su abogado y sólo le soltaba una retahíla de delirantes negativas. Lo estaban condenando de antemano, exactamente igual que a Ward y Fontenot. Su actitud exasperaba a Barney, pero siguió resueltamente hacia delante.

Glen Gore estaba en la cárcel, acusado de secuestro y agresión. Su abogado de oficio era Greg Saunders, un joven que se estaba iniciando en la práctica civil. En el transcurso de una reunión con su cliente, ambos estuvieron a punto de llegar a las manos. Al salir, Saunders se dirigió a los juzgados y le pidió al juez Miller que lo relevara del caso. El magistrado se negó y entonces Saunders dijo que si lo libraban de Gore, accedería a encargarse del siguiente caso que implicase la pena capital.

—Trato hecho —se apresuró a decir Miller—. Va usted a representar a Dennis Fritz en el caso Carter.

A pesar de que su nuevo caso lo preocupaba, a Greg Saunders le entusiasmó el hecho de poder trabajar en estrecha colaboración con Barney Ward. Cuando estudiaba en la East Center University soñaba con convertirse en un abogado criminalista y a menudo se saltaba las clases cuando sabía que Barney estaría en alguna audiencia. Lo había visto machacar testigos endebles e intimidar a los fiscales. Barney respetaba a los jueces pero no les tenía miedo, y era capaz de charlar amistosamente con un miembro de un jurado. Jamás sacaba partido de su minusvalía, pero en momentos cruciales podía servirse de ella para despertar simpatía. Para Greg Saunders, Barney era un brillante abogado penalista.

Trabajando independientemente el uno del otro pero también en apacible colaboración, ambos presentaron un montón de peticiones que hicieron sudar tinta a la oficina de la fiscalía del distrito. El 11 de junio el juez Miller fijó una vista para dilucidar las cuestiones planteadas tanto por la defensa como por la acusación. Barney solicitaba una lista de todos los testigos que el fiscal pensaba presentar. La legislación de Oklahoma autorizaba la revelación de dichos datos, pero Bill Peterson sólo estaba dispuesto a revelar los nombres de aquellos testigos que utilizaría en las vistas preliminares. Ni hablar, dijo el juez Miller, y Peterson recibió la orden de notificar oportunamente a la defensa el nombre de todos sus testigos.

Barney estaba muy pendenciero y consiguió su propósito en casi todas las peticiones que presentó. Pero también empezaba a dar muestras de desaliento. Por una parte, comentó que había sido nombrado de oficio y no quería perder demasiado tiempo en el caso. Quería hacer un trabajo como Dios manda, pero temía que le exigiera demasiado.

Al día siguiente presentó una petición, solicitando más asistencia legal para Ron. El fiscal no se opuso y el 16 de junio Frank Baber fue nombrado por el juez Miller como ayudante de Barney. Los tira y afloja legales y las batallas del papeleo siguieron adelante mientras ambas partes se preparaban para la vista preliminar.

Dennis Fritz fue instalado en una celda no muy lejos de la de Ron Williamson. No veía a Ron pero vaya si lo oía. Cuando no estaba atiborrado de medicamentos, Ron se pasaba todo el rato gritando, aferrado a los barrotes de su celda:

—¡Soy inocente! —vociferaba—. ¡Soy inocente!

Su profunda y ronca voz resonaba en toda la cárcel. Era un animal herido y enjaulado, necesitado de ayuda. Los reclusos ya estaban bastante nerviosos como para que, encima, el alboroto de Ron les añadiera una ración extra de inquietud.

Otros reclusos le replicaban a gritos y lo provocaban, burlándose de él. El ir y venir de imprecaciones y juramentos resultaba ocasionalmente divertido, si bien solía atacarles los nervios a todos. Los celadores sacaron a Ron de su celda de aislamiento y lo llevaron a una compartida por una docena de reclusos, una medida que resultó desastrosa. Los hombres no disfrutaban de la menor intimidad y vivían prácticamente hacinados. Ron no respetaba el espacio de nadie. Pronto se presentó una petición firmada por los reclusos para que devolvieran a Ron a la celda de aislamiento. Para evitar disturbios o incluso algo peor, los celadores accedieron.

A veces había largos ratos de silencio durante los cuales reclusos y guardias podían respirar tranquilos. Los reclusos no tardaron en averiguar cuándo estaba de guardia John

Christian o cuándo los otros carceleros habían administrado a Ron una dosis extra de Thorazine.

El Thorazine lo calmaba, aunque a veces tenía efectos colaterales. A menudo se notaba escozor en las piernas y entonces el «vaivén del Thorazine» se convertía en parte de la rutina de la cárcel: Ron pasaba largos ratos aferrado a los barrotes de su celda oscilando de un lado a otro como un péndulo.

Dennis Fritz hablaba con él e intentaba calmarlo, en vano. Las proclamaciones de inocencia de Ron resultaban muy dolorosas de escuchar, sobre todo para Dennis, que era quien mejor lo conocía. Estaba claro que Ron necesitaba mucho más que unos comprimidos neurolépticos.

Los fármacos neurolépticos —tranquilizantes y antipsicóticos— suelen utilizarse en el tratamiento de la esquizofrenia. El Thorazine es un neuroléptico y cuenta con una azarosa historia. En los años cincuenta empezó a inundar todos los hospitales psiquiátricos. Se trata de un poderoso fármaco que reduce considerablemente la conciencia y el interés. Los psiquiatras que respaldan su uso aseguran que cura al paciente alterando la mala química cerebral.

Pero los críticos, que superan en gran número a los partidarios, citan numerosos estudios que demuestran que el fármaco produce una larga y aterradora lista de efectos adversos. Sedación, somnolencia, letargo, disminución de la concentración, pesadillas, dificultades emocionales, depresión, desesperación, falta de interés, embotamiento, debilitamiento de la conciencia y del control motriz. El Thorazine es tóxico para la mayoría de las funciones cerebrales y las altera casi todas.

Sus críticos más severos han llegado a calificarlo de «lobotomía química». Y señalan que el único y verdadero propósito del Thorazine es ahorrar dinero a las instituciones para enfermos mentales y las cárceles y convertir a los pacientes y residentes en seres más dóciles y manejables.

Los celadores administraban a Ron el Thorazine, a veces siguiendo las instrucciones de su abogado. Pero a menudo sin ninguna supervisión. Cuando se ponía demasiado pesado le administraban una píldora y listo.

A pesar de que Dennis Fritz llevaba cuatro años viviendo en Ada después del asesinato, se consideró que otorgarle la libertad condicional implicaba un riesgo de fuga. Como en el caso de Ron, se le fijó una fianza desorbitada y de todo punto imposible de satisfacer.

Como a todos los acusados, la inocencia se les presumía, pero aun así se les mantenía en prisión para evitar que se fugaran o anduvieran sueltos por las calles matando a la gente. La inocencia se les presumía, pero tuvieron que esperar casi un año a que se celebrara el juicio.

Unos días después de la llegada de Dennis a la cárcel, un tal Mike Tenney se presentó de repente delante de su celda. Obeso, medio calvo y no muy bien hablado, Tenney exhibía, sin embargo, una ancha sonrisa y unos amables modales y trataba a Dennis como si fuera un viejo amigo. Quería hablar del caso Carter.

Dennis sabía que la cárcel era un inmundo nido de chivatos, embusteros y criminales, y que cualquier conversación con alguien se podía repetir en una sala de justicia en una versión muy sesgada y contraria a los intereses del acusado. Todos los reclusos, celadores, guardias y personal de servicio, todos podían ser soplones en potencia, deseosos de averiguar detalles para transmitir a la policía.

Tenney dijo que era un celador en período de pruebas, aunque aún no figuraba en la nómina del condado. Pese a que nadie se lo había pedido, el novato Tenney tenía muchos consejos que dar. En su opinión, Dennis estaba metido en un buen lío, se enfrentaba con una posible ejecución. Así pues, la única manera de salvar el pellejo era decir la verdad, confesar, alcanzar un acuerdo con el fiscal y echarle toda la mierda a Ron. El fiscal Peterson sería justo y equitativo.

Dennis se limitaba a escuchar.

Pero Tenney no cejaba. Regresaba cada día, preocupado por la apurada situación en que se encontraba Dennis, y le hablaba del sistema y de cómo funcionaba todo y le daba sabios consejos que nadie le pedía.

Dennis se limitaba a escuchar.

Se había programado una vista preliminar para el 20 de julio en presencia del juez John David Miller. Como en todas las jurisdicciones, las vistas preliminares revestían en Oklahoma una importancia fundamental porque al fiscal se le exigía exhibir sus cartas, mostrar al tribunal y a todo el mundo quiénes serían sus testigos y qué iban a decir.

El desafío para un fiscal en una vista preliminar consiste en exhibir suficientes pruebas para convencer al juez de que hay motivos razonables para suponer que el acusado es culpable, evitando al mismo tiempo revelárselo todo a la defensa. Se trata de una maestría que requiere el uso de ciertos trucos que entrañan cierto riesgo.

Por regla general, sin embargo, un fiscal no tiene por qué preocuparse. A los jueces locales les cuesta mucho ser reelegidos si desestiman las acusaciones criminales.

Sin embargo, dada la fragilidad de las pruebas contra Fritz y Williamson, Bill Peterson tenía que poner toda la carne en el asador en la vista preliminar. Disponía de tan pocas cosas que mostrar que no le convenía ocultar nada. Además, la prensa local estaría presente, ansiosa de informar acerca de todo lo que allí se dijera. Tres meses después de su publicación, *Los sueños de Ada* seguía siendo objeto de acaloradas discusiones en toda la ciudad. La vista preliminar sería la primera actuación de Peterson en un importante juicio desde la publicación del libro.

Una considerable multitud abarrotaba la sala. Allí estaban la madre de Dennis Fritz, así como Annette Hudson y Renee

Simmons. Peggy Stillwell, Charlie Carter y sus dos hijas llegaron temprano. Los habituales —abogados aburridos, chismosos de la zona, funcionarios ociosos, jubilados sin nada que hacer— estaban esperando la ocasión de dar un buen repaso a los dos asesinos. El juicio quedaba a muchos meses vista, pero se iban a escuchar unas declaraciones en directo.

Antes de salir para el juzgado y por mero afán de tomarle el pelo, un policía había dicho a Ron que Dennis Fritz había hecho finalmente una confesión que los involucraba a los dos en la violación y el asesinato. La espantosa noticia desquició a Ron.

Dennis estaba tranquilamente sentado con Greg Saunders a la mesa de la defensa, examinando unos papeles a la espera de que empezara la vista. Ron permanecía sentado a escasa distancia, todavía esposado, mirando a Dennis como si quisiera estrangularlo. De repente, se levantó de su silla y se puso a insultarlo a gritos. Una mesa salió volando por los aires y aterrizó sobre Linda, la ayudante de Barney Ward. Dennis huyó hacia el estrado de los testigos mientras los alguaciles corrían a reducir a Ron.

—¡Dennis! ¡Cochino hijo de puta! —gritaba éste—. ¡Esto lo vamos a arreglar ahora mismo!

Su profunda y ronca voz resonaba por toda la sala. Barney, desconcertado, se cayó de la silla.

Los alguaciles rodearon a Ron y lo sujetaron. Se agitaba y coceaba como un loco y apenas si podían con él. Todos los presentes contemplaban con incredulidad el confuso alboroto que se había organizado en el centro de la sala.

Tardaron varios minutos en tranquilizar a Ron, el cual era más corpulento que los alguaciles. Mientras lo arrastraban fuera, espetó una retahíla de juramentos y amenazas contra Fritz.

Cuando desapareció por la puerta entre los alguaciles, las mesas y sillas volvieron a colocarse en su sitio y todo el mundo lanzó un suspiro de alivio. Barney no vio el alboroto, pero supo que había estado en el epicentro de la pelea. Entonces se levantó y dijo:

—Solicito que conste en acta mi petición de retirarme del caso. Este chico no va a colaborar conmigo en absoluto. Aunque me pagara, yo no estaría aquí. No puedo representarlo, señoría, sinceramente me es imposible. Ignoro quién lo hará, pero yo no puedo. Si mi solicitud es denegada, recurriré al tribunal de apelaciones. No pienso soportar esta situación. Soy demasiado viejo para esto, señoría. No quiero tener nada que ver con este caso. No tengo la menor idea acerca de la culpabilidad o la inocencia del chico, pero no pienso soportar esta situación. Cuando menos lo esperara, se me echaría encima y, si lo hiciera, ambos tendríamos graves problemas.

El juez Miller replicó escuetamente:

—No ha lugar.

A Annette y Renee les partía el alma ver a su hermano comportarse como un loco. Estaba enfermo y necesitaba ayuda, una larga estancia en alguna institución con buenos médicos que lograran curarlo. ¿Cómo podía el estado de Oklahoma someterlo a juicio estando tan enfermo?

Al otro lado del pasillo, Peggy Stillwell contempló el arrebato del asesino de su hija y se estremeció al imaginar la violencia que habría ejercido contra Debbie.

Al cabo de unos minutos de paz, el juez Miller ordenó que Williamson fuera conducido de nuevo a la sala. En el cuarto de detención, los alguaciles le explicaron que su conducta podía constituir un nuevo delito y que cualquier nuevo arrebato sería castigado con la máxima severidad. Pero, cuando lo llevaron de nuevo a la sala, él volvió a cargar contra Dennis Fritz. El juez ordenó que lo llevaran a la cárcel, mandó despejar la sala y decretó un receso de una hora.

De vuelta en la cárcel, los guardias insistieron en sus advertencias, pero a Ron le daba igual. Las falsas confesiones eran muy frecuentes en el condado de Pontotoc, pero él no podía creer que los policías le hubieran arrancado una a Dennis Fritz. Ron era inocente y estaba dispuesto a conseguir que no lo juzgaran como a Ward y Fontenot. Si pudiera ponerle la mano encima a Dennis, lo obligaría a decir la verdad.

Su tercera entrada en la sala fue idéntica a las dos anteriores. En cuanto entró, se puso a gritar:

—¡Dennis, esto lo vamos a arreglar tú y yo ahora mismo! ¡Cacho cabrón!

El juez le ordenó callar, pero Ron prosiguió:

—¡No dudes que lo vamos a arreglar, hijoputa! ¡Yo jamás he matado a nadie!

—Acérquenlo aquí —ordenó el juez Miller—. Señor Williamson, como vuelva a tener un arrebato, esta vista se celebrará sin su presencia.

—Me parece muy bien —le espetó Ron.

—Pues comprenda que...

—Prefiero no estar aquí. Si a usted no le importa, regreso a mi celda.

—¿Quiere renunciar a su derecho a estar presente en la vista preliminar?

—Sí, renuncio.

—Nadie le ha amenazado ni obligado a hacerlo, es una decisión personal suya...

—Pues yo sí amenazo —replicó Ron, mirando enfurecido a Dennis.

—Si renuncia a su derecho, es una decisión personal muy suya...

—Ya le he dicho que quiero largarme de aquí.

—De acuerdo. Usted no desea comparecer en esta vista, ¿es así?

—Es así.

—Muy bien. Conducidlo a la cárcel del condado. Se hará constar en acta que el acusado Ronald K. Williamson renuncia a su derecho de comparecencia a causa de sus arrebatos de cólera y su conducta perturbadora. Este tribunal considera que la vista no se puede celebrar en su presencia a causa de... de sus declaraciones y de sus arrebatos.

Ron regresó a su celda y la vista preliminar siguió adelante.

En 1956, el Tribunal Supremo, en el caso *Bishop contra el pueblo de Estados Unidos,* decretó que la condena de una persona que no se halla en pleno uso de sus facultades mentales es causa de nulidad del proceso. Si existen dudas acerca de la capacidad mental de una persona, el hecho de no llevar a cabo una adecuada investigación al respecto constituye un menoscabo de sus derechos constitucionales.

Al cabo de dos meses de estancia en la cárcel, nadie implicado en su acusación o su defensa había puesto en duda la capacidad mental de Ron Williamson. La evidencia era descaradamente obvia. Su historial médico era muy amplio y podía estar fácilmente a la disposición del tribunal. Sus desvaríos en la cárcel, aunque condicionados en cierto modo por la arbitraria administración de medicamentos por parte de su abogado y sus celadores, constituían una clara advertencia. La fama de que gozaba en Ada era bien conocida, especialmente por la policía.

Y su comportamiento irascible en la sala ya se había observado en otras ocasiones. Dos años atrás, cuando el fiscal había intentado anular la suspensión de pena por quebranto de la libertad condicional, Ron había armado tal alboroto que lo habían enviado a un hospital para una evaluación psiquiátrica. El tribunal lo presidía entonces John David Miller, el mismo juez que ahora tramitaba la vista preliminar. El propio Miller era quien entonces lo había considerado mentalmente incapacitado.

Ahora, dos años después y estando en juego una condena a muerte, el juez no veía ninguna necesidad de llevar a cabo un examen psiquiátrico de Ron.

La legislación de Oklahoma permite que un juez, incluso el de la vista preliminar, suspenda el procedimiento en caso de que haya alguna duda acerca de la capacidad mental de un acusado. No es necesaria ninguna petición por parte de la defensa. Casi todos los abogados luchan por que se evalúe el historial de problemas mentales de su cliente, pero, en ausencia de una petición expresa, el deber del juez es amparar los derechos constitucionales del acusado.

Barney Ward tendría que haber roto el silencio del juez. Como abogado de la defensa, éste habría debido solicitar una exhaustiva evaluación psicológica de su cliente. El siguiente paso habría sido solicitar una vista acerca de su capacidad mental, el mismo procedimiento de rutina que había seguido David Morris dos años atrás. El último paso habría sido una defensa basada en la enajenación mental.

En ausencia de Ron, la vista preliminar se desarrolló en paz y con toda normalidad. Duró varios días. Poco importaba establecer si Ron estaba o no capacitado para enfrentarse a un juicio.

El doctor Fred Jordan fue el primero en declarar. Especificó los detalles de la autopsia y la causa de la muerte: asfixia provocada por el cinturón alrededor del cuello o bien por la toallita introducida en la boca, o probablemente por ambas cosas a la vez.

Las mentiras empezaron con el segundo testigo, Glen Gore, el cual declaró que la noche del 7 de diciembre él estaba en el Coachlight con unos amigos, entre ellos Debbie Carter, una antigua compañera de colegio a la que conocía de casi toda la vida. En determinado momento, ella le pidió a Gore que la «salvara» o la «rescatara», pues Ron Williamson la estaba incordiando. Por lo demás, Gore declaró no haber visto a Dennis Fritz en el Coachlight aquella noche.

Durante las repreguntas, Gore afirmó haberle dicho todo esto a la policía el 8 de diciembre, pero en el informe del interrogatorio policial no se mencionaba a Ron Williamson. El informe tampoco se entregó a la defensa, tal como exigían las normas procesales.

De esta manera, Glen Gore se convirtió en el único testigo con pruebas directas contra Ron. Colocando a éste en conflicto con Debbie Carter apenas unas horas antes del asesinato, establecía técnicamente el nexo entre el asesino y la víctima. Todas las demás pruebas eran circunstanciales.

Sólo un fiscal tan cegado como Bill Peterson habría permitido que una escoria como Glen Gore se acercara lo más mínimo a su caso. Gore había sido conducido a la vista preliminar esposado. Cumplía una condena de cuarenta años de cárcel por allanamiento de morada, secuestro e intento de asesinato de un policía. Cinco meses atrás, Gore había allanado la casa de su ex esposa Gwen y la había tomado como rehén junto con la hija de ambos. Estaba borracho y las había retenido cinco horas a punta de pistola. Cuando el policía Rick Carson había mirado a través de una ventana, Gore le había disparado y alcanzado en la cara. Por suerte, la herida no fue grave. Antes de rendirse, Gore había disparado contra otro agente.

No era su primer altercado violento con Gwen. En 1986, durante la disolución de su inestable matrimonio, Gore allanó la vivienda de su mujer y la apuñaló con un cuchillo de carnicero. Ella sobrevivió y presentó denuncia, y ahora Gore se enfrentaba a dos acusaciones de robo en primer grado y una de lesiones graves.

Dos meses atrás lo habían acusado de atacar a Gwen y tratar de estrangularla.

En 1981 fue acusado de allanar la vivienda de otra mujer, y durante su servicio militar por agresión. Finalmente, contaba con una larga lista de condenas por delitos menores.

Una semana después de que su nombre se incluyera en la lista de testigos de cargo, alcanzó un acuerdo de declaración de culpabilidad a cambio de rebaja de la condena. Al mismo tiempo, se desestimó una acusación de secuestro y otra de agresión con arma blanca. Cuando Gore fue condenado, los padres de su ex mujer presentaron una carta al tribunal, en la cual suplicaban una larga condena a prisión. La carta decía entre otras cosas:

> Queremos que usted sepa lo peligroso que es este hombre. Pretende matar a nuestra hija, a nuestra nieta y a nosotros mismos. Así nos lo ha dicho. Hicimos un gran esfuerzo para asegurar el hogar de nuestra hija a prueba de allanamientos, pero todo falló. Detallar todas las veces que este hombre la ha atacado haría de ésta una carta interminable. Por favor, conceda a nuestra hija el tiempo suficiente para criar a la niña antes de que él salga de la cárcel y empiece de nuevo a aterrorizarnos. La pequeña no se merece volver a pasar por un calvario así.

Barney Ward llevaba años sospechando que Glen Gore estaba implicado en el caso Carter. Era un delincuente habitual con un historial de violencia contra las mujeres, y era la última persona que había sido vista con la víctima. Resultaba insólito que la policía mostrara tan poco interés por Gore.

Sus huellas digitales jamás se entregaron al OSBI para su análisis. Se analizaron huellas de cuarenta y cuatro personas, pero no las de Gore. En determinado momento, éste había accedido a pasar por el detector de mentiras, pero la prueba nunca se realizó. La policía de Ada perdió las primeras muestras de cabello que Gore había facilitado dos años después del asesinato. Facilitó otras y puede que aun otras. Nadie lo recordaba exactamente.

Barney, con su asombrosa capacidad para escuchar y recordar los rumores que circulaban por los juzgados, creía que Gore hubiera debido ser investigado por la policía.

Y sabía que su insufrible chico, Ron Williamson, no era culpable.

El misterio Gore se explicó parcialmente catorce años más tarde. Glen Gore, todavía en la cárcel, firmó una declaración jurada en la cual decía que a principios de los ochenta él se dedicaba a la compraventa de droga en Ada, en particular metanfetamina. En algunas de sus transacciones estaban involucrados policías de Ada, concretamente un tal Dennis Corvin, a quien Gore calificaba de «proveedor habitual» que frecuentaba el Harold's Club, donde Gore trabajaba.

Cuando Gore les debía dinero, los agentes lo detenían con falsos pretextos, pero habitualmente lo dejaban tranquilo. Y en su declaración jurada añadía: «A lo largo de los primeros ochenta siempre tuve claro que el trato favorable que recibía de los maderos se debía a que me dedicaba al trapicheo con ellos.» Y: «El trato favorable terminó cuando dejé de trapichear con la bofia de Ada.» Atribuía su condena a cuarenta años de cárcel al hecho de «no haber seguido actuando como camello por cuenta de la pasma de Ada».

Acerca de Williamson, Gore decía no recordar si Ron estaba en el Coachlight la noche del asesinato. Los policías le mostraron una serie de fotografías, señalaron a Ron y dijeron que ése era el hombre que les interesaba. «Y después me pidieron abiertamente que identificara a Williamson.»

Y también: «Ni siquiera hoy sé si Williamson estaba en el bar la noche en que la chica fue asesinada. Hice la identificación porque eso era lo que la poli quería de mí.»

La declaración jurada de Gore la preparó un abogado, respetando su lenguaje coloquial, y fue revisada por su propio abogado antes de que él la firmara.

El siguiente testigo de cargo fue Tommy Glover, un cliente habitual del Coachlight y uno de los últimos en ver a Debbie Carter. Su recuerdo inicial era haberla visto hablar con Glen Gore en el aparcamiento y cómo ella lo apartaba de un empujón antes de alejarse en su automóvil.

Pero cuatro años y siete meses después recordaba las cosas de una manera un poco distinta. Glover declaró en la vista preliminar que vio a Gore hablar con Debbie y luego subir a su coche y alejarse. Nada más y nada menos.

Charlie Carter declaró a continuación y contó el macabro hallazgo de su hija el 8 de diciembre de 1982.

El agente del OSBI Jerry Peters, «especialista en escenas de crimen», fue llamado al estrado. No tardó en contradecirse. A Barney le olió a chamusquina y lo machacó a propósito de sus dictámenes sobre la crucial huella palmar. En marzo de 1983, un dictamen firme, y en mayo de 1987, oh prodigio, un radical cambio de parecer. ¿Qué lo indujo a modificar su dictamen inicial de que la huella palmar no pertenecía a la víctima, ni a Ron Williamson ni a Dennis Fritz? ¿Acaso porque aquel dictamen no favorecía precisamente los intereses de la acusación?

Peters reconoció que una llamada telefónica de Bill Peterson a principios de 1987 lo había inducido a tener dudas sobre su dictamen inicial. Tras la exhumación, un examen más minucioso de las huellas le hizo emitir un nuevo dictamen que, a la postre, había resultado útil a la fiscalía, pero eso no era culpa suya.

Greg Saunders se incorporó al ataque en nombre de Dennis Fritz y afirmó que la prueba había sido manipulada. Sin embargo, se trataba sólo de una vista preliminar: aún no se requerían pruebas más allá de una duda razonable.

Peters declaró también que de las veintiuna huellas digitales halladas en el apartamento, diecinueve pertenecían a la víctima, una a Mike Carter y otra a Dennis Smith. Ninguna a Fritz ni a Williamson.

La estrella de la acusación fue la sorprendente Terri Holland. Desde octubre de 1984 a enero de 1985, Holland había sido inquilina de la cárcel del condado por extender cheques sin fondos. Sin relación con los asesinatos sin resolver, había resultado una llamativa y productiva estancia de cuatro meses.

Primero afirmó haber oído a Karl Fontenot reconocer todo lo relacionado con el secuestro y asesinato de Denice Haraway. Declaró en el primer juicio Ward/Fontenot en septiembre de 1985 y facilitó al jurado los espeluznantes detalles que los detectives Smith y Rogers le habían sugerido a Tommy Ward durante la confesión de su sueño. Tras haber declarado, fue condenada a una pena muy leve por librar cheques sin fondos, a pesar de contar en su haber con dos delitos anteriores. Ward y Fontenot fueron a parar al corredor de la muerte; Terri huyó del condado.

Dejó sin pagar unas cuantas multas judiciales y demás, cosa que en circunstancias normales las autoridades no se habrían tomado en serio. Pero la encontraron y la devolvieron al condado. Bajo la amenaza de nuevas acusaciones, de pronto se sacó de la manga una sorprendente noticia para los investigadores: cuando estaba en la cárcel, había oído el relato de Fontenot y también a Ron Williamson hacer una detallada confesión.

¡Un verdadero golpe de suerte para la policía! No sólo habían obtenido una confesión —su herramienta de trabajo preferida, aunque fuese de un sueño—, sino que ahora contaban con una chivata, su segunda herramienta preferida.

Holland se mostró un tanto imprecisa sobre por qué no había comentado a nadie la confesión de Ron hasta bien entrada la primavera de 1987. Habían transcurrido más de dos años sin que dijese una palabra al respecto. Tampoco se le preguntó por qué corrió a informar a Smith y Rogers acerca de las confesiones de Fontenot.

Se lo pasó en grande con sus invenciones durante la vista preliminar. Con Ron ausente de la sala, se sintió libre de pergeñar toda suerte de historias. Contó un episodio en el cual Ron le había gritado a su madre por teléfono: «¡Te voy a matar tal como maté a Debbie Carter!»

El único teléfono de la cárcel estaba en una pared de las oficinas. En las raras ocasiones en que se permitía a los reclusos efectuar llamadas, éstos se veían obligados a inclinarse sobre el mostrador, estirar el brazo para alcanzar el teléfono y hablar en presencia de quienquiera que estuviera en el mostrador de recepción. El que otro recluso pudiera escuchar furtivamente una conferencia era improbable, cuando no imposible.

Terri Holland declaró que una vez Ron telefoneó a una iglesia, le pidió tabaco a alguien de allí y amenazó con incendiar el edificio si no le llevaban unos cuantos paquetes.

Una vez más, nadie pudo contrastar sus palabras. Nadie le preguntó cómo era posible que una reclusa estuviera tan cerca de la zona de los hombres.

Peterson la fue guiando:

—¿Alguna vez le oyó decir algo acerca de lo que le había hecho a Debbie Carter?

—Sí, hablaba en el patio —contestó ella—. Fue justo cuando acababan de ingresar Tommy Ward y Karl Fontenot.

—¿Qué decía en el patio a propósito de lo que le había hecho a Debbie Carter?

—Pues... no sé cómo decirlo. Dijo que la muy bruja se creía mejor que él y que él le había demostrado lo contrario.

—¿Alguna otra cosa?

—Dijo que le había hecho el amor, aunque no lo dijo con estas palabras. No recuerdo qué palabra usó. Dijo que le había metido una botella de Coca-Cola o de ketchup por el trasero y las bragas por la garganta, y que eso había sido una buena lección.

Bill Peterson siguió adelante con preguntas que ya llevaban implícitas las respuestas.

—¿Mencionó si Debbie había dado su consentimiento para que le hiciera esas cosas?

—No. Dijo que le había hecho proposiciones, pero ella lo rechazó. Añadió que más le habría valido darle lo que él le pedía.

—Y ¿dijo que si la chica hubiera aceptado sus proposiciones él no habría tenido que...? —azuzó Peterson a su marioneta.

—Dijo que en ese caso no habría tenido que matarla.

Era asombroso que Bill Peterson, como fiscal obligado a buscar la verdad, hubiera podido extraer de alguien tantas mentiras.

Los chivatos siempre esperan algo a cambio. A Terri

Holland le ofrecieron un trato para librarse de su apurada situación y salir de la cárcel. Aceptó un pago aplazado de sus deudas, pero muy pronto se olvidó de satisfacer las cuotas mensuales.

Por entonces pocas personas sabían que Terri Holland tenía una historia con Ron Williamson. Años atrás, cuando él vendía de puerta a puerta los productos Rawleigh, había tenido una curiosa experiencia sexual. Llamó a una puerta y una voz femenina le dijo que entrara. En cuanto lo hizo, una mujer llamada Marlene Keutel se le puso delante completamente desnuda. En la casa no había nadie más y una cosa llevó a la otra.

Marlene Keutel estaba mentalmente desequilibrada y una semana después de aquel episodio se suicidó. Ron regresó varias veces para venderle productos pero nunca la encontraba en casa. No sabía que había muerto.

La hermana de la suicida era Terri Holland. Poco después de aquel encuentro sexual, Marlene le comentó a Terri que Ron la había violado. No presentó ninguna denuncia y la idea ni siquiera le pasó por la cabeza. Aunque Terri sabía que su hermana estaba loca, seguía considerando a Ron culpable de su muerte. Él había olvidado hacía mucho tiempo aquel episodio y no tenía la menor idea de quién era Terri Holland.

El primer día de la vista preliminar siguió transcurriendo muy despacio a través de la exhaustiva declaración de Dennis Smith, el cual describió con lujo de detalles la escena del crimen y los pormenores de la investigación. La única sorpresa se produjo cuando el detective comentó los distintos escritos dejados por los asesinos: el mensaje en la pared garabateado con laca de uñas roja, el «no nos vusqueis, o de lo contrario» escrito con ketchup en la mesa de la cocina, y las palabras casi ilegibles en la espalda y el vientre de Debbie. Los detectives

Smith y Dennis se esmeraron en averiguar el origen de los escritos, y cuatro años atrás habían pedido a Fritz y Williamson que escribieran algo en una tarjeta blanca.

Ambos detectives carecían de experiencia en el análisis grafológico pero, sorprendentemente, llegaron a la conclusión de que las caligrafías se correspondían. Aquellas palabras escritas con bolígrafo en una tarjeta de cartulina eran sospechosamente similares a las del mensaje escrito en la pared y a las garabateadas en la cocina de Debbie Carter.

Comunicaron sus sospechas a un agente del OSBI y, según Smith, éste coincidió con ellos y les ofreció una confirmación «verbal» de sus conclusiones.

Durante las repreguntas a cargo de Greg Saunders, Smith declaró:

—Bueno, la escritura de Fritz y Williamson, según el agente del OSBI al que consultamos, era similar a la escritura encontrada en la pared del apartamento.

—¿También a la de la mesa?

—Ambas eran muy similares.

Minutos después, Barney machacó sin piedad a Smith. Le preguntó si podía presentar el informe del OSBI sobre la caligrafía de Ron.

—No hay tal informe porque no le entregamos la ficha —reconoció el testigo.

Barney se mostró incrédulo. ¿Por qué no la habían entregado? En el OSBI había expertos grafológicos. Tal vez hubieran descartado a Ron y Dennis como sospechosos.

Smith se puso a la defensiva.

—Había similitudes en la escritura, pero, verá, todo se basó en nuestras observaciones, no fue nada científico. Quiero decir que vimos similitudes, ¿comprende?, porque la verdad es que comparar dos clases de escritura de este tipo es prácticamente imposible. Había un mensaje escrito con un pincel y otro con bolígrafo, y eso son dos clases de escritura distintas.

Barney replicó:

—Vaya, hombre, ¿trata de decirle a este tribunal que tal vez estos dos chicos, Dennis Fritz y Ronnie Williamson, se turnaron con el pincel de la laca o esmalte de uñas? Ya me entiende, cada uno de ellos escribía una letra o una palabra, y ambos se iban alternando. ¿A eso se refiere usted?

—No, pero nuestra opinión es que los dos intervinieron en la escritura, aunque no necesariamente en la misma palabra o frase. Recuerde que había varios escritos en el apartamento.

Aunque la declaración sobre la escritura tenía el propósito de promover el avance de la causa, al final acabaría resultando demasiado endeble para que el fiscal pudiera utilizarla en el juicio.

Al finalizar el primer día, al juez Miller le preocupaba la ausencia de Ron. En una reunión celebrada en su despacho, expresó sus inquietudes a los dos abogados.

—He leído alguna jurisprudencia acerca de la ausencia del acusado. Voy a pedir que traigan de nuevo al señor Williamson sobre las nueve menos cuarto y le preguntaré una vez más por su deseo de no estar presente.

A lo cual Barney, en un sincero deseo de ayudar, repuso:

—¿No querrá usted que lo atiborre con cien miligramos de...?

—Yo no he dicho eso —le soltó Miller.

A las 8.45 de la mañana siguiente, Ron fue escoltado a la sala. El juez se dirigió a él.

—Señor Williamson, ayer expresó usted su deseo de no estar presente durante la vista preliminar.

—Ni siquiera deseo estar aquí —dijo Ron—. Yo no tuve nada que ver con el asesinato de esa chica. Yo nunca... no sé quién la mató. No sé nada al respecto.

—Muy bien. Aun así, puede exigir su derecho a estar presente si así lo desea, pero tendrá que prometer y estar dispuesto a no comportarse de manera perturbadora y desordenada. Eso es lo que tendrá que hacer para exigir este derecho. ¿Desea estar presente?

—No, no deseo estar aquí.

—¿Pero sabe que tiene derecho a estarlo y escuchar las declaraciones de todos los testigos?

—No deseo estar aquí. No puedo impedir que ustedes hagan lo que quieran, pero estoy harto de soliviantarme por este motivo; me ha hecho sufrir demasiado. Simplemente, no quiero estar aquí.

—Muy bien pues, es su decisión. ¿No desea estar presente?

—No.

—¿Y renuncia a su derecho a replicar a los testigos de conformidad con la Constitución?

—Sí, renuncio. Pueden acusarme de algo que no hice. Pueden hacer lo que quieran. —Miró a Gary Rogers y le dijo—: Usted me da miedo, Gary. Puede acusarme después de haberse pasado cuatro años y medio hostigándome. Todos ustedes lo pueden hacer porque son los que mandan, no yo.

Ron fue conducido de nuevo a la cárcel y la vista se reanudó con la declaración de Dennis Smith. A continuación, Gary Rogers hizo una aburrida descripción de la investigación y después los agentes del OSBI Melvin Hett y Mary Long declararon acerca de las pruebas forenses: análisis de huellas digitales, cabellos, sangre y saliva.

Cuando el fiscal finalizó su intervención, Barney llamó a diez testigos, todos funcionarios de la prisión, en activo o retirados. Ninguno de ellos recordó haber oído jamás nada similar a lo que Terri Holland afirmaba haber oído.

Finalizadas las declaraciones de los testigos, los abogados de la defensa pidieron al tribunal que desestimara las acusaciones de violación, prescritas en virtud de que no se habían presentado dentro de los tres años posteriores a la comisión del delito, tal como exige la legislación de Oklahoma. El asesinato no tiene ninguna prescripción temporal, a diferencia de los demás delitos. El juez Miller contestó que más adelante dictaría una resolución al respecto.

Dennis Fritz pasaba casi inadvertido en medio de aquella barahúnda. El objetivo principal de Peterson era Ron Williamson y todos sus testigos estrella —Gore, Terri Holland,

Gary Rogers (con la confesión del sueño)— habían declarado en contra de Ron. La única prueba que relacionaba remotamente a Fritz con el asesinato era la declaración de Melvin Hett acerca del análisis capilar.

Greg Saunders argumentó larga y fundadamente que la acusación no había demostrado la relación de Dennis Fritz con el asesinato. El juez Miller lo tomó en consideración.

Barney se incorporó al ruedo pidiendo que se desestimaran todas las acusaciones, dada la endeblez de las pruebas, y Greg lo apoyó en todo. Al ver que el juez no iba a dictar inmediatamente una resolución y que se tomaba en serio las alegaciones de la defensa, tanto la policía como los fiscales comprendieron que necesitaban más pruebas.

Los peritos científicos ejercen una gran influencia sobre los jurados, especialmente en las pequeñas ciudades, y cuando además son funcionarios del estado, sus opiniones contra los acusados se consideran infalibles.

Barney Ward y Greg Saunders sabían que las declaraciones de los funcionarios del OSBI acerca de los análisis capilares y dactilares eran dudosas, pero para rebatirlas necesitaban bases sólidas. Se les permitiría someter a repreguntas a los peritos para tratar de desacreditarlos, aunque los abogados raras veces ganan semejantes intentos. Es muy difícil atrapar en falta a un perito y los jurados suelen confundirse con facilidad. Lo que necesitaba la defensa era contar con uno o dos peritos en su mesa.

Ambos presentaron una petición en este sentido. Tales peticiones suelen ser frecuentes pero raras veces son atendidas. Los peritos cuestan dinero y muchos funcionarios locales, incluidos los jueces, muestran reticencia ante la idea de obligar a los contribuyentes a pagar la defensa de un insolvente cuyos costes se disparan.

La petición fue desestimada y nadie mencionó que el abogado principal era ciego. Si alguien necesitaba ayuda en el análisis de fibras capilares y huellas digitales, ése era Barney Ward.

8

El papeleo volaba arriba y abajo. La oficina del fiscal de distrito modificó las acusaciones y quitó las de violación. No obstante, la defensa atacó el nuevo auto de acusación. Se necesitaba otra vista.

El juez de distrito asignado fue Ronald Jones, del condado de Pontotoc, que junto con los de Seminole y Hughes constituía el Vigesimosegundo Distrito Judicial. El juez Jones, elegido en 1982, era favorable a las acusaciones y muy duro con los acusados. Era un firme defensor de la pena de muerte, un devoto cristiano y diácono de la Iglesia Baptista. Entre sus apodos figuraban Ron *el Bautista* y Jones *Reglamento*. Sin embargo, tenía debilidad por las conversiones en la cárcel. Algunos abogados aconsejaban discretamente a sus clientes que un repentino interés por la palabra del Señor podría resultarles beneficioso en sus comparecencias ante el severo juez Jones.

El 20 de agosto, Ron, impenitente, fue conducido ante su presencia, la primera vez que ambos se veían en la sala. Jones le preguntó cómo estaba y Ron le soltó un aluvión de quejas.

—Tengo una cosa que decir, señor —dijo, levantando la voz—. Y es que... bueno... que siento mucho lo ocurrido a la familia Carter. Lo siento tanto como si yo fuera de la familia.

El juez pidió silencio.

Ron añadió:

—Señor, ya sé que usted no quiere que... pero yo... yo no lo hice.

Los alguaciles le dieron un pellizco y él se calló. La acusación quedó aplazada hasta que el juez examinara la transcripción de la anterior vista.

Dos semanas después Ron regresó con más peticiones redactadas por sus abogados. Los guardias habían aprendido a dosificar debidamente el Thorazine. Cuando Ron se encontraba en su celda y ellos deseaban tranquilidad, lo atiborraban de medicamento y listo. Pero cuando tenía que comparecer ante el tribunal, reducían la dosis para que se mostrara locuaz y beligerante. Norma Walter, de los Servicios de Salud Mental, sospechaba que los guardias estaban manipulando a Ron e hizo una anotación en el expediente.

La segunda comparecencia ante el juez Jones no salió bien. Ron habló sin pelos en la lengua. Se ratificó en su inocencia, señaló que la gente mentía acerca de él y, en determinado momento, soltó:

—¡Mi santa madre sabía que yo estaba en casa aquella noche!

Al final, lo devolvieron a la cárcel y la vista siguió sin él.

Los abogados habían solicitado insistentemente juicios separados, en especial Greg Saunders, que quería su propio jurado sin la carga añadida de un coacusado tan peliagudo como Ron Williamson.

El juez accedió a la petición y dispuso la celebración de procesos independientes. También planteó la cuestión de la capacidad mental de Ron y le dijo a Barney que la cuestión tendría que resolverse antes del comienzo del juicio. Por fin, se formuló la acusación contra Ron, éste presentó una declaración formal de inocencia y regresó a la cárcel.

El caso Fritz seguía ahora un camino distinto. Jones había decretado la celebración de una nueva vista preliminar habida cuenta de las escasas pruebas presentadas por la acusación contra Dennis.

Las autoridades no disponían de suficientes testigos.

Por lo general, una acusación sin pruebas contundentes es motivo de preocupación para la policía, pero no en Ada. Allí nadie tenía miedo. La cárcel del condado de Pontotoc estaba llena de chivatos en potencia. El primero que encontraron para Dennis Fritz fue una delincuente de tres al cuarto, Cindy McIntosh.

Dennis había sido colocado en una celda más próxima a la de Ron para que ambos pudieran hablar. La disputa entre ellos había terminado; Dennis lo había convencido de que él no había confesado.

Cindy McIntosh afirmó haberse acercado lo bastante como para oírlos hablar e informó a la policía de que tenía una buena noticia. Al parecer, Fritz y Williamson se habían puesto a comentar unas fotografías presentadas en la primera vista preliminar. Ron no estaba presente, por supuesto, y sentía curiosidad por lo que Dennis había visto. Las fotografías correspondían a la escena del crimen y Ron le preguntó a Dennis:

—¿La chica estaba en la cama o en el suelo?

—En el suelo.

Eso, según la policía, constituía una prueba evidente de que ambos estaban en el apartamento y habían cometido la violación y el asesinato.

Bill Peterson no puso reparos y el 22 de septiembre presentó una petición para añadir a Cindy McIntosh como testigo de la acusación.

El siguiente soplón fue James Riggins, aunque su carrera como tal fue muy breve. Estaba en prisión pendiente de juicio. Una noche, de regreso a su celda, al pasar por delante de la celda de Ron lo oyó confesando haber matado a Debbie Carter. Y bromeó con que ya había salido bien librado de dos acusaciones de violación en Tulsa, y que ahora también saldría bien librado. Riggins no supo decir a quién le estaba haciendo Ron semejante confesión, pero estos detalles carecen de importancia en el mundo de los soplones.

Aproximadamente un mes después, Riggins cambió de parecer. Dijo a la policía que se había equivocado con respecto a Ron Williamson y que, en realidad, el hombre al que había oído hacer aquella confesión era Glen Gore.

Las confesiones eran contagiosas en Ada. El 23 de septiembre, un joven drogadicto llamado Ricky Joe Simmons acudió a la comisaría y dijo ser el asesino de Debbie Carter. Dennis Smith y Gary Rogers encendieron una videocámara y Simmons empezó su relato. Reconoció que llevaba años consumiendo droga y que su preferida era un mejunje doméstico llamado *crank* que incluía entre sus muchos ingredientes ácido de batería. Por fin, había dejado la droga y encontrado a Dios. Una noche de diciembre de 1982 —aunque no estaba seguro del año— estaba leyendo la Biblia cuando, por alguna razón, salió a pasear a pie por Ada y se tropezó con una chica, probablemente Debbie Carter. Proporcionó varias versiones contradictorias de cómo habían ligado. Quizá la había violado y quizá no. Creía que la había estrangulado con sus propias manos. Después se había puesto a rezar y a vomitar por todo el apartamento. Unas extrañas voces le decían lo que tenía que hacer. Los detalles eran confusos.

—Parecía un sueño —dijo el chico en cierto momento.

En aquel momento no pareció que a Smith y Rogers les entusiasmara demasiado otra confesión onírica.

Preguntado por qué había tardado casi cinco años en confesar, explicó que los recientes rumores que circulaban por la ciudad le habían hecho recordar aquella fatídica noche de 1982, o puede que de 1981. Sin embargo, no conseguía recordar cómo había entrado en el apartamento de Debbie, ni cuántas habitaciones había ni en cuál de ellas la había matado. De pronto, recordó la botella de ketchup y las palabras que había garabateado en la pared. Más tarde comentó que un compañero de trabajo había estado hablando de los detalles.

Simmons aseguró no estar drogado ni bebido durante la confesión, pero a los detectives les pareció evidente que el *crank* se había cobrado su tributo. Desecharon la historia de inmediato. A pesar de contener tantas inexactitudes como la de Tommy Ward, no les interesó. Al final, Smith se hartó y le dijo:

—Vale, chico, los tres sabemos que tú no mataste a Debbie Carter. —Y le ofreció ayuda para encontrar un buen terapeuta.

Simmons, perplejo, insistió en que sí la había matado.

Los detectives le dieron las gracias por su colaboración y lo despidieron sin más.

Las buenas noticias no abundaban en la cárcel del condado de Pontotoc, pero a principios de noviembre Ron recibió una. Un tribunal administrativo le había concedido la prestación por invalidez de conformidad con la ley de la Seguridad Social.

Un año atrás Annette la había solicitado en nombre de Ron, alegando que su hermano llevaba desde 1979 sin poder trabajar. El juez Howard O'Bryan había examinado el amplio historial médico y había fijado una audiencia para el 26 de octubre de 1987. Ron fue sacado de la cárcel.

En su decisión, el juez O'Bryan señalaba: «El solicitante posee una adecuada documentación médica que muestra un historial de alcoholismo y depresión estabilizada con litio. Se le ha diagnosticado un trastorno bipolar atípico combinado con un trastorno de la personalidad atípico, probablemente entre paranoico y antisocial. Sin medicación, su conducta es ofensiva y violenta, con delirios religiosos y trastorno de la personalidad.» Y también: «Sufre episodios de desorientación temporal y disminución de la atención, así como alteración del pensamiento abstracto y del nivel de conciencia.»

Al juez O'Bryan le costó muy poco llegar a la conclusión de que Ron «padece un grave trastorno de la personalidad, probablemente derivado del abuso de sustancias adictivas». Además, su estado estaba tan deteriorado que le impedía conseguir un empleo estable.

Finalmente, decretó su invalidez con carácter retroactivo a partir del 31 de marzo de 1985, y seguía sin cambios.

La principal tarea de un juez administrativo consiste en

establecer si los solicitantes están física o mentalmente incapacitados y, por tanto, tienen derecho a prestaciones mensuales de la Seguridad Social. Eran situaciones serias, pero no de vida o muerte. Por su parte, los jueces Miller y Jones tenían el deber de garantizar a todos los acusados, especialmente a los que se enfrentaban a una posible condena a muerte, un juicio imparcial. Era una triste ironía que el juez O'Bryan pudiera ver los evidentes problemas de Ron y, en cambio, no así los jueces Miller y Jones.

Barney Ward estaba tan preocupado que solicitó una evaluación psicológica de Ron. Dispuso lo necesario para que se le efectuaran unas pruebas en el Departamento de Salud Mental del condado. La directora clínica, doctora Claudette Ray, lo sometió a una serie de pruebas y redactó un informe que terminaba de la siguiente manera: «Ron está conscientemente ansioso a causa de un intenso estrés. Se ve incapaz de modificar su situación o mejorar su conducta. Cabe perfectamente que presente comportamientos lesivos para sí mismo, como no asistir a las vistas preliminares, a causa del pánico y de un pensamiento confuso. Cualquier persona con las facultades mentales no alteradas desearía recibir información y escuchar opiniones que influirán en su vida o su muerte.»

Barney guardó el informe en su carpeta y allí se quedó. La petición de una evaluación psicológica era una cuestión de rutina para el abogado. Su cliente se encontraba en la cárcel a unos cuarenta metros de los juzgados, un lugar que Barney visitaba casi a diario.

Sin embargo, el caso estaba pidiendo a gritos que alguien planteara la cuestión de la capacidad mental del acusado.

La acusación de Dennis Fritz recibió un fuerte impulso merced a la declaración de un tal James C. Harjo, un indio semianalfabeto. A sus veintidós años, Harjo ya estaba en la cárcel por robo. Lo habían atrapado allanando por segunda vez la misma casa. En septiembre y octubre, mientras esperaba el traslado a una prisión estatal, su compañero de celda había sido Dennis Fritz.

Ambos hicieron cierta amistad. Dennis compadecía a Harjo y había escrito varias cartas por él, la mayoría a su mujer. No obstante, sabía perfectamente lo que tramaba la policía. Cada dos por tres sacaban a Harjo de la celda sin motivo aparente —sus comparecencias ante el tribunal ya habían terminado— y, en cuanto regresaba, empezaba a hacerle preguntas acerca del caso Carter. En una cárcel llena de chivatos redomados, Harjo era sin duda el más inepto.

El plan era tan obvio que Dennis preparó una declaración de un párrafo que le hacía firmar a Harjo cada vez que los policías lo sacaban de la celda. Entre otras cosas, la declaración rezaba: «Dennis Fritz siempre ha asegurado que es inocente.» Y Dennis nunca le comentaba nada referido al caso.

Pero eso no sirvió para desacreditar a Harjo. El 19 de noviembre, Peterson lo incluyó en la lista de testigos de cargo. Ese mismo día se reanudó la vista preliminar de Dennis, presidida por el juez John David Miller.

Cuando Peterson anunció que su siguiente testigo era Harjo, Dennis dio un respingo. Pero ¿qué se habría inventado ahora aquel imbécil?

Harjo, bajo juramento y mintiendo de mala manera, explicó a Bill Peterson, que lo escuchaba con semblante muy serio, que había sido compañero de celda de Fritz y que, aunque al principio la relación había sido amistosa, la noche de Halloween la conversación había adquirido un mal cariz. Harjo le estaba preguntando a Dennis sobre los detalles del asesinato y éste tenía dificultades para recordar, pero Harjo consiguió abrir unas brechas en su relato. Estaba convencido de que Dennis era culpable y por eso decidió preguntárselo directamente. Dennis se puso muy nervioso. Salió a pasearse por el pequeño patio abierto donde se reunían los presos, debatiéndose visiblemente con su culpa. Al regresar a la celda, miró a Harjo con lágrimas en los ojos y le dijo: «Nosotros no queríamos hacerle daño.»

En la sala, Dennis no pudo permanecer impertérrito escuchando aquellas mentiras y le gritó:

—¡Mientes! ¡Todo lo que dices es mentira!

El juez restableció el orden. Harjo y Peterson siguieron adelante. Según Harjo, Dennis había expresado preocupación por su hijita. «¿Qué pensaría si su papá fuera un asesino?», había comentado. Después llegó una declaración auténticamente increíble. Dennis le había confiado a Harjo que él y Ron habían bebido unas cervezas en el apartamento al terminar con la violación y el asesinato, y que luego habían recogido las latas vacías y limpiado el apartamento para borrar las huellas digitales.

En su turno, Greg Saunders preguntó al testigo si Dennis le había explicado cómo habían limpiado él y Ron sólo algunas huellas digitales, dejando docenas de otras. Harjo no tenía ni idea. Declaró que había media docena de reclusos cerca de ellos cuando Dennis le había hecho esa confesión la noche de Halloween, pero nadie había oído nada. Greg presentó copias de las declaraciones preparadas por Dennis y firmadas por Harjo.

Si Harjo ya estaba desacreditado cuando prestó juramento, después de las repreguntas de Greg parecía un personaje patéticamente ridículo. No importó. El juez Miller no tuvo más remedio que procesar a Dennis. Según la legislación de Oklahoma, en una vista preliminar un juez no puede determinar la credibilidad de un testigo.

Se fijaron las fechas del juicio, pero después éste se aplazó. El invierno de 1987-1988 transcurrió lentamente mientras Ron y Dennis soportaban la vida en la cárcel, esperanzados en que no tardaría en llegar el día de su liberación. Tras varios meses entre rejas, seguían creyendo que se haría justicia y se demostraría la verdad.

En las escaramuzas previas al juicio, la única victoria significativa para la defensa había sido la decisión del juez Jones de celebrar dos juicios por separado. Aunque Bill Peterson se había opuesto a ello, el hecho de que se juzgara a uno y después al otro ofrecía una gran ventaja. Que se juzgara primero a Fritz y que la prensa informara de los detalles a una ciudad expectante.

Desde el día del asesinato, la policía había insistido en que los culpables habían sido dos, y desde el principio había sospechado de Fritz y Williamson. En cada etapa —sospecha, investigación, acusación, detención, acusación, vista preliminar— se había establecido un nexo entre ambos. Las fotografías de sus fichas policiales se habían publicado juntas en el periódico local. Los titulares rezaban repetidamente «Williamson y Fritz...».

Si Bill Peterson conseguía una condena para Fritz en el primer juicio, los miembros del jurado del caso Williamson empezarían a buscar una soga nada más tomar asiento.

En Ada, la idea de imparcialidad le tocó primero a Fritz y después a Williamson: la misma sala, el mismo juez, los mismos testigos y el mismo periódico informando acerca de todo.

El 1 de abril de 1988, tres semanas antes del comienzo del juicio de Ron, Frank Baber, su abogado de oficio auxiliar nombrado por el tribunal, presentó una petición para retirarse del caso. Baber había conseguido un puesto de fiscal en otro distrito.

El juez Jones dio su visto bueno y Baber se largó. Barney se quedó solo: no habría unos ojos letrados que colaboraran en la revisión de los documentos, pruebas instrumentales, fotografías y diagramas que se presentarían contra su cliente.

El 6 de abril, cinco años y medio después del asesinato de Debbie Carter, Fritz fue conducido a una sala abarrotada de gente, situada en el segundo piso de los juzgados del condado de Pontotoc. Iba perfectamente afeitado, se había cortado el pelo y vestía su único traje, que era el que su madre le había comprado para la ocasión. Wanda Fritz se sentó en primera fila, lo más cerca posible de su hijo. A su lado se sentaba su hermana Wilma Foss. No pensaban perderse ni una sola palabra del juicio.

Cuando le quitaron las esposas, Dennis miró al público y se preguntó cuáles de los aproximadamente cien jurados potenciales llegarían a formar parte de los doce elegidos. ¿Quiénes de los votantes sentados allí serían los encargados de juzgarle?

Su larga espera había terminado. Tras soportar once meses de asfixiante cárcel, ahora ya se encontraba en el tribunal. Tenía un buen abogado; suponía que el juez le garantizaría un juicio imparcial; doce personas sopesarían las pruebas del fiscal y las desecharían por inverosímiles.

El comienzo del juicio era un alivio, pero también un motivo de angustia. A fin de cuentas, estaban en el condado de Pontotoc y Dennis sabía muy bien que allí se podía incriminar a personas inocentes. Había compartido brevemente una celda con Karl Fontenot, una pobre y perpleja criatura que ahora se encontraba en el corredor de la muerte por un asesinato que no había cometido.

El juez Jones hizo su entrada y saludó al grupo de personas del cual saldría el jurado. Los asuntos preliminares eran lo primero, por lo que se inició la selección del jurado. Fue un proceso lento y aburrido. Las horas pasaban muy despacio mientras se iba desechando a los ancianos, los sordos y los enfermos. Después empezaron las preguntas, algunas por parte de los abogados, aunque la mayoría del juez. Abogado y fiscal discutieron sobre algunos candidatos a jurados.

En cierto momento, el juez preguntó a un candidato llamado Cecil Smith:

—¿Cuál ha sido su último trabajo?

—En la Comisión Municipal de Oklahoma.

Ni el juez ni los abogados insistieron al respecto.

Lo que Cecil Smith no incluyó en su escueta respuesta fue el hecho de haber pertenecido durante mucho tiempo a las fuerzas del orden.

Momentos después el juez le preguntó si conocía al detective Smith o si estaba emparentado con él.

—No somos parientes —respondió.

—¿Y hasta qué extremo lo conoce? —preguntó Jones.

—Bueno, he oído hablar de él y he hablado algunas veces con él, y puede que hayamos mantenido algún que otro pequeño contacto.

Horas más tarde, los miembros elegidos prestaron juramento. A Fritz le preocupaba especialmente la presencia de Cecil Smith. Cuando tomó asiento en la tribuna del jurado, Smith le dirigió al acusado una dura mirada, la primera de otras muchas.

El juicio propiamente empezó al día siguiente. Nancy Shew, ayudante del fiscal de distrito, explicó al jurado en qué consistirían las pruebas. Greg Saunders la rebatió señalando que, en realidad, no había pruebas.

El primer testigo fue Glen Gore, al que trajeron de la cárcel. Sometido a interrogatorio directo por Peterson, hizo una declaración un tanto extraña, señalando que no había visto a Dennis Fritz con Debbie Carter la noche del asesinato.

Casi todos los fiscales prefieren empezar con un testigo fuerte que sitúe al asesino cerca de la víctima aproximadamente a la misma hora del asesinato. Peterson eligió lo contrario. Gore dijo que quizás había visto a Dennis en el Coachlight en algún momento del pasado, pero también cabía que no lo hubiese visto nunca por allí.

La estrategia del fiscal resultó evidente: condujo al testigo a hablar más de Ron Williamson que de Dennis Fritz. Estaba utilizando el sistema de culpabilidad-por-asociación.

Antes de que Greg Saunders tuviera ocasión de recordar a Gore su largo historial delictivo, Peterson decidió desacreditar a su propio testigo y le preguntó por su carrera delictiva. Éste contaba con muchas condenas por delitos tales como secuestro, agresión con intimidación y disparo contra un agente de policía.

Así pues, el primer testigo de cargo no sólo no implicó a Dennis sino que resultó ser un delincuente reincidente que estaba cumpliendo una condena de cuarenta años.

Después de ese dudoso comienzo, Peterson llamó a un testigo que prácticamente no sabía nada. Tommy Glover explicó al jurado que había visto a Debbie Carter hablando con Glen Gore, el anterior testigo, en el aparcamiento del Coachlight antes de irse a casa. Poco después, Glover se retiró sin haber mencionado el nombre de Dennis Fritz.

Gina Vietta contó su historia acerca de las extrañas llamadas telefónicas de Debbie en las primeras horas del 8 de diciembre. Declaró también haber visto varias veces a Dennis Fritz en el Coachlight, pero no la noche del asesinato.

A continuación, Charlie Carter contó la desgarradora historia del hallazgo de su hija muerta. Después fue llamado Dennis Smith. El detective tuvo que describir la escena del crimen y presentar como prueba numerosas fotografías. Habló de la investigación llevada a cabo, de la recogida de muestras de saliva y cabello y así sucesivamente. La primera pregunta de Nancy Shew acerca de los posibles sospechosos no fue, tal como era de esperar, acerca de Dennis Fritz.

—¿Interrogaron ustedes en el transcurso de su investigación a Ronald Keith Williamson? —preguntó.

—Sí, en efecto.

Y se lanzó a detallar cómo se había investigado a Ron Williamson y cómo y por qué se había convertido en sospechoso. Al final, Nancy Shew le recordó a quién estaban juzgando y preguntó acerca de una muestra de saliva de Dennis Fritz.

Smith describió cómo había recogido la muestra y la había enviado al laboratorio del OSBI en Oklahoma City. En este momento Shew dio por terminado su turno y cedió al testigo para las repreguntas. Cuando Shew volvió a sentarse, la acusación no había facilitado ninguna explicación sobre el porqué y el cómo Dennis Fritz se había convertido en sospechoso. No había tenido ninguna relación con la víctima y nadie lo había situado cerca de ella en el momento del asesinato, aunque el detective declaró que Fritz vivía «cerca» del apartamento de Debbie. No se mencionó ningún móvil.

Al final, Fritz acabó relacionado con el delito a través de la declaración de Gary Rogers, el siguiente testigo, el cual dijo:

—Durante nuestra investigación de Ron Williamson surgió el nombre de Dennis Fritz, el acusado, como cómplice de Williamson.

Rogers explicó al jurado cómo él y Dennis Smith habían llegado sagazmente a la conclusión de que el crimen había requerido la presencia de dos asesinos: parecía demasiado violento para que lo hubiera cometido un solo hombre, y los asesinos habían dejado una pista al escribir con ketchup la frase «No nos vusqueis, o de lo contrario...». El plural presuponía la existencia de más de un asesino, y los detectives lo habían entendido así.

A través de una diligente labor policial habían averiguado que Williamson y Fritz habían sido amigos y eso, según su teoría, establecía un nexo entre ambos.

Greg Saunders había dado instrucciones a Dennis en el sentido de que ignorara al jurado, pero le resultó imposible. Su destino, y quizá también su vida, estaba en manos de aquellas doce personas, por lo que no podía evitar mirarlas de vez en cuando. Cecil Smith estaba sentado en la primera fila y, cada vez que Dennis miraba al jurado, le devolvía una mirada de odio.

¿Qué le ocurría?, se preguntaba Dennis. Muy pronto lo averiguó. Durante un breve receso, cuando Greg Saunders regresaba a la sala, un veterano abogado de Ada le preguntó:

—¿Quién ha sido el gracioso cabrón que ha dejado que Cecil Smith formara parte del jurado?

—Bueno, supongo que he sido yo —contestó Greg—. ¿Quién es Cecil Smith?

—Fue jefe de policía aquí en Ada, nada menos.

Saunders se quedó de piedra. Fue al despacho del juez Jones y exigió la nulidad de las actuaciones basándose en que un miembro del jurado no había dicho toda la verdad durante la selección, un jurado que sería obviamente favorable a la policía y la acusación.

La petición fue desestimada.

El doctor Fred Jordan declaró acerca de la autopsia que había realizado y el jurado escuchó los espeluznantes detalles. Se presentaron fotografías del cuerpo y se hicieron circular por la tribuna del jurado, provocando horror e indignación. Varios miembros miraron asqueados a Fritz.

Con la espeluznante declaración del doctor Jordan todavía pendiente en el aire, el fiscal decidió introducir unos cuantos testigos inesperados. Un tal Gary Allen prestó juramento y subió al estrado. Su condición de testigo era más que dudosa. Declaró que vivía cerca de Dennis Fritz y que una noche de principios de diciembre de 1982, sobre las tres y media de la madrugada, oyó a dos hombres armando alboroto. No estaba muy seguro de la fecha pero, por alguna razón, sabía con toda certeza que había sido antes del 10 de diciembre. Los dos hombres, a ninguno de los cuales había visto con claridad suficiente para identificarlo, se encontraban en el patio de la casa, riéndose, soltando maldiciones y mojándose el uno al otro con una manguera de regar. La temperatura era muy baja pero los hombres tenían el torso desnudo. Conocía a Dennis Fritz desde hacía algún tiempo y creyó reconocer su voz, pero no estaba seguro. Prestó atención al alboroto durante unos diez minutos y después regresó a la cama.

Cuando Allen fue rechazado como testigo, hubo en la sala alguna que otra mirada de perplejidad. ¿Qué se buscaba con un testimonio así? Las cosas iban a adquirir un sesgo todavía más surrealista con Tony Vick, el siguiente testigo.

Vick vivía en un pequeño apartamento debajo del de Gary Allen y conocía tanto a Dennis Fritz como a Ron Williamson. Declaró haber visto a Ron en el porche de la casa de Dennis, y sabía a ciencia cierta que ambos habían hecho un viaje juntos a Tejas en el verano de 1982.

¿Qué más podía pedir el jurado para un veredicto de culpabilidad?

Las «comprometedoras» pruebas se siguieron acumulando con Donna Walker, una dependienta de una tienda abierta las veinticuatro horas que identificó a Dennis ante el tribunal y dijo haberle tratado con frecuencia en otros tiempos. Allá por 1982 Dennis era un asiduo cliente de su tienda; solía tomar un café y quedarse a charlar con ella hasta altas horas. Ron también era cliente y ella sabía con toda seguridad que él y Dennis eran amigos. Un día dejaron de acudir a la tienda por las buenas. Reaparecieron varias semanas después como si nada hubiera ocurrido. ¡Pero habían cambiado! ¿Cómo?

—Su carácter, su manera de vestir. Antes siempre vestían muy bien e iban impecablemente afeitados, pero a partir de entonces llevaban la ropa sucia, iban sin afeitar y con el pelo alborotado; les cambió el carácter. Se los veía nerviosos y paranoicos, creo.

Preguntada por Greg Saunders, Walker no supo explicar por qué había esperado cuatro años para dar a conocer aquella prueba tan importante a la policía. Reconoció que la policía se había puesto en contacto con ella el anterior mes de agosto, tras la detención de Dennis y Ron.

El desfile prosiguió con Letha Caldwell, una divorciada, condiscípula de Ron en el instituto de Byng. Declaró que Dennis Fritz y Williamson la visitaban a menudo en su casa bien entrada la noche, y que siempre bebían mucho. En una ocasión se había asustado y les había pedido que se fueran. Como ellos se negaban, ella tuvo que ir por una pistola y enseñársela. Entonces ellos comprendieron que hablaba en serio.

Su declaración no guardaba relación con el crimen que se juzgaba y en un proceso habría sido recusada por ella. La protesta se produjo finalmente cuando declaró el agente del OSBI Rusty Featherstone. Peterson, en un torpe intento de demostrar que Ron y Dennis habían pasado cuatro meses de juerga en Norman antes del asesinato, decidió llamarlo como testigo. Featherstone había sometido a Dennis a dos pruebas con el detector de mentiras en 1983, pero por muchas y buenas razones, los resultados no habían sido admitidos como pruebas. Durante los interrogatorios, Dennis había hablado de una noche de bares y borracheras en Norman. Cuando Peterson trató que Featherstone contara dicha historia, Greg Saunders protestó enérgicamente. El juez aceptó la protesta por tratarse de un hecho irrelevante.

Durante las discusiones, Peterson se acercó al estrado del juez y alegó:

—Featherstone descubrió la relación entre Ron Williamson y Dennis Fritz en agosto de 1982.

—Explíqueme la pertinencia de esta declaración —replicó Jones.

Peterson no pudo hacerlo y Featherstone fue instado a abandonar el estrado. Fue uno más de los muchos «testigos» que no sabían nada acerca del asesinato de Debbie Carter.

El siguiente fue tan irrelevante como el anterior, aunque su declaración resultó en cierto modo interesante. William Martin era el director del Instituto de Bachillerato Inferior de Noble cuando Dennis enseñaba allí en 1982. Declaró que la mañana del miércoles 8 de diciembre Dennis había llamado para decir que se encontraba indispuesto y otro profesor lo sustituyó en sus clases. Según los archivos de asistencia que Martin presentó al tribunal, Dennis había faltado siete días durante los nueve meses del año lectivo.

Después de nueve testigos, la acusación aún no había conseguido ponerle la soga al cuello a Dennis Fritz. Sólo había logrado demostrar que consumía alcohol, alternaba con

gente de mal vivir (Ron Williamson), compartía un apartamento con su madre y su hija en el mismo barrio del apartamento de Debbie Carter y había faltado a su trabajo el día
siguiente del asesinato.

El estilo de Peterson era metódico. Construía lentamente sus acusaciones ladrillo a ladrillo, testigo a testigo, sin dejarse arrastrar por los vuelos de la fantasía o el ingenio.
Amontonando gradualmente las pruebas y borrando cualquier duda que pudieran albergar los miembros del jurado.
Pero Fritz le suponía todo un reto porque carecía de pruebas contundentes.

Se necesitaban unos cuantos chivatos.

El primero en declarar fue James Harjo, traído, como
Gore, directamente de la cárcel. Torpe y corto de luces, Harjo no sólo había robado dos veces en la misma casa sino que,
además, lo había hecho de manera idéntica: entrando por la
misma ventana del mismo dormitorio. Al ser atrapado, fue
interrogado por la policía. Utilizando un bolígrafo y una
hoja, artículos desconocidos para Harjo, los agentes habían
guiado al muchacho a lo largo de su confesión por medio de
diagramas y, de esta manera, habían resuelto su delito. Eso
debió de impresionar tremendamente a Harjo. Estando en
la cárcel con Dennis y a instancias de la policía, había decidido contar la historia del caso Carter llenando de garabatos
una hoja.

Explicó su sagaz estrategia al jurado. En el abarrotado
patio de la cárcel, había interrogado a Dennis acerca del asesinato. Y cuando le pareció que por fin lo entendía todo, le
comentó: «Bueno, pues parece que eres culpable, ¿no?»
Dennis, abrumado por la hábil lógica de aquel indio semianalfabeto, sucumbió bajo el peso de la culpa y balbuceó entre lágrimas: «No queríamos hacerle daño.»

Cuando Harjo había contado esta historia en la vista
preliminar, Dennis le había gritado: «¡Mientes! ¡Todo lo que
dices es mentira!» Pero ahora, bajo la atenta mirada de los
miembros del jurado, se tuvo que aguantar impertérrito.
Aunque le fue muy difícil, hasta consiguió animarse al ver

que varios jurados contenían una sonrisa ante la disparatada historia de Harjo.

En su turno, Greg Saunders estableció que Dennis y Harjo estaban alojados en uno de los dos patios, pequeños espacios abiertos sobre los que se abrían cuatro celdas, cada una provista de dos literas. Estos espacios tenían capacidad para ocho hombres, pero siempre había más. Incluso allí, los reclusos se echaban prácticamente el aliento en la cara. Pero, curiosamente, nadie más había escuchado la dramática confesión de Dennis.

Harjo declaró que le encantaba contarle mentiras a Ron acerca de Dennis y viceversa. Greg Saunders le preguntó:

—¿Y por qué iba y venía contándole mentiras al uno acerca del otro?

—Pues para ver qué decían. A ver si se cortaban la garganta el uno al otro.

—Así pues, usted le mentía a Ron acerca de Dennis y a Dennis acerca de Ron para ver si se peleaban. ¿Correcto?

—Pues sí, sólo para ver... para ver qué decían.

Harjo reconoció más tarde que no conocía el significado de la palabra «perjurio».

El siguiente confidente fue Mike Tenney, el aspirante a celador de la prisión, utilizado por la policía para averiguar los trapos sucios de Dennis. Sin apenas experiencia ni preparación como funcionario de prisiones, Tenney inició su carrera de confidente con Dennis Fritz. En su afán de causar buena impresión a quienes tal vez lo contrataran con carácter permanente, pasaba largos ratos delante de la celda de Dennis, charlando acerca de todo, especialmente sobre el caso Carter. Tenía muchos consejos que dar. En su docta opinión, la situación de Dennis parecía muy apurada, por consiguiente, lo mejor era cerrar un trato, negociar un acuerdo para declararse culpable a cambio de una reducción de la pena. Eso suponía declarar contra Ron Williamson. Peterson sería justo con él.

Dennis le había seguido la corriente, procurando no decir nada, pues cualquier cosa que hubiera dicho se habría podido usar en su contra durante el juicio.

Como era un novato, Tenney no había declarado demasiado y no había ensayado bien su discurso. Empezó por mencionar una historia acerca de Dennis y Ron yendo de bar en bar en Oklahoma City, una historia ni de lejos relacionada con el caso. Saunders protestó enérgicamente. El juez Jones admitió la protesta.

Después Tenney metió la pata al declarar que él y Dennis habían comentado un posible acuerdo para la reducción de la pena. Dos veces mencionó dicho acuerdo, una cuestión que jamás se ha de mencionar ante un jurado pues da a entender que el acusado ha barajado la posibilidad de declararse culpable.

Greg Saunders protestó airadamente y presentó una petición de nulidad de las actuaciones. El juez la desestimó.

Al final, Tenney consiguió declarar sin que los abogados defensores brincaran de sus sillas. Explicó que había hablado varias veces con Dennis y que, después de cada conversación, iba a las oficinas de la cárcel y anotaba todo lo que éste le había dicho. Según su entrenador Gary Rogers, así era como se tenían que hacer las cosas. Buena labor policial. Durante una de sus pequeñas charlas, al parecer Dennis le dijo:

«Digamos que quizás ocurrió de esta manera. Ron quizá forzó la cerradura del apartamento de la chica y quizá se dejó llevar por la situación y decidió darle una lección. Quizá las cosas se le fueron de las manos y ella murió. Digamos que así fue como ocurrió. Pero yo no vi cómo Ron la mataba; por consiguiente, ¿cómo puedo contarle al fiscal algo que yo no vi?»

Después de Tenney, se decretó un receso hasta el día siguiente y Dennis fue conducido de nuevo a la cárcel. Allí se quitó cuidadosamente su traje nuevo y lo colgó de una percha. Un celador se llevó el traje a las oficinas de la cárcel. Dennis se tumbó en la litera, cerró los ojos y se preguntó cómo terminaría aquella pesadilla. Sabía que los testigos mentían, pero ¿lo sabía también el jurado?

A la mañana siguiente, Bill Peterson llamó al estrado a Cindy McIntosh, la cual declaró haber estado en la cárcel por librar cheques sin fondos y haber conocido allí a Dennis Fritz y Ron Williamson. Dijo haber oído a Ron preguntarle a Dennis acerca de las fotografías de la escena del crimen. «¿La chica estaba en la cama o en el suelo?», le preguntó. No hubo respuesta.

McIntosh añadió que al final no había sido condenada por su delitos.

—Pagué el importe de los cheques y me soltaron —explicó.

Una vez terminadas las declaraciones de los soplones, Peterson regresó a las pruebas más creíbles. Ligeramente más creíbles. Llamó al estrado a cuatro testigos que trabajaban en el laboratorio de investigación criminal del estado. Su impacto en el jurado fue muy profundo, tal como es habitual con esta clase de testigos. Eran cultos y titulados, tenían una muy buena preparación y una larga experiencia, y trabajaban para el estado de Oklahoma. ¡Eran verdaderos expertos! Y estaban allí para declarar contra el acusado y contribuir a demostrar que éste era culpable.

El primero de ellos fue el perito en huellas digitales Jerry Peters. Explicó al jurado que había analizado veintiuna huellas procedentes del apartamento y el automóvil de Debbie Carter, diecinueve de las cuales pertenecían a la propia Debbie, una al detective Dennis Smith y otra a Mike Carpenter. Ninguna pertenecía a Dennis Fritz o Ron Williamson.

Fue curioso que el perito declarase que ninguna de las huellas encontradas pertenecía al acusado.

Larry Mullins describió cómo había vuelto a tomar las huellas palmares de Debbie cuando se había exhumado el cadáver el mes de mayo anterior. Había entregado las nuevas huellas a Gary Peters, el cual había visto de repente cosas que le habían pasado por alto cuatro años y medio atrás.

La teoría de la acusación, la misma que se utilizaría después contra Ron Williamson, era que durante la prolongada y violenta agresión Debbie había resultado herida, la sangre le había manchado la palma de la mano izquierda y esta palma había tocado una pared de su dormitorio a la altura del zócalo. Puesto que la huella palmar no pertenecía ni a Ron ni a Dennis, y ciertamente no podía pertenecer al verdadero asesino, tenía necesariamente que pertenecer a Debbie.

Mary Long era una experta criminóloga que trabajaba principalmente con fluidos corporales. Explicó que en un 20 por ciento de las personas, el grupo sanguíneo no se revela en fluidos corporales como la saliva, el semen y el sudor. Este segmento de personas se conoce como «no-secretoras». Basándose en su examen de las muestras de sangre y saliva de Ron y Dennis, estaba segura de que éstos eran no-secretores.

El hombre que había dejado el semen en la escena del crimen era también con toda probabilidad un no-secretor, aunque Long no estaba segura porque la prueba era insuficiente.

Así pues, alrededor del 80 por ciento de la población quedaba libre de toda sospecha.

Los cálculos matemáticos de Long quedaron desacreditados en las repreguntas, cuando Greg Saunders la hizo reconocer que la mayoría de las muestras de sangre y saliva del caso Carter que ella había analizado pertenecían a no-secretores. De las veinte muestras analizadas, doce pertenecían a no-secretores, incluidos Fritz y Williamson. El sesenta por ciento de su grupo de sospechosos correspondía a no-secretores, contradiciendo el promedio nacional de sólo un veinte por ciento.

No importaba. Su declaración excluía a muchos y contribuyó a reforzar la sospecha que pendía sobre la cabeza de Dennis Fritz.

El último testigo de cargo fue con mucho el más eficaz. Peterson se había guardado un buen puñetazo para el último asalto. Cuando Melvin Hett dio por concluida su declaración, el jurado ya estaba convencido.

Hett era el perito capilar del OSBI, un asiduo de los juicios penales que había contribuido a enviar a la cárcel a muchas personas.

El examen forense del cabello humano tuvo unos comienzos un tanto azarosos allá por 1882. En un juicio de aquel año en Wisconsin, un «experto» a las órdenes de la fiscalía comparó una muestra «conocida» de cabello con otra recogida en la escena del crimen y declaró que ambas procedían de la misma fuente. La «fuente» fue condenada, pero, tras el recurso, el Tribunal Superior de Wisconsin revocó la sentencia y señaló que «semejante prueba es de carácter extremadamente endeble».

Miles de inocentes acusados se habrían podido salvar si se hubiera prestado oído a aquella decisión. En cambio, la policía, los investigadores, los laboratorios forenses y los fiscales siguieron adelante con los análisis de cabello, a menudo la única pista que había en la escena del crimen. Dicho análisis acabó convirtiéndose en algo tan habitual y polémico que fue objeto de numerosos estudios a lo largo del siglo XX.

Muchos de estos estudios revelaron una elevada tasa de errores y, en respuesta a la controversia, el Organismo de Ayuda a la Aplicación de la Ley creó en 1978 un programa de mejora de la eficacia de los laboratorios de investigación criminal. Doscientos cuarenta de los mejores laboratorios de todo el país participaron en el programa, que comparaba sus resultados analíticos en distintas clases de pruebas, incluidas las capilares.

La evaluación del cabello era espantosa. Casi todos los laboratorios se equivocaban cuatro de cada cinco veces.

Otros estudios animaron el debate acerca de la validez de los análisis capilares. En uno de ellos, la precisión del resultado aumentó cuando el analista comparó el cabello procedente de la escena del crimen con el de cinco hombres, sin indicación de cuál de ellos era el sospechoso más probable según la policía; de ese modo, la posibilidad de parcialidad involuntaria quedaba eliminada. Y en el mismo estudio, la precisión disminuyó cuando al analista se le dijo cuál era el «verdadero» sospechoso. Así pues, puede haber una conclusión preconcebida que incline los resultados en contra de determinado sospechoso.

Los expertos capilares pisan un hielo legal muy delgado y relativizan sus opiniones con advertencias como: «El cabello recogido en la escena del crimen y el cabello analizado son microscópicamente compatibles y podrían proceder de la misma fuente.» Siempre cabe la posibilidad de que *no* procedan de la misma persona, pero semejante afirmación rara vez se hace, por lo menos en los interrogatorios directos.

Los cientos de cabellos recogidos por Dennis Smith en la escena del crimen siguieron un retrasado y tortuoso camino hacia la sala de justicia. Por lo menos tres analistas del OSBI los manejaron junto con docenas de cabellos recogidos durante la consabida redada de sospechosos habituales ordenada por los detectives Smith y Rogers después del asesinato.

Primero Mary Long recogió y organizó todos los cabellos en el laboratorio, pero no tardó en entregárselos a Susan Land. Para cuando Land recibió los cabellos en marzo de 1983, Smith y Rogers estaban convencidos de que los asesinos eran Fritz y Williamson. Sin embargo, para su frustración, el informe sólo determinaba que los cabellos eran microscópicamente compatibles con los de Debbie Carter.

Durante un breve período, Fritz y Williamson se vieron libres de la apurada situación en que se encontraban, aunque no tuvieron manera de saberlo. Y años más tarde sus abogados tampoco serían informados de los hallazgos de Susan Land.

La fiscalía necesitaba una segunda opinión.

En septiembre de 1983, debido al agotamiento y la tensión que el exceso de trabajo le había provocado a Land, su jefe ordenó que el caso fuera «transferido» a Melvin Hett.

Semejante transferencia era insólita, tanto más por cuanto Land y Hett trabajaban en distintos laboratorios de investigación criminal de distintas regiones del estado. Land, en el laboratorio central de investigación criminal en Oklahoma City. Hett, en una subsección en la ciudad de Enid; su región abarcaba dieciocho condados, pero ninguno de ellos era Pontotoc.

Hett era un investigador muy puntilloso. Tardó nada menos que veintisiete meses en analizar el cabello, un período tanto más insólito si se tiene en cuenta que sólo se trataba de examinar las muestras de Fritz, Williamson y la víctima. Las restantes veintiuna no eran tan importantes y podían esperar.

Puesto que ya conocía la identidad de los asesinos, la policía tuvo la amabilidad de informar a Melvin Hett. Cuando éste recibió las muestras de Susan Land, la palabra «sospechoso» figuraba escrita junto a los nombres de Fritz y Williamson.

Glen Gore aún no había facilitado ninguna muestra a la policía.

El 13 de diciembre de 1985, tres años después del asesinato, Melvin Hett terminó su primer informe, el cual especificaba que diecisiete de las muestras de cabello analizadas eran microscópicamente compatibles con las muestras de Fritz y Williamson.

Tras haber necesitado más de dos años para analizar las primeras muestras, Hett cogió carrerilla y en menos de un mes liquidó las restantes veintiuna. El 9 de enero de 1986 terminó su segundo informe, que reveló que las muestras procedentes de «habituales» de Ada no eran compatibles con nada de lo encontrado en el apartamento de Debbie Carter.

Glen Gore seguía tan campante y nadie le pedía que entregase muestras.

Era una tarea aburrida y no exenta de incertidumbres. Hett cambió varias veces de dirección mientras bregaba con el microscopio. Un día estaba seguro de que un pelo pertenecía a Debbie Carter, pero al siguiente lo consideraba de Fritz.

Así es la naturaleza escurridiza de los análisis capilares. Hett negaba algunos resultados de Susan Land e incluso dudaba de su propio trabajo. Descubrió inicialmente que un total de trece pelos pubianos pertenecían a Fritz y sólo dos a Williamson, pero más tarde modificó las cantidades: doce a Fritz y dos a Williamson. Y finalmente, once a Fritz más dos pelos de la cabeza.

Por alguna razón, los pelos de Gore entraron finalmente en liza en julio de 1986. Alguien de la policía de Ada despertó de repente y advirtió que Gore había sido olvidado. Dennis Smith recogió muestras de cabello y vello pubiano de Gore y del asesino confeso Ricky Joe Simmons y las envió por correo a Melvin Hett, el cual debía de estar muy atareado pues hacía un año que no comunicaba nada a la policía. En julio de 1987 volvieron a pedirle muestras a Gore. ¿Por qué?, preguntó. Porque la policía había extraviado las anteriores.

Transcurrieron varios meses sin que se recibiera ningún informe de Hett. En la primavera de 1988, cuando ya se acercaban los juicios, aún no se habían recibido los informes de Hett sobre las muestras de Gore y Simmons.

El 7 de abril de 1988, ya iniciado el juicio contra Fritz, Hett envió finalmente su tercer y último informe. Las muestras de Gore no eran compatibles con los cabellos en cuestión. Hett tardó casi dos años en llegar a dicha conclusión y la lentitud de su trabajo resultó muy reveladora. Se trataba de otro claro indicio de que la fiscalía, convencida de la culpabilidad de Fritz y Williamson, no consideraba necesario meterle prisa al perito del estado.

A pesar de los riesgos e incertidumbres que entrañaba, Melvin Hett creía en los análisis capilares. Él y Peterson se hicieron amigos y, antes del comienzo del juicio contra Fritz, Hett le pasó varios artículos científicos que respaldaban la fiabilidad de unas pruebas probadamente muy poco fiables. En cambio, no le facilitó ninguno de los numerosos artículos que desacreditaban los análisis capilares y las pruebas basadas en ellos.

Dos meses antes del comienzo del juicio contra Fritz, Hett fue a Chicago y entregó sus resultados a un laboratorio privado llamado McCrone. Allí, un conocido suyo, un tal Richard Bisbing, revisó su trabajo. Bisbing había sido contratado por Wanda Fritz para revisar las pruebas capilares y declarar en el juicio. Para pagarle, Wanda había tenido que vender el coche de Dennis.

Bisbing se mostró más eficiente en el uso de su tiempo, pero sus conclusiones fueron tan imprecisas como las de Hett.

En menos de seis horas Bisbing rebatió casi todos los hallazgos de Hett. De los once pelos pubianos que Hett consideraba microscópicamente compatibles con los de Fritz, Bisbing comprobó que sólo en tres de ellos ocurría tal cosa. Hett se equivocaba en los ocho restantes.

Sin amilanarse por que un colega hubiese desacreditado su trabajo, Hett regresó a Oklahoma dispuesto a reafirmarse en su opinión.

Subió al estrado de los testigos la tarde del viernes 8 de abril y se lanzó a un ampuloso discurso cuajado de términos científicos, más destinados a impresionar al jurado que a aclararle las cosas. Dennis, que tenía un título de colegio universitario y experiencia en enseñanza de ciencias, no logró seguir las explicaciones de Hett y no le cupo duda de que los jurados no entendían ni jota. Los miró varias veces y vio que estaban irremediablemente perdidos, aunque parecían visiblemente impresionados por aquel gran experto. ¡Sabía tantas cosas!

Utilizó palabras como «morfología», «córtex», «protrusión a escala», «brecha superficial», «husos corticales» y «cuerpos ovoides», como si todos los presentes supieran exactamente a qué se refería. Sólo en contadas ocasiones se entretuvo en facilitar una explicación de algo.

Hett era el perito estrella rodeado de una aureola de credibilidad basada en su experiencia, su vocabulario, la confianza que exhibía y las firmes conclusiones según las cuales los cabellos de Dennis Fritz eran compatibles con algunos de los encontrados en la escena del crimen. En seis ocasiones repitió que el cabello de Dennis y el recogido en el apartamento de la víctima eran microscópicamente compatibles y podían pertenecer a la misma fuente. Ni una sola vez mencionó que también cabía la posibilidad de que *no* fuese así.

A lo largo de la deposición del perito, Bill Peterson se refirió constantemente «al acusado Ron Williamson y al acusado Dennis Fritz». En aquellos momentos, Ron permanecía en su celda de aislamiento rasgueando la guitarra, ajeno al hecho de que estaba siendo juzgado en ausencia y de que las cosas no estaban yendo nada bien.

Hett remató su declaración resumiendo sus resultados. Once pelos de vello pubiano y dos cabellos de la cabeza podían proceder de Dennis. Eran los mismos once pelos de vello pubiano que se había llevado a los laboratorios McCrone de Chicago para conocer una segunda opinión.

El turno de Greg Saunders no fue demasiado fructífero. Hett tuvo que reconocer que los análisis capilares ofrecen demasiado margen de error como para que puedan utilizarse en identificaciones inapelables. Como todos los peritos, supo zafarse de las preguntas comprometedoras echando mano de su arsenal de inextricables términos científicos.

Cuando se retiró, la acusación pidió un receso.

El primer testigo de la defensa fue el propio Dennis Fritz. Declaró acerca de su pasado, de su amistad con Ron, etc. Reconoció su condena por cultivo de marihuana en 1973 y haber mentido a este respecto en su instancia para optar a una plaza de profesor en la ciudad de Konawa siete años atrás. El motivo estaba muy claro: necesitaba trabajo. Negó firmemente haber conocido alguna vez a Debbie Carter y afirmó no saber nada acerca de su asesinato.

A continuación fue cedido a Bill Peterson para las repreguntas.

Según un viejo adagio que circula entre los malos abogados, cuando no dispones de hechos irrebatibles tienes que desgañitarte. Peterson subió ruidosamente al estrado, miró con ceño al asesino del pelo sospechoso y se puso a vociferar.

A los pocos segundos el juez Jones lo llamó a su estrado para reprenderlo.

—Puede que a usted no le guste este acusado —le dijo severamente—, pero evite enfadarse en mi tribunal.

—No estoy enfadado —le replicó Peterson en tono airado.

—Sí lo está. Es la primera vez que levanta la voz ante mi estrado.

—De acuerdo.

Peterson estaba indignado por que Fritz hubiera mentido para conseguir un trabajo. Esto era suficiente para no dar crédito a nada de lo que dijese. Después Peterson se sacó de la manga otra mentira, un impreso que Dennis había rellenado al empeñar una pistola en una tienda de Durant, Oklahoma. Una vez más, había ocultado sus antecedentes por cultivo de estupefacientes. Dos clarísimas muestras de engaño descarado, aunque ninguna guardaba relación con el caso. Peterson le echó un rapapolvo durante todo el tiempo que aquella mentira admitida le permitió alargarse.

De no haber sido tan tenso el ambiente, era una ironía rayana en la comicidad que Peterson se indignara tanto por un testigo que en un par de ocasiones había mentido, ya que su acusación se basaba en mentiras de presidiarios y soplones.

Cuando decidió finalmente seguir adelante, Peterson tuvo problemas. Fue picoteando de las declaraciones de todos sus testigos, pero Dennis supo mantenerse firme y conservar en todo momento la credibilidad. Por fin, tras un borrascoso turno de repreguntas de una hora de duración, Peterson se sentó.

El otro testigo de descargo fue Richard Bisbing, el cual explicó al jurado que no estaba de acuerdo con las conclusiones a que había llegado Melvin Hett.

Ya estaban a última hora de un viernes y el juez Jones suspendió la sesión hasta el lunes. Dennis efectuó a pie el breve recorrido hasta la cárcel, se cambió de ropa y trató de relajarse en su pequeña celda. Estaba convencido de que el fiscal no había conseguido demostrar su culpabilidad, pero no se fiaba demasiado. Había visto las escandalizadas expresiones de los jurados al ver las espeluznantes fotografías de la escena del crimen. Y los había observado escuchar fascinados a Melvin Hett y tragarse sus conclusiones.

Para Dennis, fue un fin de semana muy largo.

Los alegatos finales empezaron el lunes por la mañana. Nancy Shew intervino en primer lugar y se lanzó a una descripción de cada uno de los testigos de cargo y sus declaraciones.

Greg Saunders contraatacó con una cuestión crucial no demostrada por el ministerio público: la culpabilidad de Dennis más allá de cualquier duda razonable. Y añadió que aquello no era más que un ejemplo de culpabilidad por asociación, y que el jurado debía declarar inocente a su representado.

Bill Peterson intervino en último lugar. Habló yéndose por las ramas durante casi una hora, repitiendo los puntos más destacados de cada uno de sus testigos y tratando de convencer al jurado de que sus presidiarios y soplones eran dignos de crédito.

El jurado se retiró al mediodía para deliberar y regresó seis horas después para anunciar que se registraba entre ellos una discrepancia de once a uno. El juez Jones los mandó volver a retirarse con la promesa de la cena. Sobre las ocho de la tarde regresaron con un veredicto de culpabilidad.

Dennis escuchó el veredicto en gélido silencio, aturdido porque era inocente y horrorizado de que lo hubieran condenado con pruebas tan miserables. Hubiera deseado arremeter contra los jurados, el juez, los policías, el sistema en su totalidad, pero el juicio aún no había terminado.

Sin embargo, no se sorprendió del todo. Había observado al jurado y visto su expresión de desconfianza. Representaban a la ciudad y Ada necesitaba una condena. Si la policía y el fiscal estaban tan convencidos de que Dennis era el asesino, así debía de ser.

Cerró los ojos y pensó en su hija Elizabeth, que ahora tenía catorce años, ya lo bastante mayor para distinguir entre la culpa y la inocencia. Ahora que lo habían condenado, ¿cómo podría convencerla de su inocencia?

Mientras el público se iba retirando de la sala, Peggy Stillwell se desmayó sobre el césped de los juzgados. Estaba agotada y desbordada por la emoción y el dolor. La llevaron al hospital más cercano, donde la reanimaron.

Ahora el juicio pasaría rápidamente a la etapa de la fijación de la pena. En teoría, el jurado recomendaría la sentencia basándose tanto en las circunstancias agravantes presentadas por el fiscal para conseguir la pena de muerte como en las atenuantes presentadas por la defensa para salvar la vida del acusado.

La fijación de la pena llevó muy poco tiempo. Peterson llamó a declarar a Rusty Featherstone, el cual consiguió decirle finalmente al jurado que Dennis le había confesado que cuatro meses antes del asesinato él y Ron habían pasado una noche de parranda en Norman. Éste fue todo el alcance de su declaración. Era efectivamente cierto que los dos habían recorrido ciento veinte kilómetros hasta Norman, donde habían pasado una larga noche en los clubs y las salas de fiestas de la ciudad.

El siguiente y último testigo amplió esta significativa historia. Se llamaba Lavita Brewer y, mientras se tomaba una copa en el bar de un Holiday Inn de Norman, se había tropezado con Fritz y Williamson. Después de varias copas, los tres se fueron juntos. Brewer se acomodó en el asiento de atrás. Dennis al volante y Ron en el asiento del pasajero. Estaba lloviendo. Dennis circulaba a gran velocidad, saltándose los semáforos en rojo y demás, y muy pronto ella se había puesto histérica. A pesar de que ninguno de los dos la tocó o amenazó, ella decidió bajar. Pero Dennis no quería frenar. La discusión duró quince o veinte minutos, hasta que el vehículo aminoró la marcha lo suficiente para que ella abriera la portezuela y saltara. Inmediatamente corrió a un teléfono público y llamó a la policía.

Nadie sufrió la menor lesión. No se presentó ninguna denuncia. Nadie fue condenado jamás por aquel episodio.

Pero, para Bill Peterson era una clara demostración de que Dennis Fritz constituía una amenaza real para la sociedad y tenía que ser condenado a muerte para proteger a todas las jóvenes inocentes del estado. Lavita Brewer fue su mejor testigo.

Durante su vehemente alegato en pos de una condena a muerte, Peterson miró a Dennis, lo señaló con el dedo y le dijo:

—Dennis Fritz, merece morir por lo que usted y Ron Williamson le hicieron a Debra Sue Carter.

Dennis replicó:

—Yo no maté a Debbie Carter.

Dos horas después, el jurado regresó con una recomendación de cadena perpetua.

Dennis se levantó, miró al jurado y dijo:

—Señoras y señores del jurado, quisiera simplemente decir que...

—Deténgase, señor Fritz —lo cortó el juez.

—Dennis, eso no se puede hacer —le dijo Greg Saunders.

Pero a Dennis no había quien lo hiciera callar.

—El Señor sabe que yo no lo hice —prosiguió—. Quiero decirles simplemente que los perdono. Rezaré por ustedes.

De vuelta en su celda, en la sofocante oscuridad de su pequeño rincón del infierno, el hecho de haber evitado una condena a muerte no le deparó ningún consuelo. Tenía treinta y ocho años, era inocente y no tenía la menor tendencia violenta. La perspectiva de pasarse el resto de su vida en la cárcel le resultaba inconcebible.

9

Annette Hudson había seguido muy de cerca el juicio y había leído los reportajes diarios del *Ada Evening News*. El martes 12 de abril, el titular de primera plana rezaba: «Fritz declarado culpable en el caso Carter.»

Como de costumbre, en el reportaje se mencionaba a su hermano: «Ron Williamson, también acusado de asesinato en primer grado en el mismo caso, será juzgado aquí el 21 de abril.» De hecho, en los seis reportajes que habían cubierto el proceso contra Fritz se mencionaba la implicación de Ron y su inminente juicio.

«¿Cómo pueden creer que el jurado será imparcial? —se preguntaba Annette—. Si un coacusado es declarado culpable, ¿cómo puede el otro esperar un juicio imparcial en la misma ciudad?»

Le compró a Ron un traje gris, otro par de pantalones azul marino, dos camisas blancas, dos corbatas y un par de zapatos.

El 20 de abril, víspera del juicio, Ron fue conducido a la sala para mantener una charla con el juez Jones. El magistrado temía que pudiera observar una conducta perturbadora, un temor muy justificado. Cuando Ron se situó delante del estrado, Jones le dijo:

—Quiero ver cómo se encuentra para su comparecencia de mañana y asegurarme de que no provocará ninguna alteración del orden. ¿Comprende mi preocupación?

—Mientras no empiecen a decirme que he matado a alguien...

—¿Acaso cree eso?

—Pues sí lo creo. Y no me parece nada bien.

El juez Jones sabía que Ron había sido un destacado deportista y decidió utilizar la analogía de una contienda deportiva:

—Un juicio es como un partido de fútbol. Cada bando tiene la oportunidad de atacar y de defender, y nadie puede oponerse a que cada bando tenga estas oportunidades. Son las reglas del juego. Un juicio es igual.

—Sí —repuso Ron—, pero yo soy el balón que recibe los puntapiés.

Para la acusación, el juicio Fritz había sido un estupendo ejercicio de precalentamiento con vistas al principal acontecimiento. Se utilizarían prácticamente los mismos testigos y más o menos en el mismo orden. Pero esta vez la acusación contaría con dos ventajas adicionales. En primer lugar, el acusado estaba mentalmente incapacitado y solía volcar mesas y proferir insultos, un comportamiento ante el cual la mayoría de los jurados fruncía el entrecejo. Podía infundir temor y asustar a la gente. En segundo lugar, su abogado era ciego y estaba solo. Desde que Baber, el ayudante nombrado de oficio, se retirara del caso en marzo, no se había designado ningún sustituto. Barney era muy rápido en protestar y muy hábil en las repreguntas, pero obviamente las discusiones sobre huellas digitales, fotografías y análisis capilares no eran su fuerte.

La defensa estaba deseando que el juicio empezara cuanto antes. Barney estaba harto de Ron Williamson y exasperado por la cantidad de horas que el caso le robaba a sus restantes clientes, los de pago. Y Ron le daba miedo, un miedo físico. Consiguió que su hijo, que no era abogado, se sentara muy cerca de Ron y a su espalda en la mesa de la defensa. Por su parte, él tenía previsto sentarse lo más lejos posible, para que si Ron efectuaba un movimiento agresivo hacia él, su hijo pudiese sujetarlo por la espalda y devolverlo a su asiento.

Tal era el grado de confianza y armonía que reinaba entre abogado y cliente.

Sin embargo, pocas personas en la abarrotada sala se dieron cuenta el 21 de abril de que el hijo de Barney estaba allí para proteger a su padre del cliente. Casi todos los presentes eran miembros potenciales del jurado. Había también reporteros, abogados curiosos y el habitual surtido de cotillas que suelen atraer los juicios en las pequeñas ciudades.

Annette Hudson y Renee Simmons se sentaron en primera fila, lo más cerca posible de Ron. Varias íntimas amigas de Annette se habían ofrecido a acompañarla a lo largo del juicio y prestarle apoyo. Ella rehusó el ofrecimiento. Su hermano estaba enfermo y era un hombre imprevisible; además, no quería que sus amigas lo vieran esposado. Tampoco quería exponerlas a unas desagradables y espeluznantes declaraciones. Ambas hermanas ya habían sufrido durante la vista preliminar y probado el amargo sabor del juicio venidero.

No había ningún amigo de Ron.

Al otro lado del pasillo la familia Carter ocupaba la primera fila, el mismo lugar que durante el juicio contra Fritz. Los bandos contrarios procuraban no cruzar la mirada.

Era un jueves, un año después de la exhumación del cadáver de la víctima y de las detenciones de Ron y Dennis. El último tratamiento significativo de Ron había tenido lugar en el hospital estatal unos trece meses atrás. A petición de Barney, en Ada lo había examinado sólo una vez Norma Walker, una breve visita que había terminado como casi todas sus visitas a las clínicas locales. Durante un año la medicación, cuando recibía alguna, se la habían administrado irregularmente los celadores de la prisión. El tiempo transcurrido en su solitario agujero de la cárcel no había servido precisamente para mejorar su salud mental.

Sin embargo, por su salud mental sólo se preocupaba su familia. Ni la acusación ni la defensa, ni siquiera el tribunal, habían planteado la cuestión.

Había llegado la hora del juicio.

La emoción del día inaugural se esfumó rápidamente en cuanto el aburrimiento de la selección del jurado empezó a ejercer su aletargador efecto. Pasaban las horas mientras los abogados ponían objeciones a los sucesivos candidatos y el juez los iba rechazando uno tras otro.

Por su parte, Ron se comportó muy bien. Ofrecía un aspecto impecable: cabello recién cortado, rostro bien afeitado, ropa nueva. Tomó varias páginas de notas bajo la vigilante mirada del hijo de Barney, que pese a estar tan aburrido como los demás, consiguió cumplir su cometido. Ron no sabía por qué aquel joven no le quitaba ojo.

A última hora de la tarde terminó la selección: siete hombres y cinco mujeres, todos de raza blanca. El juez Jones les dio las correspondientes instrucciones y los envió a casa. No iban a mantenerlos aislados.

Annette y Renee abrigaron cierta esperanza. Un miembro del jurado era yerno de un vecino que vivía en la acera de enfrente de Annette. Otro estaba emparentado con un predicador pentecostal que seguramente había conocido a Juanita Williamson y su devoción por su iglesia. Otro era primo lejano de un pariente de los Williamson por matrimonio.

Casi todos los jurados resultaban caras conocidas. Annette y Renee los habían visto en algún momento por la zona de Ada. Era efectivamente una ciudad muy pequeña.

El juicio propiamente empezó a las nueve de la mañana del día siguiente. Nancy Shew pronunció la alocución inicial en nombre de la acusación, casi una repetición de la utilizada para Fritz. Barney hizo sus comentarios iniciales cuando concluyó la representante de la fiscalía.

El primer testigo de cargo fue una vez más Glen Gore, pero las cosas no salieron como estaba previsto. Tras decir su nombre, Gore se sumió en un obstinado mutismo, negándose a declarar. Retó al juez Jones a condenarlo por desacato; ¿qué más le daba? De todos modos, estaba cumpliendo una condena de cuarenta años. Su actitud quizá se debía al hecho de estar cumpliendo condena en una prisión estatal, donde los chivatos estaban mal vistos por sus compañeros, a diferencia de lo que ocurría en la cárcel del condado de Pontotoc, donde los chivatos campaban a sus anchas.

Tras unos momentos de desconcierto, el juez ordenó que se leyera la declaración de Gore en la vista preliminar del anterior mes de julio. De ese modo, el jurado pudo oír su fantasioso relato de que había visto a Ron en el Coachlight la noche del asesinato.

Barney no tuvo la oportunidad de machacar a Gore a propósito de sus numerosos delitos y su carácter violento. Y tampoco tuvo ocasión de interrogarlo acerca de su paradero y movimientos la noche del asesinato.

Una vez superado el episodio, la acusación volvió a encauzar rápidamente el caso. Tommy Glover, Gina Vietta y Charlie Carter repitieron la misma declaración por tercera vez.

Gary Allen volvió a contar la extraña historia de los dos hombres que había visto mojándose con una manguera de regar a las tres y media de la madrugada a principios de diciembre de 1982, pero insistió en que no había podido identificar a Ron Williamson. El otro hombre quizás era Fritz, pero sólo quizá.

La verdad era que Gary Allen no podía identificar a nadie y no tenía ni idea de cuándo había ocurrido el incidente. Era un drogadicto, viejo conocido de la policía. Conocía a Dennis Fritz porque habían sido compañeros de clase en el colegio universitario local.

El detective Smith se puso en contacto con él poco después del asesinato y le preguntó si había visto u oído algo en las primeras horas del 8 de diciembre. Allen dijo haber visto a dos hombres mojándose con una manguera de regar en la casa de al lado, pero no recordaba la fecha. Y entonces Smith y Rogers llegaron a la conclusión de que eran Fritz y Williamson limpiándose la sangre de Debbie Carter. Insistieron a Allen e incluso le mostraron una fotografía de la escena del crimen. Le insinuaron que los hombres eran Fritz y Williamson ocupados en limpiarse la sangre de Debbie Carter, pero Allen no pudo o no quiso identificarlos.

Poco antes del juicio, Gary Rogers pasó por el apartamento de Allen y volvió a insistirle con el asunto. ¿No serían Fritz y Williamson y no los habría visto a primera hora de la mañana del 8 de diciembre?

No, Allen no estaba seguro. Rogers se desabrochó la chaqueta, dejando al descubierto su arma de reglamento junto a la cadera. Dijo que, como no mejorara su memoria, puede que el plomo lo envenenara. La memoria de Allen mejoró, pero no lo suficiente como para poder declarar.

A continuación, Dennis Smith acompañó al jurado en un recorrido por la escena del crimen: las fotografías, las huellas digitales, la recogida de pruebas. Se distribuyeron copias de las fotos entre sus miembros, provocándoles las previsibles reacciones de espanto. El fotógrafo de la policía había tomado algunas fotografías aéreas del apartamento de la víctima. Peterson cogió una y le pidió a Smith que dijera al jurado dónde estaba situada la casa de Williamson. A sólo unas manzanas de distancia.

—Déjenme ver estas fotografías —pidió Barney, y se las entregaron.

Siguiendo una tácita norma en Ada, Barney abandonó la sala con su ayudante Linda. Ella le describió cada una de las fotografías con todo detalle.

El interrogatorio directo se ciñó a los hechos, pero Barney se guardaba unos fuegos artificiales en la manga. Siempre le había parecido extraño que los dos presuntos asesinos hubieran podido cometer una violación y un asesinato tan bárbaros sin dejar ni una sola huella digital. Le pidió a Smith que explicara cuáles eran las mejores superficies para obtener unas buenas huellas. Las lisas y duras: cristal, espejos, plástico duro, madera pintada, etc. Después recorrió con Smith el pequeño apartamento y lo obligó a reconocer que había olvidado muchas localizaciones obvias: electrodomésticos de cocina, el cristal de la ventana del dormitorio, que estaba abierta, elementos del cuarto de baño, revestimientos de puertas, espejos. La larga lista fue dando la impresión de que, en la recogida de huellas digitales, Smith se había mostrado muy chapucero.

Con el testigo ya a su merced, Barney lo fue acorralando sin piedad. Cuando se volvía demasiado agresivo, Bill Peterson o Nancy Shew protestaban, lo que solía dar lugar a ácidas réplicas de Barney.

A continuación subió al estrado Gary Rogers, el cual ofreció un detallado resumen de la investigación. Sin embargo, su mayor aportación a la causa de la acusación fue la descripción de la confesión del sueño hecha por Ron al día siguiente de su detención. En el interrogatorio directo sonaba muy bien, pero Barney contraatacó con eficacia.

Preguntó por qué la declaración no se había grabado. Rogers reconoció que la policía contaba con una videocámara y a menudo la utilizaba. Como Barney insistió, admitió que a veces, cuando no estaban seguros de lo que iba a decir el interrogado, preferían no usarla. ¿Por qué correr el riesgo de filmar algo perjudicial para la acusación y beneficioso para el acusado?

Por lo demás, Rogers reconoció que en la comisaría había magnetófonos, pero no se utilizó ninguno en el interrogatorio de Ron porque ello no entraba dentro de la tónica habitual. Barney sonrió.

Rogers reconoció también que el departamento de policía contaba con un variado surtido de lápices y papel, pero se hizo un lío cuando intentó explicar por qué él y Rusty

Featherstone no habían permitido que Ron redactara su propia declaración. Tampoco le permitieron leerla al terminar. Barney siguió con su tarea de derribo. Mientras taladraba a Rogers con preguntas acerca de sus peculiares métodos, el detective cometió un error garrafal: recordó el interrogatorio de 1983 de Ron grabado en vídeo, en el cual éste había negado rotundamente cualquier implicación en el caso.

Barney no podía creerlo. ¿Por qué no había sido informado de aquella cinta? La exhibición de documentos previa al juicio exigía que la acusación entregara todas las pruebas eximentes que obraran en su poder. Barney había presentado la correspondiente petición meses atrás. En septiembre, el tribunal había ordenado a la fiscalía que facilitara al abogado todas las declaraciones efectuadas por Ron durante la investigación.

¿Cómo podían la policía y la fiscalía haber guardado la cinta durante cuatro años y medio, escamoteándola a la defensa?

Barney disponía de muy pocos testigos, puesto que la causa contra Ron era básicamente por «admisión», lo que significa que la acusación utilizaba a una serie de testigos, por más que éstos dejaran que desear, para demostrar que, en distintos momentos y de distintas maneras, Ron había admitido su culpabilidad. La única manera eficaz de luchar contra semejantes testimonios consistía en negarlos, y la única persona que podía hacerlo era el propio Ron. Barney tenía previsto que Ron subiese al estrado, pero la perspectiva lo aterrorizaba.

La cinta de 1983 habría sido una poderosa arma para exhibir ante el jurado. Cuatro años y medio atrás, mucho antes de que la acusación hubiera reunido su lista de dudosos testigos y mucho antes de que Ron tuviera a su espalda aquel largo historial delictivo, éste se había sentado delante de una cámara y había negado rotundamente su participación en el asesinato.

En una famosa decisión de 1983 en el caso *Brady contra el pueblo de Maryland*, el Tribunal Supremo de Estados Unidos había decretado que «la supresión por parte de la acusación de pruebas favorables a un acusado, tras el debido requerimiento, quebranta el oportuno proceso en el cual la prueba es esencial tanto para la culpabilidad como para el castigo, independientemente de la buena fe o mala fe de la acusación».

Los investigadores cuentan con toda suerte de recursos. A menudo descubren testigos u otras pruebas favorables a un sospechoso o un acusado. Durante décadas pudieron simplemente ignorar dichas pruebas eximentes y seguir adelante con la acusación. Una petición *Brady* es una de las muchas peticiones de rutina que presenta un abogado defensor al principio de una causa. Una petición *Brady*. Una vista *Brady*. Notas *Brady*. «Lo trinqué con una *Brady*.» La expresión se abrió camino hasta instalarse en la jerga diaria del derecho penal.

Ahora Barney se encontraba delante del juez Jones mientras Rogers permanecía en el estrado de los testigos y Peterson se estudiaba los zapatos tras haber cometido una flagrante transgresión *Brady*. Barney presentó una petición de nulidad de las actuaciones, pero fue denegada. El juez prometió celebrar una vista sobre el asunto... ¡cuando el juicio hubiera terminado!

Era última hora del viernes y todo el mundo estaba cansado. Jones decretó un receso hasta las ocho y media de la mañana del lunes. Ron fue esposado y sacado de la sala. Se había portado bien de momento y el hecho no había pasado inadvertido.

El titular de la primera plana del *Ada Evening News* rezaba: «Williamson se muestra contenido el primer día del juicio.»

El primer testigo del lunes fue el doctor Fred Jordan, el cual, por tercera vez en el mismo lugar, declaró con todo detalle acerca de la autopsia y la causa de la muerte. Fue también la tercera vez que Peggy Stillwell pasaba por aquel tormento, pero no por ello le fue más fácil encajarlo. Por suerte, no pudo ver las fotografías que los miembros del jurado se estaban pasando.

Al doctor Jordan le sucedieron Tony Vick, el vecino; Donna Walker, la dependienta de la tienda abierta toda la noche, y Letha Caldwell, la amiga de última hora de la noche... todos tan irrelevantes como en el juicio contra Fritz.

Los fuegos artificiales empezaron cuando Terri Holland subió al estrado. Durante la vista preliminar había conseguido explayarse sin temor a que la pillaran, pero ahora, en presencia de Ron, que la miraba con furia y sabía la verdad, las cosas iban a ser distintas.

Holland empezó por repetir los comentarios que, según ella, había hecho Ron en la cárcel acerca de Debbie Carter, y enseguida resultó evidente que el aludido iba a estallar. Meneó la cabeza, apretó las mandíbulas y miró a Holland como dispuesto a saltarle al cuello. La testigo concluyó:

—Y dijo que si ella hubiera accedido a irse con él, no la habría matado.

—Oh —dijo Ron en voz alta.

Nancy Shew preguntó:

—¿Oyó usted alguna conversación telefónica en la que el acusado hiciera algún comentario acerca de Debbie Carter?

—Yo estaba trabajando en la lavandería, era la encargada, y Ron estaba hablando por teléfono con su madre. Quería que le llevara cigarrillos o no sé qué, no estoy segura, pero él le gritaba. Y le dijo que si no se los llevaba, la mataría como había matado a Debbie Carter.

Ron saltó hecho una furia:

—¡Está mintiendo!

Nancy Shew no se inmutó:

—Señora Holland, ¿le oyó usted alguna vez describir o mencionar algún detalle de la muerte de Debbie Carter?

—Dijo... creo que fue en el patio con los chicos que estaban allí... dijo que le metió una botella de Coca-Cola por el trasero y las bragas en la garganta.

Ron se levantó de un brinco, la apuntó con el dedo y gritó:

—¡Mientes! ¡Yo jamás he dicho algo así! ¡Yo no maté a esa chica y tú no eres más que una maldita embustera!

—Calma, Ron —terció Barney.

—Ni siquiera sé quién eres —prosiguió Ron—, pero te juro que ésta me la pagas.

Hubo una pausa mientras todos contenían la respiración y Barney se levantaba muy despacio de su silla. El fiscal estaba obligado a una urgente labor de reparación. Su testigo estrella había metido la pata en dos cuestiones esenciales —las bragas y la botella de Coca-Cola—, algo habitual en las declaraciones falsas.

Con toda la sala en tensión, un testigo falso al descubierto y Barney a punto de echársele encima, Nancy Shew trató de reparar los daños.

—Señora Holland, permítame hacerle una pregunta acerca de los detalles que acaba de mencionar. ¿Está segura de los objetos que el acusado afirmó haber utilizado? Ha dicho usted una botella de Coca-Cola.

—Con la venia del tribunal —terció Barney—, protesto. He oído muy bien lo que ha dicho la testigo y no quiero que la fiscal tergiverse su declaración.

—Dijo que una botella de Coca-Cola, o un frasco de ketchup o una botella de... —vaciló Holland.

—Ya ven lo que quiero decir —asintió Barney—. Con la venia del tribunal.

—Han pasado cuatro años —se justificó la testigo.

—¡Sí, y tú eres una...! —saltó Ron.

—¡Chis! —lo acalló Barney.

—Señora Holland, ¿podría usted...? —terció la fiscal Shew—. Sé que usted oyó varias cosas...

—Con la venia del... —insistió Barney.

—¿Puede usted recordar...? —insistió Shew.

—Protesto —se obstinó el abogado—. Las insinuantes preguntas que está formulando la fiscal ya llevan implícita la respuesta.

—Formule la pregunta sin acompañarla de ninguna aclaración —terció el juez.

—¿Le dijo el acusado alguna vez por qué...? —insistió la fiscal—. Dijo usted que él había confesado haber matado...

—Él quería acostarse con Debbie Carter —le respondió Holland.

—¡Zorra embustera! —chilló Ron.

—Cállese —ordenó Barney.

Ron se incorporó de golpe:

—Es una cochina mentirosa. No pienso aguantarlo. Yo no maté a Debbie Carter y tú mientes.

—Vamos, Ron, siéntese —dijo Barney.

—Señor juez —terció Bill Peterson—, ¿podría concedernos un receso, por favor? Barney... ejem... Me opongo a los comentarios adicionales del letrado de la defensa, señoría.

—No son comentarios adicionales —repuso el abogado—, con la venia del tribunal.

—Espere un momento —dijo el juez.

—Sólo estoy hablando con mi cliente, señoría —se obstinó Barney.

—Espere un momento —insistió el juez—. Formule su siguiente pregunta, señora Shew. Señor Williamson, debo advertirle que no está usted autorizado a hablar desde la silla en que ahora se encuentra.

—Señora Holland —retomó Shew—, ¿recuerda usted si el acusado explicó alguna vez por qué hizo lo que hizo?

—Porque ella no quería irse a la cama con él.

—¡Mientes, maldita sea! —saltó Ron—. Di la verdad. Yo jamás he matado a nadie.

—Señoría —terció Barney—, solicito un breve receso.

—Concedido. El jurado puede retirarse.

—¿Podría hablar con ella, por favor? —pidió Ron—. Déjeme hablar con ella, señor juez. ¡No entiendo por qué se está inventando todo eso!

La breve pausa enfrió la situación. En ausencia del jurado, el juez habló serenamente con Ron, el cual le prometió que sería capaz de comportarse. Cuando el jurado regresó, el juez explicó que la causa se fallaría sobre la base de las pruebas y nada más. Nada de comentarios por parte de los abogados y, por supuesto, nada de comentarios o desmanes por parte del acusado.

Pero los miembros del jurado habían escuchado con toda claridad la estremecedora amenaza de Ron: «Te juro que ésta me la pagas.» Ellos también le tenían miedo. En el transcurso de la refriega, Nancy Shew no consiguió resucitar por entero a su testigo. Con sugerentes preguntas que ya llevaban implícita la respuesta, logró convertir la botella de Coca-Cola en una botella de ketchup, pero el pequeño detalle de las bragas en la boca no se pudo rectificar. Terri Holland no mencionó ni una sola vez la pequeña toalla ensangrentada.

La siguiente testigo llamada por la acusación para contribuir al hallazgo de la verdad fue Cincy McIntosh, condenada por librar cheques sin fondos, pero la pobre chica estaba tan aturdida que no logró recordar qué historia debía contar. Se quedó en blanco y, al final, se retiró sin haber cumplido con su misión. Mike Tenney y John Christian declararon sobre sus conversaciones con Ron en su celda y de ciertas cosas raras que éste había dicho. Ninguno de los dos se molestó en comentar que Ron había negado repetidamente cualquier implicación en el asesinato y a menudo se pasaba horas proclamando su inocencia a grito pelado.

Después de un rápido almuerzo, Peterson alineó a los peritos del OSBI en el mismo orden en que habían comparecido en el juicio contra Fritz. Jerry Peters fue el primero y contó la historia de la segunda toma de huellas palmares tras la exhumación del cadáver porque tenía ciertas dudas respecto a una minúscula parte de su palma izquierda. Barney trató de atraparlo, preguntándole cómo y por qué exactamente semejante detalle podía tener importancia cuatro años y medio después de la autopsia, pero Peters se mostró evasivo. ¿Había estado reflexionando sobre sus hallazgos iniciales durante todo aquel tiempo? ¿O acaso el fiscal Peterson lo había llamado a principios de 1987 para hacerle algunas sugerencias?

Larry Mullins expresó la misma opinión que Peters: la huella ensangrentada del pladur pertenecía a Debbie Carter y no a algún misterioso asesino.

Mary Long declaró que Ron Williamson era un no-secretor y, por consiguiente, estaba incluido en el 20 por ciento de la población que compartía esa característica. Probablemente el violador de Debbie pertenecía al mismo grupo. Con cierto esfuerzo, Barney consiguió acorralarla preguntándole por el número exacto de personas analizadas, que eran veinte, incluida la víctima. Y de ellas, doce eran no-secretoras, es decir, un 60 por ciento del grupo. Se lo pasó bien bromeando un poco a costa de las estadísticas.

Susan Land efectuó una breve declaración. Ella había analizado al principio las muestras capilares del caso Carter, pero después se las había pasado a Melvin Hett. Al preguntarle Barney por qué, contestó:

—Por entonces estaba trabajando en varios homicidios y, con tanta tensión, comprendí que no podría ser imparcial. No quería cometer un error.

Melvin Hett prestó juramento y soltó la misma docta conferencia que ya les había endilgado en el juicio contra Fritz. Describió el laborioso proceso de comparar microscópicamente muestras de cabello. Consiguió transmitir la idea de que los análisis capilares eran absolutamente fiables. No tenía más remedio que ser así, pues se utilizaban asiduamente en las causas penales. Añadió que había realizado «miles» de análisis capilares. Sacó unos sencillos diagramas de distintos tipos de cabello y explicó que el cabello tiene entre veinticinco y treinta características definibles.

Cuando llegó finalmente al acusado, declaró que dos pelos de vello pubiano encontrados en la cama eran microscópicamente compatibles y habrían podido proceder de la misma fuente: Ron Williamson. Y lo mismo ocurría con dos cabellos de la cabeza encontrados en la ensangrentada toalla.

Los cuatro pelos encontrados habrían podido con la misma facilidad *no* proceder de Ron, pero eso Hett volvió a callárselo. Con un *lapsus linguae*, Hett empezó a engañar. Mientras declaraba acerca de los dos cabellos de la cabeza, dijo:

—Éstos fueron los únicos cabellos que coincidían o eran compatibles con los de Ron Williamson.

El verbo «coincidir» no se utiliza en los análisis capilares porque puede mover a engaño. Los miembros del jurado, profanos en la materia, puede que tuvieran dificultades para comprender el concepto de compatibilidad microscópica, pero no tuvieron ninguna en comprender el significado de una coincidencia. Es más rápido, claro y fácil de entender. Como una huella digital, una coincidencia disipa cualquier duda.

Tras utilizar Hett por segunda vez el verbo «coincidir», Barney protestó. El juez Jones no admitió la protesta, señalando que podría resolver la cuestión en su turno.

Sin embargo, la aportación más peculiar de Hett fue su manera de declarar. En lugar de instruir a los miembros del jurado, Hett optó simplemente por otorgarles la bendición de sus opiniones.

Para ayudar al jurado, casi todos los analistas capilares presentan fotografías ampliadas del cabello objeto de discusión. Una fotografía de un cabello de origen conocido se monta al lado de la de un cabello dudoso, y el perito explica con todo detalle las similitudes y diferencias. Tal como dijo Hett, el cabello posee unas veinticinco características discernibles y un buen analista enseña al jurado de qué está hablando exactamente.

Hett no hizo nada de eso. Tras llevar casi cinco años trabajando en el caso y después de cientos de horas y de tres informes distintos, no mostró al jurado ni una sola fotografía ampliada de su trabajo. Ni un solo cabello procedente de Ron Williamson fue comparado con uno recogido en el apartamento de Debbie Carter.

De hecho, Hett le estaba diciendo al jurado que se limitara a confiar en él: «No pidas pruebas, limítate a creer en mis opiniones.»

El testimonio de Hett contenía la clara insinuación de que cuatro cabellos encontrados en el apartamento de Debbie Carter procedían de Ron Williamson. De hecho, éste había sido el único propósito de llamar a Hett al estrado.

Su presencia y su declaración subrayaron lo difícil que resulta para un insolvente tener un juicio imparcial si no cuenta con el asesoramiento de expertos en medicina forense. Barney había solicitado dicho asesoramiento varios meses atrás, pero el juez Jones lo había denegado.

Jones habría tenido que saberlo. Tres años atrás, un importante caso de Oklahoma había terminado en el Tribunal Supremo de Estados Unidos y su resultado había sacudido los juzgados de lo penal de todo el país. En *Ake contra el pueblo de Oklahoma*, el máximo órgano judicial dictaminó: «Cuando un estado ejerce su poder judicial sobre un insolvente en una causa penal, tiene que adoptar las medidas necesarias para que éste tenga las máximas garantías del debido proceso. La justicia no cumple con su cometido si, simplemente por su insolvencia, se niega a un acusado la oportunidad de defenderse de manera efectiva en un procedimiento judicial en el cual está en juego su libertad.»

La decisión *Ake* estableció que el estado debe facilitar a un acusado insolvente las herramientas necesarias para su adecuada defensa. El juez Jones no lo tuvo en cuenta en los juicios contra Fritz y Williamson.

Las pruebas de medicina forense constituían un elemento esencial para la acusación. Jerry Peters, Larry Mullins, Mary Long, Susan Land y Melvin Hett eran peritos. Ron sólo tuvo a Barney, un competente y experimentado abogado, pero lamentablemente imposibilitado de ver las pruebas.

El ministerio público dio por finalizada su intervención después de la declaración de Hett. Al principio del juicio, Barney se reservó su alocución inicial para el comienzo de su defensa. Fue una maniobra arriesgada. Casi todos los abogados defensores desean dirigirse ya de entrada al jurado para sembrar dudas acerca de las pruebas de la acusación. La alocución inicial y el alegato final son las dos únicas etapas de un juicio en que un abogado se puede dirigir directamente al jurado, dos únicas oportunidades demasiado buenas como para desaprovecharlas.

En cuanto la fiscalía terminó, Barney sorprendió a todo el mundo renunciando una vez más a su alocución introductoria. No dio ningún motivo y nadie se lo exigió, pero fue una táctica insólita.

Barney llamó al estrado a siete celadores de la prisión. Todos negaron haber oído a Ron Williamson decir algo que lo implicara en el caso.

Wayne Joplin era el secretario judicial del condado de Pontotoc. Barney lo llamó como testigo para que revisara el expediente de Terri Holland. Había sido detenida en Nuevo México en octubre de 1984 y trasladada de nuevo a la cárcel de Ada, donde muy pronto había contribuido a resolver dos sensacionales casos de asesinato, aunque había esperado dos años para informar a la policía acerca de la supuesta confesión que Ron le había hecho. Se declaró culpable de librar cheques sin fondos y fue condenada a cinco años de prisión con tres de suspensión. Fue obligada a pagar las costas del juicio por valor de 70 dólares, a devolver 527,09 dólares, a pagar 225 dólares en concepto de honorarios a los abogados a razón de 50 dólares al mes, a pagar 10 dólares mensuales al Departamento de Prisiones y 50 dólares mensuales al Fondo de Compensación para las Víctimas de Delitos.

Efectuó un pago de 50 dólares en mayo de 1986 y después, al parecer, todo le fue perdonado.

Barney ya había llegado a su último testigo, el propio acusado. El hecho de llamar a Ron era muy arriesgado. Tenía un carácter explosivo —aquel mismo día había lanzado un virulento ataque contra Terri Holland— y ya intimidaba al jurado. Peterson podría utilizar su historial delictivo para desacreditarlo como testigo. Nadie sabía qué dosis de medicamentos le administraban, si es que le administraban algo. Era colérico e imprevisible y, aún peor, su abogado no lo había preparado.

Barney pidió permiso para acercarse al estrado del juez y le dijo:

—Bueno, señoría, ahora empieza el espectáculo. ¿Podría disponer de un breve receso para tranquilizar lo más posible al chico? Parece que... bueno, por lo menos no ha armado alboroto y se lo ve sereno. Pero igualmente me gustaría que se me concediera un receso.

—¿Sólo tiene un posible testigo?

—Pues sí, señoría, sólo tengo uno, y creo que acierta con lo de «posible».

Cuando el juez accedió a suspender la sesión, Ron fue conducido al piso de abajo para regresar a la cárcel. Vio al padre de la víctima y le gritó:

—¡Charlie Carter, yo no maté a tu hija!

Los alguaciles se lo llevaron a rastras, apretando el paso al máximo.

A la una de la tarde prestó juramento. Después de las preguntas preliminares, negó haber mantenido la menor conversación con Terri Holland y negó haber conocido alguna vez a Debbie Carter.

—¿Cuándo se enteró por primera vez de la muerte de Debbie Carter? —le preguntó Barney.

—El ocho de diciembre, mi hermana Annette llamó a casa y mamá se puso al teléfono. Annette le dijo: «Bueno, al menos sé que Ronnie no lo hizo porque estaba en casa.» Pregunté qué ocurría y mamá dijo que habían matado a una chica en nuestro barrio.

La falta de preparación de Ron se hizo más patente unos minutos después, cuando Barney le preguntó por su primer encuentro con Gary Rogers.

—Ocurrió poco después de que yo fuera a la comisaría para someterme al detector de mentiras —dijo Ron.

Poco faltó para que Barney se atragantara.

—Ronnie, no... no tiene usted que hablar de eso —le susurró tras acercarse.

Cualquier mención a un detector de mentiras delante del jurado estaba prohibida. De haberlo hecho la acusación, habría estado justificada la anulación del juicio. Nadie se había tomado la molestia de informar a Ron. Segundos después, éste volvió a desbarrar al comentar un incidente con Dennis Fritz.

—Estaba con Dennis y yo le comenté que el detective Smith me había llamado para decirme que los resultados del detector de mentiras no habían sido concluyentes.

Barney cambió rápidamente de tema y le preguntó por la condena por falsificación documentaria. Después hubo algunas preguntas acerca del lugar en que se encontraba la noche del asesinato. Barney terminó con un endeble «¿Mató usted a Debbie Carter?».

—No, señor. Yo no la maté.

—Eso es todo.

Nervioso y concentrado en lograr que su cliente no lo estropeara todo con sus declaraciones, Barney olvidó rebatir casi todas las aseveraciones de los testigos de cargo. Ron habría podido explicar su «confesión de un sueño» a Rogers y Featherstone la noche siguiente de su detención. Habría podido aclarar sus conversaciones en la cárcel con John Christian y Mike Tenney. Habría podido presentar un plano de la cárcel y explicar al jurado la imposibilidad de que Terri Holland hubiera oído nada sin que los demás lo oyeran también. Habría podido negar rotundamente las afirmaciones de Glen Gore, Gary Allen, Tony Vick, Donna Walker y Letha Caldwell.

Como todos los fiscales, Peterson estaba dispuesto a darle un buen vapuleo al acusado, pero no esperaba que éste no se mostrara en modo alguno amedrentado. Empezó atribuyendo una gran importancia a la amistad de Ron con Dennis Fritz, ahora un asesino convicto.

—¿Es cierto, señor Williamson, que usted y el señor

Dennis Fritz son prácticamente el único amigo que tiene el otro? ¿Es así?

—Podría decirse así —contestó fríamente Ron—. Usted lo incriminó con pruebas falsas y ahora está intentando lo mismo conmigo.

Peterson se quedó de una pieza y cambió de asunto rápidamente. Le preguntó si era verdad que no había conocido a Debbie Carter. Repitió la pregunta y Ron estalló:

—Peterson, se lo voy a dejar bien claro una vez más...

El juez Jones ordenó al testigo que se limitara a responder sin añadir comentarios. Así pues, una vez más, Ron negó haber conocido alguna vez a Debbie Carter.

Peterson se movía como en un cuadrilátero, tratando de soltar golpes cortos que acababan en el aire. Volvió a meterse en un lío cuando regresó a su ficción.

—¿Sabe usted dónde estaba pasadas las diez de la noche de aquel 7 de diciembre?

—En casa.

—¿Haciendo qué?

—Pasadas las diez de la noche de hace cinco años, puede que viendo la televisión o durmiendo.

—¿No es cierto que usted salió por la puerta y cruzó aquel...?

—¡Qué pesado! Que no.

—¿... aquel callejón?

—Que no.

—Usted y Dennis Fritz.

—¡Pero bueno! He dicho que no. No y no.

—Y luego subieron al apartamento de la víctima.

—Que no.

—¿Sabe usted dónde estaba Dennis Fritz aquella noche?

—Sé que no estaba en casa de Debbie Carter. Eso seguro.

—¿Y cómo sabe usted que no estaba allí?

—Me apostaría la vida —contestó Ron—. Digámoslo así.

—Díganos cómo lo sabe —exigió el fiscal.

—Pues no lo sé... No me haga más preguntas. Bajaré de aquí y usted se lo podrá decir al jurado, pero sé muy bien que incriminó a Dennis con pruebas falsas y ahora quiere repetir conmigo.

—Ronnie —terció Barney.

—Mi madre sabía que yo estaba en casa. Usted hace cinco años que me hostiga. Vale, puede hacer lo que quiera conmigo. Me da igual.

Peterson se sentó.

En su alegato final, Barney se esforzó en desacreditar la labor policial: la lenta y prolongada investigación, la pérdida de las muestras capilares de Gore, su aparente indiferencia respecto a Gore, la chapuza de Dennis Smith al recoger huellas digitales en la escena del crimen, las numerosas peticiones de muestras a Ron, la dudosa validez de una confesión basada en un sueño, su olvido de facilitar a la defensa la declaración inicial de Ron, los extraños cambios de opinión de los peritos del OSBI. La lista de errores era larga, y en más de un ocasión Barney tildó a la policía de «loca academia de policía», en referencia a los ineptos oficiales de la serie cinematográfica homónima.

Tal como hacen todos los abogados, finalizó destacando la existencia de multitud de dudas razonables y pidió a los miembros del jurado que, aplicando el sentido común, emitieran un veredicto de inocencia.

Peterson sostuvo que no cabía la menor duda de la culpabilidad del acusado. Los policías, todos excelentes profesionales, habían realizado un trabajo ejemplar, y el ministerio público había facilitado al jurado pruebas sólidas e inequívocas. A propósito del testimonio de Mel Hett, echó mano de una terminología un tanto imprecisa.

—Durante largo tiempo —dijo—, el señor Hett examina cabellos y elimina, examina y elimina, junto con los otros casos que tiene encomendados. Hasta que en 1985 se produce una coincidencia.

Pero Barney estaba preparado y protestó de inmediato:

—Con la venia del tribunal, jamás ha habido una coincidencia capilar desde que el mundo es mundo. Protestamos por el uso del término.

—Ha lugar —admitió el juez.

Peterson siguió adelante y resumió la declaración de cada testigo de cargo. Cuando llegó a Terri Holland, Ron se puso tenso.

—Terri Holland ha declarado lo que recuerda al cabo de dos años, y afirma que oyó al acusado decirle a su madre que si no le llevaba algo que...

Ron se puso en pie de un salto y chilló:

—¡Alto ahí!

—... la mataría como había matado a Debbie Carter —se apresuró a concluir el fiscal.

—¡Cierra tu bocaza, tío, yo jamás dije eso!

—Siéntese —le ordenó Barney—. Tranquilícese.

—Señor Williamson —terció el juez.

—¡Yo no le dije eso a mi madre!

—Ronnie, siéntate —insistió Barney.

—Hágale caso a su abogado —lo instó el juez.

Ron se sentó echando chispas.

Peterson siguió adelante a trancas y barrancas, resumiendo las declaraciones de sus testigos bajo una luz tan favorecedora que Barney se veía obligado a protestar a cada momento y recordarle la obligación de atenerse a los hechos.

El jurado se retiró a las diez y cuarto de la mañana del miércoles. Annette y Renee se quedaron un rato en la sala y después se fueron a almorzar. Les costó mucho comer. Tras haber escuchado todas y cada una de las declaraciones, estaban todavía más convencidas de que su hermano era inocente, pero el tribunal apoyaba al fiscal. Casi todas las resoluciones le habían sido favorables. Había presentado los mismos testigos sin apenas ninguna prueba y había conseguido un veredicto de culpabilidad contra Fritz.

Despreciaban a Bill Peterson con toda el alma. Era exhibicionista y arrogante y avasallaba a la gente. Lo aborrecían por lo que le estaba haciendo a su hermano.

Pasaron las horas. A las cuatro y media, cuando se comunicó la noticia de que el jurado había alcanzado un veredicto, la sala se llenó rápidamente. El juez Jones ocupó su lugar y advirtió a los presentes que evitaran las manifestaciones de emoción. Annette y Renee se tomaron de la mano y rezaron. Su dura prueba estaba a punto de terminar.

A las 16.40 el presidente del jurado entregó el veredicto al secretario del juzgado, el cual le echó un vistazo y se lo dio al juez Jones. Éste anunció el veredicto: culpable de todas las acusaciones. Los Carter elevaron los puños en señal de victoria. Annette y Renee lloraron en silencio, lo mismo que Peggy Stillwell. Ron inclinó la cabeza, conmocionado pero no excesivamente sorprendido. Después de un año en la cárcel del condado de Pontotoc, se había convertido en parte de un sistema podrido. Sabía que Dennis Fritz era inocente y, sin embargo, había sido condenado por los mismos policías y el mismo fiscal en la misma sala.

El juez deseaba dar por terminado el juicio. Sin decretar ningún receso, ordenó iniciar el procedimiento para la fijación de la pena. Nancy Shew se dirigió al jurado y argumentó que, puesto que el asesinato había sido particularmente horrendo, atroz y cruel, que se había cometido con el propósito de escapar a la justicia, que había una elevada probabilidad de que Ron siguiera constituyendo una amenaza para la sociedad, éste debía ser condenado a muerte.

Para demostrarlo, llamó a cuatro testigos, cuatro mujeres a las que Ron había conocido, pero ninguna de las cuales se había tomado la molestia de presentar denuncia contra él. La primera fue Beverly Setliff, la cual declaró que el 14 de junio de 1981, siete años atrás, había visto a Ron Williamson merodear por su casa a última hora de la noche, cuando ella iba a acostarse.

«Oye —le gritó él—, sé que estás ahí dentro y voy por ti.»

Jamás en su vida le había visto. Cerró las puertas con llave y él desapareció.

No llamó a la policía, ni siquiera se le ocurrió hacerlo, y tampoco pensaba presentar una denuncia, pero al día siguiente coincidió con un agente en una tienda abierta las veinticuatro horas y le comentó lo ocurrido. Si se redactó algún informe oficial, ella jamás lo vio.

Tres semanas más tarde, volvió a ver a Ron y una amiga le dijo su nombre. Transcurrieron seis años. Cuando Ron fue detenido, ella llamó a la policía y contó la historia del hombre que había rondado por su casa.

La siguiente testigo fue Lavita Brewer, que ya había declarado contra Dennis Fritz. Volvió a contar su historia: cómo había conocido a Ron y a Dennis en un bar de Norman, había subido a un coche con ellos, se había asustado, había saltado del vehículo y llamado a la policía. Según su versión, Ron no la tocó ni amenazó de ninguna manera. Simplemente se puso histérica en el asiento de atrás porque Dennis no quiso detenerse para que bajara, y lo peor que hizo Ron durante aquel episodio fue gritarle que se callara.

Al final, no presentó ninguna denuncia.

Letha Caldwell volvió a prestar testimonio. Conocía a Ron desde sus días en el instituto de Byng y siempre había sido su amiga. A principios de los años ochenta, él y Dennis empezaron a rondar su casa por las noches, siempre bebiendo. Un día ella estaba arreglando los parterres del jardín y apareció Ron. Charlaron un rato sin que ella dejara de ocuparse de las flores, cosa que a él no le agradó. En determinado momento, la agarró por la muñeca. Ella se soltó, entró en la casa y reparó en que sus hijos estaban dentro. Ron la siguió pero no volvió a tocarla y enseguida se fue. Ella no informó del incidente a la policía.

La última testigo fue la más perjudicial. Una divorciada llamada Andrea Hardcastle contó una dolorosa experiencia vivida durante más de cuatro horas. En 1981 Ron y un amigo fueron a su casa para convencerla de que saliera con ellos. Querían ir al Coachlight. Andrea estaba al cuidado de tres hijos suyos y otros dos niños, por lo que no podía salir. Los hombres se fueron pero Ron no tardó en regresar por el tabaco que había olvidado. Entró en la casa sin más y empezó a hacerle insinuaciones. Eran más de las diez de la noche, los niños estaban durmiendo y ella se asustó. No le interesaba el sexo. Entonces él estalló y le golpeó repetidamente la cabeza y el rostro, exigiéndole practicar sexo oral. Ella se negó una y otra vez, hasta que de pronto advirtió que cuanto más hablaba, tanto menos la aporreaba él.

Así pues, siguieron hablando. Él le contó de su carrera deportiva, de su fracaso matrimonial y de su afición a la guitarra. También habló de temas religiosos y de su madre. Ron había estudiado en el instituto con el ex marido de ella, portero ocasional del Coachlight. Ron se mostraba tranquilo e incluso sollozaba, aunque de vez en cuando se volvía irascible y gritaba. Andrea estaba preocupada por los cinco niños que tenía a su cargo. Mientras él hablaba, ella pensaba en cómo librarse de aquella pesadilla. De repente, él estalló en un violento acceso de furia, volvió a pegarle e intentó desgarrarle la ropa para poseerla. Estaba demasiado bebido para mantener una erección.

En determinado momento, al parecer Ron le dijo que iba a tener que matarla. Andrea rezó con fervor y decidió seguirle la corriente. Lo invitó para la tarde siguiente, cuando no estarían los niños, y ellos podrían disfrutar de todo el sexo que quisieran. La proposición satisfizo a Ron, que finalmente se marchó.

Ella llamó a su ex marido y a su padre, que juntos patrullaron por las calles en busca de Ron. Iban fuertemente armados y dispuestos a tomarse la justicia por su mano. Andrea tenía el rostro hecho un desastre: cortes, magulladuras, ojos hinchados, pues Ron llevaba un anillo con una cabeza de caballo grabada en relieve. Al día siguiente llamaron a la policía, pero ella se negó a presentar una denuncia. Ron vivía muy cerca de allí y ella tenía miedo.

Barney no estaba preparado para aquella declaración y se abrió paso como pudo a través de un embrollado turno de repreguntas.

La sala guardó silencio cuando la testigo bajó del estrado. Los miembros del jurado miraron con severo ceño al acusado. Había llegado la hora de la horca.

Inexplicablemente, Barney no llamó a ningún testigo para intentar mitigar los daños y salvarle la vida a Ron. Annette y Renee se encontraban en la sala, dispuestas a declarar. A lo largo de todo el juicio no se había mencionado la incapacidad mental de Ron. No se había presentando ni un solo informe al respecto.

Las últimas palabras que oyeron los miembros del jurado fueron las de la testigo Andrea Hardcastle.

Bill Peterson pidió la pena de muerte en su alegato final. Además, disponía de nuevas pruebas, un par de cosas que no se habían demostrado durante el juicio. Antes de Andrea Hardcastle nadie había mencionado el anillo de la cabeza de caballo. Peterson reflexionó y dedujo que Ron había utilizado aquel mismo anillo para pegar a Debbie Carter; por tanto, sus heridas faciales debían de ser muy similares a las que Andrea había sufrido allá en enero de 1981. Se trataba simplemente de una idea, sin ninguna prueba al respecto, pero ni falta que hacía.

Peterson dijo teatralmente al jurado:

—Dejó su firma en Andrea Hardcastle y la rubricó en Debbie Carter. —Y concluyó—: Cuando ustedes, señoras y señores del jurado, regresen aquí, les voy a pedir que digan: Ron Williamson, usted merece morir por lo que le hizo a Debra Sue Carter.

Con una perfecta elección del momento, Ron estalló:

—¡Yo no maté a Debbie Carter!

El jurado se retiró. Las deliberaciones acerca de la pena fueron muy rápidas. En menos de dos horas regresaron con una recomendación de pena capital.

En un sorprendente ejemplo de puesta en duda a posteriori, el juez Jones decidió celebrar al día siguiente una vista para estudiar la transgresión *Brady* cometida por la acusación. Aunque Barney estaba agotado y harto de aquella causa, seguía indignado con Peterson y la policía por haberle ocultado deliberadamente el vídeo del interrogatorio de Ron con el detector de mentiras en 1983.

Pero ¿por qué molestarse a aquellas alturas? El juicio ya había terminado. El vídeo ya no podría servir de nada.

Como cabía esperar, el juez decretó que el hecho no había constituido en esencia una transgresión *Brady*. La cinta no había sido escondida deliberadamente, sólo ocurría que se había presentado después del juicio en una especie de entrega con retraso.

Ron Williamson ya estaba camino de la Cellhouse F, por entonces célebre corredor de la muerte de la prisión estatal de Oklahoma en McAlester.

10

Oklahoma se toma muy en serio la pena de muerte. Cuando el Tribunal Supremo de Estados Unidos aprobó la reanudación de las ejecuciones en 1976, los legisladores del estado de Oklahoma se apresuraron a convocar una sesión especial con el exclusivo propósito de aprobar la reinstauración de la pena capital. Al año siguiente, los legisladores sometieron a debate la innovadora idea de la muerte por inyección letal, en desmedro de la llamada Vieja Chispas, la fiel silla eléctrica del estado. Se argumentó que las sustancias químicas eran más compasivas y, por consiguiente, menos susceptibles de lesionar los derechos constitucionales del condenado, y con ello se acelerarían probablemente las ejecuciones. En medio de la emoción del momento y bajo la vigilante mirada de la prensa y la presión de los electores, los legisladores discutieron acerca de las distintas maneras de suprimir la vida humana. Algunos halcones pedían la horca, los pelotones de fusilamiento y antiguallas por el estilo, pero al final la inyección letal se aprobó por abrumadora mayoría y Oklahoma fue el primer estado en adoptarla.

Pero no el primero en utilizarla. Para exasperación de los legisladores, la policía, los fiscales y una amplia mayoría de electores, Oklahoma quedó rápidamente por detrás de otros estados muy diligentes en lo tocante a la aplicación de la pena capital. Transcurrieron trece largos años sin que se registrara ninguna ejecución. Finalmente, en 1990 la espera terminó y la cámara de la muerte volvió a prestar servicio.

En cuanto se abrieron las compuertas, la oleada fue imparable. Desde 1990, Oklahoma ha ejecutado a más convictos per cápita que cualquier otro estado de la nación. Ningún lugar, ni siquiera Tejas, se le acerca.

Las ejecuciones en Oklahoma tienen lugar en McAlester, una prisión de máxima seguridad situada a ciento sesenta kilómetros al sudeste de Oklahoma City. Allí está el corredor de la muerte, actualmente un infame sector llamado Módulo H.

La práctica lo perfecciona todo y en McAlester las ejecuciones se llevan a cabo con extrema precisión. El recluso a quien le ha llegado la hora dedica el último día a recibir visitas: miembros de la familia, amigos y, por regla general, su abogado. Como es natural, las visitas resultan muy dolorosas, tanto más porque no se permite el contacto físico. Conversan y lloran a través de una gruesa mampara de cristal y valiéndose de un telefonillo. Nada de abrazos y besos de despedida, sólo un desgarrador «Te quiero» a través de un auricular negro. A menudo el recluso y el visitante se besan simbólicamente presionando los labios contra el cristal. También imitan el contacto con las manos.

No hay ninguna ley que prohíba el contacto físico antes de una ejecución. Cada estado tiene sus propias normas y Oklahoma prefiere que los rituales sean lo más duro posible.

Si el alcaide está de buen humor, permite que el recluso haga unas llamadas telefónicas. Cuando terminan las visitas, llega la hora de la última comida, pero el precio del menú no puede superar los quince dólares y el guardia puede descartar lo que considere improcedente. Hamburguesas de queso, pollo frito, barbo y helado son los manjares más solicitados.

Aproximadamente una hora antes de la ejecución se prepara al recluso. Se le cambia de ropa y se le pone una ligera prenda azul muy parecida a las batas que utilizan los cirujanos. Se le asegura a una camilla por medio de unas anchas correas de velcro y, cuando se inicia su último paseo, se produce una especie de estallido de euforia entre sus compañeros, que sacuden y propinan puntapiés a las puertas de sus celdas. Golpean ruidosamente los barrotes de metal, gritan y lanzan insultos, y el alboroto no cesa hasta justo después del minuto previsto para la ejecución. Entonces todo termina de repente.

Mientras se prepara al recluso, la cámara de la muerte espera, muy bien organizada, por cierto. La estancia destinada a las víctimas dispone de veinticuatro sillas plegables, cuatro o cinco reservadas para la prensa, un par para los abogados y unas cuantas para el alcaide y sus colaboradores. El sheriff local y el fiscal raras veces se pierden el acontecimiento.

Detrás de esta estancia y tras unos paneles de cristal unidireccional se encuentra la sala para la familia del condenado. Dispone de doce sillas plegables, pero a menudo unas cuantas permanecen desocupadas. Algunos reclusos no quieren que su familia presencie el macabro espectáculo. Otros ni siquiera tienen familia.

También hay una sala para los familiares de la víctima, aunque algunas de ellas tampoco tienen familia. Por eso a veces su sala aparece semidesierta.

Ambas salas están separadas y los dos grupos de familiares se mantienen cuidadosamente separados. Mientras ocupan sus asientos, los testigos no pueden ver nada: unas delgadas persianas bloquean la vista de la cámara de la muerte.

La camilla es empujada hasta el sitio que le corresponde. Los técnicos esperan con tubos intravenosos, uno para cada brazo. Cuando todo está debidamente insertado y ajustado, se levantan las persianas y los testigos ven al recluso. El cristal unidireccional le impide ver a los familiares de la víctima, pero sí, gracias a un ingenioso sistema de reflejos, puede ver a los suyos y a menudo les dirige un gesto de reconocimiento. Un micrófono sobresale de la pared a unos cincuenta centímetros por encima de su cabeza.

Un médico conecta un dispositivo para controlar el corazón. Un auxiliar del alcaide permanece de pie en una pequeña tarima blanca situada en un rincón, anotándolo todo en un cuaderno. A su lado hay un teléfono de pared por si se produjera una llamada de última hora por parte de los letrados o un cambio de opinión en el despacho del gobernador. En el pasado, un capellán permanecía de pie en otro rincón, leyendo textos de las Sagradas Escrituras a lo largo de toda la ejecución.

El alcaide se adelanta y pregunta al condenado si desea pronunciar unas últimas palabras. Suelen rehusar, pero a veces alguien pide perdón, o proclama su inocencia, o reza, o suelta una amarga diatriba. Hubo uno que entonó un himno. Otro estrechó la mano del alcaide y le dio las gracias a él y a su equipo de colaboradores y a toda la prisión por haberlo atendido tan bien durante su prolongada estancia.

Hay un límite de dos minutos para esas últimas palabras, y nadie suele superarlo.

Los condenados siempre están relajados y más bien apagados. Han aceptado su destino y llevan años preparándose para este momento. Muchos lo agradecen. Prefieren la muerte al horror de vivir otros diez o veinte años en el Módulo H.

En una pequeña estancia situada detrás de la camilla se ocultan tres verdugos. No se les ve y sus identidades se ignoran. No son funcionarios del estado sino una especie de colaboradores externos contratados en secreto hace muchos años por un antiguo alcaide. Sus llegadas y salidas de McAlester son misteriosas. Sólo el alcaide sabe quiénes son, de dónde proceden y dónde consiguen las sustancias químicas. Les paga a cada uno de ellos 300 dólares en efectivo por cada ejecución.

Los tubos pinchados en los brazos del recluso suben por la pared y pasan por unos orificios de cinco centímetros de diámetro hasta el cuartito donde los verdugos hacen su trabajo.

Una vez cumplidas todas las formalidades y cuando el alcaide está seguro de que no se van a producir llamadas de última hora, asiente con la cabeza y se inicia el procedimiento. Primero se inyecta una solución salina para dilatar las venas. La primera sustancia química es tiopental sódico, que rápidamente deja sin sentido al recluso. Otra inyección de solución salina y, a continuación, la segunda sustancia química, bromuro de vecuronio, impide la respiración. Otra rápida dosis salina y la tercera sustancia, cloruro de potasio, provoca una parada cardíaca.

El médico efectúa una rápida comprobación y certifica la muerte. Las persianas bajan de inmediato y los testigos, muchos de ellos profundamente emocionados, se retiran rápidamente en silencio. La camilla es sacada de la estancia y el cadáver es conducido a una ambulancia. La familia tiene que ocuparse de los trámites necesarios para recuperarlo, de lo contrario, es enterrado en el cementerio de la cárcel.

Delante de las puertas de la prisión, dos grupos celebran vigilias de distinto signo. Los Supervivientes de Homicidios permanecen sentados delante de sus versiones revisadas de la Biblia a la espera de la grata noticia del cumplimiento de la ejecución. A su lado, tres paneles expositores dedicados a la memoria de las víctimas de los condenados. Fotografías en color de niños y de sonrientes estudiantes; poemas dedicados a las víctimas; titulares de prensa anunciando algún horrendo doble asesinato; montones de fotografías de personas sanguinariamente asesinadas por los inquilinos del corredor de la muerte. La exposición recordatoria se llama «Recuerda a las Víctimas».

No lejos de allí, un sacerdote católico dirige al otro grupo en un círculo de oración e himnos. Algunos militantes contra la pena de muerte asisten a todas las ejecuciones, rezando no sólo por los condenados sino también por sus víctimas.

Ambos grupos se conocen y se respetan.

Cuando se recibe la noticia de que la ejecución ha terminado, se ofrecen más plegarias. Luego se apagan los cirios y se guardan los libros de himnos.

Se intercambian abrazos y despedidas. «Nos vemos en la próxima ejecución.»

Cuando Ron Williamson llegó a McAlester el 29 de abril de 1988, el Módulo H estaba siendo objeto de discusión pero aún no se había construido. Los responsables de la cárcel pedían un nuevo corredor de la muerte para albergar al creciente número de condenados, pero la Administración no quería gastar dinero.

Ron fue conducido a la llamada Cellhouse F, residencia de otros ochenta y un condenados a muerte. La Cellhouse F, o el Corredor, tal como se la llamaba, comprendía los dos pisos inferiores de un ala del viejo edificio de la cárcel, o Big House, una enorme estructura de cuatro pisos construida en 1933 y abandonada finalmente cincuenta años después. Varias décadas de hacinamiento, violencia, pleitos y disturbios habían llevado a su inevitable clausura.

En la inmensa y desierta Big House medio en ruinas, sólo la Cellhouse F estaba en uso, y su único propósito era mantener a los condenados en un ambiente aislado.

En la Cellhouse F, Ron recibió dos pantalones caquis, dos camisas azules de manga corta, dos camisetas blancas, dos pares de calcetines blancos y dos de calzoncillos blancos. Todas las prendas estaban muy gastadas, limpias pero con manchas indelebles, sobre todo los calzoncillos. Los zapatos eran de trabajo y negros, también usados. Le entregaron una almohada, una manta, papel higiénico, un cepillo de dientes y un tubo de dentífrico. Durante la breve instrucción le explicaron que podría adquirir otros artículos de aseo, comida, bebidas sin alcohol y demás en el economato de la prisión, conocido como la «cantina», un lugar que no estaría autorizado a visitar. Cualquier dinero que recibiera del exterior iría a parar a su cuenta y con él podría comprar lo que necesitara de la cantina.

Cuando se hubo puesto la ropa de la prisión y terminaron los trámites, fue conducido al ala, o el corral, donde pasaría muchos años a la espera de que el estado lo ejecutara. Lo esposaron y le colocaron grilletes en los tobillos. Mientras él sostenía la almohada, la manta, las mudas de ropa y otros objetos, los guardias abrieron la enorme puerta de barrotes y se inició el desfile.

Por encima de su cabeza, escrita en grandes letras negras, figuraba su dirección: CORREDOR DE LA MUERTE.

La galería medía treinta metros de longitud y sólo tres y medio de ancho, con celdas apretujadas a ambos lados. El techo tenía dos metros y medio de altura.

Caminando muy despacio, Ron y los dos guardias avanzaron por la galería. Era un ritual, una breve ceremonia de bienvenida. Sus vecinos sabían de su llegada y empezó la rechifla:

—¡Ha llegado el nuevo a la galería!

—¡Carne fresca!

—¡Hola, nene!

Los brazos asomaban entre los barrotes de las celdas, casi al alcance de la mano. Brazos blancos, brazos negros, brazos morenos. Brazos tatuados. «Hazte el duro —se dijo Ron—. No les demuestres que tienes miedo.» Después empezaron a propinar puntapiés a las puertas, a gritar, a insultarlo, a proferir amenazas de carácter sexual. «Hazte siempre el duro.»

Había visto otras cárceles anteriormente, había sobrevivido once meses en la prisión del condado de Pontotoc. Ni siquiera aquello podía ser peor, pensó.

Se detuvieron en la celda 16 y el ruido cesó de golpe. Bienvenido al Corredor. Un guardia abrió la puerta y Ron entró en su nuevo hogar. Hay un viejo dicho en Oklahoma a propósito de alguien encarcelado en McAlester: «Está cumpliendo condena en el Big Mac.» Ron se tumbó en su estrecha litera, cerró los ojos y no pudo creer que estuviera encerrado en el Big Mac.

La celda estaba amueblada con literas metálicas, un escritorio y un taburete de metal fijado al suelo de hormigón, un combinado de lavabo/váter de acero inoxidable, un espejo, una serie de estantes metálicos para libros y una bombilla. Medía cinco metros de longitud, dos de ancho y dos y medio de altura. El suelo era de linóleo blanco y negro, imitación tablero de ajedrez. Las paredes de ladrillo eran blancas, pintadas tantas veces que parecían lisas.

Gracias a Dios había una ventana, pensó; aunque no permitiera ver nada, por lo menos daba paso a la luz. En la cárcel de Ada no había ventanas.

Se acercó a la puerta, que no era más que una serie de barrotes con una abertura conocida como «el agujero de las alubias», por donde se introducían las bandejas de la comida y los paquetes de pequeño tamaño. Al otro lado del pasillo vio a tres hombres, el que estaba enfrente de él en la celda 9 y los que se encontraban a ambos lados. Ron no dijo nada y ellos tampoco.

Los reclusos nuevos apenas hablaban durante los primeros días. La conmoción de llegar a un lugar donde vivirían quizá sus últimos años era insoportable. El miedo estaba en todas partes, miedo al futuro, miedo a no volver a ver a los seres queridos, miedo a no sobrevivir, miedo a ser apuñalado o violado por algún despiadado asesino al que uno oía respirar a escasos metros de distancia.

Se hizo la cama y arregló las cosas. Agradecía la soledad. Casi todos los condenados ocupaban una celda en solitario, pero cabía la posibilidad de contar con un compañero. En la galería, el ruido era constante: conversaciones entre reclusos, risotadas de los guardias, televisores y radios a todo volumen, gritos de una celda a otra. Ron se mantenía apartado de la puerta, lo más lejos posible del ruido. Dormía, leía libros y fumaba. Todo el mundo fumaba en el Corredor y el olor a tabaco se cernía sobre el corral como una espesa y agria niebla. Había viejos aparatos de ventilación, pero funcionaban mal. Las ventanas no se podían abrir a pesar de los gruesos barrotes que las protegían. La monotonía se hacía sentir. No había ningún programa de actividades, nada que uno pudiera esperar con entusiasmo. Una breve hora fuera de la celda algunas veces. El aburrimiento era aletargador.

Para unos hombres que pasaban veintitrés horas al día sin apenas hacer nada, el acontecimiento estrella era la comida. Tres veces al día las bandejas eran llevadas en unos carros de ruedas por la galería e introducidas a través del agujero de las alubias. Todas las comidas se hacían en la celda y en solitario. El desayuno se servía a las siete y solía consistir en huevos revueltos y maíz, un poco de tocino y dos o tres tostadas. El café estaba apenas tibio y era muy flojo, pero se agradecía de todos modos. El almuerzo era a base de bocadillos y alubias. La cena era la peor comida del día: una dudosa carne de mala calidad con verduras a medio cocer. Las raciones eran ridículamente pequeñas y siempre llegaban frías. Se preparaban en otro sitio y eran trasladadas en carritos que avanzaban muy despacio. Pero ¿a quién le importaba? Todos eran hombres muertos. Sin embargo, a pesar del menú bazofia, la hora de la comida era importante.

Annette y Renee le enviaban dinero y Ron compraba comida, cigarrillos, artículos de aseo y bebidas sin alcohol. Rellenaba un impreso en el cual se indicaban los artículos disponibles y se lo entregaba a la persona más importante del Corredor: el Hombre de la Galería. Era un recluso que se había ganado el favor de los guardias y tenía permiso para pasar casi todo el rato fuera de su celda, haciendo recados para los otros reclusos. Transmitía chismorreos y notas, recogía y entregaba ropa a la lavandería y artículos de la cantina, daba consejos y de vez en cuando trapicheaba droga.

El patio de los ejercicios, un territorio sagrado, era un espacio vallado del tamaño de dos canchas de baloncesto contiguo a la Cellhouse F. Una hora al día durante cinco días a la semana cada recluso estaba autorizado a salir al «patio» para tomar un poco el sol, conversar con los compañeros de encierro y jugar al baloncesto, las cartas o el dominó. Los grupos eran muy reducidos, por regla general de cinco o seis hombres, rigurosamente controlados por los propios reclusos. Los amigos y sólo los amigos salían juntos al patio. Un nuevo recluso tenía que ser invitado antes de poder sentirse seguro. Había peleas y agresiones y los guardias vigilaban estrechamente el patio. Durante el primer mes, Ron prefirió salir solo. El Corredor estaba lleno de asesinos y a él no le interesaba el trato con ellos.

El otro lugar de contacto entre los presos era la ducha. Estaban autorizados a ducharse tres veces por semana durante quince minutos como máximo y sólo dos hombres por vez. Si algún recluso no quería o no se fiaba de tener un compañero de ducha, podía ducharse solo. Ron lo hacía así. Había un buen caudal de agua fría y caliente, pero no se podían mezclar. O te quemabas o te congelabas.

Las otras dos bajas judiciales del condado de Pontotoc se encontraban en el corredor de la muerte cuando llegó Ron, aunque éste no lo supo al principio. Tommy Ward y Karl Fontenot llevaban casi tres años esperando allí a que sus recursos recorrieran lentamente los distintos tribunales.

El Hombre de la Galería le pasó a Ron una nota, o una «cometa», un mensaje no autorizado que los guardias solían pasar por alto. Era de Tommy Ward, saludándole y deseándole lo mejor. Ron le envió una nota de respuesta, pidiéndole unos cigarrillos. Aunque lo sentía por Tommy y Karl, se alegraba de saber que no todo el mundo en el Corredor era un carnicero. Siempre había creído en su inocencia y había pensado a menudo en ellos durante su dura experiencia.

Tommy había pasado un tiempo con Ron en la cárcel de Ada y sabía que éste estaba emocionalmente desequilibrado. Años atrás, en mitad de la noche, una voz solía gritar desde la oscuridad del fondo de la galería: «Tommy, soy Denice Haraway, diles por favor dónde está mi cadáver.» Oía los murmullos de los celadores y los reclusos reprimiendo la risa. Procuró no prestar atención a aquellos jueguecitos de desgaste y, al final, lo dejaron en paz.

Ron no podía hacer lo mismo. «Ron, ¿por qué te cargaste a Debbie Carter?», resonaba una inquietante voz por toda la cárcel de Ada. Ron se levantaba de su litera y se ponía a gritar.

En el corredor de la muerte Tommy batallaba diariamente con su cordura. Si el horror de aquel lugar ya era malo de por sí para los verdaderos asesinos, para un inocente resultaba enloquecedor. Temió por el bienestar de Ron en cuanto éste llegó.

Uno de los guardias conocía los detalles del caso Carter. No mucho después de la llegada de Ron, Tommy oyó gritar a un guardia: «Ron, soy Debbie Carter. ¿Por qué me mataste?»

Ron, que al principio no decía nada, se puso a proclamar su inocencia a grito pelado. A los guardias les encantó su reacción y enseguida empezaron a provocarlo. A los demás reclusos también les hacía gracia y muchas veces se unían al jolgorio.

Poco después de la llegada de Ron, Tommy fue sacado repentinamente de su celda y varios guardias bruscos y malcarados le pusieron esposas y grilletes. Debía de ser algo muy serio, aunque él no tenía ni idea. Nunca te lo dicen.

Se llevaron al frágil y enclenque muchacho, rodeado de suficientes guardias como para proteger al presidente.

—¿Adónde vamos? —preguntó, pero la respuesta era demasiado importante como para que se la dieran.

Salieron de la Cellhouse F, atravesaron la rotonda en forma de cúpula de la Big House, desierta a excepción de las palomas, y entraron en una sala de reuniones del edificio de administración.

El alcaide lo estaba esperando, y tenía malas noticias.

Lo mantuvieron aherrojado e inmóvil en un asiento al fondo de una alargada mesa de juntas rodeada de ayudantes, auxiliares y secretarios. Los guardias permanecían de pie a su espalda con rostro imperturbable, listos para intervenir si Tommy intentaba escapar en cuanto le comunicaran la noticia. Todo el mundo alrededor de la mesa sostenía un bolígrafo para anotar lo que estaba a punto de ocurrir.

El alcaide habló en tono muy serio. La mala noticia era que Tommy no había conseguido un aplazamiento de la ejecución y, por consiguiente, había llegado su hora. Sí, parecía un poco pronto, sus recursos no tenían ni tres años, pero a veces ocurre así.

El alcaide lo sentía muchísimo, pero se limitaba a cumplir con su deber. El gran día llegaría en cuestión de dos semanas.

Tommy respiró hondo y trató de asimilarlo. Sus abogados trabajaban en sus recursos, los cuales, como le habían dicho muchas veces, tardarían años en estar a punto. Había muchas probabilidades de que se celebrara un nuevo juicio en Ada.

Corría el año 1988. En Oklahoma no se había llevado a cabo una ejecución en más de veinte años. A lo mejor, aquella gente estaba un poco oxidada y no sabía lo que hacía.

El alcaide añadió que los preparativos se iniciarían de inmediato. Una cuestión importante era qué hacer con el cadáver.

«El cadáver —pensó Tommy—. ¿Mi cadáver?»

Los auxiliares, ayudantes y secretarios fruncieron el entrecejo mientras garabateaban las palabras del alcaide. «¿Por qué está aquí toda esta gente?», se preguntó Tommy.

—Envíenme a mi madre, supongo —dijo Tommy o trató de decir.

Se notó las rodillas muy flojas al levantarse. Los guardias lo devolvieron a la Cellhouse F. Se acurrucó en su litera y lloró no por él mismo, sino por su familia y especialmente por su madre.

Dos días después fue informado de que se había tratado de un error. Se habían equivocado en el manejo de los papeles. La suspensión de la pena seguía en vigor y la señora Ward ya no tendría que hacerse cargo del cadáver de su hijo en un futuro inmediato.

Semejantes episodios esperpénticos no eran insólitos. Semanas después de que su hermano abandonara Ada, Annette recibió una carta del alcaide. Pensó que se trataría de una cuestión de rutina. Puede que tuviera razón, dada la alegría con que solían interpretar los asuntos en McAlester.

Estimada señora Hudson:

Con hondo pesar, es mi deber comunicarle que la ejecución de su hermano Ronald Keith Williamson, número 134846, se ha fijado para el 18 de julio de 1988 a las 12.02 horas en la Penitenciaría Estatal de Oklahoma.

Será trasladado desde su actual celda a otra celda la mañana anterior al día de la ejecución. A partir de entonces su horario de visitas será el siguiente: 9-12 horas, 13-16 horas y 18-20 horas.

Las visitas durante las últimas veinticuatro horas se limitarán a un clérigo, su abogado y otros dos visitantes aprobados por el alcaide. Su hermano tiene derecho a que cinco testigos más presencien su ejecución; éstos también deberán ser aprobados por el alcaide.

Por duro que resulte, es necesario ocuparse de las disposiciones para el funeral, las cuales serán responsabilidad de la familia. Si dicha responsabilidad no es asumida, el Estado se encargará del entierro. Le ruego nos informe de su decisión a este respecto.

En caso de que necesite más información o de que yo pueda ayudarla de alguna manera, ruego se ponga en contacto conmigo.

Atentamente,

JAMES L. SAFFLE, alcaide

La carta estaba fechada el 21 de junio de 1988, menos de dos meses después de la llegada de Ronnie a McAlester. Annette sabía que los recursos eran automáticos en los casos sentenciados a muerte. Quizá fuera conveniente que alguien informara a las autoridades encargadas de disponer las ejecuciones.

Por muy horrible que fuera la carta, Annette consiguió sobreponerse. Su hermano era inocente y algún día lo demostraría en un nuevo juicio. Lo creía firmemente y jamás se apartaría ni un ápice de su convicción. Leía la Biblia, rezaba constantemente y se reunía a menudo con su pastor.

Sin embargo, no pudo evitar preguntarse qué clase de personas estaban al mando de la prisión de McAlester.

Tras una semana en el Corredor, Ron se acercó un día a la puerta de su celda y saludó al hombre de la celda 9, al otro lado del pasillo, a unos tres metros y medio de distancia. Greg Wilhoit le respondió y ambos intercambiaron unas palabras. A ninguno de ellos le apetecía mantener una larga conversación. Al día siguiente, ambos charlaron brevemente. Greg comentó que era de Tulsa. Ron había vivido allí algún tiempo con un tipo llamado Stan Wilkins.

—¿Trabaja en la metalurgia? —preguntó Greg.

En efecto así era, y Greg lo conocía. La coincidencia tenía gracia y consiguió romper el hielo. Hablaron de viejos amigos y de lugares de Tulsa.

Greg tenía también treinta años, también le encantaba el béisbol y también tenía dos hermanas que lo ayudaban.

Y también era inocente.

Fue el comienzo de una profunda amistad que los ayudó a sobrevivir a aquella dura experiencia. Greg lo invitó a ir a la capilla, un servicio religioso semanal que se celebraba fuera del Corredor y al que asistían muchos condenados a muerte. Esposados y aherrojados, eran acompañados a una pequeña estancia donde un piadoso capellán llamado Charles Story dirigía sus rezos. Ron y Greg raras veces se perdían el servicio y siempre se sentaban juntos.

Greg Wilhoit llevaba nueve meses en McAlester. Era un trabajador del ramo de la metalurgia, un duro sindicalista con antecedentes por posesión de marihuana, pero nada de carácter violento.

En 1985, Greg y su mujer Kathy se separaron. Tenían dos hijas pequeñas y numerosos problemas. Greg ayudó a

Kathy a mudarse a un apartamento y casi todas las noches pasaba por allí para ver a las niñas. Ambos confiaban en que el matrimonio pudiera arreglarse, pero necesitaban tiempo para estar solos. Seguían manteniendo relaciones sexuales y se eran mutuamente fieles; ninguno de los dos andaba acostándose por ahí.

El 1 de junio, tres semanas después de la separación, una vecina del edificio donde vivía Kathy se alarmó al oír que las dos niñas lloraban sin cesar. Llamó a la puerta y, al no obtener respuesta, avisó a la policía. Dentro, encontraron el cadáver de Kathy. Las dos pequeñas permanecían en sus cunas, hambrientas y asustadas.

Kathy había sido violada y estrangulada. El momento de la muerte había sido entre la una y las seis de la madrugada. Cuando la policía interrogó a Greg, éste dijo que estaba durmiendo solo en su casa; por consiguiente, no disponía de ninguna coartada. Negó cualquier implicación en el asesinato y se tomó a mal el interrogatorio de la policía.

La investigación encontró una huella digital en un teléfono que había sido arrancado de la pared y estaba tirado en el suelo cerca de Kathy. La huella no correspondía ni a Greg ni a su mujer. La policía encontró vello pubiano y, lo más importante, lo que parecía la marca de un mordisco en el pecho de Kathy. Un perito de la policía científica confirmó que el asesino había mordido con fuerza un pecho de Kathy durante la agresión.

Tratándose del esposo separado, Greg se convirtió enseguida en el principal sospechoso, a pesar de que la huella digital no coincidía. Melvin Hett, del laboratorio de investigación criminal, dictaminó que el vello pubiano no era microscópicamente compatible con la muestra de Greg. Entonces la policía le pidió una impresión de su dentadura para compararla con la marca del mordisco.

A Greg le molestaba ser un sospechoso. Era inocente y no se fiaba de la policía. Con la ayuda de sus padres, pagó 25.000 dólares para contratar los servicios de un buen abogado.

Eso no gustó nada a la policía. Consiguieron un requerimiento judicial que le exigía la presentación de la impresión dental. Así lo hizo, y luego transcurrieron cinco meses sin saber nada. Cuidaba de sus dos hijas, trabajaba duro en la metalurgia y esperaba que la policía hubiera pasado a la historia, cuando unos agentes se presentaron un día de enero de 1986 con una orden de detención por un delito de asesinato en primer grado, susceptible de ser castigado con la pena capital.

Su primer abogado, pese a estar bien pagado y gozar de buena fama, pretendió negociar la conmutación de la pena a cambio de una declaración de culpabilidad. Greg prescindió de sus servicios un mes antes del inicio del juicio y cometió el gran error de contratar a George Briggs, un viejo abogado arruinado que ya había llegado al final de una larga y pintoresca carrera. Sus honorarios eran de 2.500 dólares, una ganga y un peligro.

Briggs pertenecía a la vieja escuela de abogados provincianos: tú búscate tus testigos y yo me busco los míos, nos presentamos en el juzgado y nos enzarzamos en una buena pelea; nada de mostrar tus cartas antes del juicio; en caso de duda, confía en tu instinto judicial y sálvate por los pelos.

Briggs era, además, un alcohólico, adicto a los analgésicos que había empezado a tomar unos años atrás cuando un accidente de moto le había dañado parcialmente el cerebro. Cuando tenía un buen día apestaba a alcohol, pero lograba cumplir su papel con cierta compostura. Cuando tenía un mal día, era capaz de roncar en la sala, mojarse los pantalones y vomitar en el despacho del juez. Se le veía a menudo haciendo eses por los pasillos de los juzgados. Greg y sus padres se alarmaron al ver que Briggs apuraba varias cervezas durante un almuerzo.

Su adicción al alcohol era sobradamente conocida por el juez y por el colegio de abogados de Oklahoma, pero no se había hecho prácticamente nada para ayudarle o proteger a sus clientes.

La familia de Greg localizó en Kansas a un prestigioso experto en marcas dejadas por mordiscos, pero Briggs estaba demasiado ocupado o bebido para hablar con él. Aquel inefable abogado no interrogó a ningún testigo y, que Greg supiera, apenas preparó su defensa.

El juicio fue una pesadilla. La acusación llamó a declarar a dos peritos en marcas de mordiscos, uno de los cuales había terminado sus estudios de odontología hacía menos de un año. Briggs no tuvo nada con que rebatir sus afirmaciones. El jurado deliberó dos horas y declaró culpable a Greg. Briggs no llamó a declarar a ningún testigo de descargo, por lo que el jurado deliberó una hora más y aconsejó una condena a muerte, que el juez validó.

Un mes después, Greg fue conducido de nuevo a la sala para escuchar su sentencia a muerte.

En la celda 9, Greg cubrió con periódicos los barrotes de su puerta para que nadie pudiera verlo. Se convenció de que no se encontraba en el corredor de la muerte sino en un pequeño y acogedor capullo, en otro lugar, donde pasaba el rato leyendo ávidamente y viendo la televisión en el pequeño aparato que su familia le había enviado. Sólo hablaba con el Hombre de la Galería, el cual ya la primera vez le preguntó si necesitaba un poco de marihuana. Pues sí.

Al principio, Greg no se dio cuenta de que algunos afortunados reclusos abandonaban vivos el Corredor. De vez en cuando, los recursos daban resultado, los buenos abogados trabajaban a fondo, los jueces despertaban y ocurrían milagros, pero nadie se lo había informado. Estaba seguro de que lo iban a matar y, la verdad, cuanto antes lo hicieran, mejor.

Pasó seis meses sin salir de su celda más que para ducharse, rápidamente y en solitario. Poco a poco, sin embargo, empezó a hacer alguna que otra amistad y lo invitaron a salir al patio para hacer ejercicio y charlar con sus compañeros. Pero eso le granjeó la antipatía de los demás. Greg era una rareza en el Corredor: un firme partidario de la pena de muerte. Si cometes el delito definitivo, tienes que pagar el precio definitivo, proclamaba inauditamente en voz alta.

Por si fuera poco, adquirió la molesta costumbre de ver la televisión a todo volumen por las noches. El sueño es muy apreciado en el Corredor y muchos hombres se pasan la mitad de cada día en otro mundo. Cuando duermes, engañas al sistema. El tiempo del sueño te pertenece a ti y no al Estado.

Los asesinos convictos no vacilan en amenazar con volver a matar y Greg no tardó en enterarse de que era un hombre marcado. Cada corredor de la muerte tiene por lo menos un cabecilla y varios que quieren serlo. Hay bandos que compiten por el control. Abusan de los débiles y a menudo les exigen el pago de una cuota por el derecho de «vivir» en el Corredor. Cuando le insinuaron a Greg que tenía que pagar un alquiler, éste se burló y envió un mensaje de respuesta diciendo que jamás le pagaría un céntimo a nadie por vivir en semejante ratonera.

El Corredor estaba gobernado por Soledad, apodo de un asesino que había pasado una temporada en la célebre prisión de California homónima. A Soledad no le hacía ninguna gracia la postura pro pena de muerte de Greg, y tampoco le gustaban demasiado los programas televisivos que Greg sintonizaba. Y, puesto que todo cabecilla que se precie tiene que estar dispuesto a matar, Greg se convirtió en su objetivo.

Todo el mundo tiene enemigos en el Corredor. Las disputas son muy desagradables y estallan rápidamente por cualquier cosa. Un paquete de cigarrillos puede provocar una paliza en el patio o en la ducha. Por dos te pueden matar.

Greg necesitaba a un amigo que le guardara las espaldas.

La primera visita de Annette a McAlester fue triste y desoladora, y no es que ella esperara otra cosa. Habría preferido no ir, pero Ronnie sólo tenía a sus hermanas.

Los guardias la cachearon y registraron su bolso. Avanzar por las distintas zonas de la Big House era como hundirse en el oscuro vientre de una bestia. Las puertas resonaban, las llaves chirriaban, los guardias la miraban con ceño. Estaba aturdida y caminaba como una sonámbula, se notaba un nudo en el estómago y tenía el pulso acelerado.

Los Williamson eran una agradable familia que vivía en una bonita casa de una calle arbolada. La iglesia el domingo. Cientos de partidos de béisbol cuando Ronnie era adolescente. ¿Cómo era posible que todo hubiera acabado en aquella cloaca?

«En adelante esto se convertirá en una costumbre», reconoció estremeciéndose. Oiría los mismos sonidos y vería los mismos guardias numerosas veces en el futuro. Preguntó si podría llevar algunas cosas —galletas, ropa, dinero en efectivo—. No, fue la rápida respuesta. Sólo calderilla. Entonces ella le entregó al guardia un puñado de monedas de cuarto de dólar para que se las hiciera llegar a Ronnie.

La sala de visitas, larga y estrecha, estaba dividida en el centro por gruesos paneles de plexiglás subdivididos a su vez en tabiques para ofrecer un mínimo de privacidad. Todas las conversaciones se mantenían por telefonillo a través de una ventana. Ningún contacto en absoluto.

Al final, apareció Ronnie. Nadie tenía prisa en la cárcel. Ofrecía un aspecto saludable, puede que un poco más regordete, pero es que su peso siempre había tenido altibajos.

Él le dio las gracias por su visita. Dijo que lo estaba sobrellevando bastante bien pero que necesitaba dinero. La comida era espantosa y él quería comprar algo en la cantina. También anhelaba tener una guitarra, algunos libros y revistas y un pequeño televisor, todo lo cual se podía adquirir a través de la cantina.

—Sácame de aquí, Annette —le suplicó luego—. Yo no maté a Debbie Carter y tú lo sabes.

Ella jamás había dudado de la inocencia de su hermano, aunque ahora algunos miembros de la familia vacilaban. Ella y su marido Marlon trabajaban, tenían una familia propia y estaban procurando ahorrar un poco. El dinero no les sobraba. ¿Qué tenía que hacer ella? Los abogados de oficio estaban preparando los recursos judiciales.

—Vende la casa y contrata a un buen abogado —le dijo él—. Véndelo todo. Haz lo que sea pero sácame de aquí.

La conversación fue muy dolorosa e incluso hubo lágrimas. Otro recluso recibió una visita en la cabina de al lado. Annette apenas podía verlo a través del cristal, pero preguntó quién era y cuál era su delito.

—Roger Dale Stafford —contestó Ronnie—, el famoso asesino de la churrasquería.

Tenía nueve condenas a muerte, el récord del momento en el Corredor. Había acabado con seis personas, incluidos cinco adolescentes, en la trastienda de un restaurante especializado en bistecs de Oklahoma City durante un robo fallido, y después había matado a los tres miembros de una familia.

—Aquí todos son asesinos —comentó Ronnie—. Sólo hablan de matar. Es de lo único que se habla en el Corredor. ¡Sácame de aquí, Annette, te lo suplico!

—¿Te sientes seguro? —preguntó ella.

—Eso es imposible conviviendo con un hatajo de asesinos.

Él siempre había creído en la pena de muerte, pero ahora era un firme partidario de ella. Sin embargo, en aquel lugar no podía manifestarlo abiertamente.

No había límite de tiempo para las visitas. Al final, ambos se despidieron con sinceras promesas de escribir y llamar. Annette estaba emocionalmente exhausta cuando abandonó McAlester.

Las llamadas empezaron de inmediato. En el Corredor colocaban un teléfono en un carrito de ruedas y lo acercaban a las celdas. Un guardia marcaba el número y pasaba el auricular entre los barrotes. Las llamadas eran a cobro revertido. Por aburrimiento y desesperación, Ron no tardó en convertirse en el que más veces pedía el carrito.

Por lo general empezaba pidiendo dinero, veinte o treinta dólares, para comida y cigarrillos. Annette y Renee procuraban enviarle cuarenta dólares mensuales cada una, pero tenían sus propios gastos y les sobraba muy poco. Nunca le enviaban suficiente y Ronnie se lo recordaba una y otra vez. A menudo se enfadaba con ellas y les decía que no lo querían, ya que no lo sacaban de allí. Era inocente, todo el mundo lo sabía, y fuera no había nadie que pudiera liberarlo más que sus hermanas.

Las llamadas raras veces resultaban agradables aunque ellas procuraban no pelearse con él. Ron siempre se las arreglaba para recordarles lo mucho que las quería.

El marido de Annette le envió unas suscripciones al *National Geographic* y el *Ada Evening News*. Ronnie quería enterarse de las cosas que ocurrían fuera.

No mucho después de su llegada a McAlester tuvo noticia de la extravagante confesión de Ricky Joe Simmons. Barney estaba al corriente de aquella confesión grabada, pero había optado por no utilizarla en el juicio. Un investigador de la Oficina de Defensa Jurídica del Insolvente llevó la cinta de la confesión a McAlester y se la mostró a Ron. Éste se puso exultante. ¡Alguien había reconocido haber matado a Debbie Carter y el jurado ni se había enterado!

Seguro que la noticia no tardaría en circular por Ada y él quería leerla en el periódico local.

Ricky Joe Simmons se convirtió en otra fijación, tal vez la principal, y Ron pasaría muchos años obsesionado con él.

Intentó llamar a todo el mundo; quería que todos supieran de Ricky Joe Simmons. Su confesión era su billete a la libertad y Ron quería que alguien llevara a juicio al chico. Llamó a Barney, a otros abogados, a funcionarios del condado e incluso a viejos amigos, pero casi todos rehusaron aceptar el cobro revertido.

Las normas se modificaron y los privilegios telefónicos se limitaron cuando dos reclusos fueron sorprendidos haciendo llamadas a las familias de sus víctimas por pura diversión. Habitualmente se permitían dos llamadas por semana y cada número telefónico tenía que ser previamente aprobado.

Una vez a la semana, el Hombre de la Galería empujaba un carrito de gastados libros de bolsillo procedentes de la biblioteca y recorría toda la Cellhouse F. Greg Wilhoit leía todo lo que se le ofrecía: biografías, novelas de misterio y del Oeste. Stephen King era uno de sus preferidos, pero lo que más le gustaba eran las obras de John Steinbeck.

Animó a Ron a leer como evasión y ambos no tardaron en comentar los méritos de *Las uvas de la ira* y *Al este del Edén*, unas conversaciones de lo más insólitas en el corredor. Se pasaban horas apoyados contra los barrotes de sus celdas, hablando sin cesar. Libros, béisbol, mujeres, sus juicios.

A ambos les extrañaba que los reclusos del Corredor no reivindicaran su inocencia. En su lugar, solían embellecer sus crímenes al comentarlos entre ellos. La muerte era un tema constante: asesinatos, juicios por asesinato, asesinatos todavía por cometer...

Al ver que Ron insistía en su inocencia, Greg empezó a creerle. Todos los reclusos tenían a mano la transcripción de sus juicios, y Greg leyó la de Ron, las dos mil páginas enteras. Le causó una profunda impresión. A su vez, Ron leyó la transcripción de Greg y se quedó igualmente impresionado. Creían el uno en el otro e ignoraban el escepticismo de sus vecinos.

En las primeras semanas, la amistad ejerció en Ron un efecto terapéutico. Había encontrado finalmente a alguien que le creía, alguien con quien podía hablar durante horas, alguien que lo escuchaba con inteligencia y comprensión. Lejos de la cavernosa celda de Ada y teniendo un amigo con quien desahogarse, su conducta se estabilizó. Ya no desvariaba, ni se paseaba arriba y abajo, ni proclamaba a gritos su inocencia. Los cambios de humor ya no eran tan bruscos. Dormía mucho, dedicaba bastantes horas a la lectura, fumaba sin cesar y hablaba con Greg. Salían juntos al patio y se protegían mutuamente. Annette logró enviarle más dinero y Ron compró un pequeño televisor en la cantina. Ella sabía lo importante que era una guitarra para su hermano, por lo que se ocupó de conseguirle una. En la cantina no había.

Después de varias llamadas y cartas, logró autorización de los funcionarios de la prisión para enviarle una comprada en una tienda de McAlester.

Los problemas empezaron cuando llegó. En su afán de impresionar a los demás con su talento, Ron la tocaba y cantaba a pleno pulmón. Los demás se quejaron airadamente pero a Ron no le importó. Le encantaba su guitarra y le encantaba cantar, sobre todo el repertorio de Hank Williams. *Your Cheatin' Heart* resonaba arriba y abajo de la galería. Los demás soltaban improperios, y él se los devolvía.

Al final, Soledad se hartó de la música de Ron y amenazó con que esta vez sí lo mataría.

—¿Qué más da? —replicó Ron—. Yo ya tengo mi pena de muerte.

No se hizo nada por instalar aire acondicionado en la Cellhouse F, por lo que, cuando llegó el verano, aquello parecía una sauna. Los reclusos iban sólo en calzoncillos y se agrupaban delante de los pequeños ventiladores que vendían en la cantina. A menudo los hombres despertaban antes del amanecer con las sábanas empapadas de sudor. Algunos se pasaban los días completamente en cueros.

Curiosamente, la prisión organizaba visitas guiadas por el corredor de la muerte. Los visitantes solían ser estudiantes de instituto cuyos padres y profesores buscaban asustarlos para que se mantuvieran apartados del crimen. Cuando hacía más calor, los guardias ordenaban a los reclusos que se vistieran porque estaba a punto de iniciarse un recorrido. Algunos obedecían y otros no.

Un indio llamado Buck Naked prefería el toque nativo e iba constantemente desnudo. Tenía la rara habilidad de soltar pedorretas a voluntad y, cuando se acercaban los grupos de visitantes, su broma preferida consistía en pegar el trasero a los barrotes de su puerta y soltar sonoras descargas. Tal cosa desconcertaba a los jóvenes estudiantes y estropeaba sus instructivas visitas.

Los guardias le decían que parara, pero él no hacía caso. Sus compañeros lo animaban a que siguiera, pero sólo durante aquellos recorridos turísticos. Al final, los guardias decidieron alejarlo de allí cuando llegaran los visitantes. Varios reclusos intentaron imitarlo, pero les faltaba habilidad.

Ron se limitaba a tocar y cantar para las visitas.

El Cuatro de Julio de 1988 Ron despertó de muy mal humor y ya jamás se recuperó. Era el día de la Independencia, una fiesta nacional repleta de festejos, desfiles y celebraciones, pero él estaba encerrado en un lugar impío por un crimen que no había cometido. ¿Dónde estaba su independencia?

Se puso a gritar, maldecir y proclamarse inocente. Al ver que ello daba lugar a una rechifla general a lo largo de la galería, se volvió loco y empezó a arrojar todo lo que tenía a mano: libros, revistas, artículos de tocador, su pequeña radio, su Biblia, su ropa... Los guardias le decían que se calmara. Él los maldijo y se puso a gritar todavía más fuerte. Lápices, papeles, comida de la cantina. Después agarró el televisor y lo arrojó contra la pared, dejándolo destrozado. Al final, tomó su querida guitarra y la golpeó repetidamente contra los barrotes de la celda.

Casi todos los condenados tomaban diariamente un suave antidepresivo llamado Sinequan. Tranquilizaba los nervios y ayudaba a dormir.

Cuando los guardias lograron que Ron tomara algo más fuerte, por fin se sosegó y volvió a reinar la paz en la galería. Aquel mismo día empezó a limpiar su celda.

Después llamó a Annette deshecho en lágrimas y le contó lo ocurrido. Ella lo visitó más tarde y la cosa no fue muy agradable. Ron le gritó a través del telefonillo, la acusó de no hacer nada por sacarlo de allí y, una vez más, le pidió que vendiera todo y contratara a un buen abogado capaz de resolver aquella injusticia. Ella le pidió que se calmara y dejara de gritar y, al ver que no lo hacía, amenazó con irse.

A lo largo del tiempo, ambas hermanas sustituyeron la radio, la guitarra y el televisor destrozados.

En septiembre de 1988, un abogado de Norman llamado Mark Barrett viajó por carretera a McAlester para reunirse con su nuevo cliente. Mark era uno de los cuatro abogados que se encargaban de las apelaciones de los insolventes condenados a pena capital. Le habían asignado el caso Williamson. Barney Ward ya había desaparecido de la escena.

Las apelaciones son automáticas en las condenas a muerte. Se habían presentado en plazo y el lento proceso ya estaba en marcha. Mark se lo explicó a Ron y luego escuchó sus insistentes declaraciones de inocencia. Todos los condenados solían hacerlo, pero Mark aún no había estudiado la trascripción del juicio.

Deseoso de colaborar con su nuevo abogado, Ron le entregó una lista de todos los testigos perjuros y le describió con todo detalle la naturaleza y el alcance de sus mentiras.

Mark observó que Ron era inteligente, se expresaba con lógica y era plenamente consciente de su apurada situación y del espantoso ambiente que lo rodeaba. Sabía manifestar sus emociones y sentimientos y fue capaz de exponerle minuciosamente todas las mentiras que la policía y la acusación habían urdido contra él. Estaba un poco asustado, pero era comprensible que así fuera. Mark desconocía por completo el historial médico de Ron.

El padre de Mark era pastor de la Iglesia de los Discípulos de Cristo, lo que dio pie a Ron para tocar el tema religioso. Quería que Mark supiera que era un devoto cristiano, había sido educado en la iglesia por unos padres temerosos de Dios y leía a menudo la Biblia. Citó numerosos versículos de las Sagradas Escrituras, impresionando a Mark. Había uno en particular que no entendía del todo y pidió la opinión del abogado. Ambos lo analizaron exhaustivamente. Para Ron era importante comprender aquel versículo y su propia incapacidad para interpretarlo lo exasperaba. Las visitas de los abogados no tenían límite de tiempo y los condenados deseaban permanecer fuera de sus celdas todo lo posible. Hablaron por espacio de una hora.

La primera impresión de Mark Barrett fue que Ron era un fundamentalista con mucha labia y puede que un poco cuentista. Como siempre, se mostraba escéptico ante las consabidas alegaciones de inocencia, aunque su mente distaba mucho de permanecer cerrada. Era también el encargado de los recursos de Greg Wilhoit, y en este caso sí estaba convencido de que Greg no había matado a su mujer.

Mark sabía que había inocentes en el corredor de la muerte, y cuantas más cosas averiguaba acerca del caso de Ron, tanto más le creía.

11

Aunque Dennis Fritz no fuera consciente de ello, los doce meses pasados en la claustrofóbica prisión del condado lo habían preparado para las duras condiciones de la vida carcelaria.

Llegó al Centro Penitenciario de Conner en junio, en una furgoneta repleta de reclusos, todavía aturdido, negando su culpabilidad y muerto de miedo. Pero le convenía actuar y dar una imagen de seguridad en sí mismo, y lo sabía. Conner tenía fama de ser el «basurero» de las prisiones de mediana seguridad. Era un lugar muy duro, más que la mayoría, y Dennis se preguntaba cómo y por qué había ido a parar a aquella cloaca.

Pasó por los trámites del ingreso, le soltaron los habituales sermones acerca de las normas y las ordenanzas y después le asignaron una celda con dos literas y una ventana que daba al exterior. Como Ron, se alegró de la ventana. Había pasado semanas en Ada sin ver la luz del sol.

Su compañero de celda era un mexicano que chapurreaba un poco de inglés, cosa que alivió a Dennis. Él no hablaba español y no estaba de humor para aprenderlo. El primer desafío y el más abrumador fue encontrar breves momentos de intimidad teniendo constantemente a otro ser humano al alcance del brazo.

Se juró dedicar todo su tiempo a encontrar una manera de librarse de aquella condena. Habría sido fácil darse por vencido, pues el sistema siempre actuaba en perjuicio del recluso, pero él estaba decidido a derrotarlo.

Conner era un lugar superpoblado y conocido por su violencia. Había bandas, asesinatos, agresiones, violaciones, drogas por todas partes y unos guardias sobornables. Descubrió rápidamente las zonas más seguras y procuraba esquivar a quienes a su juicio podían crearle problemas. El temor era para él una ventaja. Al cabo de unos meses, casi todos los reclusos caían en la rutina y bajaban la guardia, corrían riesgos, daban la seguridad por descontada.

Era una buena manera de que a uno le hicieran daño, así que Dennis se juró no olvidar jamás el miedo.

Los reclusos eran despertados a las siete de la mañana y a continuación se abrían todas las celdas. Desayunaban en una espaciosa cafetería y podían sentarse donde quisieran. Los blancos ocupaban un lado, los negros el otro y los indios e hispanos quedaban en medio, aunque tendían a arrimarse a los negros. El desayuno no era malo: huevos fritos, maíz medio molido y tocino. Las conversaciones eran muy animadas; a los hombres los tranquilizaba el hecho de mantener contacto con los demás.

La mayoría de ellos quería trabajar; cualquier cosa con tal de salir del módulo de las celdas. Puesto que tenía experiencia docente, Dennis fue reclutado para impartir clase a los otros reclusos en un programa de convalidación de estudios. Después del desayuno se iba al aula y enseñaba hasta el mediodía. Su sueldo era de 7,20 dólares mensuales.

Su madre y su tía empezaron a enviarle cincuenta dólares al mes, un dinero que les costaba reunir pero que consideraban prioritario. Se lo gastaba en la cantina comprando tabaco, latas de atún, galletas y pastas. La «cantina» de un hombre era su pequeña reserva personal de golosinas, algo que él protegía celosamente en su celda. Prácticamente todos los reclusos fumaban y la moneda más utilizada eran los cigarrillos. Una cajetilla de Marlboro equivalía a un buen puñado de dinero en efectivo.

Dennis no tardó en descubrir la biblioteca jurídica y se alegró de saber que podía estudiar allí diariamente desde la una a las cuatro de la tarde. Jamás había leído un libro de leyes pero estaba decidido a dominar el tema. Un par de auxiliares jurídicos —otros reclusos que se creían los abogados de la cárcel y sabían bastante sobre el tema— se hicieron amigos suyos y le enseñaron a moverse entre los gruesos tratados y compendios. Como siempre, cobraban a cambio de sus consejos. Los honorarios se pagaban con cigarrillos.

Empezó por estudiar centenares de casos de Oklahoma, buscando similitudes y posibles errores cometidos en su juicio. Sus recursos no tardarían en tramitarse y él quería saber tanto como su abogado. Descubrió los compendios de jurisprudencia federal y tomó notas sobre miles de casos de todo el país.

El confinamiento en la celda era de cuatro a cinco de la tarde; se pasaba lista y se redactaban informes. La cena era a las siete y media, y hasta el siguiente confinamiento —a las diez y cuarto de la noche— los reclusos eran libres de pasear por el módulo, hacer ejercicio, jugar a las cartas, al dominó o al baloncesto. Muchos optaban por quedarse por allí, sentados en grupo, hablando y fumando para pasar el rato.

Dennis regresaba a la biblioteca jurídica.

Su hija Elizabeth tenía quince años y ambos mantenían una fluida correspondencia. La estaba educando su abuela materna en un hogar estable donde se le prestaba toda la atención. Creía que su padre era inocente, pero Dennis intuía que albergaba ciertas dudas. Se intercambiaban cartas y se hablaban por teléfono por lo menos una vez a la semana. Pero su padre no permitía que lo visitara. No quería que su hija se acercara a la prisión. No quería que lo viera con uniforme de presidiario y viviendo al otro lado de una alambrada de púas.

Su madre Wanda Fritz viajó a Conner poco después de su llegada. Las visitas eran el domingo de diez de la mañana a cuatro de la tarde en una sala con hileras de mesas y sillas plegables. Aquello parecía un zoológico. Se permitía la entrada de unos veinte reclusos por vez y sus familias ya los estaban esperando: esposas, hijos, madres y padres. Las emociones eran muy intensas. Los niños solían gritar y armar alboroto. Los hombres no iban esposados y se permitía el contacto físico.

Eso era justamente lo que los hombres querían, aunque los besos exagerados y los magreos estaban prohibidos. El truco consistía en conseguir que un compañero distrajera al guardia por unos momentos mientras una pareja echaba un rápido y apasionado polvo. No era insólito que una pareja se deslizara en el hueco entre dos máquinas expendedoras de refrescos y consiguiera follar de alguna manera. Muchas veces, las esposas que permanecían sentadas a una mesa desaparecían de pronto bajo la misma para una rápida felación.

Por suerte, Dennis pudo conservar la atención de su madre en medio de aquella barahúnda, pero su visita le resultó el momento más tenso de la semana. Dennis la disuadió de que regresara.

Ron adquirió muy pronto el hábito de pasearse y vociferar en su celda. Si no estabas loco cuando llegabas al Corredor, no tardabas mucho en estarlo. Gritaba durante horas hasta quedar ronco:

—¡Soy inocente! ¡Soy inocente!

Con la práctica, sin embargo, se le fortaleció la voz y pudo gritar durante períodos de tiempo más prolongados.

—¡Yo no maté a Debbie Carter! ¡Yo no maté a Debbie Carter!

Se aprendió de memoria la confesión de Ricky Joe Simmons y la soltaba a voz en grito para que la oyeran sus guardias y vecinos. También podía dedicar horas a recitar la transcripción de su propio juicio, páginas y páginas de declaraciones. Los demás reclusos querían estrangularlo pero, al mismo tiempo, se asombraban de su prodigiosa memoria. Aunque, claro, a las dos de la madrugada la cosa no les hacía la menor gracia.

Renee recibió una extraña carta de otro recluso. Decía entre otras cosas:

Querida Renee:

¡Alabado sea Dios! Soy Jay Neill #141128. Te escribo esta carta en nombre de tu hermano Ron y a petición suya. Ronnie vive al lado de mi celda. Diariamente pasa por fases muy difíciles. Tengo la impresión de que está tomando alguna clase de medicación para tratar de estabilizar y modificar su conducta. En el mejor de los casos, sin embargo, la clase de medicación que se distribuye aquí tiene efectos más bien moderados. El mayor problema de Ron es su baja autoestima. Y creo que la gente de este penal le dice como en el golf que está bajo par en la escala del C.I. Sus peores momentos suelen producirse entre las doce del mediodía y las cuatro de la tarde.

A veces grita a intervalos y a pleno pulmón un rosario de cosas distintas. Eso resulta muy molesto para los reclusos que están más cerca. Al principio, trataron de hacerlo entrar en razón y, después, de tolerarlo. Pero ya ni eso vale para muchos de sus vecinos. (Seguro que a causa de las noches en vela.)

Soy cristiano y rezo cada día por Ron. Hablo con él y le escucho. Os quiere mucho a ti y a Annette. Yo soy su amigo. He actuado de parachoques entre Ron y los que no aguantan sus gritos, levantándome y hablando con él hasta que se tranquiliza.

Dios te bendiga a ti y a tu familia.

Atentamente,

JAY NEILL

La amistad de Neill con cualquier inquilino del Corredor era siempre dudosa y su conversión al cristianismo solía ser objeto de comentarios. Sus «amigos» se mostraban escépticos. Antes de la prisión, él y su amiguito querían irse a San Francisco para disfrutar de un estilo de vida más tolerante. Como no tenían dinero, decidieron atracar un banco, aunque carecían de experiencia en esos menesteres. Eligieron la ciudad de Geronimo y, tras entrar ruidosamente y anunciar su propósito, las cosas se torcieron. En el caos del atraco, Neill y su compañero apuñalaron mortalmente a tres cajeros del banco, mataron de un disparo a un cliente e hirieron a otros tres. En medio de aquel baño de sangre, a Neill se le acabaron las balas, algo de lo cual se dio cuenta al acercar su revólver a la cabeza de un niño y apretar el gatillo. No ocurrió nada y el niño no sufrió el menor daño, por lo menos físicamente. Los dos asesinos huyeron con veinte mil dólares en efectivo. Una vez en San Francisco, se lanzaron a una orgía de compras: abrigos largos de visón, preciosas bufandas y cosas por el estilo. Despilfarraron el dinero en los locales gays y, durante poco más de un día, se entregaron a perversas diversiones. Después fueron devueltos a rastras a Oklahoma, donde Neill fue finalmente ejecutado.

En el Corredor, Neill gustaba de citar las Sagradas Escrituras y pronunciar minisermones, pero pocos lo escuchaban.

En el corredor de la muerte, la atención médica no es una prioridad. Todos los reclusos dicen que lo primero que allí pierdes es la salud, y después la cordura. Ron fue examinado por un médico que disponía de sus antecedentes penitenciarios y de su historial clínico-mental. Su larga adicción a las drogas y el alcohol no era, por cierto, ninguna sorpresa en la Cellhouse F. Llevaba por lo menos diez años sufriendo depresión y trastorno bipolar. Presentaba algo de esquizofrenia y un trastorno de la personalidad.

Volvieron a recetarle Mellaril y eso lo calmó.

Casi todos los reclusos pensaban que Ron simplemente «se hacía el loco» creyendo que de ese modo lograría abandonar el Corredor.

Dos puertas más abajo de la celda de Greg Wilhoit se encontraba un viejo recluso llamado Sonny Hays. Nadie sabía a ciencia cierta el tiempo que Sonny llevaba esperando, pero había llegado allí antes que todos los demás. Estaba a punto de cumplir los setenta, tenía muy mala salud y se negaba a ver y hablar con nadie. Cubría la puerta de su celda con periódicos y mantas, mantenía las luces apagadas, comía justo lo suficiente para no morirse, jamás se duchaba ni afeitaba, jamás recibía visitas, y se negaba a reunirse con sus abogados. No enviaba ni recibía cartas, no efectuaba llamadas telefónicas, no compraba nada en la cantina, no se lavaba la ropa en la lavandería y no tenía radio ni televisión. Nunca abandonaba su oscura y pequeña mazmorra y podían transcurrir días sin que allí dentro se oyera el menor ruido.

Sonny estaba loco de remate y, puesto que una persona que no se encuentra en sus cabales no puede ser ejecutada, simplemente se estaba muriendo y pudriendo a su aire. Ahora había otro loco en el Corredor, aunque a Ron le estaba costando bastante convencer a los demás. Creían que se limitaba a interpretar el papel de loco y listo.

Sin embargo, un episodio les llamó la atención. Ron se las arregló para atascar su escusado y llenó su celda con seis centímetros de agua. Se quitó la ropa y empezó a lanzarse en plancha a la improvisada piscina desde la litera, emitiendo gritos incoherentes. Al final, los guardias consiguieron sujetarlo y administrarle un sedante.

Aunque la Cellhouse F no tenía aire acondicionado, sí contaba con sistema de calefacción, por lo que en invierno cabía la razonable esperanza de que el aire caliente se filtrara a través de los vetustos respiraderos. Pero no era así. Las celdas estaban heladas. Muchas veces por la noche se formaba hielo en la parte interior de las ventanas y los reclusos, envueltos en mantas, permanecían en la cama todo lo que podían.

La única manera de poder dormir consistía en ponerse encima toda la ropa que uno tuviera: los dos pares de calcetines, calzoncillos, camisetas, pantalones, camisas de trabajo y cualquier otra cosa que el recluso pudiera comprarse en la cantina. Las mantas adicionales eran un lujo y el Estado no las facilitaba. La comida, que ya se servía fría en verano, era prácticamente incomible en invierno.

Las condenas de Tommy Ward y Karl Fontenot fueron revocadas por el Tribunal Penal de Apelaciones de Oklahoma porque sus confesiones se habían utilizado la una contra la otra durante el juicio y, puesto que ninguno de los dos había subido al estrado, se les había negado el derecho de confrontarse recíprocamente.

Si les hubieran otorgado juicios separados, se habrían evitado los problemas constitucionales.

Pero, como es natural, si se hubieran eliminado las confesiones, no habría habido condenas.

Así pues, ambos fueron sacados del Corredor y devueltos a Ada. Tom fue vuelto a juzgar en la ciudad de Shawnee, en el condado de Pottawatomie. Con Bill Peterson y Chris Ross una vez más en la acusación, el juez permitió que el jurado viera el vídeo de la confesión y Tommy fue declarado nuevamente culpable y condenado una vez más a la pena de muerte. Durante la repetición del juicio, Annette Hudson llevó diariamente en coche a su madre a los juzgados. Karl fue juzgado de nuevo en la ciudad de Holdenville, en el condado de Hughes. También fue declarado culpable y condenado a muerte.

Ron se llenó de júbilo al enterarse de las revocaciones, pero se hundió en el desánimo al saber que habían vuelto a condenarlos. Su propia apelación se iba abriendo paso muy lentamente a través del sistema. Su causa había sido reasignada a un letrado de oficio del Tribunal de Apelaciones. Debido al creciente número de causas capitales, el Estado contrataba cada vez más abogados. Mark Barrett estaba sobrecargado de trabajo y necesitaba deshacerse de una o dos causas. Además, estaba esperando con ansia la resolución del recurso de Greg Wilhoit. El tribunal era notoriamente duro con los acusados, pero Mark estaba seguro de que Greg conseguiría un nuevo juicio.

El nuevo abogado de Ron era Bill Luker, que sostenía que el condenado no había tenido un juicio imparcial. Atacaba la defensa de Barney Ward y afirmaba que Ron había recibido una «asistencia jurídica ineficaz», el primer argumento que suele utilizarse en una causa capital. El primer fallo de Barney había sido no plantear la cuestión de la incapacidad mental de Ron. Ninguno de sus historiales médicos figuraba entre las pruebas. Luker examinó los errores de Barney y elaboró una larga lista.

Atacó los métodos y tácticas de la policía y la acusación, y el recurso se fue alargando cada vez más. Cuestionó también las decisiones del juez Jones: permitir que el jurado escuchara la grabación de la confesión del sueño de Ron, desestimar las transgresiones *Brady* cometidas por la acusación y, en general, no haber protegido el derecho de Ron a un juicio imparcial.

La inmensa mayoría de los clientes de Bill Luker eran claramente culpables. Su tarea consistía en asegurarse de que éstos recibieran una vista imparcial después de la presentación del recurso. Sin embargo, el caso de Ron era distinto. Cuanto más investigaba y cuantas más preguntas hacía, tanto más se convencía Luker de que se trataba de un recurso que podía ganar.

Ron resultó un cliente muy dispuesto a colaborar y transmitir al abogado sus opiniones. Lo llamaba a menudo y le escribía largas cartas en las cuales solía irse por las ramas, si bien sus comentarios y observaciones eran generalmente útiles. A veces, su recuerdo de los detalles de su historial médico era asombroso.

Insistía en la confesión de Ricky Joe Simmons y consideraba que el hecho de haberla descartado en el juicio constituía una farsa descomunal. A este respecto, le escribió a Luker:

Estimado Bill:
Usted sabe que yo creo que Ricky Joe Simmons mató a Debbie Carter. Tiene que haber sido él; de lo contrario, no habría confesado. Pues bien, Bill, yo he sufrido un infierno y considero justo que Simmons pague lo que hizo y que yo sea puesto en libertad. No quieren entregarle a usted su confesión porque saben que usted la

incluiría en mi recurso y me conseguiría de inmediato un nuevo juicio. Por consiguiente, dígales por el amor de Dios a esos cabrones que le entreguen de una vez la jodida confesión.

Su amigo,

RON

Puesto que disponía de mucho tiempo libre, Ron mantenía una activa correspondencia, especialmente con sus hermanas. Ellas sabían lo importantes que eran las cartas para él y siempre buscaban tiempo para contestarle. La comida de la cárcel le resultaba indigerible y prefería comprar lo que pudiera en la cantina. Le escribió entre otras cosas a Renee:

Renee:
Sé que Annette me envía un poco de dinero. Pero mis apuros son cada vez mayores. Está aquí Karl Fontenot que no tiene a nadie que pueda enviarle algo. ¿Podrías, por favor, enviarme un pequeño extra, aunque sólo sean diez dólares?

Con cariño,

RONNIE

Poco antes de su primera Navidad en el Corredor, le escribió a Renne:

Renee:
Oye, gracias por enviarme el dinero. Lo gastaré en necesidades concretas. Principalmente, cuerdas de guitarra y café.

Este año he recibido cinco postales de Navidad, incluyendo la tuya. La Navidad puede despertar buenos sentimientos.

Renee, los 20 dólares han llegado realmente en muy buen momento. Precisamente, acababa de pedirle prestado un poco de dinero a un amigo para comprar cuerdas de guitarra y le iba a pagar, sacándolo de los 50 dólares mensuales que me envía Annette. Eso me hubiera dejado casi sin blanca. Ya sé que 50 dólares pueden parecer mucho dinero, pero he estado dando y compartiendo algo con un chico de aquí cuya madre no se puede permitir enviarle nada. La pobre le envió 10 dólares, pero es el primer dinero que él recibe desde que yo llegué. Le doy café, cigarrillos, etc. Pobre chaval.

Hoy estamos a viernes y, por consiguiente, mañana todos estaréis abriendo paquetes de regalos. Hay que ver cómo crecen los críos. Me voy a echar a llorar si no me ando con cuidado.

Diles a todos que los quiero,

RONNIE

Resultaba un poco difícil pensar que Ronnie pudiera tener «buenos sentimientos». El aburrimiento del corredor de la muerte ya era suficientemente horrible de por sí, pero el hecho de estar separado de su familia le provocaba unos niveles de dolor y desesperación demoledores. A principios de la primavera de 1989 empezó a rodar cuesta abajo. La presión, la monotonía, la simple exasperación por haber sido enviado a la cárcel por un delito que no había cometido, lo consumían hasta el punto de que acabó derrumbándose. Empezó por un intento de suicidio cortándose las muñecas. Estaba muy deprimido y quería morir. Las heridas, aunque superficiales, le dejaron cicatrices. Hubo varios episodios de lo mismo, por cuyo motivo los guardias lo vigilaban estrechamente. Al ver que cortarse las muñecas no daba resultado, consiguió prender fuego a su colchón y dejarlo caer sobre sus extremidades. Las quemaduras se le trataron debidamente y, al final, se curaron. Una vez más lo colocaron bajo celosa vigilancia.

El 12 de julio de 1989 le escribió a Renee:

Querida Renee:

Lo estoy pasando muy mal. Quemé unos trapos y me hice varias heridas de segundo y tercer grado. La presión aquí es inmensa.

Nunca se llega a ninguna parte cuando el sufrimiento es tan insoportable. Renee, me duele la cabeza, me la he golpeado contra el suelo de hormigón, me he arrodillado en el suelo y me he golpeado la cabeza contra el suelo de hormigón. Me he abofeteado la cara tantas veces que al día siguiente la tenía dolorida. Aquí estamos todos apretujados como sardinas. Sé con toda seguridad que éste es el mayor sufrimiento que he tenido que soportar. La solución mágica del problema es el dinero. Estoy pensando en no volver a probar esta comida de mierda. Es como vivir a base de raciones militares en una isla remota. Aquí la gente es pobre, pero he llegado a estar tan hambriento que he tenido que pedir un bocado para que se me pase el ansia. He perdido unos kilos.

Aquí hay mucho sufrimiento.

Por favor, ayúdame.

RON

En un prolongado arrebato depresivo, Ron rompió las amarras con el exterior y se aisló por completo, hasta que los guardias lo encontraron acurrucado en posición fetal en su cama. No reaccionaba a nada.

Después, el 29 de septiembre, volvió a cortarse las muñecas. Tomaba esporádicamente sus medicamentos y hablaba todo el rato de suicidarse. Al final, se llegó a la conclusión de que constituía una amenaza para sí mismo. Lo sacaron de la Cellhouse F y lo trasladaron al hospital estatal de Vinita. Nada más ingresar, su principal queja fue:

—He sufrido un maltrato injustificado.

Lo examinó en primer lugar un tal doctor Lizarraga, el cual vio a un hombre de treinta y seis años con historial de droga y alcohol, desaseado y sin afeitar, con cabello largo entrecano y bigote, vestido con un gastado uniforme de presidiario, con señales de quemaduras en las piernas y cicatrices en las muñecas —unas cicatrices que Ron se encargó de que al médico no le pasaran inadvertidas—. Reconoció muchas de sus fechorías, pero negó rotundamente haber matado a

Debbie Carter. Dijo que la injusticia de que había sido objeto lo había llevado a perder la esperanza y desear la muerte.

Ron permaneció en el hospital los tres meses siguientes. Le estabilizaron la medicación y varios médicos siguieron su caso: un neurólogo, un psicólogo y un psiquiatra. Se observó que más de una vez se mostraba emocionalmente inestable, soportaba muy mal las frustraciones, era egocéntrico y tenía una baja autoestima, en ocasiones se mostraba distante y tendía a estallar con rapidez. Sus cambios de humor eran violentos y radicales.

Era exigente y, con el paso del tiempo, se volvió agresivo con el personal sanitario y los demás pacientes. Semejante actitud no se podía tolerar y Ron fue dado de alta y enviado de nuevo al corredor de la muerte. El doctor Lizarraga le recetó carbonato de litio, Navane y Cogentin, un medicamento habitual en el tratamiento de los síntomas del Parkinson pero a veces también para reducir los temblores y la inquietud provocados por los tranquilizantes.

A su vuelta al Big Mac, un guardia fue brutalmente atacado por Mikell Patrick Smith, un recluso del corredor de la muerte considerado el asesino más peligroso de toda la prisión. Smith acopló una navaja al mango de una escoba —artilugio al que llamaban «varilla»— y, deslizándola por el agujero de las alubias, se la clavó al guardia cuando éste le pasaba el almuerzo. Lo hirió en el pecho junto al corazón, pero el oficial Savage sobrevivió milagrosamente.

La agresión se produjo no en el corredor de la muerte sino en la Cellhouse D, donde Smith permanecía retenido por motivos disciplinarios. No obstante, los responsables de la prisión decidieron que se necesitaban instalaciones nuevas y ultramodernas para el corredor de la muerte. Se dio amplia publicidad a la agresión y ello dio lugar a una rápida asignación de fondos.

Se trazaron los planos para el Módulo H, que desde el principio estuvo destinada a «optimizar la seguridad y el control, proporcionando al mismo tiempo un ambiente seguro y moderno para vivir y trabajar». Dispondría de doscientas celdas en dos plantas alrededor de cuatro galerías.

El diseño del módulo estuvo dirigido desde el principio por el personal de la prisión. En la tensa atmósfera que se produjo a raíz de la agresión contra el oficial Savage, se atribuyó gran importancia a la creación de instalaciones «sin contactos». En la primera fase del proyecto, treinta y cinco funcionarios de la prisión se reunieron con los arquitectos de Tulsa enviados por el Departamento de Prisiones.

A pesar de que ningún recluso del corredor de la muerte se había fugado jamás de McAlester, los creadores del Módulo H concibieron su construcción enteramente bajo tierra.

Tras dos años en el corredor de la muerte, la salud mental de Ron se estaba deteriorando progresivamente. El ruido —alaridos, gritos y maldiciones a todas horas del día y la noche— era cada vez mayor. Su conducta era cada vez más desesperada, su mal humor lo inducía a estallar por cualquier cosa y a arranques de juramentos y de lanzamiento de objetos. Otras veces se pasaba horas escupiendo al pasillo; en cierta ocasión le lanzó un escupitajo a un guardia. Cuando le dio por arrojar sus heces a través de los barrotes, se consideró que era hora de sacarlo de allí.

—¡Ya vuelve a tirar mierda! —alertaba un guardia, y todos corrían a guarecerse.

Finalmente lo llevaron a Vinita para someterlo a otra serie de evaluaciones psiquiátricas.

Pasó un mes en el hospital en julio y agosto de 1990. Volvió a examinarlo el doctor Lizarraga, el cual le diagnosticó los mismos problemas de antes. Al cabo de tres semanas, Ron pidió regresar al corredor de la muerte. Estaba preocupado por su apelación y pensaba que podría trabajar mejor en él desde McAlester, donde había una biblioteca jurídica. Le habían ajustado las dosis de los medicamentos, parecía que estaba estabilizado y lo devolvieron al Corredor.

12

Después de trece años de postergaciones, Oklahoma consiguió escapar al laberinto de las eternas apelaciones y programar por fin una ejecución. El desventurado agraciado fue Charles Troy Coleman, un hombre de raza blanca que había matado a tres personas y llevaba once años en el corredor de la muerte. Era el líder de un grupito que solía armar alboroto en el Corredor y algunos vecinos suyos no lamentaron que a Chuck fueran a meterle finalmente la aguja. Casi todos sabían, sin embargo, que en cuanto empezaran las ejecuciones no habría vuelta atrás.

La ejecución de Coleman se convirtió en un acontecimiento mediático y la prensa se congregó delante del Big Mac. Hubo vigilias nocturnas y se realizaron entrevistas a los familiares de las víctimas, a los que protestaban contra la pena capital, a los clérigos y a cualquiera que acertara a pasar por allí. A medida que transcurrían las horas, la tensión crecía.

Greg Wilhoit y Coleman se habían hecho amigos, a pesar de sus discusiones acerca de la pena de muerte. Ron seguía apoyándola en secreto, aunque tenía sus altibajos. No le tenía simpatía a Coleman, quien, como no era de extrañar, estaba hasta el gorro de su ruidosa presencia.

El Corredor estuvo tranquilo y fuertemente vigilado la noche de la ejecución. El espectáculo se había montado en el exterior de la cárcel, donde la prensa contaba los minutos como si estuviera a punto de nacer el Año Nuevo. Greg se encontraba en su celda, viéndolo todo en la televisión. Poco después de medianoche se confirmó que Charles Troy Coleman había muerto.

Varios reclusos batieron palmas y lanzaron vítores, pero la mayoría permaneció en silencio en sus celdas. Algunos rezaban.

La reacción de Greg fue completamente inesperada. De repente, se sintió embargado por la emoción y lamentó que algunos hubieran lanzado vítores. Su amigo había desaparecido y el mundo no era un lugar más seguro. Ningún futuro asesino sería disuadido por la ejecución de Coleman; él conocía a los asesinos y sabía qué los impulsaba a actuar. Si la familia de la víctima se alegraba, ello significaba que estaba muy lejos del perdón. Greg había sido educado en una iglesia metodista y ahora estudiaba diariamente la Biblia. ¿Acaso Jesús no había predicado el perdón? Si matar estaba mal, ¿por qué el Estado se arrogaba ese derecho? ¿Con qué autoridad se llevaba a cabo la ejecución? Aquellos argumentos le habían llamado muchas veces la atención, pero ahora los escuchaba desde una fuente distinta.

La muerte de Charles Coleman constituyó una dramática revelación para Greg. En aquel momento hizo un giro de 180 grados para jamás volver a su creencia del ojo por ojo.

Más tarde se lo comentó a Ron, el cual le dijo que estaba de acuerdo. Pero al día siguiente volvió a ser un ferviente partidario de la pena de muerte. Quería que Ricky Joe Simmons fuera arrastrado por las calles de Ada y ejecutado con un disparo en la nuca.

El destino de Ron Williamson fue confirmado el 15 de mayo de 1991, cuando el Tribunal Penal de Apelaciones ratificó por unanimidad su condena y su pena de muerte. En el veredicto, redactado por el juez Gary Lumpkin, el tribunal admitía la existencia de varios errores en el juicio, pero las «abrumadoras pruebas» contra el acusado superaban con mucho cualquier error nimio cometido por el abogado Barney

Ward, la policía, el fiscal Peterson y el juez Jones. El tribunal no comentaba demasiado qué prueba en concreto había sido tan abrumadora como para inducirlo a aquella conclusión.

Bill Luker llamó a Ron para comunicarle la mala noticia y éste la recibió con bastante serenidad. Había estudiado los términos de la apelación y hablado con Bill muchas veces, quien le había dicho que no fuera demasiado optimista.

En la misma fecha Dennis Fritz recibió la misma noticia del mismo tribunal. Una vez más los jueces hallaban varios errores en su juicio, pero las «abrumadoras pruebas» se inclinaban contra Dennis.

Éste no se había hecho ilusiones cuando su abogado de oficio presentó la apelación, y tampoco se sorprendió cuando su condena fue ratificada. Tras estudiar tres años en la biblioteca de la prisión, Dennis creía conocer las leyes y los casos mejor que su abogado.

Así pues, pese a la decepción, no se dio por vencido. Como Ron, tenía otros argumentos que presentar ante otros tribunales. Desistir de su intento no era una alternativa. Pero, a diferencia de Ron, ahora Dennis se había quedado solo. Puesto que no se encontraba en el corredor de la muerte, no tenía ningún abogado de oficio a su disposición.

Sin embargo, el Tribunal Penal de Apelaciones no siempre era favorable a la acusación. Para alegría de Mark Barrett, el 16 de abril de 1991 recibió la notificación de que se celebraría un nuevo juicio para Greg Wilhoit. Al tribunal le fue imposible hacer la vista gorda ante la desdichada actuación de George Briggs en la defensa de Greg y dictaminó que éste no había contado con una adecuada representación.

Moraleja: si te enjuician por algo en lo que te va la vida, contrata al mejor abogado de la ciudad o bien al peor. Greg había contratado involuntariamente al peor y ahora tendría un nuevo juicio.

Cuando se sacaba a un recluso del Corredor por el motivo que fuera, jamás se le daba una explicación. Los guardias simplemente le ordenaban que se vistiera y rápido. Pero Greg sabía que había ganado el recurso y, cuando los guardias se presentaron en su celda, comprendió que había llegado el gran día.

—Recoge tus cosas, Wilhoit —le dijo uno de ellos.

En dos minutos guardó todas sus pertenencias en una caja de cartón y se fue acompañado por sus escoltas. Ron había sido trasladado al otro extremo de la galería y no hubo posibilidad de despedida. Mientras abandonaba McAlester, los pensamientos de Greg fueron para el amigo que dejaba atrás.

Cuando llegó a la cárcel del condado de Osage, Mark Barrett dispuso todo lo necesario para celebrar una vista de fijación de fianza. Con una acusación de asesinato y pendiente de la fecha del nuevo juicio, Greg no era precisamente un hombre libre. Así pues, en lugar de exigir una exorbitante suma imposible de conseguir, el juez impuso una fianza de cincuenta mil dólares, que los padres y las hermanas de Greg se apresuraron a reunir.

Tras cinco años en la cárcel, cuatro de ellos en el corredor de la muerte, Greg recuperó la libertad y ya jamás regresaría a una prisión.

La construcción del Módulo H se había iniciado en 1990. Prácticamente todo era de hormigón: los suelos, las paredes, los techos, las literas, las estanterías de libros. Para eliminar la posibilidad de que se pudieran confeccionar «varillas», en los planos no figuraba ningún tipo de metal. Había muchos barrotes y muchos elementos de cristal, estos últimos no en las celdas. Allí todo era de hormigón.

Una vez finalizada la estructura, fue cubierta con tierra. La razón oficial era el ahorro energético. La luz natural y la ventilación eran inexistentes.

Cuando en noviembre de 1991 se inauguró el Módulo

H, la prisión celebró su nueva y ultramoderna casa de la muerte organizando una fiesta. Se invitó a los peces gordos y se cortaron cintas. La banda de la cárcel interpretó algunas piezas y se organizaron recorridos de visita. Los futuros inquilinos del módulo aún estaban en la Big House, a unos cuatrocientos metros de distancia. A los invitados se les ofreció la posibilidad de pernoctar en una litera de hormigón a estrenar en la celda que quisieran; pagando, claro.

Después de la fiesta y como prueba para detectar posibles fallos, instalaron en el módulo a unos cuantos presos comunes y se les vigiló atentamente para ver qué problemas podían crear. Tras quedar demostrado que el Módulo H era sólido, funcional y a prueba de fugas, llegó la hora de instalar a los chicos malos de la Cellhouse F.

Las quejas y protestas no se hicieron esperar. No había ventanas, y por tanto tampoco luz natural ni renovación del aire. Las celdas eran demasiado pequeñas para dos hombres. Las literas de hormigón eran muy duras y sólo disponían de una separación de un metro. Entre ellas había un lavabo/váter de acero inoxidable, por lo cual cualquier movimiento de los intestinos tenía necesariamente público. La disposición de los habitáculos impedía prácticamente las charlas cotidianas, savia vital para los presos. Tratándose de un edificio «sin contactos», el Módulo H se diseñó no sólo para mantener separados a los guardias de los reclusos, sino también para aislar a los propios presos. La comida era peor que en la Cellhouse F. El patio, la zona más apreciada en el antiguo edificio, no era más que una caja de hormigón más pequeña que una pista de tenis. Sus paredes medían cinco metros y medio de altura y toda la zona estaba cubierta por una gruesa reja que obstaculizaba la luz que pudiera filtrarse a través del lucernario en forma de cúpula. Resultaba imposible ver el menor asomo de hierba.

El hormigón no se había pintado ni sellado y había polvo por todas partes. Se amontonaba en los rincones de las celdas, se pegaba a las paredes, se posaba en el suelo, permanecía en suspenso en el aire y, como es natural, era inhalado por los reclusos. Los abogados que visitaban a sus clientes se retiraban a menudo tosiendo y carraspeando.

El ultramoderno sistema de ventilación era de carácter «cerrado», lo cual significaba que no se registraba la menor circulación de aire natural. La situación resultaba aceptable siempre que no se cortara la electricidad, lo cual ocurría a menudo cuando había que reparar alguna avería.

Leslie Delk, una abogada de oficio asignada a Ron, comentó los problemas en una carta a un colega que había denunciado a la prisión:

La situación de la comida es horrible y casi todos mis defendidos han adelgazado. Uno ha perdido cuarenta kilos en diez meses. Lo he señalado a los responsables de la prisión, pero me dicen que exagero, que el recluso está bien, etc. En una reciente visita a la enfermería he descubierto que la comida se lleva desde la antigua prisión, que es donde se prepara. Cuando llega al Módulo H, la sirven unos reclusos —unos tipos sometidos a electroshock, creo—. A estos individuos se les dice que pueden quedarse el sobrante, por lo que, claro, las raciones que reciben los reclusos del módulo son aproximadamente la mitad de las que recibe el resto de la prisión. Tengo entendido que la comida que se sirve en bandeja casi no se somete a ningún control de calidad. Todos se quejan de que ahora la comida está siempre fría y tan mal preparada que ya están hartos. Las raciones son tan escasas que casi todo el mundo se ve obligado a comprar comida en la cantina. Y la prisión cobra lo que le da la gana (por regla general, precios más altos que los de cualquier tienda normal de comestibles). Además, muchos de mis defendidos no tienen familia que los ayude a mantenerse y, por consiguiente, pasan incluso hambre.

El Módulo H provocó a los reclusos un enfado descomunal. Tras haber oído durante dos años hablar del nuevo centro de once millones de dólares, se quedaron tiesos al verse trasladados a una prisión subterránea con menos espacio y más limitaciones que la antigua Cellhouse F.

Ron no soportaba aquel lugar. Su compañero de celda era Rick Rojem, un residente del Corredor desde 1985 que ejercía en él una influencia tranquilizadora. Rick era un budista que se pasaba horas meditando, pero también le gustaba tocar la guitarra. En una celda tan reducida la intimidad resultaba imposible. Ambos colgaron una sábana del techo entre las camas, en un intento de disponer de una mínima privacidad.

Rojem estaba preocupado por Ron. Éste había perdido el interés en la lectura. Su mente y su conversación no podían centrarse en un solo tema. A veces tomaba medicamentos, pero no recibía el tratamiento adecuado. Dormía horas durante el día y después pasaba toda la noche paseándose por la minúscula celda, musitando frases inconexas o canturreando sus delirios. Después se apoyaba contra la puerta y empezaba a soltar angustiados gritos. Puesto que pasaban veintitrés horas al día juntos, Rick veía cómo su compañero se estaba volviendo loco sin que él pudiera ayudarlo.

Desde su traslado al Módulo H, Ron había perdido un montón de kilos. El cabello se le había vuelto gris y parecía un fantasma.

Un día, Annette estaba esperando en la sala de visitas cuando vio a los guardias entrar con un delgado anciano de largo y lacio pelo gris. «¿Quién será?», pensó. Su hermano.

«Cuando los vi entrar con aquel hombre de aspecto tan demacrado que no lo habría reconocido si me lo hubiera cruzado por la calle, regresé a casa y le escribí una carta al alcaide rogándole que le hicieran a Ron el análisis del sida, porque lo vi tan desmejorado que, sabiendo las cosas que se cuentan de las cárceles, me temí lo peor», comentó Annette.

El alcaide le contestó asegurándole que Ronnie no tenía el sida. Ella le envió otra carta quejándose de la comida, los elevados precios de la cantina y el hecho de que los beneficios de la misma se destinasen a comprar equipamiento para los guardias.

En 1992 la prisión contrató a un psiquiatra llamado Ken Foster. Éste no tardó en examinar a Ron. Lo encontró desaliñado, desorientado y sin contacto con la realidad, delgado, canoso, demacrado y en muy mal estado físico. El doctor Foster vio con toda claridad, como hubieran debido verlo los funcionarios de la cárcel, que algo le ocurría.

El estado mental de Ron era todavía peor que el físico. Sus estallidos y arrebatos iban más allá de lo habitual, y no era ningún secreto que los guardias y el personal lo consideraban un chalado. Foster fue testigo de varios arrebatos de gritos obsesivos y tomó nota de tres temas redundantes: 1) su inocencia, 2) la confesión de Ricky Joe Simmons como autor del asesinato y por tanto la obligación de someterlo a juicio, y 3) un intenso dolor físico, generalmente en la zona del pecho, y temor a sufrir un colapso mortal.

A pesar del carácter extremo de los síntomas, el expediente de Ron revelaba que llevaba mucho tiempo sin recibir tratamiento psiquiátrico. La falta de medicación en una persona tan enferma suele dar lugar a la aparición de síntomas psicopáticos.

El doctor Foster escribió en su informe: «La reacción psicopática y el concomitante deterioro se agravan en una persona sometida a las múltiples tensiones que conlleva el corredor de la muerte, consciente de que su muerte está programada. La escala GAF, tal como se expone en los más autorizados estudios de salud mental, considera el encarcelamiento un factor de tensión "catastrófico".»

Resultaría imposible establecer hasta qué extremo se puede agravar dicha catástrofe en el caso de un inocente.

Foster dictaminó que Ron necesitaba mejores medicamentos y un mejor ambiente. Ron siempre estaría mentalmente enfermo, pero podía haber mejoría, incluso para un condenado a muerte. Sin embargo, el doctor no tardaría en averiguar que la salud de los condenados era una prioridad bastante secundaria.

Habló con James Saffle, un director regional del Departamento de Prisiones, y con Dan Reynolds, el alcaide de

McAlester. Ambos conocían a Ron y sus problemas, y ambos tenían cosas más importantes en que ocuparse.

Sin embargo, Ken Foster era un tipo obstinado e independiente que no aceptaba sin más las decisiones burocráticas y deseaba sinceramente ayudar a sus pacientes. Siguió enviando informes a Saffle y Reynolds y se encargó de que conocieran los detalles de los graves problemas físicos y mentales de Ron. Insistía en reunirse por lo menos una vez a la semana con Reynolds para revisar la situación de sus pacientes y, en el transcurso de las reuniones, siempre mencionaba a Ron. Hablaba diariamente con un delegado del alcaide, lo mantenía al día acerca de sus pacientes y vigilaba que entregara los resúmenes a su superior.

Una y otra vez insistía en que Ron no estaba tomando los medicamentos necesarios y por eso se estaba deteriorando física y mentalmente. Le indignaba el que Ron no fuera trasladado a la Unidad de Cuidados Especiales, o SCU, un edificio situado a dos pasos del Módulo H.

Los reclusos aquejados de graves problemas mentales solían ser trasladados a la SCU, especializada en tales dolencias. Sin embargo, la política de siempre del Departamento de Prisiones era la de negar a los reclusos del corredor de la muerte el acceso a dicha unidad. La razón oficial era vaga, pero muchos abogados defensores sospechaban que en el fondo se pretendía la aceleración de las ejecuciones. Si se evaluaba debidamente el estado de un inquilino del corredor de la muerte, cabía la posibilidad de que fuera declarado mentalmente incapacitado y se salvara del viajecito a la cámara.

Dicha política había sido cuestionada muchas veces, pero permanecía sin modificación alguna.

Ken Foster volvió a cuestionarla. Explicaba a Saffle y Reynolds que no podía tratar a Ron Williamson sin ingresarlo en la SCU, donde podría controlar su estado y dosificar su medicación. Sus explicaciones eran a menudo mordaces, fundamentadas y vehementes. Pero Dan Reynolds se mostraba porfiadamente contrario a la idea de trasladar a Ron y no veía necesidad de cambiar su tratamiento.

—No se preocupe por los inquilinos del Corredor —decía Reynolds—. Van a morir de todos modos.

La tozuda insistencia de Foster respecto a Ron acabó resultando tan molesta que el alcaide lo castigó con una suspensión durante una temporada.

Cuando terminó la sanción, el doctor Foster reanudó su lucha por lograr que Ron fuera trasladado a la Unidad de Cuidados Especiales. Tardó cuatro años en conseguirlo.

Una vez finalizada la apelación, la causa de Ron entró en el llamado «recurso de amparo», trámite en que se permitía presentar pruebas no ventiladas en el juicio.

Según la costumbre de aquel momento, Bill Luker le pasó el expediente a Leslie Delk, de la Oficina de la Defensa de Oficio de Segunda Instancia. Su principal prioridad fue conseguir un mejor tratamiento médico para su cliente. Había visto a Ron una vez en la Cellhouse F y no tenía dudas de que era un hombre muy enfermo. Cuando lo trasladaron al Módulo H, se alarmó al ver el deterioro que se había producido en su estado.

Aunque Delk no era psiquiatra ni psicóloga, había seguido unos útiles cursos para la detección de enfermedades mentales. Parte de su tarea como abogada de la defensa en causas capitales consistía en observar semejantes problemas e intentar conseguir el tratamiento más adecuado. Confiaba en la opinión de los expertos en salud mental, pero el caso de Ron era muy complicado porque no se podía realizar un examen exhaustivo. Acorde con la política de «ausencia de contactos» reinante en el Módulo H, nadie podía permanecer en la misma habitación con un recluso, ni siquiera su abogado. El psiquiatra habría tenido que examinar a Ron a través de un panel de cristal mientras hablaba con él por un telefonillo.

Delk consiguió que una tal doctora Pat Fleming llevara

a cabo una evaluación psicológica de Ron, tal como se exige en los procedimientos posteriores a la condena. La doctora lo intentó tres veces, pero le fue imposible completar su evaluación. Ron se mostraba muy alterado, se negaba a colaborar y sufría alucinaciones y delirios. Los funcionarios de la prisión informaron a Fleming de que semejante conducta no era rara en Williamson. Estaba claro que era un hombre muy perturbado que no se encontraba en condiciones de colaborar con su abogado ni de comportarse de una manera razonable. Pese a sus intentos, no fue autorizada a sentarse en la misma habitación con Ron para observarlo, interrogarlo y someterlo a pruebas.

Pat Fleming se reunió con el médico del Módulo H y le expresó sus preocupaciones. Más tarde le aseguraron que Ron había sido visitado por especialistas en salud mental de la propia cárcel, pero ella no observó ninguna mejoría en su estado. Insistió en recomendar el ingreso de Ron en el hospital psiquiátrico estatal con el fin de estabilizarlo y evaluarlo debidamente.

La recomendación fue desestimada.

Leslie Delk no cejó en su empeño. Habló con el personal penitenciario, con el equipo médico y con varios delegados del alcaide, les presentó sus quejas y exigió un mejor tratamiento para Ron. Le hicieron promesas que nunca se cumplieron, sólo unos ligeros cambios en la medicación, pero Ron no fue sometido a ningún tratamiento propiamente dicho. Ella dejó constancia de sus decepciones en una serie de cartas dirigidas a los responsables de la prisión. Visitaba a Ron con la mayor frecuencia posible. Cuando parecía que su estado ya no podía empeorar, empeoraba. Leslie temía que pudiera producirse un repentino desenlace fatal.

Mientras el personal médico se esforzaba por cuidar de Ron, el personal penitenciario se lo pasaba en grande a su costa. Para divertirse, algunos guardias utilizaban el nuevo sistema de intercomunicación del moderno módulo. Cada celda disponía de un interfono conectado con la sala de control, otro ingenioso dispositivo para que los guardias se mantuviesen alejados de los reclusos.

Pero no lo suficientemente alejados.

«Ron, al habla Dios —barbotaba el interfono en mitad de la noche—. ¿Por qué mataste a Debbie Carter?»

Una pausa y después los guardias se partían de risa al oír a Ron bramando:

—¡Yo no he matado a nadie! ¡Soy inocente!

Su profunda y áspera voz resonaba por toda la galería suroeste y rasgaba el silencio de la noche. El arrebato duraba aproximadamente una hora, fastidiando a los demás reclusos para regocijo de los guardias bromistas.

Cuando Ron por fin se calmaba, la voz volvía a la carga:

«Ron, cariño, soy Debbie Carter. ¿Por qué me mataste?»

Sus atormentados gritos se reanudaban interminablemente.

«Ron, soy Charlie Carter. ¿Por qué mataste a mi hija?»

Los demás reclusos pedían a los guardias que lo dejaran en paz para así poder dormir, pero ellos seguían con su perversa diversión. Rick Rojem tenía identificados a dos guardias particularmente sádicos que al parecer sólo vivían para burlarse de Ron. El maltrato duró varios meses.

—No les hagas caso —le aconsejaba Rick a su compañero de celda—. Si no les haces caso, se cansarán.

Ron no lo entendía así. Quería convencer de su inocencia a cuantos lo rodeaban, y el hecho de aullar a pleno pulmón le parecía el método más adecuado. A menudo, cuando ya estaba tan físicamente agotado o tan ronco que ya no podía seguir gritando, permanecía de pie de cara al interfono, murmurando frases inconexas durante horas.

Al final, Leslie Delk se enteró de aquellas crueles diversiones y el 12 de octubre de 1992 envió una encendida carta al director del Módulo H. Entre otras cosas, ponía:

Con anterioridad le comenté las informaciones que me llegaban sobre el hostigamiento de que estaba siendo objeto Ron por parte de ciertos guardias a quienes, aparentemente, les hace mucha gracia burlarse de los «locos». Pues bien, me siguen advirtiendo de la existencia de este problema. Recientemente me han contado que el oficial Martin se acercó a la puerta de Ron para chincharlo y burlarse de él (creo que estas burlas suelen girar en torno a Ricky Joe Simmons y Debra Sue Carter).

Por lo que me consta, el oficial Reading intervino para que Martin cesara en su hostigamiento, pero tuvo que ponerse firmes para lograr que Martin depusiera su actitud. Varias fuentes han señalado al oficial Martin como uno de los funcionarios que acostumbran hostigar a Ron casi diariamente.

¿Sería tan amable de investigar estos hechos y tomar las medidas oportunas? Tal vez convendría impartir unas cuantas clases de repaso a los guardias que tratan con reclusos mentalmente enfermos.

No todos los guardias eran crueles. Una celadora se acercó una noche a la celda de Ron para charlar un rato con él. El aspecto del preso era espantoso y le dijo que se moría de hambre pues llevaba varios días sin comer. Ella le creyó y se retiró. Regresó a los pocos minutos con una tarrina de mantequilla de cacahuetes y una barra de pan rancio.

En una carta a Renee, Ron le contó que había disfrutado mucho del «festín» y que no había dejado ni una migaja.

Kim Marks era una investigadora de la Oficina para la Defensa de Insolventes de Oklahoma. Últimamente pasaba más tiempo que nadie en el Módulo H con Ron. Cuando le asignaron el caso, revisó la transcripción del juicio, los informes y las pruebas instrumentales. Era una antigua reportera de prensa y su perspicacia la llevó a poner en duda la culpabilidad de Ron.

Elaboró una lista de posibles sospechosos, doce en total, todos con antecedentes delictivos. Por obvias razones, Glen Gore era el número uno. Estaba con Debbie la noche de su asesinato. Se conocían desde hacía años y ello le había permitido entrar en su apartamento. Tenía en su haber un desdichado historial de violencia contra las mujeres. Y él era quien había señalado con el dedo a Ron.

¿Por qué la policía había mostrado tan poco interés por Gore? Cuanto más indagaba Kim en los informes policiales y en el propio juicio, tanto más se convencía de que las protestas de Ron tenían fundamento.

Lo visitó varias veces en el Módulo H y, al igual que Leslie Delk, lo vio completamente alterado. Se acercaba a cada visita con una mezcla de curiosidad e inquietud. Jamás había visto envejecer a un recluso con tanta rapidez. A cada visita, su cabello castaño oscuro era más canoso, y eso que aún no había cumplido los cuarenta. Estaba escuálido y parecía un fantasma, debido en buena parte a la falta de luz natural. Su ropa estaba sucia y no le sentaba bien. Tenía los ojos hundidos y su mirada mostraba signos de un profundo trastorno.

Una vez que establecía que el condenado padecía problemas mentales, Leslie tenía que procurarle no sólo un tratamiento adecuado sino también testigos expertos. Para ella era evidente, como lo habría sido para cualquier profano en la materia, que Ron estaba mentalmente enfermo y la situación en que se encontraba lo hacía sufrir terriblemente. Al principio, la política del Departamento de Prisiones de no enviar a la Unidad de Cuidados Especiales a los reclusos del Corredor le impidió actuar debidamente. Como el doctor Foster, Kim pasaría varios años librando en desventaja aquella batalla.

Localizó y estudió el vídeo de la segunda prueba de Ron con el detector de mentiras. A pesar de que ya entonces se le había diagnosticado depresión y trastorno bipolar y puede que esquizofrenia, hablaba con coherencia, ejercía un buen dominio sobre sí mismo y parecía una persona normal. Sin embargo, nueve años después ya no conservaba nada de normal. Tenía alucinaciones, había perdido el contacto con la realidad y sus obsesiones lo consumían: Ricky Joe Simmons, la religión, los perjuros que habían testimoniado en su juicio, la falta de dinero, Debbie Carter, la ley, la música, la monumental denuncia que algún día presentaría contra el Estado, su carrera en el béisbol, los abusos e injusticias que le infligían.

Habló con los funcionarios de la prisión y escuchó sus comentarios acerca de la capacidad de Ron de pasarse todo un día gritando. Y ella misma lo oyó aullar como un poseso cuando tuvo que ir al lavabo de mujeres. Éste tenía un respiradero por el cual se filtraban los sonidos procedentes de la galería suroeste, donde Ron estaba alojado.

Se quedó tan impresionada que, en colaboración con Leslie, insistió todavía con más ahínco para que la prisión le proporcionara un tratamiento más efectivo. Intentaron trasladarlo a la Unidad de Cuidados Especiales como una excepción. Intentaron conseguir que evaluaran su estado en el hospital estatal.

Sus esfuerzos fueron vanos.

En junio de 1992, Leslie Delk pidió que se fijara una vista para establecer la capacidad mental de su cliente en el tribunal del condado de Pontotoc. Bill Peterson se opuso y la petición fue rechazada.

La negativa fue recurrida ante el Tribunal Penal de Apelaciones, que la confirmó.

En julio presentó una amplia solicitud de amparo posterior a la condena. Se basaba sobre todo en el voluminoso historial psiquiátrico de Ron, y destacaba que su incapacidad se habría debido ventilar en el juicio. Dos meses después, el amparo fue denegado y Leslie volvió a recurrir al Tribunal de Apelaciones.

Como era de esperar, volvió a perder. El siguiente paso era un rutinario y último recurso al Tribunal Supremo de Estados Unidos. Se hicieron otras peticiones de rutina que fueron denegadas y, una vez agotados todos los recursos legales, el 26 de agosto de 1994 el Tribunal Penal de Apelaciones fijó la ejecución de Ron Williamson para el 27 de septiembre de 1994.

Había pasado seis años y cuatro meses en el corredor de la muerte.

Después de dos años de libertad, Greg Wilhoit fue conducido a una sala de justicia para enfrentarse una vez más con la acusación de asesinato de su mujer.

Al salir de McAlester, se había ido a vivir a Tulsa, donde había tratado de recuperar una vida normal. No fue nada fácil. Conservaba las cicatrices emocionales y psicológicas de la dura experiencia por la que había pasado. Sus hijas, que ahora tenían ocho y nueve años, estaban siendo educadas por unos amigos de la iglesia, dos maestros de escuela, y llevaban una vida estable. Sus padres y hermanas lo apoyaban como siempre.

Su caso había despertado cierta curiosidad en la prensa. Por suerte, su abogado George Briggs había muerto, no sin antes perder la licencia para ejercer. Varios prestigiosos abogados penalistas se habían puesto en contacto con Greg y querían representarlo. Los abogados se sienten tan atraídos por las cámaras como las moscas por una merienda campestre, y a Greg le hizo gracia ver el repentino interés que despertaba su caso.

Pero la elección no fue difícil. Su amigo Mark Barrett le había conseguido la libertad bajo fianza y él confiaba en que ahora le ganaría la libertad definitiva.

En el primer juicio, la prueba más perjudicial había sido la declaración de los dos peritos en marcas de mordisco. Ambos declararon ante el jurado que la herida en el pecho de Kathy Wilhoit la había dejado allí su marido. La familia Wilhoit había localizado a un prestigioso experto en la materia, el doctor Thomas Krauss de Kansas. Krauss se sorprendió al ver las diferencias entre la impresión dental de Greg y la herida. Ambas eran absolutamente distintas.

Después Mark Barrett envió la marca del mordisco a once expertos de renombre nacional, muchos de los cuales habituados a testimoniar como peritos. Entre ellos figuraban el máximo asesor del FBI en la materia y el experto que había declarado en contra de Ted Bundy, el célebre asesino en serie de mujeres. El veredicto fue unánime: los doce expertos en marcas de mordisco descartaron a Greg Wilhoit. Las comparaciones ni siquiera se parecían.

En la vista probatoria, un perito de la defensa identificó veinte diferencias entre la dentadura de Greg y la marca encontrada en el pecho de la víctima, y declaró que eso descartaba de manera definitiva a Greg.

Pero el fiscal insistió en la celebración de un juicio, el cual se convirtió rápidamente en una farsa. Mark Barrett consiguió rebatir las afirmaciones de los peritos en marcas de mordisco presentados por la acusación y después desacreditó al experto en ADN llamado por la fiscalía.

Cuando la acusación terminó su intervención, Mark solicitó que se desestimasen las pruebas presentadas por el fiscal y pidió un veredicto favorable a Greg Wilhoit. A continuación, el juez levantó la sesión y todos se fueron a almorzar. Al regresar, cuando el jurado ocupó de nuevo su tribuna y el público ya estaba instalado en la sala, el juez, en una insólita decisión, anunció que la petición de la defensa sería admitida. No había lugar a juicio alguno.

—Señor Wilhoit —dijo—, a partir de este momento es usted un hombre libre.

Tras una larga noche de festejos con la familia y los amigos, por la mañana Greg Wilhoit voló a California para jamás regresar a Oklahoma, salvo para visitar a su familia o abogar contra la pena capital. Ocho años después de la muerte de Kathy, era finalmente un hombre libre.

Persiguiendo al sospechoso equivocado, la policía y los fiscales habían propiciado que la pista del verdadero asesino se enfriara. Hasta la fecha, éste aún no ha sido encontrado.

La nueva cámara de la muerte del Módulo H estaba funcionando a la perfección. El 10 de marzo de 1992, Robyn Leroy Parks, un varón negro de cuarenta y tres años, fue ejecutado por el asesinato en 1978 del empleado de una gasolinera. Llevaba trece años en el Corredor.

Tres días después, Olan Randle Robison, un varón blanco de cuarenta y seis años, fue ejecutado por asesinar a una pareja tras haber irrumpido en su domicilio rural en 1980.

Ron Williamson iba a ser el tercer hombre atado a una camilla en el Módulo H al que se ofrecería la oportunidad de decir sus últimas palabras.

El 30 de agosto de 1994, un ceñudo pelotón de guardias acudió a la celda de Ron. Le aherrojaron muñecas y tobillos y lo aseguraron todo con una cadena en la cintura. Debía de tratarse de algo grave.

Como de costumbre, iba sin afeitar y estaba demacrado, sucio y desequilibrado. Los guardias procuraron mantenerse apartados de él. El oficial Martin era uno de los cinco hombres.

Ron fue sacado del Módulo H, introducido en una furgoneta y conducido a las oficinas de la administración situadas a dos pasos de allí, enfrente de la prisión. Su escolta lo llevó al despacho del alcaide, a una estancia con una alargada mesa de juntas donde numerosas personas esperaban ser testigos de un hecho crucial. Todavía aherrojado y vigilado por sus centinelas, lo sentaron a un extremo de la mesa. El alcaide ocupaba el otro e inició la reunión presentando a Ron a los miembros del personal sentados alrededor de la mesa, todos con expresiones un tanto siniestras.

—Encantado de conocerles, señores —dijo Ron.

Se le entregó una «notificación» que el alcaide empezó a leer:

—Ha sido usted sentenciado a morir por el delito de asesinato a las 12.01 horas del martes 27 de septiembre de 1994. El propósito de esta reunión es informarle acerca de las normas y los procedimientos que se seguirán durante los próximos treinta días, y comentar ciertos privilegios que podrían beneficiarle.

Ron dio un respingo y dijo que él no había matado a nadie. Puede que hubiera hecho algunas cosas malas en su vida, pero el asesinato no era una de ellas.

El alcaide prosiguió la lectura mientras Ron repetía que él no había matado a Debbie Carter.

El alcaide y el director del módulo le hablaron y consiguieron calmarlo. Ellos no estaban allí para juzgarlo, dijeron, sino para cumplir las normas y los procedimientos legales.

Pero Ron tenía un vídeo de la confesión de Ricky Joe Simmons y quería enseñárselo al alcaide. Negó una vez más haber matado a Debbie y empezó a desbarrar. Dijo que quería salir en la televisión de Ada para proclamar su inocencia. Y añadió que su hermana había estudiado en el colegio universitario de Ada.

El alcaide siguió leyendo:

—La mañana anterior a la fecha de la ejecución será usted instalado en una celda especial donde permanecerá hasta el momento final. Durante su permanencia en esta celda estará usted bajo constante vigilancia visual.

Ron volvió a interrumpirlo, gritando que él no había matado a Debbie Carter. El alcaide prosiguió con la lectura de las normas relativas a las visitas, los efectos personales y disposiciones para el funeral. Ron se calmó.

—¿Qué quiere que hagamos con su cuerpo? —preguntó el alcaide.

Trastornado y confuso, Ron no estaba preparado para semejante pregunta. Consiguió decir que lo enviaran a su hermana.

Luego, ante la pregunta de rigor, respondió que no tenía nada que preguntar y que lo había entendido todo. Así pues, lo devolvieron a su celda. La cuenta atrás había empezado.

Olvidó llamar a Annette. Dos días después, mientras examinaba su correspondencia, Annette encontró un sobre del Departamento de Prisiones de McAlester. Dentro había una carta de un delegado del alcaide:

Estimada señora Hudson:

Con hondo pesar, es mi deber comunicarle que la ejecución de su hermano Ronald Keith Williamson, número 134846, se ha fijado para el martes 27 de septiembre de 1994 a las 12.01 en la Penitenciaría Estatal de Oklahoma.

Las visitas durante el día anterior a la fecha de la ejecución se limitarán a clérigos, su abogado y otras dos personas autorizadas por el alcaide.

Por muy difícil que resulte, se deben tener en cuenta las disposiciones para el funeral, las cuales son responsabilidad de la familia. Si dicha responsabilidad no es asumida, el Estado se hará cargo del entierro. Le ruego tenga la bondad de comunicarme su decisión.

Atentamente,

KEN KLINGER

Annette llamó a Renee para comunicarle la terrible noticia. Ambas estaban destrozadas y trataron de convencerse mutuamente de que no podía ser verdad. Siguieron otras conversaciones en cuyo transcurso decidieron no trasladar el cadáver a Ada. No pensaban exponerlo en la funeraria Criswell para que toda la ciudad fuera a curiosear. En su lugar, organizarían una ceremonia privada y un entierro en McAlester. Sólo invitarían a unos cuantos amigos íntimos y algunos familiares.

La prisión les comunicó que podrían presenciar la ejecución. Renee dijo que no lo resistiría, pero Annette estaba decidida a no flaquear en el momento final.

La noticia corrió como la pólvora por Ada. Peggy Stillwell, la madre de la malograda Debbie Carter, estaba viendo la televisión local cuando escuchó que se había fijado la fecha de la ejecución de Ron Williamson. Aunque se trataba de una buena noticia, le enfureció que no lo hubieran comunicado oficialmente. Le habían prometido que podría ser testigo de la ejecución, y desde luego lo deseaba con toda su alma. Quizás algún funcionario la llamaría en los próximos días.

Annette se aisló tratando de negar lo que estaba ocurriendo. Sus visitas a la prisión se habían vuelto menos frecuentes y más breves. Ronnie siempre estaba fuera de sí, o bien le hablaba a gritos o actuaba como si ella no estuviera presente. Varias veces se había ido después de una visita de cinco minutos.

13

En cuanto los tribunales de Oklahoma terminaron con la causa de Ron y se hubo fijado la fecha de la ejecución, sus abogados acudieron al tribunal federal para interponer el último recurso judicial. Se llama *habeas corpus*. Un mandato judicial de *habeas corpus* exige que un recluso sea conducido ante un tribunal para establecer la legalidad de su detención.

Su causa fue asignada a Janet Chesley, una abogada de oficio de Norman. Tenía amplia experiencia con el *habeas corpus* y estaba acostumbrada al frenético ritmo de la presentación de peticiones y recursos de última hora mientras el reloj corría inexorablemente hacia la ejecución. Se reunió con Ron, le explicó el procedimiento y le aseguró que conseguiría una suspensión de la ejecución. En su trabajo, semejantes conversaciones eran habituales y sus clientes, aunque comprensiblemente nerviosos, siempre acababan confiando en ella. La fijación de la fecha era algo muy serio, pero jamás se ejecutaba a nadie sin que antes se agotase el recurso de *habeas corpus*.

Sin embargo, el caso de Ron era distinto. La fijación oficial de una fecha para su muerte lo había hundido todavía más en la locura. Contaba los días, incapaz de creer en las promesas de Janet. El reloj no se había detenido. La cámara de la muerte esperaba su visita.

Transcurrieron dos semanas. Ron dedicaba mucho tiempo a la oración y el estudio de la Biblia. Además, dormía mucho y había dejado de gritar. Le administraban los medicamentos con liberalidad. El Corredor estaba tranquilo y expectante. Los demás reclusos no se perdían detalle y se preguntaban si el Estado sería tan cabrón de ejecutar a alguien tan chalado como Ron.

Transcurrió otra semana.

El Tribunal Federal correspondiente al Distrito Oriental de Oklahoma tiene su sede en Muskogee. En 1994 contaba con dos jueces, ninguno de los cuales era demasiado favorable a los *habeas corpus* ni siquiera de las demandas directamente formuladas desde las prisiones por reclusos comunes. Les llegaban a paletadas. Cada preso tenía quejas y cuestiones que plantear; casi todos alegaban inocencia y malos tratos. La población reclusa común se representaba a sí misma, aunque contaba con el asesoramiento de algunos presos que sabían bastante de leyes y ejercían su dominio en las bibliotecas jurídicas de las cárceles, donde cambiaban sus opiniones por cigarrillos. Cuando los reclusos no presentaban recursos de *habeas corpus*, denunciaban la mala calidad de la comida, el agua fría de la ducha, el trato vejatorio que les dispensaban los guardias, las esposas demasiado ajustadas y la falta de luz natural. La lista era muy larga. Casi todas estas demandas carecían de fundamento legal y, tras ser desestimadas de inmediato, se enviaban al Tribunal de Apelaciones del Circuito Décimo en Denver, base del extenso distrito federal que incluía a Oklahoma.

En cambio, los chicos del corredor de la muerte contaban con abogados de verdad, algunos pertenecientes a importantes bufetes que trabajaban gratuitamente y presentaban apelaciones muy densas y fundadas. No había más remedio que tomarlas en serio.

El recurso de *habeas corpus* presentado por Janet Chesley fue asignado al azar al juez Frank Seay, nombrado por Jimmy Carter en 1979. Seay era del condado de Seminole y, antes de su nombramiento para un cargo federal, había servido once años como magistrado de lo penal en el Distrito Veintidós, al cual pertenecía el condado de Pontotoc. Conocía los juzgados de allí, la ciudad y sus abogados.

En mayo de 1971, el juez Seay se había desplazado al pueblo de Asher para pronunciar un discurso en la ceremonia de graduación del instituto local. Uno de los diecisiete graduados había sido Ron Williamson.

Tras haber empuñado quince años el mazo, Seay tenía muy poca paciencia con los *habeas corpus* que aterrizaban en su despacho. El de Williamson llegó allí en septiembre de 1994, pocos días antes de la ejecución. Seay sabía que los abogados de las causas capitales solían esperar hasta el último momento para presentar sus peticiones, de manera que los jueces federales se vieran obligados a dictar suspensiones mientras se tramitaba el papeleo. A veces pensaba en el suplicio del pobre condenado, sudando de angustia en el corredor de la muerte mientras sus abogados libraban una postrera batalla con un juez federal.

Pero era una correcta manera de ejercer la abogacía y Seay lo comprendía, aunque el procedimiento seguía sin gustarle. Había concedido unas cuantas suspensiones pero jamás un nuevo juicio a partir de un *habeas corpus*.

Como todos, el de Williamson fue leído en primer lugar por Jim Payne, un magistrado federal adscrito a la oficina del tribunal. Payne era de tendencias notoriamente conservadoras y los *habeas corpus* le desagradaban tanto como a Seay, pero su innato sentido de la justicia le había granjeado un general aprecio. Durante muchos años su misión había consistido en examinar cada *habeas corpus* en busca de alegaciones justificadas, las cuales, aunque no abundaran, se daban con suficiente frecuencia como para que la lectura resultara interesante.

Jim Payne sabía que aquella tarea revestía una importancia fundamental. Si algo le pasaba por alto, oculto entre los voluminosos expedientes y transcripciones, un inocente podía ser ejecutado.

La petición de Janet Chesley estaba tan bien redactada que despertó su interés desde el primer párrafo. Cuando terminó su lectura, albergaba ciertas dudas acerca de la imparcialidad del juicio de Ron. Había cuestiones de defensa inapropiada, incapacidad mental y unas pruebas capilares poco fiables.

Por la noche, Jim Payne estudió el recurso en su casa. De regreso a su despacho por la mañana, se reunió con el juez Seay y le recomendó una suspensión. Seay respetaba plenamente la opinión de aquel magistrado, por lo que, tras un exhaustivo análisis del caso Williamson, accedió a suspender la ejecución *sine die*.

Tras haber pasado veintitrés días mirando el reloj y rezando con fervor, Ron recibió la noticia con los ojos como platos. Su encontronazo con la muerte se había detenido sólo cinco días antes de la colisión.

Jim Payne le pasó el *habeas corpus* a su ayudante Gail Seward, la cual convino en que era necesaria una revisión en profundidad. Ésta se la pasó a su vez a la novata del despacho, una auxiliar llamada Vicky Hildebrand que, a causa de su inexperiencia, había recibido el cargo oficioso de «auxiliar de penas de muerte». Antes de matricularse en la Facultad de Derecho, Vicky había trabajado como asistente social, por lo que rápida y discretamente había asumido el papel de corazón compasivo en el moderado-tirando-a-conservador despacho del juez Seay.

Williamson era su primer caso de *habeas corpus* de un condenado a pena de muerte y, cuando empezó a leer el recurso, se sintió cautivada por el párrafo inicial:

Estamos ante el grotesco caso de un sueño convertido en pesadilla para Ronald Keith Williamson. Su detención se produjo casi cinco años después del crimen —cuando el único testigo que habría avalado su coartada ya había fallecido— y se basó casi por entero en la «confesión» de un sueño por parte de un hombre mentalmente muy enfermo: Ron Williamson

Vicky siguió leyendo y muy pronto advirtió la escasez de pruebas sólidas presentadas durante el juicio y el caprichoso carácter de las estrategias utilizadas por su defensa. Cuando terminó, abrigaba serias dudas acerca de la culpabilidad de Ron.

E inmediatamente se preguntó si tendría el temple necesario para semejante trabajo. ¿Todas las peticiones de *habeas corpus* eran tan convincentes? ¿Se iba a creer todo lo que alegaran los presos del corredor de la muerte? Consultó con Jim Payne y éste sugirió hablar con Gail Seward, que era más bien centrista, y recabar su opinión. Vicky pasó todo el viernes fotocopiando la larga transcripción del juicio, tres copias, una para cada miembro del improvisado triunvirato. Dedicaron todo el fin de semana a su lectura.

Cuando se reunieron a primera hora de la mañana del lunes, el veredicto fue unánime. Desde la derecha, la izquierda y el centro, los tres estuvieron de acuerdo en que no se había hecho justicia. No sólo coincidieron en que el juicio había sido contrario a la ley, sino también en que probablemente Ron era inocente.

Los intrigó la referencia a *Los sueños de Ada*. El recurso redactado por Janet Chesley atribuía gran importancia a la confesión del sueño hecha por Ron. Éste había leído el libro poco después de su detención y lo tenía en su celda cuando le contó su sueño a John Christian. Publicado siete años atrás, el libro estaba agotado, pero Vicky encontró ejemplares en bibliotecas y librerías de segunda mano. Los tres se apresuraron a leerlo y sus sospechas acerca de las autoridades de Ada se intensificaron.

Puesto que todo el mundo sabía lo intransigente que solía mostrarse el juez Seay cuando trataba asuntos relacionados con *habeas corpus*, decidieron que Jim Payne hablara primero con él y rompiera el hielo. Seay lo escuchó atentamente, y después también a Vicky y Gail. Los tres estaban convencidos de la necesidad de celebrar un nuevo juicio, por lo que el juez accedió a estudiar el recurso.

Conocía a Bill Peterson, a Barney Ward y a casi todos

los de Ada. Consideraba a Barney un viejo amigo, pero Peterson nunca le había caído bien. La verdad era que no le sorprendió demasiado que el juicio hubiera sido una chapuza basada en pruebas absolutamente endebles. Cosas muy raras ocurrían en Ada, y Seay llevaba años oyendo hablar de los excesos de la policía local. Le desagradaba especialmente el escaso control que el juez Ronald Jones había ejercido sobre los procedimientos. La mala labor policial y las acusaciones sesgadas no eran insólitas, pero el juez estaba precisamente para desecharlas.

Tampoco le sorprendió que el Tribunal Penal de Apelaciones no hubiera visto nada incorrecto en el juicio.

Una vez convencido de que no se había hecho justicia, él y su equipo se entregaron a una exhaustiva revisión del caso.

Dennis Fritz había perdido el contacto con Ron. Había escrito una carta a su viejo amigo, pero no había recibido respuesta.

Kim Marks y Leslie Delk se desplazaron a Conner para entrevistar a Dennis. Llevaban consigo el vídeo de Ricky Joe Simmons y le enseñaron aquella extraña confesión. Como Ron, a Dennis lo sacó de quicio que alguien hubiera confesado el delito por el cual ellos habían sido condenados y, sin embargo, dicha información se hubiera escamoteado en su juicio. Inició una correspondencia con Kim Marks y ésta lo mantuvo informado acerca de las novedades que se iban produciendo en el caso de Ron.

Como asiduo de la biblioteca jurídica, Dennis se enteraba de los principales chismorreos jurídicos que circulaban por el país. Él y los reclusos «asesores» no se perdían detalle del mundillo de la jurisprudencia. Las pruebas del ADN se habían presentado en un juicio por primera vez a principios de los años noventa y él leía todo lo que encontraba acerca del tema.

En 1993, *Donahue* dedicó uno de sus programas a cuatro hombres que habían sido exculpados gracias a las pruebas del ADN. Este programa televisivo tuvo una amplia audiencia, sobre todo en las cárceles, y sirvió de catalizador del movimiento en defensa de los acusados inocentes en todo el país.

Un grupo que ya había llamado la atención era el Proyecto Inocencia, fundado en 1992 por dos abogados neoyorquinos, Peter Neufeld y Barry Scheck. Crearon en la Academia de Derecho Benjamin N. Cardozo una llamada «clínica legal» sin ánimo de lucro donde los alumnos manejaban los casos bajo la supervisión de abogados experimentados. Neufeld tenía un largo historial de activismo jurídico en Brooklyn. Scheck era un experto en pruebas de ADN y había adquirido notoriedad por ser uno de los abogados de O. J. Simpson.

Dennis siguió de cerca el caso Simpson y, cuando el juicio terminó, estudió la posibilidad de ponerse en contacto con Barry Scheck.

Tras haber recibido numerosas quejas acerca del Módulo H, en 1994 Amnistía Internacional llevó a cabo una exhaustiva evaluación del centro penitenciario. Descubrió numerosas violaciones de las normas internacionales, incluyendo tratados suscritos por Estados Unidos y las pautas mínimas establecidas por Naciones Unidas. Las infracciones incluían celdas demasiado pequeñas, inadecuadamente amuebladas, carentes de luz y ventilación naturales, y sin ventanas. Se constató asimismo que los patios de ejercicios estaban sujetos a excesivas limitaciones y eran demasiado reducidos. Muchos reclusos se saltaban su hora diaria de ejercicios para poder disfrutar de un poco de privacidad en la celda, sin la presencia de su compañero. Aparte de un curso con diplomatura en estudios secundarios, no había programas educativos y tampoco se permitía trabajar a los reclusos. Los servicios religiosos eran limitados. El aislamiento de presos era excesivamente severo. Y el servicio de comidas necesitaba una exhaustiva revisión.

En resumen, Amnistía Internacional consideró que las condiciones del Módulo H equivalían a un trato cruel, inhumano o humillante que infringía los estándares internacionales. Dichas condiciones, cuando «se aplican durante un largo período de tiempo, pueden ejercer un efecto perjudicial en la salud física y mental de los reclusos».

El informe se dio a conocer sin carácter vinculante para la prisión. Pero sirvió para impulsar algunas demandas presentadas por los presos.

Después de una pausa de tres años, la cámara de la muerte volvió a prestar su dudoso servicio. El 20 de mayo de 1995, Thomas Grasso, varón blanco de treinta y dos años de edad, fue ejecutado tras una permanencia de sólo dos años en el Corredor. Aunque le fue muy difícil, Grasso consiguió paralizar la presentación de recursos y acabar de una vez.

Le siguió Roger Dale Stafford, el infame asesino de la churrasquería; su ejecución fue una de las más sonadas. Los asesinos múltiples de las grandes ciudades atraen más la atención de la prensa, y Stafford murió rodeado por una aureola de gloria. Llevaba quince años en el corredor de la muerte y su caso fue utilizado por la policía y la acusación, y especialmente por los políticos, como un ejemplo de los anquilosados procedimientos de presentación de recursos.

El 11 de agosto de 1995 tuvo lugar una grotesca ejecución. Robert Breechen, un varón blanco de cuarenta años, estuvo casi a punto de evitar la inyección letal. La víspera se tragó un puñado de analgésicos que había conseguido almacenar a escondidas en su celda. Su suicidio era su último intento de decirle al Estado que se fuera al infierno, pero el Estado se salió con la suya: los guardias encontraron inconsciente a Breechen y lo llevaron a toda prisa a la enfermería, donde le practicaron un lavado de estómago y lo recuperaron lo suficiente como para devolverlo al Módulo H y matarlo con la bendición de la ley.

El juez Seay dirigió una tediosa evaluación de todos y cada uno de los aspectos del caso Williamson. Examinaron minuciosamente las transcripciones, incluyendo la de la vista preliminar y las de todas las comparecencias ante el tribunal. Revisaron el largo historial psiquiátrico de Ron. Estudiaron los archivos policiales y los informes de los peritos del OSBI.

La ingente tarea se repartió entre Vicky Hildebrand, Jim Payne y Gail Seward, y se convirtió en un trabajo en equipo al que no le faltaron ideas ni entusiasmo. El juicio había sido de jauja, se había producido un flagrante error judicial y ellos querían enmendarlo.

Seay nunca se había fiado de las pruebas capilares. Una vez había presidido un juicio federal en un caso de pena capital cuyo testigo estrella iba a ser el máximo experto capilar del FBI. Su competencia estaba fuera de toda duda y había declarado en numerosos juicios, pero el juez no se dejó impresionar: el cacareado experto fue rechazado como testigo y ni siquiera llegó a declarar.

Vicky Hildebrand se ofreció para investigar las pruebas capilares. Pasó varios meses leyendo docenas de casos y estudios y acabó convencida de que todo aquello era ciencia-basura. Era algo tan poco fiable que jamás habría debido utilizarse en un juicio, una conclusión a la que el juez Seay ya había llegado hacía mucho tiempo.

Gail Seward se concentró en Barney Ward y en los errores que había cometido en el juicio. Jim Payne analizó las infracciones *Brady*. A lo largo de varios meses el equipo apenas trabajó en otra cosa, sólo en asuntos muy urgentes. El juez Seay era un supervisor muy exigente que no toleraba retrasos en la agenda. Trabajaban de noche y los fines de semana. Se supervisaban y corregían el uno al otro. A medida que avanzaban, descubrían más equivocaciones y su entusiasmo iba en aumento.

Jim Payne informaba diariamente al juez Seay, el cual, como experto que era, no escatimaba los comentarios. Leía los borradores iniciales de su equipo, los corregía y los devolvía a la espera de que le entregaran otros.

Cuando resultó evidente que habría que celebrar un nuevo juicio, el caso empezó a preocupar a Seay. Barney era un viejo amigo suyo, un veterano guerrero cuya mejor época ya había quedado atrás y a quien las críticas le dolerían profundamente. ¿Cómo reaccionaría Ada ante la noticia de que su antiguo juez se había pasado al bando del condenado Ron Williamson?

Su labor sería examinada en el siguiente nivel, el Tribunal de Apelaciones del Décimo Circuito en Denver. ¿Y si les anulaban el trabajo? ¿Tenían suficiente fundamento para su causa? ¿Podrían convencer al Décimo Circuito?

Trabajaron con ahínco bajo la supervisión del juez Seay y, finalmente, el 19 de septiembre de 1995, un año después de la suspensión de la ejecución, éste dictó un auto de *habeas corpus* y concedió autorización para un nuevo juicio.

La argumentación que acompañaba al auto era extensa, cien folios, y constituía una obra maestra de análisis y razonamiento judiciales. Con un comprensible pero docto lenguaje, el juez Seay echaba un rapapolvo a Barney Ward, Bill Peterson, el Departamento de Policía de Ada y el OSBI. Y aunque se abstenía de criticar directamente la desafortunada actuación del juez Jones, dejaba claro lo que pensaba al respecto.

Ron se merecía un nuevo juicio por muchas razones, la principal de las cuales era la falta de una adecuada asistencia legal. Los errores de Barney habían sido muchos y muy perjudiciales. Entre ellos, el hecho de no haber planteado la cuestión de la capacidad mental de su cliente; el no haber investigado a fondo y no haber presentado pruebas contra Glen Gore; el no haber ahondado en el hecho de que Terri Holland también hubiera declarado contra Karl Fontenot y Tommy Ward; el no haber informado al jurado de que Ricky Joe Simmons se había declarado autor del asesinato y su confesión constaba en un vídeo que estaba en posesión de Barney; el no haber desacreditado las confesiones de Ron para eliminarlas con anterioridad al juicio, y el no haber llamado a testigos de circunstancias atenuantes durante la imposición de la pena.

Bill Peterson y la policía fueron censurados por haber ocultado el vídeo de la segunda prueba de Ron con el detector de mentiras en 1983; haber utilizado confesiones obtenidas mediante métodos dudosos, incluida la confesión del sueño de Ron; haber llamado al estrado bajo juramento a soplones de la cárcel; haber presentado una causa sin pruebas materiales y haber ocultado pruebas eximentes.

El juez Seay analizó la historia de las pruebas capilares y decretó que eran muy poco fiables y deberían ser eliminadas de todos los tribunales. Criticó a los peritos del OSBI por su erróneo manejo de las muestras en la investigación de Fritz y Williamson.

Bill Peterson, el juez Jones y el juez John David Miller fueron censurados por no haber interrumpido los procedimientos y no haber determinado la salud mental de Ron.

El juez Jones había cometido un craso error al celebrar una vista *Brady* ¡una vez finalizado el juicio! Haber denegado la petición de Barney de que un perito capilar pudiera rebatir las afirmaciones de los del OSBI era un error revocable de por sí.

Con precisión de cirujano, Seay analizaba todos los aspectos del juicio y dejaba al descubierto que la condena de Ron había sido una farsa. A diferencia del Tribunal de Apelaciones de Oklahoma, que había examinado dos veces el caso, Seay veía una condena errónea y lo ponía todo en cuestión.

Al término de sus razonamientos, añadía algo insólito: un epílogo.

Mientras estudiaba mi decisión en este caso, le dije a un amigo, un profano en la materia, que en mi opinión los hechos y la ley imponían la necesidad de conceder un nuevo juicio a un hombre que había sido declarado culpable y condenado a muerte.

Mi amigo preguntó: «¿Pero es el asesino?» Me limité a contestar: «Eso no lo sabremos hasta que se celebre un juicio imparcial.»

Dios nos libre de que en este gran país miráramos para otro lado mientras se ejecuta a personas que no han tenido un juicio imparcial. Eso es lo que ha estado a punto de ocurrir en este caso.

Por cortesía, el juez Seay envió una copia de su escrito a Barney Ward, con una nota diciendo que lo sentía pero no había tenido opción. Barney jamás volvió a dirigirle la palabra.

Aunque estaban convencidos de la validez de su trabajo, Vicky Hildebrand, Gail Seward y Jim Payne estaban un poco preocupados cuando éste se hizo público. El hecho de conceder un nuevo juicio a un inquilino del corredor de la muerte no era algo muy apreciado en Oklahoma. El caso de Ron había ocupado sus vidas durante un año y, aunque estaban seguros de sí mismos, no querían que se criticara al juez Seay y su oficina.

«La fiscalía decide recurrir la orden de celebración de un nuevo juicio», rezaba el titular del *Ada Evening News* del 27 de septiembre de 1995. A un lado se publicaba una fotografía de instituto de Ron Williamson y al otro una imagen de Bill Peterson. El reportaje empezaba así:

Un indignado Bill Peterson señaló que estaría «más que encantado de comparecer, en caso necesario, ante el Tribunal Supremo de Estados Unidos para conseguir la anulación de un reciente auto de un juez federal que ha ordenado la celebración de un nuevo juicio para el convicto de asesinato Ronald Keith Williamson.

Por suerte, al menos para Peterson, éste no tendría ocasión de viajar a Washington y exponer sus razones. Añadía que el fiscal general del Estado le había asegurado que él mismo en persona se encargaría de presentar un «inmediato» recurso ante el Décimo Circuito de Denver. Se citaban textualmente las palabras de Peterson:

Estoy desconcertado, confuso, rabioso y muchas otras cosas más. Que este caso haya superado tantos recursos y tantos exámenes sin que nadie jamás haya puesto en duda la condena y que ahora haya aparecido esta opinión, simplemente no tiene sentido.

Olvidaba decir —y el reportero olvidaba subrayar— que todas las condenas a pena capital recorren el camino del *habeas corpus* y acaban en el tribunal federal donde, tarde o temprano, se emite alguna clase de opinión.

Pero Peterson ya estaba lanzado y añadía:

Este caso ya ha sido estudiado en dos ocasiones por el Tribunal Supremo de Estados Unidos. Y en ambas ratificó las condenas y desestimó las peticiones de vistas.

No exactamente. El Tribunal Supremo jamás había estudiado los fundamentos del caso de Ron; al negar un *certiorari*, es decir, un auto mediante el cual un tribunal superior exige al inferior el envío de una causa para examinar posibles irregularidades procesales, el Supremo renunciaba a entender en el caso y lo remitía de nuevo a Oklahoma. Era la práctica habitual.

Peterson se guardaba su frase más impactante para el final. El juez Seay había mencionado *Los sueños de Ada* de Robert Mayer, haciendo referencia a las numerosas condenas basadas en confesiones de sueños que habían salido de aquella misma sala de justicia. Peterson lamentó la mención del libro en un fallo judicial y con expresión grave, faltaría más, dijo:

Simplemente no se ajusta a la verdad que estos tres hombres —Williamson, Fontenot y Ward— fueran condenados por confesiones basadas en sueños.

El estado de Oklahoma presentó recurso contra el fallo del juez Seay ante el Tribunal de Apelaciones del Décimo

Circuito en Denver. Aunque se alegraba del sesgo de los acontecimientos y de la perspectiva de un nuevo juicio, Ron seguía en la cárcel y sobrevivía día a día mientras el proceso seguía lentamente su curso.

Sin embargo, no luchaba solo. Kim Marks —su investigadora—, Janet Chesley —su abogada— y el doctor Foster se mostraban infatigables en su intento de conseguirle un tratamiento médico adecuado. A lo largo de casi cuatro años la prisión se había negado a ingresar a Ron en la Unidad de Cuidados Especiales, donde se disponía de condiciones adecuadas para tratar su dolencia. Esta unidad se encontraba a tiro de piedra del Módulo H y, sin embargo, estaba oficialmente fuera del alcance de los reclusos del corredor de la muerte.

Kim Marks ofreció esta descripción de Ron:

> Yo tenía miedo, no de él sino por él. Así que insistí en que alguien con mayor poder en el sistema penitenciario facilitara alguna ayuda, en vano. Williamson llevaba el pelo apelmazado y grasiento hasta los hombros; las manchas de nicotina le teñían manos y dedos, no sólo las puntas; los dientes se le estaban pudriendo literalmente. Tenía la piel grisácea porque pasaba semanas sin ducharse. Era sólo piel y huesos; la ropa le bailaba; su camisa daba la impresión de llevar meses sin pasar por la lavandería. Se paseaba constantemente arriba y abajo; apenas podía hablar y, cada vez que lo hacía, rociaba todo de saliva. Nada de lo que decía tenía sentido y yo temía de veras que acabáramos perdiéndolo, que muriera en la cárcel a causa de sus problemas físicos derivados de sus problemas mentales.

Janet Chesley, Kim Marks y Ken Foster perseguían a los distintos alcaides que pasaban por McAlester, así como a sus auxiliares y delegados. Susan Otto, directora de la Oficina Federal del Defensor de Oficio y supervisora de Janet, consiguió tirar de algunos hilos en el Departamento de Prisiones. Al final, en febrero de 1996, James Saffle, por entonces máximo responsable de Prisiones, accedió a reunirse con Kim y Janet. Al principio de la reunión, Saffle anunció que había autorizado a Ron Ward, alcaide de McAlester, a hacer una excepción con Ron Williamson y trasladarlo de inmediato a la Unidad de Cuidados Especiales.

El informe de Ron Ward al director de la Unidad de Cuidados Especiales reconocía que dicha unidad estaba oficialmente vedada a los reclusos del corredor de la muerte. Y decía, entre otras cosas:

> Voy a hacer una excepción a los habituales procedimientos de actuación de la Unidad de Cuidados Especiales aplicables a nuestro Penal, en los cuales se dice: «Cualquier recluso de la Penitenciaría Estatal de Oklahoma, salvo los del corredor de la muerte, podrá tener acceso a los servicios de la Unidad de Cuidados Especiales.»

¿Qué se ocultaba detrás de aquel cambio de actitud? Dos semanas atrás un psicólogo de la prisión había enviado un informe confidencial a un delegado del alcaide a propósito de Ron Williamson. Entre otros comentarios, el psicólogo enumeraba varias razones justificadas para enviarlo a la Unidad de Cuidados Especiales:

> En la discusión de nuestro equipo llegamos a la conclusión de que el señor Williamson es un psicópata y le sería extremadamente útil un minucioso ajuste de su medicación.
>
> Hemos observado también que se niega rotundamente a considerar o discutir la posibilidad de semejante ajuste.
>
> Tal como usted sabe, la Unidad de Cuidados Especiales cuenta con los medios apropiados para forzar una medicación en caso necesario.

El personal del Módulo H estaba harto de Ron y necesitaba un descanso. El informe añadía:

> No cabe duda de que el estado del señor Williamson se deteriora semana a semana. Así lo he observado y el personal del Módulo H suele comentarlo habitualmente.
>
> Hoy mismo, Mike Mullens ha hecho referencia a este deterioro y a los efectos adversos que los estallidos psicopáticos del recluso ejercen en la galería suroeste.

Sin embargo, el principal motivo del traslado de Ron era el de acelerar su ejecución. El informe añadía:

> En mi opinión, tal como están las cosas, la psicosis del señor Williamson determina su incapacidad mental, lo que a su vez probablemente impediría su ejecución.
>
> Un período en nuestra UCE le devolvería un grado suficiente de capacidad.

Ron fue trasladado a la Unidad de Cuidados Especiales, donde quedó ingresado y le asignaron una celda más bonita y provista de ventana. El doctor Foster le cambió los medicamentos y se encargó de que los tomara puntualmente. Aunque Ron distaba mucho de estar sano, se mostraba tranquilo y no sufría constantes dolores.

Pero era muy débil y apenas conseguía controlar sus obsesiones. Había hecho algunos progresos cuando, de repente, el 21 de abril, después de sólo tres meses de tratamiento, fue sacado bruscamente de allí y conducido de nuevo al Módulo H, donde permaneció dos semanas. Los doctores no habían autorizado su traslado; Foster ni se enteró. No se facilitó ninguna explicación. Cuando lo devolvieron a la unidad médica, había experimentado un notable retroceso. El doctor Foster envió un informe al alcaide y le describió los perjuicios que el inopinado traslado había ocasionado al paciente.

Por mera coincidencia, el traslado de Ron el 25 de abril había tenido lugar la víspera de otra ejecución. Al día siguiente, Benjamin Brewer fue ajusticiado por el apuñalamiento en 1978 de una compañera de estudios —una chica de veintidós años— en Tulsa. Brewer llevaba más de doce años en el Corredor.

A pesar de encontrarse en la Unidad de Cuidados Especiales, Ron seguía siendo un recluso del corredor de la muerte.

Janet Chesley sospechaba que el súbito traslado tenía que ver con triquiñuelas legales. La fiscalía había recurrido el fallo del juez Seay ante el Décimo Circuito de Denver, y estaba prevista una vista oral. Seguramente para evitar que Chesley alegara que su cliente estaba tan incapacitado que lo habían trasladado a la UCE, Ron fue devuelto al Módulo H. Janet se había puesto furiosa al enterarse. Se lo reprochó a los funcionarios de la prisión y a los fiscales. No obstante, al final prometió no comentar durante la vista oral que Ron se encontraba en la Unidad de Cuidados Especiales.

Allí lo devolvieron, pero su empeoramiento resultaba dolorosamente claro.

Dennis Fritz se enteró de que Ron había triunfado a nivel federal y sería sometido a un nuevo juicio. Dennis no había tenido tanta suerte. Como no había sido condenado a muerte, carecía de abogado y tuvo que presentar él mismo su propio *habeas corpus*. En 1995 había perdido en el tribunal de distrito y ahora iba a presentar recurso ante el Décimo Circuito.

El nuevo juicio de Ron fue una noticia agridulce para Dennis. Estaba abatido porque había sido condenado por los mismos testigos y la misma serie de hechos y, sin embargo, su recurso de *habeas* había sido desestimado. Pero, al mismo tiempo, se alegraba de que Ronnie tuviese otra oportunidad.

En marzo de 1996 escribió al Proyecto Inocencia, solicitando su ayuda. Le contestó un alumno voluntario, enviándole un cuestionario. En junio, el voluntario solicitó las pruebas de laboratorio: análisis de cabello, sangre y saliva. Dennis lo tenía todo archivado en su celda y rápidamente lo envió a Nueva York. En agosto envió copia de sus recursos, y en noviembre la transcripción de todo su juicio. Aquel mismo mes recibió la esperanzadora noticia de que el Proyecto Inocencia aceptaba patrocinar su caso.

Las cartas iban y venían, pasaron semanas y meses. El Décimo Circuito había desestimado su recurso, y cuando en mayo de 1997 el Tribunal Supremo se negó a revisar su causa, Dennis sufrió una episodio de depresión. Se le habían terminado los recursos. Todos aquellos sabios jueces que consultaban gruesos tomos jurídicos enfundados en sus negras togas no detectaban ningún fallo en su juicio. Ninguno de ellos había visto lo más obvio: que un inocente había sido injustamente condenado.

La perspectiva de una vida en la cárcel —en la que con tanto denuedo se había negado a creer— era ahora una posibilidad cierta.

En mayo envió cuatro cartas al Proyecto Inocencia.

En 1979, en la pequeña localidad de Okarche, cerca de Oklahoma City, Steven Hatch y Glen Ake irrumpieron en la vivienda del reverendo Richard Douglass. Tras sufrir un terrible suplicio, Douglass y su mujer fueron abatidos a tiros. Sus dos hijitos también fueron tiroteados y dejados por muertos, pero consiguieron sobrevivir milagrosamente. Los asesinatos fueron obra de Glen Ake, el cual fue condenado y sentenciado a muerte, aunque más tarde se le concedió un nuevo juicio porque el juez le había negado el acceso a un perito psiquiátrico. Su recurso, *Ake contra el pueblo de Oklahoma*, marcó un hito. En su segundo juicio fue condenado a cadena perpetua, pena que cumple actualmente.

La participación de Steven Hatch en los asesinatos era muy dudosa y había sido objeto de acaloradas discusiones, pese a lo cual fue condenado a muerte. El 9 de agosto de

1996, Hatch fue atado a una camilla y conducido a la cámara de la muerte del Módulo H. En la sala de los testigos se encontraban los dos hijos de los Douglass, ya adultos por entonces.

En 1994, un indio norteamericano de veinte años llamado Scott Dawn Carpenter atracó una tienda en Lake Eufaula y mató al propietario. Al cabo de apenas dos años en el corredor de la muerte, consiguió paralizar sus recursos y ser ejecutado con una inyección letal.

El 10 de abril de 1997, el Tribunal de Apelaciones del Décimo Circuito en Denver ratificó el fallo del juez Seay. No desestimó del todo las pruebas capilares, pero admitió que Ron Williamson había sido injustamente condenado.

Una vez decidida la celebración de un nuevo juicio, el caso de Ron fue trasladado al departamento de juicios capitales de la Oficina para la Defensa de Insolventes, donde el nuevo director Mark Barrett supervisaba un equipo de ocho abogados. Dada la complejidad del caso y debido a su propia experiencia con Ron, Barrett decidió asignarse el caso a sí mismo. La cantidad inicial de material que recibió llenaba dieciséis cajas.

En mayo de 1997, Mark y Janet Chesley se desplazaron a McAlester para ver a Williamson. El papel de Janet sería el de volver a reunir a Mark y Ron. Ambos se habían visto por última vez en 1988, poco después de la llegada de Ron a la Cellhouse F y de que Mark tramitara su primer recurso.

A pesar de que conocía a Janet y Kim Marks y a casi todos los abogados de oficio, y a pesar de haber oído los muchos rumores e historias que circulaban acerca de Ron y sus desventuras en el Corredor, Mark se sorprendió de su penoso estado. En 1988, Ron tenía treinta y cinco años, pesaba unos cien kilos y poseía complexión atlética y andares seguros, cabello castaño y rostro de bebé. Nueve años más tarde, a los cuarenta y tres, habría pasado por un hombre de sesenta y cinco. Tras un año en la Unidad de Cuidados Especiales, seguía pálido, demacrado y desgreñado, parecía un fantasma y estaba visiblemente enfermo.

Aun así, pudo participar en una larga conversación acerca de su caso. A veces se iba por las ramas y se lanzaba a monólogos incongruentes, pero, en términos generales, supo lo que estaba ocurriendo y hacia dónde se dirigía su juicio. Mark le explicó que las pruebas del ADN permitirían comparar las muestras de su sangre, cabello y saliva con el semen y el cabello encontrados en la escena del crimen y que la conclusión sería definitiva e infalible. El ADN no miente.

Ron no tuvo la menor vacilación; es más, se mostró deseoso de someterse cuanto antes a las pruebas.

—Soy inocente —repitió una y otra vez—. Y no tengo nada que ocultar.

Mark Barrett y Bill Peterson acordaron someter a Ron a una evaluación de su capacidad mental y efectuar las pruebas del ADN. Peterson insistió en estas pruebas porque estaba seguro de que inculparían a Ron.

Sin embargo, las pruebas tendrían que esperar, pues el austero presupuesto de Mark Barrett no permitía realizarlas. El coste inicial rondaría los cinco mil dólares, una suma que no estaría disponible hasta unos meses después. Al final, acabarían costando bastante más de lo previsto.

En su lugar, Mark se puso a preparar la vista sobre la capacidad mental. Él y su reducido equipo de colaboradores pusieron en orden los historiales médicos de Ron. Localizaron a un psicólogo que los revisó, entrevistó a Ron y se mostró dispuesto a viajar a Ada para declarar.

Después de dos viajes al Tribunal de Apelaciones de Oklahoma, una escala de un año en el despacho del juez Seay, una parada de dos años en el Décimo Circuito de Denver, dos inútiles pero necesarias visitas al Tribunal Supremo de Estados Unidos, y un cúmulo de recursos arriba y abajo entre todos aquellos tribunales, ahora el caso *Ronald Keith Williamson contra el pueblo de Oklahoma* había regresado a casa.

Ron estaba de nuevo en Ada, diez años después de que cuatro policías lo detuvieran por asesinato aquel día en que iba sin camisa, con el pelo desgreñado y empujando un desvencijado cortacésped.

14

Tom Landrith era un nativo del condado de Pontotoc de tercera generación. Había estudiado en el instituto de Ada y jugado en dos equipos de fútbol americano ganadores del campeonato estatal. Su colegio universitario y su Facultad de Derecho pertenecían a la Universidad de Oklahoma. Tras su ingreso en el Colegio de Abogados, se instaló en su ciudad natal y se incorporó a un pequeño bufete jurídico. En 1994 optó al cargo de juez de distrito y derrotó sin dificultad a G. C. Mayhue, que había derrotado a su vez a Ronald Jones en 1990.

El juez Landrith conocía muy bien a Ronald Williamson y el caso Carter. Cuando el Décimo Circuito ratificó el fallo del juez Seay, supo que el asunto volvería a su sala de justicia en Ada. Tal como suele ocurrir en una pequeña ciudad, a principios de los ochenta había defendido a Ron, acusado de conducción en estado de embriaguez; ambos habían jugado brevemente en el mismo equipo de sofbol; Landrith había jugado en el equipo de fútbol americano del instituto con Johnny Carter, tío de Debbie; y Landrith y Bill Peterson eran viejos amigos. Durante el juicio por asesinato contra Ron en 1988, Landrith había estado presente varias veces en la sala como espectador. Y, naturalmente, conocía muy bien a Barney Ward.

Aquello era Ada y todo el mundo conocía a todo el mundo.

Landrith era un juez muy apreciado; simpático y campechano, pero muy estricto en su tribunal. Aunque nunca había estado plenamente convencido de la culpabilidad de

Ron, tampoco lo estaba de su inocencia. Como la mayoría en Ada, siempre había pensado que le faltaba un tornillo. No obstante, deseaba encargarse de que su segundo juicio se desarrollara plenamente conforme a derecho.

El crimen ya había cumplido quince años y aún no se había resuelto. El juez Landrith apreciaba mucho a los Carter y le dolía su sufrimiento. Ya era hora de que se aclarara el asunto.

El domingo 13 de junio de 1997, Ron Williamson abandonó McAlester para jamás regresar. Dos agentes del sheriff del condado de Pontotoc lo acompañaron al hospital estatal de Vinita. El sheriff Jeff Glase declaró a un periódico local que el preso se comportaba correctamente.

—Nos dicen que no ha armado escándalo —dijo—. Claro que cuando llevas esposas y grilletes y una camisa de fuerza, poco puedes hacer para armar alboroto.

Era la cuarta vez que Ron ingresaba en aquel hospital. Lo sometieron a evaluación y un tratamiento especial para que, en su momento, pudiera comparecer ante un tribunal.

El juez Landrith fijó el juicio para el 28 de julio, pero después lo aplazó hasta que los médicos acabaran con la evaluación del estado de Ron. Aunque Bill Peterson había dado su conformidad a dicha evaluación, dejó bien clara su postura al respecto. En una carta a Mark Barrett decía: «Mi opinión personal es que estaba en pleno uso de sus facultades mentales según la ley de Oklahoma. Su comportamiento escandaloso durante el juicio no era más que estallidos de cólera e impotencia.» Y: «En la cárcel siempre se comportó razonablemente.»

Bill estaba encantado con la prueba del ADN. Jamás había dudado de la culpabilidad de Williamson, y ahora se demostraría gracias a la infalibilidad de la ciencia. Él y Mark Barrett intercambiaron cartas y discutieron los detalles —qué laboratorio, quién pagaría qué, cuándo empezarían las pruebas—, pero ambos estaban de acuerdo en la utilidad de la prueba, aunque por muy diferentes motivos.

Ron se había estabilizado y se portaba mejor. Cualquier sitio, incluso un hospital, era una mejora en comparación con McAlester. El nosocomio disponía de varias secciones y a él lo colocaron en la de seguridad, con barrotes en las ventanas y alambre de púas en la valla del patio. Las habitaciones eran pequeñas, antiguas e insulsas, y la sección estaba llena de pacientes. Ron tenía suerte de disponer de una habitación; otros dormían en camas en los pasillos. Fue examinado por el doctor Curtis Grundy, el cual confirmó su incapacidad mental. Ron comprendía la naturaleza de las acusaciones formuladas contra él pero no estaba en condiciones de colaborar con sus abogados. Grundy le escribió al juez Landrith, para señalar que con un tratamiento adecuado cabía la posibilidad de que Ron adquiriese las suficientes facultades mentales como para comparecer en un juicio.

Dos meses más tarde, Grundy volvió a evaluarlo. En un detallado informe de cuatro páginas enviado al juez Landrith, el doctor señalaba que Ron: 1) comprendía la naturaleza de las acusaciones formuladas contra él, 2) podía consultar con su abogado y ayudarlo razonablemente en la preparación de su defensa, aunque 3) estaba mentalmente enfermo y necesitaba más tratamiento. «Durante el juicio deberá seguir recibiendo tratamiento psiquiátrico con el fin de conservar el uso de sus facultades mentales en el transcurso del mismo.»

Además, Grundy había establecido que Ron era inofensivo: «No parece que el señor Williamson pueda suponer una inmediata y significativa amenaza para sí mismo o para los demás en caso de que le dieran el alta sin ulterior tratamiento hospitalario. En estos momentos, niega haber tenido ideas o intenciones suicidas y homicidas. Tampoco ha mostrado un comportamiento agresivo hacia sí mismo o hacia los demás en el transcurso de esta hospitalización. No obstante, esta valoración de su peligrosidad se basa en su permanencia en un ambiente estructurado y seguro, y podría no ser aplicable en ambientes desestructurados.»

El juez Landrith fijó la vista sobre la capacidad mental para el 10 de diciembre, y Ron fue trasladado de nuevo a Ada. Ingresó en la prisión del condado, saludó a su viejo amigo John Christian y fue instalado en su antigua celda. Annette fue inmediatamente a verlo y llevarle comida. Lo encontró animado, esperanzado y contento de estar «en casa». El nuevo juicio le permitiría demostrar su inocencia. Hablaba continuamente de Ricky Joe Simmons, y Annette le pedía que cambiara de tema. No podía.

La víspera de la vista pasó cuatro horas con Sally Church, una psicóloga contratada por Mark Barrett para que declarara acerca de su capacidad mental. La doctora Church ya había hablado un par de veces con él y había examinado la amplia documentación de su historial médico. No le cabía duda de que estaba incapacitado para comparecer ante un juez.

Pero Ron quería demostrar que sí lo estaba. Había pasado nueve años soñando con la posibilidad de volver a enfrentarse con Bill Peterson, Dennis Smith y Gary Rogers y toda aquella caterva de soplones y embusteros. Él no había matado a nadie y anhelaba demostrarlo. Le gustaba Mark Barrett, aunque le molestaba que su propio abogado intentase demostrar que estaba loco.

Ron sólo quería ser juzgado justamente.

El juez Landrith estableció que la vista se celebrara en una sala más pequeña situada al fondo del pasillo de la principal, donde había sido condenado. La mañana del día 10 todos los asientos estaban ocupados. Allí estaba Annette junto con varios reporteros, y Janet Chesley y Kim Marks esperaban para declarar. Barney Ward no asistió.

La última vez que Ron había cubierto la breve distancia desde la cárcel hasta el edificio de los juzgados con las manos esposadas, lo habían sentenciado a morir. Tenía entonces treinta y cinco años y era todavía un joven de cabello castaño y complexión atlética, enfundado en un bonito traje de calle. Nueve años después, volvía a efectuar el mismo recorrido, pero con aspecto de anciano canoso y fantasmagórico, vestido con un uniforme de presidiario y sin apenas poder caminar. Cuando entró en la sala, Tom Landrith dio un respingo. Ron se alegró de ver a «Tommy» con su negra toga. Lo saludó con una inclinación de la cabeza y una sonrisa, y el juez observó que había perdido casi todos los dientes. En el cabello tenía estrías amarillentas causadas por las manchas de nicotina de las manos.

Allí estaba el fiscal Bill Peterson, listo para oponerse a las alegaciones de incapacidad mental, irritado por que se plantease semejante cuestión y por que se hubiera iniciado un procedimiento que él consideraba una argucia de la defensa. Mark Barrett contaba con la ayuda de Sara Bonnell, una abogada de Purcell. Sara era una experta penalista y Mark confiaba plenamente en ella.

Ron fue el primer testigo llamado por la defensa y, en cuestión de unos segundos, se las arregló para dejar perplejo a todo el mundo. Mark le preguntó su nombre y, a continuación, ambos mantuvieron el siguiente diálogo:

—Señor Williamson, ¿hay alguna persona que usted crea que cometió este delito?

—Sí, la hay. Se llama Ricky Joe Simmons del 323 de la calle Tres Oeste, según la confesión que el veinticuatro de septiembre de 1987 realizó ante la policía de Ada. Ésta es la dirección donde vivía, según dijo. Yo recibí la confirmación de que en aquella dirección vivían algunos Simmons, junto con Ricky Joe Simmons. Hay un tal Cody y una tal Debbie Simmons.

—¿Y usted intentó dar a conocer lo que sabía acerca de Ricky Simmons? —preguntó Mark.

—He hablado con muchas personas acerca de Simmons. Escribí a Joe Gifford, y a Tom y Jerry Criswell de la funeraria, sabiendo que, si los padres de Debbie pensaban instalar un monumento funerario en Ada, tendrían que encargárselo a Joe Gifford, que es el único de por aquí que se dedica a eso. Y a la floristería Nomeolvides que se encarga de los arreglos florales, a ellos también les escribí. Y a algunas personas de la Solo Company, una empresa donde él había trabajado. Escribí también a la cristalería donde también había trabajado y a la empresa donde había trabajado la difunta.

—Volvamos atrás un momento. ¿Por qué era importante para usted escribir al taller de los monumentos funerarios?

—Porque conozco a Joe Gifford. Cuando era pequeño le cortaba el césped de su jardín con Burt Rose, mi vecino de la puerta de al lado. Y pensé que si el señor Carter y la señora Stillwell querían un monumento en memoria de su hija, se lo iban a encargar a Joe. Es el único que se ocupa de eso en Ada. Yo me crié muy cerca de su taller.

—¿Y por qué escribió a la floristería Nomeolvides?

—Porque si compraban flores aquí en Ada (la señora Stillwell es de Stonewall, Oklahoma), seguramente las comprarían en esa floristería.

—¿Y qué me dice de la funeraria?

—Es la funeraria Criswell. Se ocupan de todo lo necesario para el funeral y el entierro de los difuntos.

—Así pues, para usted era importante hacerles saber que Ricky...

—Sí, Simmons es un hombre muy peligroso y yo necesitaba ayuda para lograr que lo detuvieran.

—¿Y eso porque ellos se encargaban de disponer lo necesario para el funeral de la señorita Carter? —preguntó Mark.

—Así es.

—También escribió al mánager de los Marlins de Florida, ¿verdad?

—Escribí al entrenador de la tercera base de los Athletics de Oakland, que más tarde se convirtió, sí, en mánager de los Marlins de Florida.

—¿Y le pidió usted que mantuviera en secreto cierta información que él le había facilitado?

—No; le conté toda la historia acerca de la botella de ketchup Del Monte que Simmons había dicho que Dennis Smith había enseñado en el estrado de los testigos, y que Ricky Joe Simmons había confesado haber violado a la difunta con una botella de ketchup. Le escribí a Rene y le dije que ésa era la prueba más tremenda que he visto en mi vida.

—Pero a usted le consta que el mánager de los Marlins de Florida se lo contó a otras personas, ¿no es así?

—Probablemente sí, porque Rene Lachemann es un buen amigo mío —siguió desvariando Ron.

—¿O sea que hay algo que usted oyó decir y que lo induce a creer lo que afirma?

—Pues sí, porque yo escuchaba los partidos de fútbol el lunes por la noche y también escuchaba la Serie Mundial, y he visto en algunos reportajes de la televisión y en todos los medios de difusión que la botella de ketchup Del Monte se ha convertido en algo infame.

—Muy bien, usted les oyó hablar...

—Pues sí, rotundamente sí.

—El lunes por la noche...

—Rotundamente sí —repitió Ron.

—Y durante la Serie Mundial...

—Es un asqueroso suplicio por el que necesariamente tuve que pasar para conseguir que Simmons confesase que él violó, violó con un instrumento y violó por sodomía, y asesinó a Debra Sue Carter en su domicilio del 1022 de la calle Ocho Este el ocho de diciembre de 1982.

—¿Oyó usted también mencionar el nombre de Debra Carter durante...?

—Pues sí.

—¿Y eso ocurría también durante las retransmisiones de fútbol del lunes por la noche?

—Yo oía mencionar constantemente el nombre de Debra Sue Carter.

—Usted no tiene un televisor en su celda, ¿verdad?

—Oía la televisión de los otros —explicó Ron—. La oía en Vinita. En el corredor de la muerte sí tenía un televisor. Oía con toda seguridad que me asociaban con este crimen tan horrible e hice todo lo que cochinamente pude por borrar mi nombre de toda esta repugnante mierda.

Mark hizo una pausa para dar un respiro a todos los presentes. Los espectadores intercambiaban miradas. Otros fruncían el ceño procurando no mirar a nadie. El juez Landrith escribía algo en su cuaderno de notas. Los abogados también garabateaban los suyos, aunque era imposible entender algo de aquellas declaraciones incoherentes.

Para un abogado resulta muy difícil examinar a un testigo con sus facultades mentales mermadas, pues nadie, ni siquiera el propio testigo, puede prever las respuestas que va a soltar. Mark decidió dejarlo hablar, porque eso demostraría de una vez por todas que estaba más que incapacitado mentalmente.

En representación de la familia Carter se encontraba presente Christy Shepherd, sobrina de Debbie, que había crecido no muy lejos de la casa de los Williamson. Era una asesora sanitaria que desde hacía años trabajaba con enfermos mentales graves. Tras escuchar el desvarío de Ron ya no le cupo duda. Aquel mismo día les dijo a su madre y a Peggy Stillwell que Ron Williamson era un enfermo mental.

También se encontraba presente el doctor Curtis Grundy, principal testigo de Bill Peterson.

El interrogatorio siguió adelante, por más que las preguntas fueran innecesarias. Ron no les prestaba atención o bien daba una rápida respuesta antes de seguir desvariando acerca de Ricky Joe Simmons, hasta que le formulaban la siguiente pregunta. Al cabo de diez minutos, Mark Barrett consideró que ya era suficiente.

Annette sucedió a su hermano en el estrado y declaró acerca de sus desequilibrados pensamientos y su obsesión con Ricky Joe Simmons.

Janet Chesley detalló sus intentos por conseguir que Ron fuera trasladado a la Unidad de Cuidados Especiales de McAlester. Ella también describió los continuos desvaríos de Ron a propósito de Ricky Joe Simmons, y añadió que por ese motivo no había podido ayudarla en la preparación de su defensa. No obstante, creía que Ron estaba mejorando y esperaba que algún día tuviese un nuevo juicio. Pero aquel día quedaba todavía muy lejos.

Kim Marks fue el siguiente testigo. Llevaba varios meses sin ver a Ron y se alegraba de constatar cierta mejoría en su aspecto. Describió cómo era Ron en el Módulo H y dijo que varias veces había creído que se moriría. Estaba progresando mentalmente, pero aún no se encontraba en condiciones de centrarse en otra cosa que no fuera Ricky Joe Simmons. No estaba preparado para un juicio.

La doctora Sally Church fue el último testigo de la defensa. En la larga y pintoresca historia de los procedimientos judiciales contra Ron Williamson, ella era, por increíble que resultase, el primer experto en declarar acerca de su salud mental.

Padecía un trastorno bipolar y esquizofrenia, dos trastornos muy difíciles de tratar porque el paciente no siempre comprende el efecto beneficioso de la medicación. Ron comentaba a menudo que quería dejar de tomar las pastillas, actitud habitual en los aquejados de tales trastornos. La doctora Church describió los efectos, los tratamientos y las causas potenciales del trastorno bipolar y la esquizofrenia.

Durante su examen de Ron la víspera en la prisión del condado, éste le preguntó si oía la televisión que tenían encendida en las oficinas de la cárcel. Ella contestó que no estaba segura. Ron sí, por supuesto, y tenían sintonizado un programa en el que hablaban de Debbie Carter y de la famosa botella de ketchup. ¿Cómo podía ser?, preguntó ella. Y Ron le explicó cómo había ocurrido: él había escrito a Rene Lachemann, un antiguo jugador y entrenador de Oakland, para contarle lo de Ricky Simmons, Debbie Carter y la botella de ketchup. Ron creía que, por alguna razón, Rene Lachemann se lo había dicho a un par de comentaristas deportivos que se pusieron a hablar de ello en antena. El relato se fue propagando —*Monday Night Football*, la Serie Mundial y demás— hasta que ahora ya estaba presente en todas las emisoras. «¿Es que no los oye? —exclamó Ron—. ¡Están gritando Ketchup, Ketchup, Ketchup!»

La doctora terminó su declaración opinando que Ron era incapaz de colaborar con su abogado en la preparación del juicio.

Durante la pausa del almuerzo, el doctor Grundy le preguntó a Mark Barrett si podía reunirse a solas con Ron. Mark confiaba en Grundy y no puso reparos. El psiquiatra y el paciente/recluso se reunieron en la sala de testigos de la cárcel.

Cuando la sesión se reanudó después del almuerzo, Bill Peterson se levantó y anunció humildemente:

—Señoría, durante el receso me he reunido con nuestro principal testigo, el doctor Grundy. Pese a que el señor Williamson puede recuperar el uso de sus facultades mentales en un futuro cercano, en este momento hemos de reconocer que no está mentalmente capacitado.

Tras haber observado a Ron en la sala y haber conversado quince minutos con él durante el almuerzo, Grundy había cambiado de opinión: Ron no estaba preparado para un juicio.

El juez Landrith decretó que Ron no estaba en pleno uso de sus facultades mentales. Añadió que quería verlo en cuestión de treinta días para calibrar su evolución. Cuando la vista estaba a punto de finalizar, Ron dijo:

—¿Puedo hacer una pregunta?

—Adelante —dijo el juez.

—Tommy, te conozco a ti y conozco a Paul, tu papá, y quiero decirte sinceramente que no sé cómo este asunto de Duke Graham y Jimmy Smith, ya sabes, no sé qué relación tiene con Ricky Joe Simmons. Es que no lo entiendo. Y si eso tiene que ver con mi capacidad mental, volveré aquí dentro de treinta días, pero detengan a Simmons de una vez, háganlo subir al estrado de los testigos, enseñadle este vídeo y hacedle confesar lo que hizo en realidad.

—Entiendo a qué se refiere.

Si de veras «Tommy» lo había entendido, debió de ser el único de la sala.

En contra de sus deseos, Ron fue devuelto al hospital estatal de Vinita para ser sometido a observación y tratamiento. Él habría preferido quedarse en Ada para acelerar las cosas con vistas al juicio y le molestó que sus abogados no impidieran su traslado a Vinita. Mark Barrett quería sacarlo de la prisión del condado antes de que aparecieran en escena los consabidos chivatos.

Después, un dentista del hospital le examinó una llaga que tenía en el paladar, le hizo una biopsia y descubrió que era cáncer. El tumor estaba encapsulado y se podía extirpar fácilmente. La operación fue un éxito y el médico le dijo a Ron que, de no haberlo intervenido quirúrgicamente, el cáncer se habría extendido irremisiblemente.

Ron llamó a Mark y le dio las gracias por haberlo enviado al hospital.

—Me has salvado la vida —dijo Ron y ambos volvieron a ser amigos.

En 1995, todas las prisiones estatales de Oklahoma extrajeron muestras de sangre de todos los reclusos, para analizarlas e introducir los resultados en su nueva base de datos de ADN.

Las pruebas del caso Carter seguían guardadas en el laboratorio del OSBI en Oklahoma City. La sangre, las huellas digitales, el semen y las muestras de cabello recogidas en la escena del crimen, junto con las numerosas huellas y muestras de sangre, cabello y saliva procedentes de testigos y sospechosos, estaban todas almacenadas.

El hecho de que todo aquello estuviera en poder del Estado no consolaba a Dennis Fritz. No se fiaba de Bill Peterson ni de la policía de Ada, y tanto menos de sus compinches del OSBI. Qué demonios, Gary Rogers era un agente del OSBI.

Fritz seguía esperando. A lo largo de todo 1998 mantuvo correspondencia con el Proyecto Inocencia, procuró armarse de paciencia y esperó. Los diez años en la cárcel le habían enseñado a ser paciente y perseverante, y también la crueldad de las falsas esperanzas.

Una carta de Ron lo ayudó. Era un larguísimo y descabellado saludo de siete páginas con membrete del hospital y Dennis no tuvo más remedio que reírse mientras leía. Su viejo amigo no había perdido ni el ingenio ni el espíritu combativo. Ricky Joe Simmons andaba todavía suelto por ahí y, qué demonios, Ron iba a echarle el guante.

Para conservar su propia cordura, Dennis se pasaba el día en la biblioteca jurídica estudiando casos. Había hecho un esperanzador descubrimiento: su recurso de *habeas corpus* había sido presentado ante el Tribunal de Distrito Federal correspondiente al Distrito Oriental de Oklahoma. Comparó notas con los enterados de la cárcel y, combinando sus conocimientos con los suyos, llegó a la conclusión de que el Distrito Oriental no tenía jurisdicción sobre él. Volvió a redactar su recurso y lo presentó ante el tribunal competente. Era una probabilidad muy remota, pero le infundió ánimos y le ofreció otro motivo para seguir luchando.

En enero de 1999 habló por teléfono con Barry Scheck. Éste estaba combatiendo en distintos frentes pues el Proyecto Inocencia estaba inundado de casos de condenas erróneas. Dennis le manifestó su preocupación respecto a que el Estado controlara todas las pruebas, pero Barry le explicó que eso era normal. «Tranquilo —le dijo—, no les ocurrirá nada a las muestras.» Él sabía cómo proteger las pruebas de posibles manipulaciones.

El interés de Scheck en el caso de Dennis se basaba en un hecho muy simple: la policía nunca había investigado al último hombre visto en compañía de la víctima. Era un fallo incomprensible.

El 26 y el 27 de enero de 1999, en una empresa llamada Laboratory Corporation of America (LabCorp), cerca de Raleigh, Carolina del Norte, se compararon las muestras de semen recogidas en la escena del crimen —en bragas desgarradas, sábanas de la cama y frotis vaginales— con los perfiles de ADN de Ron Williamson y Dennis Fritz. Los abogados de Ron y Dennis habían contratado a un experto en ADN de California, Brian Wraxall, para que se encargara de los análisis.

Dos días más tarde el juez Landrith dio a conocer la noticia que Mark Barrett y muchos otros habían esperado: los resultados de las pruebas del ADN realizadas en LabCorp descartaban que Ron Williamson y Dennis Fritz hubieran estado en la escena del crimen.

Annette se mantenía en estrecho contacto con Mark Barrett y sabía que las pruebas se estaban llevando a cabo en algún lugar. Estaba en casa cuando sonó el teléfono. Era Mark y sus primeras palabras fueron:

—Annette, Ron es inocente.

Se le doblaron las rodillas y estuvo a punto de desmayarse.

—¿Está seguro, Mark?

—Lo estoy. Ron es inocente —repitió él—. Acabamos de recibir los resultados del laboratorio.

Annette rompió en sollozos incontrolables, por lo que prometió llamarlo más tarde. Se sentó y pasó un buen rato llorando y rezando. Dio gracias a Dios una y otra vez por su bondad. Su fe cristiana la había sostenido a lo largo del suplicio de Ron y ahora el Señor había escuchado sus plegarias. Tarareó algunos himnos, lloró un poco más y después empezó a llamar a la familia y a los amigos.

Al día siguiente hicieron el viaje de cuatro horas hasta Vinita. Mark Barrett y Sara Bonnell la esperaban para la pequeña celebración que habían organizado. Mientras acompañaban a Ron a la sala de visitas, el doctor Curtis Grundy pasó casualmente por allí y lo invitaron a participar de la buena nueva. Ron era su paciente y entre ambos había surgido una estrecha amistad. Tras un año y medio en Vinita, Ron estaba más equilibrado, progresaba lentamente y hasta había ganado un poco de peso.

—Tenemos una gran noticia —le dijo Mark—. Hemos recibido los resultados del laboratorio. El ADN demuestra que tú y Dennis sois inocentes.

Ron se sintió abrumado por la emoción y tendió los brazos hacia sus hermanas. Se abrazaron llorando y rompieron a cantar *Me alejaré volando*, un conocido himno gospel que habían aprendido en su infancia.

Mark Barrett presentó una petición de sobreseimiento e inmediata puesta en libertad del condenado. El juez Landrith estaba deseando abordar la cuestión. Bill Peterson, frustrado y rabioso, protestó y exigió nuevas pruebas capilares. La siguiente vista sería el 3 de febrero.

El fiscal se opuso a la petición, pero no supo hacerlo con discreción. Antes de la celebración de la vista, el *Ada Evening News* publicó una entrevista en la que él decía: «La prueba del ADN de las muestras capilares, que no estaba disponible en 1982, demostrará que ambos asesinaron a Debbie Carter.»

Sus palabras inquietaron a Mark Barrett y Barry Scheck. Si Peterson había tenido la osadía de hacer semejante afirmación pública cuando los dados ya estaban echados, ¿sería posible que tuviera un as en la manga? ¿Acaso había manipulado el cabello recogido en la escena del crimen? ¿Se podían cambiar las muestras?

El 3 de febrero no quedaba ni un asiento libre en la sala principal. Ann Kelley, del *Ada Evening News*, estaba fascinada por el caso y lo cubría exhaustivamente. Sus reportajes de primera plana habían alcanzado una amplia difusión, por lo que, cuando el juez tomó asiento en el estrado, la sala estaba abarrotada de policías, funcionarios del juzgado, miembros de la familia y abogados locales.

Allí estaba Barney Ward, sin ver nada pero oyendo más que nadie. Era un hombre curtido y había terminado por encajar el tirón de orejas del juez Seay en 1995. En el fondo, Barney siempre había creído que el fiscal y la policía habían incriminado fraudulentamente a su cliente, y ahora le satisfacía ver cómo la endeblez de la acusación quedaba a la vista de todo el mundo.

Los abogados dedicaron cuarenta y cinco minutos a exponer sus argumentos y después el juez tomó la prudente decisión de completar los análisis capilares antes de emitir el fallo definitivo.

—Dense prisa —les dijo a los abogados.

En honor de Bill Peterson cabe decir que prometió, en

público y para que constara en acta, aceptar un sobreseimiento si la participación de Williamson y Fritz quedaba descartada por la prueba del ADN del cabello recogido en la escena del crimen.

El 10 de febrero de 1999, Mark Barrett y Sara Bonnell se dirigieron al Penal de Lexington para mantener con Glen Gore una entrevista de rutina. Aunque el juicio de Ron aún no había sido fijado, ambos se estaban preparando concienzudamente.

Glen los sorprendió al decirles que esperaba su visita. Leía los periódicos y se mantenía al tanto de los acontecimientos. Había leído el dictamen del juez Seay en 1995 y sabía que en algún momento tendría que celebrarse otro juicio. Los tres charlaron un rato acerca de ello y después la conversación se centró en Bill Peterson, un hombre a quien Gore despreciaba por haberlo enviado a pudrirse en la cárcel durante cuarenta años.

Barrett le preguntó por qué había testificado en contra de Williamson y Fritz. Todo había sido cosa de Peterson, dijo. El fiscal lo había amenazado con hacerle la vida imposible si no lo ayudaba a atrapar a Williamson y Fritz.

—¿Accedería a someterse al detector de mentiras acerca de todo esto? —preguntó Mark.

Gore contestó que no tenía ningún problema con el polígrafo y añadió que incluso se había ofrecido a la policía para someterse a dicha prueba, pero al final no se había hecho nada.

Los abogados le pidieron una muestra de saliva para la prueba del ADN y él contestó que no sería necesario. El Estado ya tenía su ADN: todos los reclusos estaban obligados a entregar muestras. Mientras hablaban del ADN, Mark le dijo a Gore que Fritz y Williamson habían sido sometidos a dicha prueba. Gore ya lo sabía.

—¿Podría su ADN encontrarse en la víctima? —preguntó el abogado.

—Probablemente —contestó Gore—, porque bailé con ella cinco veces aquella noche.

—Bailar no basta —dijo Mark, y le explicó que los rastros del ADN sólo se encontraban en sangre, saliva, cabello, sudor o semen—. Tenemos el ADN del semen recogido en el apartamento de la víctima —añadió.

La expresión de Gore cambió, súbitamente alterado por aquella información. Pidió un poco de tiempo y se retiró para ir en busca de su asesor en cuestiones legales. Regresó con Reuben, un recluso con conocimientos jurídicos. Mientras él estaba fuera, Sara Bonnell le pidió un bastoncillo de algodón a un guardia.

—Glen, ¿quiere darnos una muestra de saliva? —le preguntó sosteniendo el bastoncillo.

Gore lo tomó, lo rompió por la mitad, se limpió ambas orejas y se guardó las dos mitades en el bolsillo de la camisa.

—¿Mantuvo relaciones sexuales con ella? —le preguntó Mark.

Gore no contestó.

—¿Su silencio significa que nunca las mantuvo?

—Mi silencio no significa nada.

—Pero si las mantuvo, el semen recogido coincidirá con el ADN del suyo.

—Yo no lo hice —replicó Gore—. Y ahora he de volver a mi celda.

Él y Reuben se levantaron y así terminó la entrevista. En el último momento, Mark le preguntó a Gore si podrían volver a reunirse. Por supuesto, contestó Gore, pero sería mejor que lo hicieran en su puesto de trabajo.

¿Puesto de trabajo? Pero ¿no estaba cumpliendo una condena de cuarenta años?

Gore le explicó que durante el día trabajaba en el Departamento de Obras Públicas de Purcell, la ciudad natal de Sara Bonnell. Si iban allí, podrían mantener una conversación más larga.

Mark y Sara asintieron, aunque ambos se habían quedado de una pieza al enterarse de que Gore tenía un trabajo fuera de la cárcel.

Aquella tarde Mark llamó a Mary Long, por entonces

responsable de la sección de pruebas de ADN del OSBI, y le pidió que buscara el ADN de Gore en la base de datos de la prisión y lo comparara con las muestras de semen recogidas en la escena del crimen. Ella accedió.

Dennis Fritz estaba en su celda a la espera del recuento de las 16.15. Oyó la conocida voz de un recluso-asesor que pasaba por allí.

—¡Oye, Fritz, ya eres un hombre libre! —Y añadió algo sobre el ADN.

Dennis no podía abandonar su celda y el asesor siguió su camino. Su compañero de celda también lo había oído, por lo que ambos pasaron el resto de la tarde hablando del significado de todo aquello.

Era demasiado tarde para llamar a Nueva York. Dennis pasó toda la noche presa de los nervios, intentando infructuosamente contener su emoción. Cuando telefoneó a Proyecto Inocencia a primera hora de la mañana, le confirmaron la noticia: la prueba del ADN los había descartado, a Ron y a él, por no coincidir con la del semen hallado en la escena del crimen.

Dennis estaba eufórico. Casi doce años después de su detención, finalmente la verdad salía a la luz. La prueba era absolutamente rigurosa e irrefutable. Sería rehabilitado, exculpado y puesto en libertad. Llamó a su madre, que fue presa de una profunda emoción. Llamó a su hija Elizabeth, que ya tenía veinticinco años de edad, y juntos se alegraron. Llevaban doce años sin verse, y ambos comentaron lo emotivo que iba a ser el reencuentro.

Para proteger el cabello recogido en la escena del crimen y las muestras de Fritz y Williamson, Mark Barrett decidió que un experto examinara el cabello y lo fotografiara microscópicamente con una cámara infrarroja.

Menos de tres semanas después de la celebración de la vista sobre la petición de sobreseimiento, LabCorp terminó la primera fase de las pruebas y envió un informe provisional. Mark Barrett y Sara Bonnell fueron a Ada para una reunión en el despacho del juez. Tom Landrith estaba deseoso de recibir las respuestas que sólo el ADN puede proporcionar.

Dada la complejidad de las pruebas del ADN, además de la desconfianza entre defensa y acusación, se utilizaron varios laboratorios para analizar los distintos pelos y cabellos. Al final intervenían un total de cinco laboratorios.

Los abogados lo comentaron con el juez y éste volvió a apremiarlos para que todo se hiciera cuanto antes. Después de la vista, Mark y Sara bajaron al despacho de Bill Peterson en el mismo edificio de los juzgados. Por carta y en las vistas, éste se mostraba cada vez más hostil. Puede que consiguieran suavizar un poco las cosas mediante una visita amistosa.

En su lugar, les cayó encima un buen chaparrón. El fiscal seguía convencido de la culpabilidad de Ron, aunque sus pruebas no habían cambiado. De pronto le importaba un pimiento el ADN. Williamson era un tipo deleznable que había violado a mujeres en Tulsa e iba de bar en bar y vagaba por las calles con su guitarra y vivía muy cerca de Debbie Carter. Creía sinceramente que Gary Allen, el vecino de Debbie, había visto a Williamson y Fritz en el patio la noche del asesinato, lavándose la sangre con una manguera de regar y riendo. ¡Tenían que ser forzosamente culpables! Y siguió despotricando, aunque en realidad trataba más de convencerse a sí mismo que a Mark y Sara.

Éstos se quedaron estupefactos. Peterson era incapaz de reconocer un error o de comprender la realidad.

El mes de marzo fue interminable para Dennis Fritz. La euforia desapareció pero él se esforzó por no caer presa del abatimiento. Estaba obsesionado con que Peterson o alguien del OSBI manipulara sus muestras capilares. Una vez resuelta la cuestión del semen, la acusación trataría de salvar la causa con la única prueba que le quedaba. Si las pruebas del ADN capilar también los descartaban tanto a él como a Ron, la infundada acusación quedaría al descubierto y la fiscalía y la policía serían el hazmerreír. Estaban en juego las reputaciones.

Todo escapaba a su control y la tensión no lo dejaba vivir. Temía sufrir un ataque al corazón y acudió a la clínica de la prisión quejándose de palpitaciones. Las pastillas que le recetaron casi no le sirvieron de nada.

Los días transcurrieron muy lentamente hasta que por fin llegó abril.

Ron vivió algo muy parecido. La desbordante euforia dio paso a otro período de grave depresión, ansiedad y tendencias suicidas. Llamaba a menudo a Mark Barrett, que intentaba tranquilizarlo. Mark atendía todas sus llamadas y, cuando no estaba en el despacho, se encargaba de que alguien de allí hablara con su cliente.

Como Dennis, Ron temía que las autoridades falsearan los resultados de las pruebas. Ambos se encontraban en la cárcel por culpa de los peritos del Estado, unas personas que seguían teniendo acceso a las pruebas. No era difícil imaginar que el cabello y los pelos se pudieran manipular para proteger a ciertas personas y disimular una injusticia. Ron no había ocultado su intención de denunciar a todos los responsables en cuanto recuperara la libertad. Los mandamases debían de estar nerviosos.

Llamaba con toda la frecuencia que le permitían, habitualmente una vez al día. Estaba paranoico e imaginaba toda suerte de conspiraciones de pesadilla.

En determinado momento, Mark Barrett hizo algo que jamás había hecho y que probablemente jamás volvería a hacer: le garantizó a Ron que saldría de la cárcel. En caso de que fallaran las pruebas del ADN, irían a juicio y Mark le garantizaba la absolución.

Las consoladoras palabras del experto abogado consiguieron tranquilizar a Ron durante unos días.

«Las muestras capilares no coinciden», rezaba el titular de la edición dominical del periódico de Ada del 11 de abril. Ann Kelley informaba en su reportaje que LabCorp había analizado catorce de los diecisiete cabellos y pelos recogidos en la escena del crimen y éstos «no coinciden con la estructura del ADN de Williamson o Fritz». Bill Peterson declaraba:

> En este momento no sabemos a quién pertenecen las muestras capilares. Sólo las hemos comparado con las de Fritz y Williamson. Cuando iniciamos el procedimiento del ADN, no teníamos duda de que ambos eran culpables. Enviamos las muestras para que los análisis confirmaran su culpabilidad. Pero los resultados de las muestras de semen me han dejado desconcertado.

El laboratorio enviaría su informe final el miércoles 14 de abril. El juez Landrith fijó la vista para el 15 y se hicieron conjeturas sobre la posibilidad de que ambos hombres fueran puestos de inmediato en libertad. Fritz y Williamson estarían en la sala el día 15.

¡Y Barry Scheck vendría a la ciudad! Su fama iba creciendo a medida que el Proyecto Inocencia conseguía una absolución tras otra gracias a las pruebas del ADN, por lo que, cuando empezó a circular la noticia de que estaría en Ada para presenciar una más de ellas, se puso en marcha el circo mediático. Medios de difusión de ámbito nacional y estatal llamaron a Mark Barrett, al juez Landrith, al fiscal Peterson, el Proyecto Inocencia y la familia Carter, es decir, a los principales protagonistas. La expectativa iba rápidamente en aumento.

¿Quedarían por fin libres Ron Williamson y Dennis Fritz aquel jueves?

Dennis aún desconocía los resultados de los análisis capilares. El martes 13 de abril se encontraba en su celda cuando apareció un guardia y le espetó de mala manera:

—Recoge tus mierdas. Te vas.

Dennis sabía que lo llevarían a Ada y esperaba que fuera para su absolución. Hizo rápidamente la maleta, se despidió de un par de amigos y siguió al guardia.

Quien lo iba a conducir a Ada no era otro que John Christian, un conocido rostro de la prisión del condado de Pontotoc.

Doce años en la cárcel le habían enseñado a Dennis el valor de la privacidad y la libertad, así como a apreciar las pequeñas cosas como los espacios abiertos, los bosques y las flores. La primavera estaba por todas partes y él sonrió contemplando por la ventanilla las granjas y las onduladas colinas de la campiña.

Sus pensamientos volaban al azar. No conocía los resultados de las últimas pruebas y tampoco sabía muy bien por qué regresaba a Ada. Cabía la posibilidad de que lo pusieran en libertad, pero también era posible que algún contratiempo de última hora fastidiara las cosas. Doce años atrás había estado a punto de alcanzar la libertad durante su vista preliminar cuando el juez Miller había advertido que la acusación apenas disponía de pruebas. Entonces la policía y Peterson se habían sacado de la manga a James Harjo, y Dennis fue a juicio y después a la cárcel.

Pensó en Elizabeth y en cuánto anhelaba verla y abrazarla. Deseaba largarse de Oklahoma para siempre. Pero enseguida volvió a asustarse. Estaba muy cerca de la libertad y, sin embargo, seguía llevando esposas y lo estaban conduciendo a otra cárcel.

Ann Kelley y un fotógrafo lo esperaban. Sonrió al entrar en la cárcel y tuvo ánimos para hablar con la reportera.

—Este caso jamás hubiera tenido que ir a juicio —declaró para el periódico—. Las pruebas contra mí eran insuficientes y, si la policía hubiera realizado una investigación adecuada acerca de todos los sospechosos, todo esto jamás habría ocurrido. —Y mencionó los problemas de los acusados insolventes—. Cuando no tienes dinero para hacer valer tus derechos, estás a merced del sistema judicial. Y, una vez dentro del sistema, es casi imposible salir, aunque seas inocente.

Pasó una noche tranquila en su antigua residencia, soñando con la libertad.

La apacible rutina de la cárcel saltó por los aires al día siguiente, 14 de abril, cuando Ron Williamson llegó desde Vinita, vestido con su uniforme a rayas de presidiario y sonriendo para las cámaras. Corrió la voz de que ambos serían puestos en libertad al día siguiente y la prensa nacional acudió como abejas a la miel.

Ron y Dennis llevaban once años sin verse. Se habían enviado cartas sólo una vez, pero el reencuentro fue emotivo. Se abrazaron y trataron de asimilar lo que estaba ocurriendo. Llegaron los abogados y se reunieron con ellos durante una hora. Allí estaban los de la NBC grabándolo todo. Jim Dwyer del *Daily News* de Nueva York llegó en compañía de Barry Scheck.

Estaban todos apretujados en la pequeña sala de interrogatorios de la cárcel que daba al edificio de los juzgados. En determinado momento, Ron se aupó a una banqueta para mirar por la cristalera superior. Alguien le preguntó:

—Oye, Ron, ¿qué haces?

—Quiero ver aparecer a Peterson —contestó.

El césped de los juzgados estaba lleno a rebosar de reporteros y cámaras. Uno de ellos consiguió acercarse el primero a Bill Peterson, que accedió a una entrevista. Ron lo vio y gritó a través de la cristalera:

—¡Eh, tú, granuja seboso! ¡Te hemos derrotado, Peterson!

La madre y la hija de Dennis le dieron una sorpresa en la cárcel. Aunque él y Elizabeth habían mantenido una asidua correspondencia y ella le había enviado muchas fotografías, Dennis se quedó boquiabierto. Era una guapa y elegante joven de veinticinco años, muy madura para su edad, por lo que él rompió a llorar mientras la abrazaba.

Aquella tarde hubo muchas lágrimas en la cárcel.

Ron y Dennis fueron colocados en celdas separadas, no fuera que volvieran a matar otra vez a alguien.

El sheriff Glase explicó:

—Los mantendré separados por razones de seguridad. No es prudente colocar en la misma celda a dos asesinos convictos... bueno, hasta que el juez diga lo contrario, eso es lo que son.

Sus celdas eran contiguas y ambos podían hablar. El compañero de Dennis tenía un pequeño televisor y, por las noticias, éste se enteró de que al día siguiente serían puestos en libertad. Dennis se lo dijo a Ron.

Nadie se asombró de que Terri Holland se encontrara otra vez en la cárcel, una nueva escala en su carrera de delincuente de poca monta. Ella y Ron intercambiaron unas palabras, aunque guardaron las formas. A medida que avanzaba la noche, Ron tuvo una breve recaída en sus antiguas costumbres. Se puso a gritar acerca de su libertad y las injusticias que se cometían, soltando improperios contra las reclusas y hablando en voz alta con Dios.

15

Las absoluciones de Ron Williamson y Dennis Fritz concentraron la atención nacional en Ada. Al romper el alba del 15 de abril, los juzgados se vieron rodeados por furgonetas de noticiarios, camiones de televisión vía satélite, fotógrafos, cámaras y reporteros. Los habitantes de la ciudad se acercaron sorprendidos por el alboroto y ansiosos por verlo todo. Tantas disputas se habían producido por los asientos de la sala que el juez Landrith se vio obligado a improvisar una especie de sorteo para los reporteros y a dejar que los cables de los camiones de la televisión pasaran por la ventana de su despacho.

Un numeroso grupo de cámaras que esperaba a la entrada de la prisión rodeó a los dos reclusos cuando éstos salieron. Ron vestía chaqueta, camisa y corbata y unos pantalones que Annette le había comprado a toda prisa; los zapatos nuevos le apretaban demasiado y le estaban destrozando los pies. La madre de Dennis le había llevado un traje, pero él prefería la ropa de calle que le habían permitido ponerse durante sus últimos años en la cárcel. Ambos efectuaron su último paseo esposados, sonriendo y bromeando con los reporteros.

Annette y Renee llegaron muy temprano y ocuparon sus habituales asientos en la primera fila detrás de la mesa de la defensa. Se tomaron de la mano y rezaron, lloraron y hasta consiguieron reírse un par de veces. Era demasiado pronto para celebrarlo. Las acompañaban sus hijos, otros familiares y algunos amigos. Wanda y Elizabeth Fritz estaban sentadas muy cerca de ellas, tomadas también de la mano y hablando en emocionados susurros. La sala se llenó rápidamente. La familia Carter estaba sentada al otro lado del pasillo, dispuesta a presenciar una nueva vista, ya que el Estado fracasaba en hacer justicia a la trágica muerte de su hija. Diecisiete años después del asesinato de Debbie, los primeros dos acusados y asesinos convictos estaban a punto de quedar en libertad.

Los asientos se llenaron enseguida y el público empezó a amontonarse a lo largo de las paredes. El juez Landrith había autorizado la presencia de las cámaras y había mandado colocar a los fotógrafos y reporteros en la tribuna del jurado, donde se sentaron apretujadamente en sillas plegables. Había policías y agentes del sheriff por todas partes. Las medidas de seguridad eran muy estrictas. Se habían recibido llamadas y amenazas anónimas contra Ron y Dennis. La sala estaba de bote en bote y la tensión era palpable.

Los detectives Dennis Smith y Gary Rogers no acudieron.

Llegaron los abogados, Mark, Sara y Barry Scheck por la defensa, y Bill Peterson, Nancy Shew y Chris Ross por la acusación. Hubo sonrisas y apretones de manos. La acusación «se adhería» a la petición de sobreseimiento. Se trataba de un esfuerzo común para enderezar un entuerto, un ejemplo de colaboración a fin de resolver una injusticia tan involuntaria como flagrante. Una gran familia feliz. Todo el mundo tenía que congratularse y enorgullecerse de un sistema judicial que funcionaba tan maravillosamente bien.

Ron y Dennis fueron conducidos a la sala y les quitaron las esposas por última vez. Los acomodaron detrás de sus abogados, muy cerca de sus respectivas familias. Ron miraba al frente y apenas veía nada. En cambio, Dennis miraba a la gente y veía expresiones sombrías y rostros severos. La mayoría de los presentes no parecía alegrarse ante la perspectiva de su puesta en libertad.

El juez Landrith ocupó el estrado, saludó a todo el mundo y puso rápidamente manos a la obra. Pidió a Peterson que llamara a su primer testigo. Mary Long, jefa de la unidad del ADN en el OSBI, subió al estrado y refirió brevemente el proceso de las pruebas. Mencionó los distintos laboratorios que habían cotejado el cabello y el semen recogidos en la escena del crimen con las muestras de los sospechosos.

Ron y Dennis empezaron a sudar. Pensaban que la vista duraría sólo unos minutos, lo necesario para que el juez anulara sus condenas y los enviara a casa. Pero al parecer la cosa iba para largo. Ron se agitó en su asiento y murmuró:

—¿Pero qué coño pasa?

Sara Bonnell le garabateó una nota para asegurarle que todo iba bien.

Dennis estaba hecho un manojo de nervios. ¿Adónde llevarían todas aquellas declaraciones? ¿Y si había una sorpresa de último momento? Sus anteriores visitas a aquella sala habían sido una pesadilla. Evocó los dolorosos recuerdos de los testigos perjuros y de los petrificados rostros del jurado y de Peterson, solicitando la pena de muerte. Dennis volvió a mirar alrededor y, una vez más, no vio demasiados partidarios de su causa.

Mary Long pasó al tema más importante. Se habían analizado diecisiete pelos recogidos en el escenario del delito —trece de vello pubiano, cuatro del cuero cabelludo—. Diez de ellos se habían recogido en la cama. Dos en las bragas desgarradas, tres en la pequeña toalla introducida en la boca de la víctima, dos debajo de su cuerpo.

Sólo cuatro de los diecisiete coincidían con un perfil de ADN. Dos pertenecían a Debbie y ninguno a Ron o Dennis.

Long declaró que las muestras de semen recogidas en la cama, las bragas desgarradas y la propia víctima habían sido analizadas previamente y, como es natural, Ron y Dennis habían sido descartados. Dicho lo cual, se retiró del estrado.

En 1988, Melvin Hett había declarado que, de los diecisiete pelos y cabellos, trece eran «microscópicamente compatibles» con el cabello de Dennis y cuatro con el de Ron.

Había incluso una «coincidencia». Además, en su tercer y último informe, presentado cuando ya se había iniciado el juicio contra Dennis, Hett excluía a Glen Gore de los análisis capilares. Su experta declaración fue la única prueba material «convincente» que pudo ofrecer la acusación contra Dennis y Ron e influyó mucho en sus condenas.

Las pruebas del ADN revelaron que un cabello encontrado debajo del cuerpo y un pelo pubiano recogido en la cama los había dejado Glen Gore. Además, también se había analizado el semen recogido en el frotis vaginal durante la autopsia. Su fuente era Glen Gore.

El juez Landrith ya lo sabía, pero lo había mantenido en secreto hasta que se celebrara la vista. Con su permiso, Bill Peterson anunció los hallazgos sobre Glen Gore ante una conmocionada sala.

—Señoría —dijo el fiscal—, éste es un momento muy duro para el sistema de justicia penal. Este asesinato ocurrió en 1982 y fue juzgado en 1988. En aquellos momentos disponíamos de unas pruebas que presentamos al jurado. Se declaró culpables a Dennis Fritz y Ron Williamson por unas pruebas que, a mi juicio y en aquel momento, eran abrumadoras.

Sin mencionar cuáles habían sido exactamente aquellas pruebas tan abrumadoras de once años atrás, se fue por las ramas explicando cómo las posteriores pruebas del ADN habían desvirtuado buena parte de todo lo que él había creído al principio. Basándose en las actuales pruebas, solicitó que se aceptara la petición de sobreseimiento y volvió a sentarse.

Peterson no hizo el menor comentario conciliador ni pronunció palabras de pesadumbre. Tampoco reconoció los errores cometidos, y desde luego no pidió disculpas.

Lo menos que esperaban Ron y Dennis era que alguien pidiera perdón. Les habían robado doce años de sus vidas tanto a causa de una acusación contraria a derecho como al error humano y la arrogancia. La injusticia que habían sufrido se habría podido evitar, y lo menos que ahora podía ofrecerles el Estado era una sincera disculpa.

Eso jamás llegaría a ocurrir, y con el tiempo se convirtió en una herida abierta que nunca cicatrizaría.

El juez Landrith hizo algunos comentarios acerca de la injusticia de todo lo ocurrido y pidió a Ron y Dennis que se levantaran. Anunció que todas las acusaciones quedaban desestimadas y que, a partir de ese momento, eran hombres libres. Hubo aplausos y vítores por parte de algunos espectadores; pero la mayoría no estaba de humor para celebrarlo. Annette y Renee abrazaron a sus hijos y familiares y rompieron a llorar de emoción. A continuación, Ron pasó por delante de la tribuna del jurado, salió por una puerta lateral, bajó la escalera y se asomó fuera por una puerta lateral del edificio. Se llenó los pulmones de aire fresco y encendió un cigarrillo, el primero de un millón en el mundo libre, y lo agitó jubilosamente delante de una cámara. La fotografía se publicó en docenas de periódicos.

A los pocos minutos regresó a la sala. Él y Dennis, sus familias y abogados, se apretujaron todos juntos, posaron para las cámaras y contestaron a las preguntas de una horda de reporteros. Mark Barrett había llamado a Greg Wilhoit para que regresara a Oklahoma para celebrar el gran día. Cuando Ron vio a Greg, ambos se fundieron en un abrazo como hermanos.

—¿Qué tal se siente, señor Williamson? —preguntó un reportero.

—¿A propósito de qué? —replicó Ron. Y añadió—: Pues siento que los pies me están matando. Estos zapatos me van demasiado estrechos.

Las preguntas se prolongaron por espacio de una hora a pesar de que estaba prevista una rueda de prensa para más tarde.

Impresionada, Peggy abandonó la sala sostenida por sus hijas y hermanas. La familia de Debbie Carter no había sido informada acerca de Glen Gore. Ahora volvían a estar a la espera de otro juicio y tan lejos de la justicia como antes. Estaban todos perplejos; casi toda la familia seguía pensando que Fritz y Williamson eran culpables, pero ¿qué pintaba allí Gore?

Al final, Ron y Dennis se dirigieron a la salida mientras todos sus pasos quedaban debidamente grabados e inmortalizados. La gente bajó muy despacio por la escalera y salió por la entrada principal. Ellos se demoraron un momento, ya como hombres libres, para empaparse de sol y aire fresco.

Los habían puesto en libertad, eran libres, estaban exculpados de todos los cargos y, sin embargo, nadie les había presentado una disculpa, ni siquiera les habían ofrecido una indemnización... ni una pizca de ayuda de ningún tipo.

Ya era hora de almorzar. El sitio preferido de Ron era la Bob's Barbecue, al norte de la ciudad. Annette llamó y reservó varias mesas; las necesitarían porque el séquito era cada vez más numeroso.

Aunque le quedaban muy pocos dientes y a cualquier otra persona le habría resultado difícil comer con tantas cámaras pegadas a la cara, Ron devoró un plato de chuletas de cerdo y pidió más. A pesar de que nunca había disfrutado demasiado de la comida, consiguió saborear el momento. Fue amable con todo el mundo, dio las gracias a los desconocidos que se detenían para darle ánimos, abrazó a quienes quisieron abrazarlo y habló con todos los reporteros que se le acercaron.

Él y Dennis no cesaban de sonreír, incluso con la boca llena.

La víspera, Jim Dwyer, un reportero del *Daily News* de Nueva York, y Alexandra Pelosi, del *Dateline* de la NBC, se desplazaron a Purcell para entrevistar a Glen Gore. Éste sabía que las cosas en Ada se estaban caldeando y que él acabaría convertido rápidamente en el principal sospechoso. Pero, curiosamente, el personal de la prisión no opinaba lo mismo.

Gore había oído decir que muchos forasteros lo estaban buscando y suponía que eran abogados o representantes de la ley, gente que él prefería evitar. Hacia el mediodía, dejó su trabajo de limpieza de zanjas en Purcell y huyó. Encontró un bosque y recorrió varios kilómetros a pie hasta que tropezó con una carretera e hizo autostop en la dirección de Ada.

Cuando Ron y Dennis se enteraron de la huida de Gore, se partieron de risa. Debía de ser culpable.

Después de un prolongado almuerzo, el grupo Fritz-Williamson se desplazó hasta el pabellón del Wintersmith Park de Ada para la rueda de prensa. En compañía de sus abogados, Ron y Dennis se sentaron a una larga mesa y miraron a las cámaras. Scheck habló del Proyecto Inocencia y de su labor en favor de la liberación de quienes hubieran sido injustamente declarados culpables. A Mark Barrett le preguntaron cómo era posible que hubiera ocurrido semejante injusticia, y él contó entonces la larga historia de una acusación equivocada: los cinco años de espera, la lenta y dudosa actuación policial, los chivatos, las pruebas insostenibles. Casi todas las preguntas iban dirigidas a los recién estrenados inocentes. Dennis dijo que pensaba regresar a Kansas City y pasar todo el tiempo posible con Elizabeth; a su debido tiempo, ya pensaría qué iba a hacer con el resto de su vida. Ron no tenía ningún plan inmediato como no fuera el de largarse de Ada.

Después se incorporaron al grupo Greg Wilhoit y Tim Durham, de Tulsa, otro exculpado de Oklahoma. Tim había pasado cuatro años en la cárcel por una violación que no había cometido, hasta que el Proyecto Inocencia le facilitó la exculpación mediante la prueba del ADN.

En la audiencia federal de Muskogee, Jim Payne, Vicky Hildebrand y Gail Seward contuvieron discretamente su profunda satisfacción. No organizaron ninguna fiesta para celebrarlo —su tarea en el asunto Williamson ya tenía cuatro años de antigüedad y ahora estaban ocupados en otros casos urgentes—, pero hicieron una breve pausa para disfrutar el momento. Mucho antes de que el ADN hubiera aclarado las cosas, ellos habían descubierto la verdad siguiendo el antiguo método del raciocinio sistemático y, al hacerlo así, habían salvado la vida a un inocente.

El juez Seay tampoco presumió demasiado. Una absolución siempre es gratificante, pero él tenía muchos juicios pendientes. Sencillamente había cumplido con su deber, eso era todo. Aunque a Ron le habían fallado los anteriores jueces, Frank Seay comprendía el sistema y conocía sus defectos. A menudo la verdad era muy difícil de encontrar, pero él siempre estaba dispuesto a buscarla y sabía qué camino seguir.

Mark Barrett le pidió a Annette que buscara un lugar para la rueda de prensa y tal vez una pequeña recepción, un detalle simpático a modo de bienvenida a casa en honor de Ron y Dennis. Ella conocía el lugar más indicado: la sala de la hermandad de su iglesia, la misma iglesia en que había crecido Ron, la misma en que ella había tocado el piano y el órgano durante los últimos cuarenta años.

La víspera, había llamado a su pastor para pedirle permiso y preparar los detalles. Éste dudó un poco y dijo que tenía que consultarlo con el consejo parroquial. Annette intuyó problemas y se dirigió a la iglesia. Al llegar allí, el pastor le explicó que los consejeros habían dicho que la iglesia no debería utilizarse para un acto de esa naturaleza, y que él compartía esa opinión. Annette se sorprendió y preguntó por qué.

Podría desatarse la violencia, adujo el pastor. Había habido amenazas contra Ron y Dennis y las cosas podrían desmandarse. La ciudad era un hervidero de comentarios, y la mayoría de la gente no estaba contenta con el sobreseimiento. Por parte de los Carter había unos cuantos tipos duros y la verdad es que la cosa podía acabar mal.

—Pero la iglesia se ha pasado doce años rezando por Ronnie —le recordó ella.

—En efecto, y lo seguirá haciendo. Pero hay muchas personas que lo siguen considerando culpable. Es una cuestión demasiado polémica. La iglesia podría resultar mancillada. Lo siento, pero la respuesta es no.

Annette se enfureció y el pastor trató de consolarla, pero ella se marchó airada.

Llamó a Renee. En cuestión de minutos Gary partió hacia Ada, a unas tres horas de carretera de su casa cerca de Dallas. Gary fue directamente a la iglesia y se enfrentó con el pastor, pero éste se mantuvo firme: era un riesgo demasiado grande.

—Ron estará aquí el domingo —dijo Gary—. ¿Lo recibirá?

—No —contestó el pastor.

La fiesta se organizó en casa de Annette, donde se sirvió la cena en medio de un constante ir y venir de amigos. Una vez lavados los platos, todos se reunieron en la solana donde se formó espontáneamente un coro de gospel. Barry Scheck, un judío de Nueva York, escuchó una música que jamás en su vida había escuchado y trató tímidamente de unirse a los cantos. Allí estaba Mark Barrett; era un momento de extraordinario orgullo para él. Sara Bonnell, Janet Chelsey y Kim Marks cantaron con todos los demás. Greg Wilhoit y su hermana Nancy también estaban presentes. Los Fritz —Dennis, Elizabeth y Wanda— estuvieron todo el rato juntos, sin separarse ni un momento.

—Aquella noche todo el mundo se quedó por allí para asistir a la fiesta en casa de Annette —dijo Renee—. Hubo comida, cantos y risas. Annette tocó el piano, Ronnie, la guitarra y los demás cantamos canciones de todo tipo. Todo el mundo cantó, batió palmas y se lo pasó muy bien. A las diez en punto se hizo el silencio para ver las noticias de la televisión. Nos sentamos en la solana ocupándolo todo de pared a pared, esperando escuchar la noticia que tantos años llevábamos esperando: ¡que mi hermano menor Ronald Keith Williamson no sólo había sido puesto en libertad, sino que además era inocente! A pesar de la alegría y el alivio que sentíamos, todos vimos la tristeza que reflejaban los ojos de Ronnie después de tantos años de tormentos y malos tratos.

Volvieron a celebrarlo tras escuchar el reportaje del telediario. Cuando éste finalizó, Mark Barrett, Barry Scheck y otros invitados se retiraron. Les esperaba un día muy largo.

Aquella misma noche sonó el teléfono y Annette contestó. Un comunicante anónimo dijo que el Ku Klux Klan andaba por la zona buscando a Ronnie. Uno de los rumores más sonados del día era que alguien del entorno de los Carter había contratado al KKK para liquidar a Ron y Dennis, pues ahora el Klan había entrado en el negocio de los asesinatos a sueldo. Se registraban vestigios de su actividad en el sudeste de Oklahoma, pero habían pasado décadas sin que nadie le atribuyera un asesinato. La racista organización no solía meterse con los blancos, pero, en el ardor del momento, el Klan era la banda organizada que mejor podía acometer semejante crimen.

La llamada fue muy inquietante y Annette se lo contó en voz baja a Renee y Gary. Los tres se tomaron la amenaza muy en serio, pero prefirieron ocultársela a Ronnie.

—La noche más feliz de nuestras vidas no tardó en convertirse en la más terrorífica —dijo Renee—. Decidimos avisar a la policía de Ada. Allí nos dijeron que no enviarían a nadie y que ellos no podían hacer nada a menos que ocurriera algo. ¿Cómo pudimos ser tan ingenuos para pensar que nos brindarían protección? Presa del pánico, corrimos a bajar persianas y atrancar puertas y ventanas. Estaba claro que nadie podría dormir, pues teníamos los nervios a flor de piel. Nuestro yerno se preocupó por el peligro que pudieran correr su mujer y el bebé. Nos reunimos para rezar y pedirle al Señor que enviara a sus ángeles para que protegieran nuestra casa. La noche transcurrió sin incidentes. El Señor escuchó una vez más nuestras oraciones. Recordando ahora aquella noche, casi da risa pensar que nuestro primer pensamiento fue llamar a la policía de Ada.

Ann Kelley del *Ada Evening News* pasó todo el día cubriendo los acontecimientos. Aquella noche recibió una llamada de Chris Ross, el fiscal de distrito adjunto. Ross estaba muy molesto y se quejaba de que se estuviera difamando tanto a la fiscalía y la policía.

Nadie asumía su parte de la historia.

Por la mañana, al comienzo de su primer día de libertad, Ron y Dennis, junto con sus abogados Mark Barrett y Barry Scheck, se dirigieron al Holiday Inn de la zona, donde un equipo de la NBC los esperaba. Todos aparecieron en directo en el programa *Today*, entrevistados por Matt Laurer.

La historia estaba adquiriendo impulso y casi todos los periodistas seguían en Ada, entrevistando a cualquiera remotamente relacionado con el caso o a personas implicadas en el mismo. La fuga de Gore era una magnífica trama secundaria.

El grupo —los exculpados, las familias y los abogados— se desplazó a Norman. Se detuvieron en la Oficina para la Defensa de Insolventes para una breve celebración. Ron pronunció unas palabras y dio las gracias a aquellos que tanto habían trabajado para proteger sus derechos y conseguir finalmente su libertad. Después se fueron a toda prisa a Oklahoma City para grabar una entrevista en *Inside Edition* y otra para un programa llamado *Burden of Proof*.

Los abogados Scheck y Barrett estaban tratando de reunirse con el gobernador y los principales legisladores a fin de solicitar una legislación que facilitara las pruebas del ADN y contemplara una indemnización para los condenados injustamente. A continuación, el grupo se dirigió a la Asamblea Legislativa del Estado para estrechar manos y conceder otra rueda de prensa. El momento fue de lo más oportuno: todos los medios de difusión del país los estaban siguiendo. El gobernador tenía mucho trabajo, así que envió a uno de sus principales abogados, un tipo muy ingenioso que hizo suya la idea de que Ron y Dennis se reunieran con los miembros del Tribunal Penal de Apelaciones de Oklahoma. No estaba claro qué se esperaba de aquella reunión, pero el resentimiento era sin duda una posibilidad. Sin embargo, era un viernes por la tarde y los jueces también estaban casualmente muy ocupados. Sólo uno se atrevió a salir de su despacho para saludarlos, aunque rehusó hacer declaraciones. No formaba parte del Tribunal cuando éste había revisado y ratificado las condenas de Fritz y Williamson.

Durante el regreso a Ada con Annette al volante, Ron iba en el asiento de atrás para variar. Sin esposas, sin traje a rayas de presidiario, sin que un agente de policía lo vigilara. Se imbuyó de la campiña, las granjas, los dispersos pozos petrolíferos y las suaves lomas del sureste de Oklahoma.

Deseaba marcharse de allí.

—Fue casi como tener que volver a conocerlo de nuevo tras haber pasado tanto tiempo separados —declaró Renee—. El día siguiente de su puesta en libertad fue muy emotivo. Le dije que tuviera un poco de paciencia con nosotros, que teníamos muchas preguntas que hacerle y queríamos saber cómo había sido su vida en el corredor de la muerte. Fue un encanto y se pasó horas contestando a nuestras preguntas. Le pregunté qué eran todas esas cicatrices que tenía en los brazos. Y él me contestó: «Estaba tan deprimido que me senté y me corté las venas.» Le preguntamos cómo era su celda, que si la comida era digerible y cosas así. Al final, agotado, nos miró y dijo: «Preferiría no hablar más de eso. Cambiemos de tema.»

»Y en adelante así lo hicimos. Él se sentaba en el patio de la casa de Annette, cantaba y tocaba la guitarra. Lo oíamos desde dentro y yo apenas podía reprimir las lágrimas al pensar en todo lo que había sufrido. A veces abría el frigorífico y se quedaba mirando, sin decidir qué comer. Se sorprendía de que hubiera tanta comida y, sobre todo, de que él pudiera comer todo lo que quisiera. Otras veces se acercaba a la ventana de la cocina y comentaba con asombro lo bonitos que eran nuestros coches, y añadía que de algunos modelos ni siquiera había oído hablar. Un día mientras íbamos en coche, comentó lo curioso que le parecía ver a la gente caminando y corriendo por ahí, ocupada en sus asuntos cotidianos.

Ron estaba muy emocionado con la idea de regresar a la iglesia. Annette no le había mencionado el incidente con el pastor. Mark Barrett y Sara Bonnell habían sido invitados; Ron quería tenerlos a su lado. Todo el grupo de los Williamson asistió al servicio dominical y ocupó la primera fila. Annette se sentó al órgano como siempre y, cuando empezó a tocar el primer himno, uno de esos tan pegadizos, Ron se levantó, empezó a batir palmas y a cantar con una sonrisa en los labios, impregnado del espíritu que lo rodeaba.

Durante los anuncios, el pastor no comentó el regreso de Ron, pero, a lo largo del servicio, consiguió decir que Dios amaba a todo el mundo, incluso a Ronnie.

Annette y Renee estaban furiosas.

Un servicio de culto pentecostal no está hecho para los tímidos, por lo que, cuando la música empezó a sonar y los presentes se pusieron a cantar, un puñado de feligreses se acercó a Ron para saludarlo y darle la bienvenida. Pero fueron muy pocos. Los restantes buenos cristianos miraron con rabia al asesino que tenían en su congregación.

Aquel domingo Annette abandonó la iglesia para jamás regresar.

La edición dominical del periódico de Ada publicaba un reportaje en primera plana con el titular «La fiscalía defiende su actuación». Lo acompañaba una muy solemne fotografía de Bill Peterson en un estrado, en plena actuación.

Por razones obvias, no le habían sentado nada bien las repercusiones de las absoluciones y quería justificarse ante el pueblo de Ada. No le habían reconocido el mérito de haber protegido a Ron y Dennis; el largo reportaje de Ann Kelley no era más que un embarazoso berrinche de un fiscal agraviado a quien más le hubiera valido mantener la boca cerrada.

> Bill Peterson, fiscal de distrito del condado de Pontotoc, señala que los abogados de Ron Williamson y Dennis Fritz se están llevando injustamente todo el mérito de las pruebas del ADN que determinaron la liberación de sus clientes.

Aprovechando toda la cuerda que Ann Kelley le ofrecía para ahorcarse, Peterson contaba con detalle la historia de las pruebas del ADN. Lanzaba miserables ataques contra Mark Barrett y Barry Scheck y no perdía ninguna oportunidad para darse a sí mismo una palmada en la espalda. ¡Las pruebas del ADN habían sido idea suya!

Pero no reconoció que había dado su visto bueno a las pruebas del ADN para poder clavar los ataúdes de Ron y Dennis. Absolutamente convencido de su culpabilidad, supuso que las pruebas favorecerían a la acusación. Ahora que los resultados habían demostrado lo contrario, exigía que se le reconociera el mérito de haber sido tan buen chico.

Continuaba despotricando a lo largo de varios párrafos e incluso hacía varias y siniestras insinuaciones sobre otros sospechosos y sobre el hallazgo de nuevas pruebas.

Peterson declaró que, si se descubrieran nuevas pruebas que vincularan a Fritz y Williamson con el asesinato, la disposición legal que impide que una persona pueda ser juzgada dos veces por el mismo delito, no sería aplicable en este caso y ambos podrían ser llevados nuevamente a juicio.

Añadió que hace poco se han reanudado las investigaciones y que Glen Gore no es el único sospechoso. El reportaje terminaba con dos asombrosas reflexiones de Peterson.

Hice lo que debía cuando los envié a juicio en 1988. Y al recomendar que se anularan sus condenas, hice lo que legal, moral y éticamente era correcto hacer, dadas las actuales pruebas de que esta fiscalía dispone.

Se guardaba mucho de decir que su ética y moral aceptación del sobreseimiento se había producido casi cinco años después de que Ron casi fuese ejecutado y cuatro años después de que él mismo hubiera reprendido públicamente al juez Seay por su decisión de celebrar un nuevo juicio. Peterson se había encargado humildemente de que Ron y Dennis pasaran doce años en la cárcel, siendo inocentes.

La parte más censurable del reportaje era el siguiente comentario de Peterson, debidamente destacado en la primera plana:

La palabra inocente jamás ha salido de mis labios en relación con Williamson y Fritz. Todo esto no demuestra su inocencia. Significa simplemente que no puedo acusarlos con las pruebas de que actualmente dispongo.

Al cabo de sólo cuatro días de libertad, Ron y Dennis se sentían todavía muy frágiles y vulnerables, y el reportaje los asustó. ¿Por qué se empecinaba tanto Peterson? Ya los había condenado una vez, y ahora quería volver a hacerlo.

Nuevas pruebas, pruebas antiguas, ausencia de pruebas. Daba igual. Ellos habían pasado doce años entre rejas sin haber matado a nadie. Pero en el condado de Pontotoc las pruebas no eran un factor.

El reportaje suscitó las iras de Mark Barrett y Barry Scheck, por lo que ambos redactaron unas largas refutaciones para enviar al periódico. No obstante, en el último momento tomaron la sabia decisión de esperar y, pocos días después, comprobaron que pocas personas prestaban atención a la rabieta de Peterson.

El domingo por la tarde, Ron y Dennis en compañía de sus allegados fueron a Norman a petición de Mark Barrett. Por puro azar, Amnistía Internacional había organizado su concierto anual de rock para recaudar fondos. Había una multitud en un anfiteatro al aire libre. El ambiente era cálido y soleado.

Entre canción y canción, Mark Barrett tomó la palabra y después presentó a Ron, Dennis, Greg y Tim Durham. Cada uno de ellos habló unos pocos minutos, contando su terrible experiencia. Aunque estaban nerviosos y jamás habían hablado en público, los cuatro tuvieron el valor de hablar desde lo más hondo de su corazón. El público se prendó de ellos.

Cuatro hombres, cuatro hombres blancos pertenecientes a familias honradas, habían sido maltratados y encarcelados por el sistema judicial. Entre los cuatro sumaban treinta y tres años de prisión. El mensaje estaba claro: mientras no se modificara el sistema judicial, eso podría ocurrirle a cualquiera.

Después de su intervención, los cuatro se quedaron en el anfiteatro, escuchando la música, tomando helado y disfrutando del sol y la libertad. Bruce Leba apareció y se fundió en un abrazo con su antiguo compañero. Bruce no había asistido al juicio de Ronnie y tampoco le había escrito a la cárcel. Se sentía culpable y ahora quería pedirle sinceramente perdón a su mejor amigo del instituto. Ron se apresuró a perdonarlo.

Estaba dispuesto a perdonar a todo el mundo. El embriagador perfume de la libertad borraba los viejos rencores y deseos de venganza. Se había pasado doce años soñando con una colosal demanda contra todos los que tanto daño le habían causado, pero ahora todo aquello era historia. No quería volver a vivir más pesadillas.

Los medios de difusión no se cansaban de difundir sus historias. Los focos se centraban sobre todo en Ron. Por el hecho de ser un blanco de una ciudad blanca, arrestado por policías blancos, acusado por un fiscal blanco y declarado culpable por un jurado blanco, se convirtió en el personaje preferido de todos los reporteros y periodistas. Semejantes abusos podían ser frecuentes entre los pobres y las minorías étnicas, pero no entre los ciudadanos normales de una pequeña ciudad.

Su prometedora carrera deportiva, la espantosa caída en la locura en el corredor de la muerte, la experiencia de haber estado a punto de ser ejecutado, la torpeza de la policía que tenía al obvio asesino delante de sus narices... la historia era muy jugosa y ofrecía múltiples sesgos.

En el despacho de Barrett se recibían peticiones de entrevistas procedentes de todo el mundo.

Tras pasar seis días huido, Glen Gore se entregó. Se puso en contacto con un abogado de Ada, el cual llamó a la policía y tomó todas las disposiciones necesarias. Mientras preparaba su entrega, Gore manifestó su deseo de no quedar en manos de las autoridades de Ada.

No habría tenido que preocuparse. Quienes habían fallado tan estrepitosamente en el desempeño de sus funciones no estaban pidiendo a gritos el regreso de Gore a Ada y el comienzo de otro juicio. Necesitaban tiempo para sanar sus maltrechos egos. Peterson y la policía se escudaban en su postura oficial: la investigación se había reabierto y ellos trabajaban con denuedo para descubrir al asesino o asesinos de Debbie Carter. Gore no era más que una simple pieza en aquel complejo caso.

El fiscal y la policía jamás podrían reconocer su error y por eso se empecinaban tozudamente en su creencia de que, a lo mejor, tenían razón. Con suerte, otro drogadicto entraría tambaleándose en la comisaría y confesaría o bien implicaría a Ron y Dennis. Con suerte aparecería un buen chivato. Con suerte, podrían arrancarle otra confesión de un sueño a algún testigo o sospechoso.

Al fin y al cabo, estaban en Ada. Puede que una buena y sólida labor policial consiguiera descubrir toda suerte de nuevas pistas.

Y Ron y Dennis no habían sido descartados del todo.

16

Los rituales cotidianos del Yankee Stadium varían ligeramente cuando el equipo está fuera de la ciudad. Sin la urgencia de las multitudes y las cámaras y sin la expectación de otra impecable superficie de juego, el antiguo estadio tarda en cobrar vida, de modo que a última hora de la mañana los cuidadores del terreno de juego enfundados en sus pantalones caquis y camisetas grises cuidan lánguidamente el terreno de juego. Grantley, el principal cortador de césped, intenta arreglar un cortacésped Toro que parece una araña mientras Tommy, el especialista en arcilla, aplana y nivela la tierra detrás de la base meta. Dan empuja un cortacésped más pequeño sobre la espesa hierba azul de Kentucky a lo largo de la línea de la primera base. Los aspersores se disparan a intervalos programados alrededor del cuadro exterior. Un guía se acurruca con un grupo de personas detrás del banquillo de jugadores de la tercera base y señala algo a lo lejos, más allá del marcador.

Las cincuenta y siete mil localidades están vacías. Los distintos sonidos reverberan suavemente por el recinto: el amortiguado ruido de los cortacésped, la risa de un cuidador del terreno, el lejano silbido de un aspersor de agua limpiando las localidades de la tribuna superior, el tren 4 rugiendo al otro lado de la gradería, los golpes de un martillo cerca de la tribuna de la prensa. Para quienes se encargan del mantenimiento del estadio, los días libres son muy apreciados, encajados entre la nostalgia de la pasada grandeza de los Yankees y la promesa de otras futuras.

Unos veinticinco años más tarde del momento en que Ron esperaba llegar allí, por fin subió desde el banquillo de jugadores de los Yankees a la zona de atención cubierta de arenilla marrón de conchas molidas que rodea el campo. Hizo una pausa para absorber la enormidad del estadio e imbuirse de la atmósfera del santuario más sagrado del béisbol. Era un claro día primaveral de despejado cielo azul. El aire era muy suave, el sol resplandecía y la hierba estaba tan plana y verde que semejaba una preciosa alfombra. El sol le calentó la pálida piel. El olor a hierba recién cortada le hizo recordar otros campos, otros partidos, viejos sueños.

Iba tocado con una gorra de los Yankees, un recuerdo que le habían regalado los directivos del equipo. Tratándose del personaje del momento, se había desplazado a Nueva York para intervenir en el programa *Good Morning America*. Llevaba la única chaqueta que tenía, una azul marino que Annette le había comprado a toda prisa dos semanas atrás, su única corbata y unos pantalones. Los zapatos, en cambio, eran otros. Había perdido interés en la ropa. A pesar de haber trabajado en otros tiempos en una tienda de prendas para caballero y de haber ofrecido su experta opinión acerca del buen vestir, ahora todo eso ya no le importaba. Era el efecto de haber pasado doce años en uniforme de presidiario.

Bajo la gorra se ocultaba un enmarañado y tupido cabello gris cortado estilo paje. Ron tenía ahora cuarenta y seis años, pero parecía mucho mayor. Se ajustó la gorra y pisó la hierba. Medía metro ochenta y dos de estatura y, a pesar de que su cuerpo revelaba las consecuencias de los malos tratos y el abandono, aún conservaba vestigios del gran atleta. Cruzó el terreno de falta y se acercó a la base de lanzamiento, donde permaneció inmóvil un instante y levantó los ojos hacia las interminables hileras de asientos de intenso azul. Pisó delicadamente el caucho y meneó la cabeza. Exactamente desde aquel lugar Don Larsen había efectuado lanzamientos perfectos. Whitey Ford, uno de sus ídolos, había sido el amo de aquella base. Miró por encima del hombro izquierdo hacia el exterior derecho, donde la pared parecía demasiado cercana, hacia el lugar desde el cual Roger Maris había lanzado tantos fláis lo bastante lejos como para superar la valla. Y allá a lo lejos, justo en el centro, más allá de la pared, pudo ver los monumentos dedicados a los Yankees más grandes.

Allí estaba Mickey.

Mark Barrett esperaba en la base de meta, tocado también con una gorra de los Yankees, preguntándose qué estaría pensando Ron. Acababa de salir de un encarcelamiento de doce años por nada y nadie le había ofrecido disculpas —visto que nadie quería reconocer haber obrado mal—, ninguna despedida, simplemente largo de aquí y lo más rápido que puedas. Ninguna indemnización, ningún asesoramiento, ninguna carta del gobernador u otra autoridad oficial, ninguna mención honorífica por servicios prestados. Y dos semanas después, helo allí, en el centro de un torbellino mediático en el que todos se lo disputaban.

Pero lo más asombroso era que Ron no guardaba rencor. A él y Dennis sólo les interesaba asimilar las delicias de su liberación. Los rencores vendrían más tarde, mucho después de que los medios se hubieran ido.

Barry Scheck se encontraba al lado del banquillo de jugadores, mirando a Ron mientras conversaba con los demás. Seguidor incondicional de los Yankees, había efectuado las llamadas telefónicas necesarias que habían posibilitado aquella visita especial al estadio. Durante unos días, Ron sería su huésped en Nueva York.

Se tomaron fotografías, una cámara filmó a Ron en la base de lanzamiento y después el grupo reanudó su recorrido a lo largo de la línea de la primera base, avanzando muy despacio mientras el guía soltaba una perorata acerca de tal o cual jugador. Ron conocía muchos datos estadísticos e historias.

—Jamás ninguna pelota ha sido bateada completamente fuera del recinto del estadio —iba diciendo el guía—, pero Mantle estuvo casi a punto de conseguirlo. Lanzó una contra el mismo centro del muro, allí arriba. —Señaló el lugar, a unos dieciocho metros de la base meta.

—En Washington realizó un bateo que llegó mas lejos —apuntó Ron—. Fueron unos diecinueve metros. El lanzador fue Chuck Stobbs.

El guía se quedó impresionado.

A unos pasos por detrás de Ron caminaba Annette, como siempre, cuidando de los detalles, tomando las decisiones complicadas, allanando el terreno. No era aficionada al béisbol y en aquel momento su principal preocupación era mantener sobrio a su hermano. Ron estaba dolido con ella porque la víspera no le había permitido emborracharse. Del grupo formaban parte también Dennis, Greg Wilhoit y Tim Durham. Los cuatro absueltos habían aparecido en *Good Morning America* y la ABC corría con los gastos del viaje. Allí estaba también Jim Dwyer del *Daily News* de Nueva York. Se detuvieron en el exterior, en la zona de atención. Al otro lado estaba el Monument Park, con sus gigantescos bustos de Ruth y Gehrig, Mantle y DiMaggio y docenas de placas más pequeñas en honor de otros grandes Yankees. Antes de las reformas, aquel pequeño rincón de territorio casi sagrado había sido, de hecho, el llamado terreno bueno, es decir, la parte del campo comprendida entre la base meta y el fondo del campo, explicó el guía. Se abrió una puerta, cruzaron una verja, salieron a un patio de ladrillo y, por un instante, no les fue difícil olvidar que se encontraban en un estadio de béisbol. Ron se acercó al busto de Mantle y leyó su breve biografía. Todavía podía citar los datos estadísticos de aquella carrera que se había aprendido de memoria en su infancia.

El último año de Ron como Yankee había sido el 1977 en Fort Lauderdale, clase A, lo más lejos del Monument Park que un jugador serio de béisbol podía llegar. Annette conservaba unas cuantas fotografías suyas con el uniforme de los Yankees auténtico. El gran club simplemente los iba regalando a los de abajo y, a medida que los viejos uniformes recorrían el triste camino de descenso por los peldaños de la Liga Menor, se iban cubriendo de las cicatrices de guerra de la vida en los puestos fronterizos. Cada par de pantalones llevaba zurcidos en las rodillas y el fondillo. Todas las cinturillas elásticas se ensanchaban o estrechaban, y les zurcían etiquetas en la cara interior para que los entrenadores se enteraran de su origen. Todas las camisetas estaban manchadas de hierba y sudor.

1977, Yankees de Fort Lauderdale. Ron tuvo catorce actuaciones, lanzó treinta y tres entradas, ganó dos, perdió cuatro y fue derrotado las suficientes veces para que los Yankees no tuvieran la menor dificultad en prescindir de él al final de la aciaga temporada.

El recorrido siguió adelante. Ronnie se detuvo un instante para contemplar con expresión burlona la placa de Reggie Jackson. El guía estaba comentando las distintas dimensiones que había tenido el estadio: era más grande cuando jugaba Ruth y más pequeño en la época de Maris y Mantle. El equipo de filmación los seguía, grabando unas escenas que jamás sobrevivirían al montaje.

Toda aquella atención era divertida, pensó Annette. En su infancia y adolescencia, Ronnie soñaba con ser el centro de la atención, lo exigía, y ahora, cuarenta años más tarde, las cámaras registraban todos sus movimientos. «Disfruta del momento», se dijo. Un mes atrás, Ron estaba ingresado en un hospital psiquiátrico y ellos no estaban seguros de que volviera a salir.

Regresaron muy despacio al banquillo de jugadores y allí se entretuvieron un rato. Tras dedicar los últimos minutos a aspirar la magia del lugar, Ron le dijo a Mark:

—En mi juventud pude disfrutar un poco de lo mucho que se divertían aquí.

Mark asintió con la cabeza pero no se le ocurrió nada que decir.

—Yo lo único que quería era jugar al béisbol —prosiguió Ron—. Es la única diversión que jamás he tenido. —Hizo una pausa para mirar alrededor y añadió—: Pero bueno, todo esto te resbala al cabo del tiempo. Lo que ahora me apetece de verdad es una cerveza fría.

La juerga de la bebida empezó en Nueva York.

Desde el estadio de los Yankees, la marcha triunfal llegó hasta Disney World, donde una televisión alemana pagó tres noches de diversión para todo el grupo. Lo único que Ron y Dennis tenían que hacer era contar su historia, y los alemanes, con su típica fascinación europea por la pena de muerte, emitirían todos los detalles.

En Disney World, Ron quedó encantado con Epcot, la aldea alemana, donde encontró cerveza bávara y bebió una jarra tras otra.

Después volaron a Los Ángeles para una aparición en directo en el programa *Leeza*. Poco antes de salir en antena, Ron se escabulló subrepticiamente y apuró una botella de vodka. Como le faltaban bastantes dientes y su pronunciación ya no era muy clara, nadie se dio cuenta de que tenía la voz pastosa.

Con el paso de los días, la historia perdió parcialmente actualidad y todos regresaron a casa.

El último lugar donde Ron hubiera deseado estar era Ada.

Se quedó en casa de Annette e inició un difícil proceso de adaptación. Al final, también los reporteros se fueron.

Bajo la supervisión de su hermana, Ron tomó debidamente los medicamentos y recuperó el equilibrio. Dormía mucho, tocaba la guitarra y soñaba con alcanzar la fama como cantante. Su hermana no toleraba bebidas alcohólicas en casa y él raras veces salía.

El temor a que lo detuvieran de nuevo lo consumía y le hacía dar un respingo cada vez que oía un ruido. Sabía que la policía no se había olvidado de él. Seguían pensando que estaba de algún modo implicado en aquel atroz crimen. Lo mismo pensaba casi toda la gente de Ada.

Hubiera deseado salir, pero no tenía dinero. Jamás había conseguido conservar un empleo y jamás hablaba de trabajar. No tenía carnet de conducir desde hacía casi veinte años y no le interesaba estudiar para examinarse.

Annette estaba batallando con la Seguridad Social para que le pagaran los atrasos de su pensión de discapacitado. El envío de los cheques se había interrumpido al ingresar él en la cárcel. Al final lo consiguió y la suma se elevó a sesenta mil dólares. Se reanudaron los pagos mensuales de seiscientos dólares, que se interrumpirían cuando cesara la incapacidad, cosa bastante improbable.

De la noche a la mañana se sintió un millonario y quiso vivir por su cuenta. Además, anhelaba abandonar Ada e incluso Oklahoma. El único hijo de Annette, Michael, vivía en Springfield, Misuri, un buen lugar para Ron. Se gastaron veinte mil dólares en una caravana amueblada de dos dormitorios, nueva a estrenar, y lo instalaron allí.

Aunque fue un momento de orgullo, a Annette le preocupaba que Ron viviera por su cuenta. Cuando finalmente ella regresó a su casa, Ron se quedó muy contento, sentado en su nuevo sillón reclinable delante de su nuevo televisor. Cuando ella regresó tres semanas después, lo encontró sentado en el mismo sitio, pero rodeado de una desalentadora colección de latas de cerveza vacías.

Cuando no dormía, bebía, hablaba por teléfono o tocaba la guitarra, se iba a dar una vuelta por el Wal-Mart de la esquina, su proveedor de cerveza y tabaco. Pero ocurrió algo, un incidente, y le dijeron que no volviera por allí.

En aquellos días en que lo embriagaba la sensación de vivir por su cuenta, se le metió en la cabeza devolver el dinero a todos lo que le habían prestado a lo largo de los años. Ahorrar dinero le parecía una idea ridícula, por cuyo motivo le dio por regalarlo. Se compadecía de los llamamientos que se hacían por la televisión: niños famélicos, predicadores evangelistas que solicitaban donaciones para regenerar el mundo, y así sucesivamente. Se dedicó a enviar dinero.

Sus facturas de teléfono eran astronómicas. Llamaba a Annette y Renee, Mark Barrett, Sara Bonnell, Greg Wilhoit, los abogados de la Defensa de Indigentes, al juez Landrith, a Bruce Leba e incluso a algunos funcionarios de la prisión. Habitualmente se mostraba animado y contento de su recuperada libertad, pero hacia el final de las conversaciones acababa despotricando contra Ricky Joe Simmons. No le impresionaba la pista del ADN dejada por Glen Gore. Ron quería que detuvieran a Simmons por la «¡¡violación, violación con un instrumento y violación por sodomía, y asesinato de Debra Sue Carter en su domicilio del 1022 de la calle Ocho Este el ocho de diciembre de 1982!!». Todas las conversaciones incluían por lo menos dos repeticiones de aquella detallada exigencia.

Curiosamente, Ron también llamaba a Peggy Stillwell, la madre de Debbie, hasta el punto de que ambos acabaron desarrollando una cordial relación telefónica. Le aseguraba que él jamás había conocido a su hija, y Peggy lo creía. Dieciocho años después de haber perdido a su niña, todavía no superaba el trauma. Le confió a Ron que durante años había tenido la corazonada de que el asesinato no se había resuelto debidamente.

Solía evitar los bares y las mujeres fáciles, aunque un episodio le escocía. Una vez iba por la calle pensando en sus cosas cuando un coche en el que viajaban dos señoritas se detuvo a su lado. Lo invitaron a subir y él aceptó. Fueron de bar en bar, la noche se hizo muy larga y finalmente acabaron en la caravana de Ron, donde una de las chicas encontró su escondrijo de dinero debajo de la cama. Cuando más tarde descubrió el robo de mil dólares, Ron juró apartarse para siempre de las mujeres.

Su sobrino Michael Hudson era su único amigo en Springfield, y Ron lo animó a comprarse una guitarra y le enseñó algunos acordes. Michael lo visitaba con regularidad e informaba a su madre. La ingestión de alcohol iba cada vez peor.

El alcohol y los medicamentos no hacían muy buena combinación, y Ron empezó a volverse paranoico. La contemplación de un coche de policía le provocaba crisis de ansiedad. Se cuidaba incluso de cruzar la calle siempre por el paso de cebra, pensando que la policía lo vigilaba constantemente. Peterson y la policía de Ada estaban tramando algo. Cubrió las ventanas con periódicos, instaló candados en las puertas y después las aseguró también por dentro. Dormía con un cuchillo de carnicero a mano.

Mark Barrett lo visitó un par de veces y se quedó a dormir en la caravana. Le alarmó el estado de Ron, su paranoia y su consumo de alcohol, y más aún aquel cuchillo.

Ron estaba solo y se moría de miedo.

Dennis Fritz también cruzaba las calles por el paso de cebra. Había regresado a Kansas City para vivir con su madre en una casita de Lister Avenue. La última vez que la había visto, la casa estaba rodeada por un patético equipo del SWAT.

Varios meses después de su puesta en libertad, Glen Gore aún no había sido detenido. La investigación estaba avanzando lentamente en alguna dirección y, tal y como Dennis lo veía, él y Ron seguían como sospechosos. Dennis pegaba un respingo cada vez que veía un coche patrulla. Miraba en todas direcciones cuando salía de casa. Temblaba cuando sonaba el teléfono. Se desplazó por carretera hasta Springfield para ver a Ronnie y se asustó al comprobar cuánto bebía. Ambos trataron de reírse y recordar los viejos tiempos durante un par de días, pero Ronnie bebía demasiado. No era un bebedor gracioso ni sentimental, sino un bebedor antipático y desagradable. Dormía hasta el mediodía, se despertaba, se tragaba una pastilla, se tomaba una cerveza para el desayuno y otra para el almuerzo y se ponía a tocar la guitarra.

Una tarde salieron a dar una vuelta, bebiendo cerveza y disfrutando de su libertad. Ron rasgueaba la guitarra mientras Dennis conducía con prudencia. No conocía Springfield y lo que menos quería era problemas con la policía. Ron decidió hacer una parada en cierto club donde pensaba que le permitirían tocar. A Dennis no le pareció buena idea, sobre todo teniendo en cuenta que Ron no conocía al propietario ni a los porteros del club. Se enzarzaron en una acalorada discusión y, al final, regresaron a la caravana.

Ron soñaba con el estrellato. Quería actuar ante miles de personas, vender miles de álbumes y hacerse famoso. Dennis no se atrevía a decirle que, con su chirriante voz, sus estropeadas cuerdas vocales y su escaso talento con la guitarra, aquello no era más que un sueño. Sin embargo, sí le insistió en que dejara la bebida. Le aconsejó que fuera mezclando cervezas sin alcohol con su masivo consumo diario de Budweisers. Estaba engordando y Dennis lo instó a hacer ejercicio y dejar el tabaco.

Ron lo escuchó pero siguió bebiendo cerveza de la buena. Al cabo de tres días, Dennis regresó a Kansas City. Volvió unas semanas después con Mark Barrett, que tenía que pasar por allí. Ambos lo acompañaron a un café donde subió a un pequeño escenario con su guitarra y empezó a cantar canciones de Bob Dylan a cambio de alguna propina. Aunque la gente estaba más interesada en comer que en escuchar, Ron se alegró mucho de poder actuar en público.

Para mantenerse ocupado y ganar algún dinero, Dennis encontró un trabajo a tiempo parcial friendo hamburguesas. Puesto que había pasado los últimos doce años con la nariz metida en libros de leyes, le resultaba bastante difícil abandonar la costumbre. Barry Scheck le aconsejó que tomara en consideración estudiar derecho e incluso le prometió ayudarle a pagar la matrícula. La Universidad de Misuri-Kansas City estaba muy cerca y su Facultad de Derecho tenía horarios flexibles. Dennis empezó a estudiar con vistas a las pruebas de acceso, pero la tarea lo superaba.

Sufría una especie de tensión postraumática y a veces la presión lo dejaba extenuado. El horror de la prisión era omnipresente: las pesadillas, los recuerdos y temores de que volvieran a detenerlo. La investigación seguía su curso y, con los policías de Ada sueltos por ahí, siempre cabía la posibilidad de una llamada nocturna a la puerta, o tal vez de otro operativo de los Hombres de Harrelson.

Al final, Dennis buscó ayuda profesional y, poco a poco, empezó a recomponer su vida. Barry Scheck le sugirió interponer una demanda contra todos aquellos que habían provocado y cometido la injusticia, y Dennis empezó a centrarse en aquella idea.

Una nueva batalla se perfilaba en el horizonte y él comenzó a calentar motores.

En cambio, la vida de Ron iba en sentido contrario. Se comportaba de una manera muy rara y sus vecinos se daban cuenta. De pronto, empezó a esgrimir el cuchillo de carnicero por el parque de caravanas, diciendo que el fiscal Peterson y la policía de Ada iban por él. No pensaba regresar a la cárcel y el cuchillo lo protegería, decía.

Annette recibió una notificación de desahucio. Al ver que Ron se negaba a responder a sus llamadas, consiguió una orden judicial para que fueran a recogerlo y lo sometieran a un examen mental.

Estaba en su caravana con las puertas y ventanas cerradas y tapadas, bebiéndose una cerveza y viendo la televisión, cuando de repente oyó una voz chirriante a través de un megáfono:

—¡Salga con las manos en alto!

Atisbó fuera, vio a los agentes y pensó que su vida se había acabado una vez más. Regresaba al corredor de la muerte.

Los policías le temían tanto como él a ellos, pero al final Ron fue conducido no al corredor de la muerte sino a un hospital psiquiátrico.

La caravana de menos de un año pero ya hecha un desastre, se vendió. Cuando lo dieron de alta, Annette buscó un sitio donde ingresarlo. Sólo encontró plaza en una residencia de ancianos de las afueras de Springfield. Ella fue al hospital, lo ayudó a hacer la maleta y lo llevó allí.

La estructura cotidiana y los cuidados sistemáticos dieron inicialmente resultado. Tomaba las pastillas a su hora y el alcohol le estaba prohibido. Ron se encontraba mejor, pero muy pronto se cansó de verse rodeado de ancianos en sillas de ruedas. Empezó a quejarse de que aquello era insoportable y Annette le encontró otra plaza en Marshfield, Misuri. El centro también estaba lleno de viejos melancólicos. Ron sólo tenía cuarenta y siete años. ¿Qué demonios estaba haciendo en una residencia de ancianos?

Repetía esta pregunta sin cesar hasta que finalmente Annette decidió llevárselo de nuevo a Oklahoma.

No regresaría a Ada, ni falta que les hacía a la gente de allí. En Oklahoma City le encontró una plaza en la Harbor House, un antiguo motel reconvertido en una suerte de hogar para hombres con problemas. No estaba permitido el alcohol, pero Ron llevaba varios meses sin beber.

Mark Barrett lo visitó varias veces en la Harbor House y comprendió que Ron no podría permanecer mucho tiempo allí. Nadie podía. Casi todos los hombres parecían zombis y tenían problemas mucho peores que los de Ron.

Transcurrieron los meses y Glen Gore seguía sin ser acusado del asesinato de Debbie Carter. La nueva investigación estaba resultando tan poco fructífera como la de dieciocho años atrás.

La policía de Ada, los fiscales y el OSBI disponían de pruebas infalibles del ADN que demostraban que el semen y el pelo recogidos en la escena del crimen pertenecían a Glen Gore, pero no podían resolver el asesinato. Necesitaban más pruebas.

Ron y Dennis no habían sido descartados como sospechosos. Y, a pesar de que eran hombres libres y estaban encantados de serlo, un oscuro nubarrón se cernía sobre sus cabezas. Hablaban asiduamente entre sí y también con sus abogados. Tras vivir atemorizados, decidieron contraatacar.

Si Bill Peterson, la policía de Ada y el estado de Oklahoma se hubieran disculpado por la injusticia cometida y hubieran cerrado los expedientes de Ron y Fritz, las autoridades hubieran dejado de hurgar en la llaga y la triste historia hubiera terminado.

En cambio, provocaron la presentación de una demanda contra ellas.

En abril de 2000, Dennis Fritz y Ron Williamson presentaron una querella contra medio estado de Oklahoma. Los demandados eran el municipio de Ada, el condado de Pontotoc, Bill Peterson, Dennis Smith, John Christian, Mike Tenney, Glen Gore, Terri Holland, James Harjo, el estado de Oklahoma, el OSBI, los funcionarios del OSBI Gary Rogers, Rusty Featherstone, Melvin Hett, Jerry Peters y Larry Mullins, así como los funcionarios de prisiones Gary Maynard, Dan Reynolds, James Saffle y Larry Fields.

Se presentó ante el tribunal federal como un caso de derechos civiles, alegando violaciones de la Cuarta, Quinta, Sexta, Octava y Decimocuarta enmiendas a la Constitución. El caso fue asignado al azar nada menos que al juez Frank Seay, el cual más tarde se declararía incompetente.

Los actores alegaban que los demandados 1) no habían ofrecido a los demandantes un juicio imparcial al haber falseado pruebas y ocultado pruebas exculpatorias, 2) habían conspirado para detener fraudulentamente a los demandantes, 3) actuado con engaño, 4) provocado deliberadamente angustia emocional, 5) actuado con negligencia en su acusación, 6) e iniciado y mantenido una acusación dolosa. La demanda contra el sistema penitenciario alegaba que Ron había sido maltratado durante su permanencia en el corredor de la muerte y que su enfermedad mental había sido ignorada por los funcionarios a pesar de las repetidas advertencias.

Se solicitaban cien millones de dólares en concepto de daños y perjuicios.

Según el periódico de Ada, Bill Peterson declaró: «En mi opinión, se trata de una querella frívola para llamar la atención. No me preocupa en absoluto.» Añadía también que la investigación del homicidio «sigue su curso».

La demanda la presentaron el bufete de Barry Scheck y una abogada de Kansas City llamada Cheryl Pilate. Mark Barrett se incorporaría al equipo más adelante, cuando abandonase la Oficina para la Defensa de Insolventes para incorporarse a la práctica privada de su profesión.

Los pleitos civiles por condenas injustas son muy difíciles de ganar y a casi todos los exculpados se les cierran las puertas de los tribunales. El hecho de haber sido condenado injustamente no le otorga a uno automáticamente el derecho a indemnización.

Un demandante en potencia tiene que alegar y demostrar que se conculcaron sus derechos civiles, que se quebrantaron sus garantías constitucionales y que todo ello dio lugar a una condena injusta. Y después viene la parte más difícil: prácticamente todos los participantes en el proceso legal que ha conducido a la condena injusta tienen inmunidad. Un juez es inmune a una demanda por condena injusta independientemente de lo mal que haya regido un juicio. Un fiscal es inmune mientras cumpla con su obligación, es decir, entablar acciones judiciales; sin embargo, si se implica demasiado en una investigación, pueden exigírsele responsabilidades. Y un policía es inmune salvo que se demuestre que, en su lugar, cualquier representante de la ley habría comprendido que estaba quebrantando la Constitución.

Semejantes demandas resultan tan caras de tramitar que constituyen una ruina, pues los abogados se ven obligados a afrontar decenas e incluso centenares y miles de dólares en costas judiciales. Y su presentación es demasiado arriesgada, ya que una sentencia favorable que permita cobrar la indemnización y recuperar los gastos es más que improbable.

Casi todos los injustamente condenados como Greg Wilhoit jamás cobran un céntimo.

La siguiente escala de Ron en julio de 2001 fue en la Transition House de Norman, un centro muy bien organizado que ofrecía un ambiente estructurado, asesoramiento y adiestramiento. Su objetivo era rehabilitar a los pacientes para que pudieran vivir por su cuenta bajo la supervisión de asesores. El objetivo último era su reinserción en la sociedad como ciudadanos productivos y equilibrados.

La fase uno era un programa de doce meses en el cual los hombres convivían en dormitorios comunes sometidos a numerosas normas. Uno de los primeros ejercicios consistía en aprender a utilizar el transporte público y desplazarse por la ciudad. También se les enseñaba y subrayaba la importancia de la cocina, la limpieza y la higiene personal. Ron sabía preparar huevos revueltos y bocadillos de mantequilla de cacahuete. Pero prefería quedarse en su habitación y sólo salía para fumar. Al cabo de cuatro meses seguía sin entender la red de autobuses urbanos.

La novia de infancia de Ron había sido Debbie Keith. Su padre era un pastor protestante y quería que su hija se casara con un pastor, modelo que no encajaba precisamente con Ron. Su hermano Mickey Keith había seguido el ejemplo de su padre y ahora era pastor del Templo Evangelista, la nueva iglesia de Annette en Ada. A petición de Ron e instancias de Annette, el reverendo Keith fue a la Transition House de Norman.

Ron hablaba en serio al decir que deseaba reincorporarse a la iglesia y purificar su vida. En lo más hondo de su corazón anidaba una profunda creencia en Dios y Jesucristo. Jamás olvidaría las Sagradas Escrituras que había aprendido de memoria de niño ni los himnos gospel que tanto le gustaban. A pesar de sus errores y defectos, anhelaba recuperar sus raíces. Experimentaba una molesta sensación de culpa por la manera en que había vivido, pero creía en la promesa del divino, eterno y absoluto perdón.

El reverendo Keith habló y rezó con Ron, y luego comentaron la cuestión del papeleo. Le explicó que, si de veras deseaba incorporarse a la iglesia, tendría que rellenar un impreso en el que se declarase un cristiano renacido que sostendría a la iglesia con su diezmo y su presencia —siempre que fuera posible— y jamás haría ningún reproche a la iglesia. Ron se apresuró a rellenar y firmar el impreso. Éste se presentó a la junta eclesial, que lo examinó y aprobó.

Pasó unos meses muy contento, sobrio y dispuesto a librarse del vicio con la ayuda de Dios. Se incorporó a Alcohólicos Anónimos y raras veces faltaba a las reuniones. Su medicación estaba equilibrada y tanto su familia como sus amigos se alegraban de su mejoría. Se mostraba ocurrente y jovial, siempre dispuesto a una réplica ingeniosa o un relato divertido. Para sorprender a los desconocidos, solía empezar sus historias con la frase «Había una vez, cuando estaba en el corredor de la muerte...». Su familia a menudo se asombraba de la memoria que tenía para registrar acontecimientos ocurridos cuando él había perdido literalmente la razón.

La Transition House estaba cerca del centro de Norman, a tiro de piedra del despacho de Mark, por el que Ron se dejaba caer con frecuencia. Abogado y cliente tomaban café, hablaban de música y comentaban aspectos de la querella. El principal interés de Ron era saber cuándo terminaría y cuánto dinero podría cobrar. Mark lo invitó a asistir a una reunión en su iglesia, de los Discípulos de Cristo. Ron asistió a una clase dominical con la mujer de Mark y se quedó fascinado por las sinceras y liberales discusiones que oyó acerca de la Biblia y el cristianismo. Cualquier cosa podía enjuiciarse, a diferencia de lo que ocurría en las iglesias pentecostales, donde la Palabra era única e infalible y los puntos de vista contrarios eran censurados.

Ron dedicaba el tiempo a su música, practicando canciones de Bob Dylan o Eric Clapton hasta que conseguía imitarlas a la perfección. Hasta logró actuar en algunos cafés y cafeterías de los alrededores de Norman y Oklahoma City, tocando a cambio de propinas y atendiendo las peticiones de los escasos clientes. No tenía miedo de nada. Su registro vocal era limitado pero no le importaba. Él se atrevía con cualquier canción.

La Coordinadora de Oklahoma en Favor de la Abolición de la Pena de Muerte lo invitó a cantar y tomar la palabra en una concentración destinada a recabar fondos que se iba a celebrar en el Firehouse, un conocido local cerca del campus de la Universidad de Oklahoma. En presencia de doscientas personas, una muchedumbre más numerosa que las que él estaba acostumbrado a ver, se emocionó profundamente, pero se situó demasiado lejos del micrófono. Aunque apenas se le oía, su presencia fue muy apreciada. Durante la velada le presentaron a la doctora Susan Sharp, una profesora de criminología en la Universidad de Oklahoma y activista contra la pena capital. Ésta lo invitó a visitar su clase y él accedió encantado.

Ambos se hicieron amigos y Ron quiso ir más allá. Ella se esforzó por mantener las cosas a un amistoso nivel profesional. Veía en él a un hombre herido y marcado por profundas cicatrices y quería ayudarlo, pero un idilio estaba descartado. Él no se lo tomó a mal.

Aprobó la fase uno de la Transition House y pasó a la segunda: su propio apartamento. Annette y Renee rogaban fervorosamente que aprendiese a vivir por su cuenta. Procuraban no pensar en un futuro de residencias de ancianos y hospitales psiquiátricos. Si sobreviviera a la fase dos, el siguiente paso tal vez fuera la búsqueda de un trabajo.

Consiguió aguantar un mes y después se derrumbó lentamente. Lejos de la estructura y la supervisión, empezó a olvidar la medicación. Lo que a él realmente le apetecía era una cerveza fría. Su local preferido acabó siendo un bar del campus llamado Deli, la clase de local que suele atraer a bebedores empedernidos y a los chicos de la contracultura.

Ron se convirtió en un cliente habitual, pero siempre se volvía muy desagradable cuando bebía.

El 29 de octubre de 2001, Ron declaró en su querella. El despacho del taquígrafo en Oklahoma City estaba lleno de abogados, todos esperando para interrogar al hombre que se había convertido en un personaje famoso en la zona.

Tras responder a las generales de la ley, Ron fue preguntado por el primer abogado:

—¿Está tomando algún tipo de medicación?

—Sí, en efecto.

—¿Recetada por un médico o la toma por su cuenta?

—Recetada por un psiquiatra.

—¿Tiene una lista o sabe qué medicación le toca hoy?

—Sé lo que tomo.

—¿Y qué es?

—Depakote, 250 miligramos cuatro veces al día; un comprimido de Zyprexa por la noche; y uno de Wellbutrin una vez al día.

—¿Sabe para qué sirve la medicación?

—Bueno, el Depakote es para los cambios de humor, el Wellbutrin es para la depresión y el Zyprexa es para las voces y las alucinaciones.

—Muy bien. Una de las cuestiones que hoy nos interesa es el efecto que la medicación puede ejercer en su capacidad de recordar. ¿Ejerce alguno?

—Pues no lo sé. Todavía no me ha preguntado nada que yo deba recordar.

La declaración duró varias horas y lo dejó agotado.

Bill Peterson, como acusado, presentó una petición de sentencia sumaria, una habitual maniobra legal para evitar la querella, mediante la cual el juez falla en favor de una de las partes sin necesidad de que se celebre un juicio.

Los demandantes alegaron que la inmunidad de Peterson había quedado sin efecto al apartarse éste de su papel de fiscal para intervenir en la investigación policial del caso Carter. Aportaron dos ejemplos de falsificación de pruebas por parte de Peterson.

El primero era una declaración jurada de Glen Gore en la que afirmaba que Peterson se había presentado en su celda de la prisión del condado para amenazarlo con represalias si no declaraba contra Ron Williamson. De no ser así, Peterson habría dicho que Gore tenía muchas posibilidades de que sus huellas digitales «aparecieran en el apartamento de Debbie Carter» y de que incluso «los fiscales fueran por él».

El segundo ejemplo guardaba relación con la segunda toma de las huellas palmares de Debbie Carter. Peterson había reconocido una reunión con Jerry Peters, Larry Mullins y los detectives de Ada en enero de 1987 para discutir la cuestión de las huellas palmares. También había admitido que se encontraba «al final del camino» de las investigaciones. Y sugerido la posibilidad de que se obtuvieran huellas más claras cuatro años y medio después del entierro de la víctima. Por ello se había exhumado el cadáver. Y a continuación los peritos habían cambiado sus dictámenes iniciales.

Los abogados de Ron y Dennis contrataron a su propio experto en huellas digitales, Bill Bailey, el cual estableció que Mullins y Peters habían llegado a sus nuevas conclusiones analizando distintas áreas de la huella palmar. Bailey terminaba su análisis señalando que la huella de la pared no pertenecía a Debbie Carter.

El juez federal rechazó la petición de sentencia sumaria de Peterson: «Se ha planteado una legítima cuestión acerca de la posibilidad de que Peterson, Peters y Mullins, así como otros, hayan falsificado una serie de pruebas a fin de conseguir la condena de Williamson y Fritz.»

Y añadía:

«En este caso, las pruebas circunstanciales sugieren la existencia de una pauta concertada entre los distintos investigadores y el fiscal Peterson con el propósito de privar a los demandantes de uno o más de sus derechos constitucionales. La repetida ocultación de pruebas exculpatorias por parte de los investigadores, al tiempo que se incluían pruebas incriminatorias y pruebas discutiblemente falsificadas y se evitaba seguir algunas pistas obvias que implicaban a otros individuos, así como el uso de discutibles conclusiones de medicina forense, todo ello, pues, sugiere que los demandados actuaron deliberadamente para alcanzar el resultado perseguido por la acusación sin tener en cuenta las señales de advertencia que fueron apareciendo por el camino en el sentido de que ese resultado, la condena de Williamson y Fritz, era injusto y no estaba respaldado por los datos de la investigación.»

El fallo, que se dictó el 7 de febrero de 2002, constituyó un golpe mayúsculo para los demandados y modificó el impulso de la querella.

Durante años Renee había tratado de convencer a Annette de marcharse de Ada. La gente siempre sospecharía de Ron y criticaría a su hermana. Su iglesia lo había rechazado. La inminente querella contra el municipio y el condado provocarían más resentimiento.

Annette se resistía porque Ada era su hogar. Su hermano era inocente. Ella había aprendido a no prestar atención a las habladurías y miradas y podía seguir aguantando.

Pero la demanda la preocupaba. Después de casi dos años de preparación del juicio, Mark Barrett y Barry Scheck adivinaban que las tornas estaban cambiando a su favor. Las negociaciones para llegar a un acuerdo iban y venían, pero los abogados de ambas partes tenían la sensación de que la causa no iría a juicio.

Puede que hubiera llegado la hora del cambio. En abril de 2002, después de sesenta años, Annette abandonó Ada. Se instaló en Tulsa, donde tenía parientes, y poco después llegó su hermano para vivir con ella.

Ella estaba deseando sacarlo de Norman. Ron volvía a beber y, cuando estaba bebido, no podía mantener la boca cerrada. Presumía de su querella, de sus muchos abogados, de los millones que le pagarían los cabrones que lo habían enviado al corredor de la muerte. Se pasaba el día en el Deli y otros bares, llamando la atención de toda suerte de personajes que rápidamente se convertirían en sus mejores amigos apenas cobrara el dinero.

Se fue a vivir con Annette y enseguida descubrió que en la nueva casa de Tulsa regían las mismas normas que en la de Ada, donde estaba prohibido beber. Dejó la bebida, se incorporó a la iglesia de su hermana y se hizo amigo del pastor. Había un grupo de estudios bíblicos llamado Luz para los Perdidos que recogía dinero para las misiones de los países pobres. Su actividad preferida para recaudar fondos era una comida mensual a base de bistec con patatas, y Ron se incorporó al personal de la cocina. Su tarea consistía en envolver las patatas en papel de aluminio, tarea que le encantaba.

En otoño de 2002, la «frívola» demanda se resolvió mediante un acuerdo por valor de varios millones de dólares. Con sus carreras y sus egos que proteger, los demandados insistieron en llegar a un acuerdo confidencial, por el que ellos y sus compañías aseguradoras pagarían elevadas sumas sin reconocer que hubieran hecho algo malo. El pacto secreto fue guardado en un archivo cerrado bajo llave y protegido por una orden judicial federal.

Los detalles no tardaron en comentarse por todo Ada, donde el ayuntamiento se vio obligado a revelar que había pagado más de medio millón de dólares procedentes de una reserva para contingencias por la parte que le correspondía en el asunto. Los rumores circulaban sin cesar y las cantidades variaban de bar en bar, pero se estimaba que éstas habían girado en torno a un total de cinco millones de dólares. Utilizando fuentes anónimas, el *Ada Evening News* llegó a publicar esta suma.

Puesto que Ron y Dennis aún no habían sido descartados como sospechosos, la buena gente de Ada seguía pensando que habían estado implicados en el asesinato, y que ahora se aprovechaban de su delito. Ello provocó todavía más resentimiento.

Mark Barrett y Barry Scheck insistieron en que sus clientes cobraran una buena suma inicial y después una renta anual repartida en mensualidades.

Dennis se compró una bonita casa en la periferia de Kansas City. Se encargó de cuidar de su madre y de Elizabeth y guardó el resto en un banco.

Ron no fue tan prudente.

Convenció a Annette de que lo ayudara a comprar un apartamento en régimen de propiedad horizontal, cerca de la casa donde ella vivía y de su iglesia. Gastaron sesenta mil dólares en un bonito apartamento de dos dormitorios y, una vez más, Ron se fue a vivir solo. Se mantuvo estable unas semanas. Si por alguna razón Annette no podía llevarlo en su coche, Ron iba andando tranquilamente a pie a la iglesia.

Pero el ambiente de Tulsa le era conocido, por lo que no

tardó en regresar a la zona de bares y clubs de alterne, donde invitaba a beber a todo el mundo y daba a las chicas propinas de miles de dólares. El dinero, junto con sus fanfarronadas, le procuraba una variopinta corte de «amigos», tanto nuevos como antiguos. Era grotescamente generoso e incapaz de administrar su nueva fortuna. Cincuenta mil dólares se esfumaron antes de que Annette pudiera frenarlo.

Cerca de su casa había un bar de barrio llamado Bounty, un pequeño y tranquilo pub, del cual Guy Wilhoit, el padre de Greg, era cliente habitual. Ambos se conocieron, se hicieron compañeros de bebida y pasaban horas hablando de Greg y los viejos fantasmas del corredor de la muerte. Guy les dijo a los camareros y al propietario del Bounty que Ron era un amigo muy especial suyo y de Greg y que, si alguna vez tenía algún problema, lo llamaran a él, no a la policía. Ellos prometieron proteger a Ron.

Pero Ron no podía permanecer alejado de los locales de striptease. Su preferido era el Lady Godiva's, donde se encaprichó de una bailarina para acabar averiguando que ya estaba comprometida con otro. No le importó. Y como ella y su familia al parecer carecían de techo, los invitó a todos a su casa y les ofreció el dormitorio de arriba. Así pues, la bailarina, sus dos hijos y el presunto padre de éstos se instalaron en el nuevo y bonito apartamento del señor Williamson. Cuando llegaron no había comida. Así que Ron llamó a Annette con una larga lista de artículos de primera necesidad y ella accedió a regañadientes a comprárselos en la tienda. Cuando fue a efectuar la entrega, Ron no estaba en casa. Arriba, la bailarina de striptease y su familia se habían atrincherado en el dormitorio para esconderse de la hermana de Ron. Annette los descubrió y les dio un ultimátum a través de la puerta cerrada: llamaría a la policía si no se largaban de inmediato. Se largaron. A su regreso, Ron los echó mucho de menos.

Las desventuras se sucedieron hasta que Annette, en calidad de su tutora legal, intervino finalmente con una orden judicial. Volvieron a discutir por el dinero, pero él sabía lo que le convenía. Vendieron el apartamento y Ron se fue a otra residencia.

Sus verdaderos amigos no lo abandonaron. Dennis Fritz sabía que Ron necesitaba estabilizarse. Le propuso que se fuera a vivir con él en Kansas City. Él controlaría la medicación y la dieta, lo obligaría a hacer ejercicio y a dejar de beber y fumar. Dennis había descubierto la alimentación sana, las vitaminas, los suplementos, los tés de hierbas y cosas parecidas y quería que su amigo también lo hiciera. Pasaron semanas hablando del traslado, pero al final Annette no dio su visto bueno.

Greg Wilhoit, que ahora ya se había convertido en todo un californiano y en un ferviente partidario de la abolición de la pena capital, le suplicó a Ronnie que se trasladara a Sacramento, donde la vida era más fácil y tranquila y podría olvidar el pasado. A Ron le encantó la idea, pero le hacía más gracia hablar de ello que hacerlo.

Bruce Leba localizó a Ron y le ofreció una habitación, cosa que ya había hecho en varias ocasiones en el pasado. Annette dio su visto bueno y Ron se fue a vivir con Bruce, que por entonces trabajaba como camionero. Ron viajaba en el asiento del copiloto, disfrutando de la libertad y los espacios abiertos de las carreteras.

Annette vaticinó que el arreglo no duraría más de tres meses, promedio habitual de Ron, que no tardaba en aburrirse de todas las rutinas y todos los lugares. Y, en efecto, a los tres meses él y Bruce discutieron por algo que después ninguno de los dos logró recordar. Ron regresó a Tulsa, se instaló unas semanas en casa de su hermana y después alquiló una pequeña suite de hotel por tres meses.

En 2002, dos años después de la puesta en libertad de Dennis y Ron y casi diecinueve después del asesinato, la policía dio por terminada la investigación. Pasaron otros dos años antes de que Glen Gore fuera sacado de la prisión de Lexington y enviado a juicio por el asesinato de Debbie Carter.

Por diversas razones, Bill Peterson no se encargó de la acusación del caso. Ponerse delante del jurado y señalar con el dedo al acusado para decirle «Glen Gore, usted merece morir por lo que le hizo a Debbie Carter» habría resultado poco menos que patético, vista su anterior metedura de pata. Peterson alegó conflicto de intereses, pero mandó a su ayudante Chris Ross para que tomara notas.

Desde Oklahoma City enviaron un fiscal especial, Richard Wintory, el cual, provisto de los resultados del ADN, consiguió un fácil veredicto de culpabilidad. Tras oír los detalles del largo y violento historial delictivo de Gore, el jurado no tuvo problemas en recomendar la pena de muerte.

Dennis se negó a seguir el juicio, pero Ron no pudo ignorarlo. Cada día llamaba al juez Landrith y le decía: «¡Tommy, tienes que echarle el guante a Ricky Joe Simmons!», «¡Tommy, olvídate de Gore! ¡El asesino es Ricky Joe Simmons!».

Una residencia llevaba a la otra. Cuando se aburría de un nuevo lugar o abusaba de la hospitalidad de alguien, empezaban las llamadas telefónicas y Annette corría a buscarle un nuevo centro. Después lo ayudaba a hacer las maletas y el traslado. Algunas residencias apestaban a desinfectante y muerte inminente, mientras que otras eran cálidas y acogedoras.

Se encontraba en una muy agradable de la ciudad de Howe cuando la doctora Susan Sharp le hizo una visita. Ron llevaba semanas sin beber y se sentía muy bien. Ambos se dirigieron en coche a un parque a orillas de un lago cerca de la ciudad y dieron un paseo. Era un día sin nubes, de aire fresco y tonificante.

«Era como un chiquillo —diría la doctora Sharp—. Contento de poder estar fuera bajo el sol en un día precioso.»

Cuando no bebía y tomaba la medicación, era muy agradable estar con él. Aquella noche ambos «se citaron» para cenar en un cercana churrasquería. Ron se enorgulleció de poder invitar a una chica tan simpática a cenar.

17

Los dolores estomacales empezaron a principios de otoño de 2004. Ron se notaba como hinchado y se sentía incómodo tanto tumbado como sentado. El hecho de caminar lo aliviaba un poco, pero el dolor iba en aumento. Siempre estaba cansado y tenía insomnio. Vagaba por los pasillos de su más reciente residencia a todas horas del día y la noche, tratando de encontrar alivio a la presión que sentía alrededor del estómago.

Annette se encontraba a dos horas de carretera y llevaba un mes sin verlo, aunque había escuchado sus quejas por teléfono. Cuando fue a recogerlo para acompañarlo al dentista, se asustó al ver su prominente vientre. «Parecía embarazado de diez meses», comentaría. Se olvidaron del dentista y fueron directamente a las urgencias de un hospital de Seminole. Desde allí los enviaron a un hospital de Tulsa donde, al día siguiente, a Ron le diagnosticaron cirrosis de hígado. Inoperable, intratable y sin posibilidad de trasplante. Fue otra sentencia de muerte, y por cierto muy dolorosa. Un pronóstico optimista le daba seis meses de vida.

Había vivido cincuenta y un años, catorce de ellos entre rejas sin ninguna ocasión de beber. Desde su puesta en libertad cinco años atrás, le había dado a la botella, por supuesto, pero también hubo largos períodos de abstinencia en cuyo transcurso había luchado contra el alcoholismo.

La cirrosis parecía demasiado prematura. Annette formuló las preguntas más duras y las respuestas no fueron nada fáciles. Aparte de todo el alcohol, había también una pequeña historia de abuso de droga, aunque muy poco desde su puesta en libertad. Una probable causa era el historial de sus medicaciones. Durante la mitad de su vida había consumido, en distintos períodos y en cantidades variables, elevadas dosis de fuertes fármacos psicotrópicos.

Puede que ya de entrada tuviera un hígado muy débil. Ahora ya no importaba. Una vez más, Annette llamó a Renee para comunicarle una noticia muy difícil de asimilar.

Los médicos le drenaron varios litros de líquido y le pidieron a Annette que le buscara otro sitio. Lo rechazaron en varios centros hasta que finalmente fue admitido en la residencia Broken Arrow. Las enfermeras y el personal lo acogieron como si fuera un viejo miembro de la familia.

Annette y Renee no tardaron en comprender que seis meses era un pronóstico muy poco realista. Ron se fue apagando rápidamente. Salvo la región abdominal tremendamente hinchada, el resto de su cuerpo se encogió y marchitó. No tenía apetito y, al final, dejó de comer y beber. A medida que el hígado dejaba de funcionar, el dolor se hizo insoportable. Nunca se sentía a gusto y pasaba horas paseándose lentamente por la habitación y los pasillos de la residencia.

La familia permanecía a su lado el mayor tiempo posible. Annette estaba más cerca, pero Renee, Gary y sus hijos vivían en las afueras de Dallas. Hacían el viaje de cinco horas por carretera siempre que podían.

Mark Barrett lo visitó varias veces. Era un abogado muy ocupado, pero en su agenda personal Ron tenía preferencia. Ambos hablaban de la muerte y la vida en el más allá, de Dios y sus promesas de salvación expresadas por Jesucristo. Ron se enfrentaba a la muerte con serenidad. Era algo que deseaba desde hacía muchos años. No sentía amargura. Lamentaba muchas de las cosas que había hecho, los errores cometidos, el dolor que había causado, pero había pedido perdón a Dios con toda sinceridad y éste le había sido otorgado.

No guardaba rencor a nadie, aunque Bill Peterson y Ricky Joe Simmons estuvieron en su mente casi hasta el final. Pero también acabó perdonándolos.

En la siguiente visita, Mark sacó el tema de la música y Ron habló horas de su nueva carrera y de lo bien que se lo iba a pasar cuando saliera de la residencia.

Annette le llevó su guitarra, pero él, al ver que le costaba mucho tocar, pidió a su hermana que le cantara sus himnos preferidos. Su última actuación tuvo lugar en la residencia, durante una sesión de karaoke. Sacó fuerzas de flaqueza para cantar. Las enfermeras y muchos pacientes conocían su historia y lo animaron a seguir cantando. Después, con la música grabada sonando en segundo plano, bailó con sus dos hermanas.

A diferencia de casi todos los pacientes que disponen de tiempo para pensar, Ron no pidió la presencia de un pastor que le sostuviera la mano y escuchara sus últimas plegarias y confesiones. Conocía las Sagradas Escrituras tan bien como cualquier predicador. Su creencia en el evangelio era muy profunda. Puede que se hubiera apartado de él más que la mayoría, pero ahora estaba arrepentido y sabía que había sido perdonado.

Estaba preparado.

Hubo momentos de alegría en sus cinco años de libertad, pero, en general, todo había sido más bien desagradable. Se había mudado diecisiete veces de casa y había demostrado en varias ocasiones que no podía vivir por su cuenta. ¿Qué futuro le quedaba? Era una carga para Annette y Renee. Había sido una carga para todo el mundo durante buena parte de su vida, y ya estaba cansado.

Desde su pasaje por el corredor de la muerte, le había dicho muchas veces a Annette que ojalá no hubiera nacido y que anhelaba morir de una vez. Se avergonzaba del sufrimiento que había causado, sobre todo a sus padres, y quería reunirse con ellos, pedirles perdón y estar a su lado para siempre. Poco después de su puesta en libertad, un día ella lo había encontrado en la cocina mirando por la ventana como presa de un trance. Él le tomó la mano y dijo: «Reza conmigo, Annette. Pídele al Señor que me lleve a su morada ahora mismo.»

Fue una plegaria que ella no pudo seguir.

Cuando llegó Greg Wilhoit para las fiestas de Acción de Gracias, pasó diez días seguidos con Ronnie. Aunque éste se apagaba con rapidez, fuertemente sedado con morfina, ambos hablaron largamente sobre la horrible vida en el Corredor, que ahora era para ellos un motivo de tardía diversión.

En noviembre de 2004, Oklahoma estaba ejecutando a condenados a ritmo acelerado, entre ellos a muchos de sus antiguos compañeros. Ron sabía que algunos de ellos estarían en el Cielo cuando él llegara. La mayoría no.

Le dijo a Greg que había visto lo mejor y lo peor de la vida. Ya no había nada que le apeteciera ver y estaba preparado para irse.

—Estaba completamente en paz con el Señor —diría Greg—. No le tenía miedo a la muerte. Quería simplemente terminar de una vez.

Cuando Greg le dijo el último adiós, Ron estaba prácticamente inconsciente. La morfina se utilizaba con liberalidad y el final no tardaría más de unos días.

La rápida muerte de Ron sorprendió a muchos de sus amigos. Dennis pasó por Tulsa, pero no consiguió localizar la residencia. Tenía previsto regresar muy pronto para hacerle una visita, pero no le dio tiempo. Bruce Leba estaba trabajando fuera del estado y había perdido momentáneamente el contacto.

Casi en el último momento, Barry Scheck le hizo una «visita» por teléfono. Dan Clark, un investigador que había trabajado en la demanda civil, montó un *speakerphone*, y la voz de Barry resonó por toda la estancia. Fue una conversación de una sola dirección; Ron estaba severamente medicado y casi muerto. Barry le prometió que iría a verle para ponerse al día de los cotilleos y demás. Le arrancó una sonrisa a Ron y una carcajada a los demás al decir:

—Y descuida, Ronnie, si tú no llegas a tiempo, te prometo que al final trincaremos a Ricky Joe Simmons.

Cuando terminaron las visitas, convocaron a la familia.

Tres años atrás, Taryn Simon, una conocida fotógrafa, había viajado por todo el país retratando exculpados con vistas a un libro que pensaba publicar. Tomó fotografías de Ron y Dennis e incluyó un breve resumen de su caso. Les pidió que dijeran o escribieran unas palabras para acompañar su imagen.

Ron dijo lo siguiente:

Espero no ir ni al cielo ni al infierno. Espero que al morir me quede dormido y no vuelva a despertar jamás y nunca sufra una pesadilla. El eterno descanso, eso que se ve en algunas lápidas del cementerio, es lo que quiero. No me interesa afrontar el Juicio Final. No quiero que nadie vuelva a juzgarme. En el corredor de la muerte me preguntaba por qué había nacido si tenía que pasar por todo esto. ¿Cuál era, en realidad, la razón de mi nacimiento? Casi maldecía a mis padres —qué malo era eso— por haberme traído a este mundo. Si todo se pudiera repetir, preferiría no haber nacido.

Pero, a la hora de enfrentarse con la muerte, Ron rectificó ligeramente. Deseaba con toda su alma pasar la eternidad en el Cielo.

El 4 de diciembre, Annette, Renee y sus familias se reunieron por última vez alrededor de su lecho y le dijeron el último adiós.

Tres días más tarde, un grupo de gente se reunió en la funeraria Hayhurst de Broken Arrow para asistir a un servicio religioso. Ted Heaston, el pastor de Ron, ofició la ceremonia. Charles Story, capellán de Ron en la cárcel, tomó la palabra para evocar algunas simpáticas anécdotas de la época de McAlester.

Mark Barrett pronunció un conmovedor panegírico acerca de su especial amistad. Cheryl Pilate leyó una carta enviada por Barry Scheck, que estaba ocupado en otro lugar con dos casos de absolución.

El pálido anciano de cabello gris descansaba en paz. En el interior del féretro se habían colocado su chaqueta de béisbol, su guante y el bate, así como la guitarra.

Entre las composiciones musicales se incluyeron dos clásicos gospels, *Volaré lejos* y *El Señor me liberó*, unos himnos que Ron había aprendido de niño y cantado a lo largo de toda su vida en concentraciones religiosas y campamentos organizados por la iglesia, en el funeral de su madre con grilletes en los tobillos, en los días más dolorosos del corredor de la muerte, en casa de Annette la noche que lo pusieron en libertad, y en tantos otros lugares. Era una melodía pegadiza que alivió la tensión e hizo que todo el mundo sonriera.

La ceremonia fue muy triste, pero también se respiraba una profunda sensación de alivio. Una trágica vida había terminado y quien la había vivido se encontraba ahora disfrutando de cosas mejores. Eso era lo que Ronnie había pedido en sus oraciones. Finalmente era libre de verdad.

Aquella tarde los suyos se reunieron en Ada para el entierro. Un consolador número de amigos de la ciudad se congregó para honrar su muerte. Por respeto a la familia Carter, Annette eligió un cementerio distinto de aquel en que yacía Debbie.

Era un día frío y desapacible. El 7 de diciembre de 2004, exactamente veintidós años después de que Debbie fuera vista con vida por última vez.

El féretro fue colocado en su sitio por los portadores, entre ellos Bruce Leba y Dennis Fritz. Después de unas palabras pronunciadas por el pastor, una plegaria y unas lágrimas, los presentes le dieron el adiós definitivo.

En su lápida figuran grabadas para siempre las siguientes palabras:

RONALD KEITH WILLIAMSON
3 de febrero de 1953 / 4 de diciembre de 2004
Valeroso Superviviente
Injustamente condenado en 1988
Absuelto el 15 de abril de 1999

NOTA DEL AUTOR

Dos días después del entierro de Ron Williamson, yo estaba hojeando el *New York Times* cuando vi su nota necrológica. El titular —«Ronald Williamson, salvado del corredor de la muerte, muere a los 51 años»— ya llamaba la atención, pero la larga nota, escrita por Jim Dwyer, incluía todos los ingredientes de un reportaje mucho más largo. El periódico publicaba una espectacular imagen de Ron de pie en el tribunal el día que lo habían absuelto, mirando con expresión un tanto perpleja y aliviada y puede que hasta un poco complacida.

No sé por qué me había perdido la historia de su puesta en libertad en 1999 y jamás había oído hablar de Ron Williamson o Dennis Fritz.

Lo leí por segunda vez. Ni en mi momento más creativo habría podido inventarme una historia tan rica en matices y con tantos estratos. En cuestión de pocas horas hablé con sus hermanas Annette y Renee y, de repente, tuve un libro en mi cabeza.

La idea de escribir no ficción raras veces ha cruzado por mi mente —me divierto demasiado con las novelas— y no sabía en qué me estaba metiendo. El relato, la investigación y la redacción me llevaron los siguientes dieciocho meses. Me obligó a viajar varias veces a Ada; a visitar los juzgados, la cárcel y las cafeterías de la ciudad; el viejo corredor de la muerte y el nuevo en McAlester; Asher, donde pasé dos horas sentado en las gradas hablando de béisbol con Murl Bowen; la sede del Proyecto Inocencia en Nueva York; un café de Seminole donde almorcé con el juez Frank Seay; el Yankee Stadium; la cárcel de Lexington, donde conversé un buen rato con Tommy Ward; y Norman, mi base de operaciones, donde pasé horas y horas hablando de la historia con Mark Barrett. Conocí a Dennis Fritz en Kansas City y a Annette y Renee en Tulsa y, cuando pude convencer a Greg Wilhoit de que regresara a casa desde California, juntos efectuamos un recorrido por el Big Mac, donde él pudo ver su antigua celda por primera vez desde que la abandonara quince años atrás.

Con cada visita y cada conversación, la historia adquiría un nuevo sesgo. Habría podido llenar cinco mil páginas.

El viaje también me reveló el mundo de las condenas injustas, algo a lo que yo, ni siquiera cuando ejercía como abogado, había dedicado poco tiempo. No se trata de un problema específico de Oklahoma ni mucho menos. Las condenas injustas se producen cada mes en todos los estados del país y los motivos son muy variados, aunque siempre los mismos: mala actuación policial, resultados científicos no fiables, identificaciones defectuosas de testigos directos, malos abogados defensores, fiscales perezosos o arrogantes.

En las ciudades, el volumen de trabajo de los penalistas es ingente y a menudo da lugar a procedimientos y conductas muy poco profesionales. Y en las pequeñas localidades la policía no está muy bien preparada ni controlada. Los asesinatos y las violaciones siguen siendo hechos execrables y la gente pide justicia rápida. Los ciudadanos y los jurados confían en que las autoridades se comporten como es debido. Cuando no lo hacen, el resultado es Ron Williamson y Dennis Fritz.

Y Tommy Ward y Karl Fontenot. Ambos siguen cumpliendo una condena a cadena perpetua. Puede que Tommy salga algún día en régimen de libertad vigilada, pero, por culpa de una argucia procesal, Karl jamás podrá. No les puede salvar el ADN porque no existen pruebas biológicas. El asesino o los asesinos de Denice Haraway jamás serán encontrados, al menos no por la policía. Para más detalles sobre su historia, visitar *www.wardandfontenot.com*.

Mientras investigaba para este libro, me tropecé con dos cuestiones, ambas importantes para Ada. En 1983, un hombre llamado Calvin Lee Scott fue llevado a juicio en el condado de Pontotoc. La víctima era una joven viuda atacada en su cama mientras dormía y que, debido a que el violador le cubrió el rostro con una almohada, no pudo identificarlo. Un perito capilar del OSBI declaró que dos pelos de vello pubiano encontrados en la escena del crimen eran «microscópicamente compatibles» con las muestras de Calvin Lee Scott, el cual negó rotundamente cualquier participación en los hechos. El jurado opinó lo contrario y el hombre fue condenado a veinticinco años de prisión. Cumplió veinte y fue puesto en libertad. Estaba en la cárcel cuando las pruebas del ADN lo exculparon en 2003.

El caso había sido investigado por el detective Dennis Smith. Bill Peterson fue el fiscal de distrito.

También en 2001, el ex subjefe de policía Dennis Corvin se declaró culpable de los delitos federales de elaboración y distribución de metanfetamina y permaneció seis años suspendido de empleo. Corvin, como ustedes tal vez recordarán, había sido el policía de Ada mencionado por Glen Gore en su declaración jurada unos veinte años después de sus presuntos trapicheos con droga.

Ada es una agradable ciudad y la pregunta más obvia es: ¿cuándo harán limpieza los buenos chicos de allí?

Tal vez cuando se cansen de pagar indemnizaciones por acusaciones indebidas. Dos veces en los últimos dos años el municipio de Ada ha subido los impuestos de plusvalía para reponer los fondos de reserva utilizados para hacer frente a las demandas presentadas por Ron y Dennis. En un cruel insulto, dichos impuestos los pagan todos los propietarios de inmuebles, incluidos muchos miembros de la familia de Debbie Carter.

Resulta imposible calcular la suma total del dinero malgastado. El estado de Oklahoma se gasta unos cincuenta mil dólares al año por cada recluso. Dejando aparte los costes adicionales del corredor de la muerte y los tratamientos en distintos hospitales psiquiátricos del estado, la cuenta de Ron ascendió a unos seiscientos mil dólares. Y lo mismo cabe decir de Dennis. Si a ello se añaden las sumas que ambos recibieron por la demanda civil, los cálculos son muy fáciles. Se puede decir sin temor a exagerar que se despilfarraron varios millones de dólares por culpa de estos casos.

Estas sumas no incluyen los miles de horas dedicadas por los abogados que presentaron los recursos y que tan diligentemente trabajaron en favor de la puesta en libertad de ambos hombres, y tampoco el tiempo perdido por los fiscales para llevarlos a la cámara de la muerte. Todos los dólares gastados en acusarlos y defenderlos fueron sufragados por los contribuyentes.

Pero también hubo algunos ahorros. A Barney Ward se le pagó la exorbitante suma de 3.600 dólares por defender a Ron y, tal como ustedes recordarán, el juez Jones rechazó la petición de Barney para la contratación de un experto que pudiera examinar las pruebas de la acusación. Greg Saunders cobró la misma suma, unos míseros 3.600 dólares. A él también se le negó el acceso a un experto. Había que proteger a los contribuyentes.

El despilfarro económico fue, por consiguiente, muy desalentador, pero mucho más perjudicial fue el tributo humano que hubo que pagar. Está claro que los problemas mentales de Ron se agravaron como consecuencia de su injusta condena y, una vez alcanzada la libertad, ya jamás se recuperó. Casi ningún exculpado se recupera. Dennis Fritz ha tenido suerte. Tuvo el valor, la inteligencia y, finalmente, también el dinero necesario para rehacer su vida. Vive una próspera existencia absolutamente normal en Kansas City y el año pasado se convirtió en abuelo.

En cuanto a los demás personajes, Bill Peterson sigue siendo fiscal de distrito en Ada. Dos de sus ayudantes son Nancy Shew y Chris Ross. Uno de sus investigadores es Gary Rogers. Dennis Smith se retiró del Departamento de Policía de Ada en 1987 y murió de repente el 30 de junio de 2006. Barney Ward murió en el verano de 2005 mientras yo estaba escribiendo el libro y jamás tuve ocasión de entrevistarlo. El juez Ron Jones perdió el cargo en 1990 y abandonó la zona de Ada.

Glen Gore sigue alojado en el Módulo H de McAlester. En julio de 2005 el Tribunal Penal de Apelaciones anuló su condena y ordenó la celebración de un nuevo juicio. El tribunal decretó que Gore no había tenido un juicio imparcial porque el juez Landrith no permitió que su abogado presentara pruebas de que otros dos hombres ya habían sido condenados por ese asesinato.

El 21 de junio de 2006 Gore fue declarado nuevamente culpable. El jurado no alcanzó la unanimidad respecto a la pena de muerte, por cuyo motivo Landrith, de conformidad con la ley, condenó a Gore a cadena perpetua sin posibilidad de libertad vigilada.

Estoy en deuda con muchas personas que me ayudaron con este libro. Annette, Renee y sus familias me facilitaron pleno acceso a todos los aspectos de la vida de Ron. Mark Barrett dedicó innumerables horas a acompañarme por Oklahoma, contándome historias que al principio me resultaban muy difíciles de creer, así como localizando testigos, desempolvando viejos archivos y echando mano de su amplia red de contactos. Su ayudante Melissa Harris copió un millón de documentos y lo mantuvo todo en meticuloso orden.

Dennis Fritz volvió a vivir su dolorosa historia con extraordinario entusiasmo y contestó a todas mis preguntas. Lo mismo cabe decir de Greg Wilhoit.

Brenda Tollett del *Ada Evening News* rebuscó entre los archivos y encontró milagrosamente ejemplares en los que se relataban con lujo de detalles ambos asesinatos. Ann Kelley Weaver, que ahora trabaja en *The Oklahoman*, recordó muchas de las historias que rodearon las absoluciones.

Al principio, el juez Frank Seay se mostró reacio a hablar de uno de sus casos. Sigue ateniéndose a la anticuada idea de que a los jueces se les debe oír pero no ver, aunque al final accedió a hacerlo. En el transcurso de una de nuestras conversaciones telefónicas le insinué que su actuación había sido «heroica», una calificación que él rechazó de plano. Mis afirmaciones fueron desestimadas desde dos mil kilómetros de distancia. Vicky Hildebrand sigue trabajando con él y recuerda con toda claridad cuándo leyó por primera vez la petición de *habeas corpus* de Ron.

Jim Payne se ha convertido en juez federal y, aunque se mostró dispuesto a colaborar, no mostró el menor interés en atribuirse el mérito de la salvación de la vida de Ron. Pero es un héroe. Su cuidadosa lectura del sumario de Janet Chesley, en casa y a deshoras, le suscitó la suficiente preocupación como para ponerse en contacto con el juez Seay y recomendarle una suspensión *in extremis* de la ejecución.

A pesar de que entró en el último capítulo de esta historia, el juez Tom Landrith disfrutó del singular placer de presidir la vista de la absolución en abril de 1999. Visitarlo en su despacho de la audiencia de Ada era siempre un placer. Las historias, muchas de ellas probablemente ciertas, fluían con toda soltura.

Barry Scheck y los guerreros del Proyecto Inocencia se mostraron extremadamente abiertos y disponibles. En el momento en que escribo, han conseguido la libertad de 180 presos mediante las pruebas del ADN y han contribuido a la creación de otros proyectos Inocencia en todo el país. Para mayor información, visitar *www.innocenceproject.org*.

Tommy Ward pasó tres años y nueve meses en el corredor de la muerte, en la vieja Cellhouse F, antes de ser enviado permanentemente a prisión en Lexington. Intercambiamos muchas cartas. Algunas de las historias se referían a Ron y él me autorizó a utilizarlas en estas páginas.

En cuanto a su pesadilla, me basé sobre todo en *The Dreams of Ada (Los sueños de Ada)* de Robert Mayer. Es un libro fascinante, un extraordinario recordatorio de lo interesante que puede resultar el hecho de escribir acerca de delitos auténticos. El señor Mayer se mostró absolutamente dispuesto a colaborar en el transcurso de mis investigaciones.

Gracias a los abogados y al equipo de la Oficina para la Defensa de Insolventes de Oklahoma: Janet Chesley, Bill Luker y Kim Marks. Y a Bruce Leba, Murl Bowen, Christy Shepherd, Leslie Delk, el doctor Keith Hume, Nancy Vollersten, la doctora Susan Sharp, Michael Salem, Gail Seward, Lee Mann, David Morris y Bert Colley. John Sherman, alumno de tercero de derecho en la Universidad de Virginia, se pasó un año y medio hundido en las cajas de documentos que conseguimos reunir para la investigación y logró mantenerlo todo en su sitio.

Me fue posible utilizar gran cantidad de declaraciones juradas de casi todas las personas relacionadas con esta historia. Algunas entrevistas no fueron necesarias. Otras no se me concedieron. Sólo se han modificado los nombres de las presuntas víctimas de las violaciones.

JOHN GRISHAM, *1 de julio de 2006*